REFERENCE TO CRIMINAL TRIAL

刑事审判参考

中华人民共和国最高人民法院
刑事审判第一、二、三、四、五庭／主办

总第107集

法律出版社
LAW PRESS·CHINA

总第107集

刑事审判参考

编辑说明

黑恶势力犯罪是影响社会稳定的一颗“毒瘤”。受国内、国际多种因素影响，我国黑恶势力犯罪活跃、多发的基本态势在短期内不会改变。此类犯罪组织化程度较高，又与各种社会治安问题交织，破坏力成倍增加，严重威胁人民群众的生命、财产安全。2009 年 12 月，最高人民法院与最高人民检察院、公安部联合下发了《办理黑社会性质组织犯罪案件座谈会纪要》，初步解决了一批实践中争议较大的问题，对于指导审判工作发挥了重要作用。

为依法惩治黑恶势力犯罪，《中华人民共和国刑法修正案（八）》对刑法第二百九十四条规定的黑社会性质组织犯罪作了修改。一是根据黑社会性质组织的成员在组织中的不同地位、作用，修改了法定刑幅度，加重了组织者、领导者的刑罚，体现区别对待、从严惩处精神；二是增加规定了财产刑，为铲除黑社会性质组织再犯罪的经济基础提供了法律依据；三是提高了国家机关工作人员包庇或者纵容黑社会性质组织的刑罚，加大惩处“保护伞”的力度；四是将立法解释规定的黑社会性质组织应当同时具备的四个特征纳入了刑法条文。同时，2012 年刑事诉讼法的修正，也对办理黑社会性质组织犯罪案件提出了更为严格的要求。审判实践中，各地法院普遍反映，由于黑社会性质组织犯罪涉及的法律关系复杂，公检法等机关在办案过程中对政策把握、黑社会性质组织“四个特征”的认定、涉案财产处置等方面还存在不同认识，开庭审判工作也面临一些新情况、新问题，亟须进一步厘清标准、统一认识、凝聚共识。

面对新的形势和任务，为进一步加强黑社会性质组织犯罪案件的审判工作，最高人民法院于 2015 年 9 月召开了全国部分法院审理黑社会性质组织犯罪案件工作座谈会。会议就如何加强打黑除恶审判工作进行了经验交流，并对当前审判工作中存在的新情况、新问题进行了全面、系统地归纳整理，对如何进一步明确和统一司法标准进行了深入研讨。2015年10月，最高人民法院印发了《全国部分法院审理黑社会性质组织犯罪案件工作座谈会纪要》，为审理相关案件提供了具有可操作性的规范指引。

为便于准确理解、适用刑法和2009年、2015年两个纪要的规定，为司法人员办理黑社会性质组织犯罪案件提供有针对性和权威性的业务指导和办案参考，经最高人民法院《刑事审判参考》主编会研究决定，我们编辑了本期办理黑社会性质组织犯罪案件专辑。本专辑共设以下4个栏目：

【指导案例】选辑了近年来各地法院审结的12个典型案例，涵盖黑社会性质组织的形成时间、成员认定，黑社会性质组织行为特征中暴力性的认定，黑社会性质组织危害性特征的认定，组织者、领导者对具体犯罪罪责的承担等问题，以及未认定为黑社会性质组织犯罪的案件中值得注意的若干问题，详细分析每个案例的裁判理由，突出其指导、参考意义。

【司法规范】节录了《全国部分法院审理黑社会性质组织犯罪案件工作座谈会纪要》的主要内容，并配发了起草该纪要的调研小组所撰写的理解与适用文章，以便读者更好地了解相关文件的制定背景、指导思想及重点内容。

【经验交流】收录了最高人民法院刑三庭副庭长朱和庆等同志撰写的3篇文章，分别对黑社会性质组织犯罪涉案财物的处置、黑社会性质组织组织特征、危害性特征以及重大涉黑案件分案审理应如何操作等问题进行了实务探讨，为相关问题的解决提供参考思路。

【大案传真】收录了广东省深圳市陈垚东等组织、领导、参加黑社会性质组织案的一、二审判决书及刘汉等组织领导、参加黑社会性质组织案刑事裁定书。相关裁判文书体例规范、条理清楚、措辞精练、重点突出、论理充分，为此类案件的法律文书制作提供了参考范例。

本专辑立足于司法实践，对办理黑社会性质组织犯罪案件中涉及的突出的政策把握、法律适用等问题作了全面梳理，内容丰富，实用性和指导性很强，适合办案参考使用，对相关理论研究也具有较强的参考价值，不失为一本法官、检察官、公安人员、刑事辩护律师等法律工作者必备的工作手册与教学、研究人员的重要参考书。由于时间仓促，编辑过程中难免存在疏漏，欢迎广大读者提出宝贵意见和建议。

《刑事审判参考》编辑部

2017 年 7 月

目　录

指导案例

［第 1152 号］

陈垚东等人组织、领导、参加黑社会性质组织案

——如何准确认定黑社会性质组织的成员

一、基本案情

被告人陈垚东，男，1971 年 7 月 16 日出生。2012 年 1 月 29 日因本案被逮捕。

被告人文稳权，男，1965 年 6 月 23 日出生。2012 年 1 月 29 日因本案被逮捕。

（其他被告人、被告单位基本情况略）

广东省深圳市人民检察院以被告人陈垚东、文稳权、伍健东、陈锦田、赖庆棠、王文明、陈诺强、陈伟明、曾庆发、曾鸿辉、易亚胡、潘永钊、宁注作、林波、岳彪、曾玉新、曾细苓、刘志清、谢春山、陈惠芳、潘泽勇、陈嘉祺、陈卓峰、陈展斌、应春秋、文迎新、陈伟洪、曾柏球、周梁、李朝阳、曾庆华、江沛华、黎进成、江锦平、陈法军、陈平右、刘少雄、文永峰、郑剑宏、曾炯贤、被告单位深圳市万丰（集团）股份有限公司等分别犯组织、领导、参加黑社会性质组织罪，故意杀人罪，绑架罪，故意伤害罪，非法拘禁罪，抢劫罪，敲诈勒索罪，强迫交易罪，交通肇事罪，虚报注册资本罪，非法倒卖土地使用权罪，聚众扰乱社会秩序罪，聚众斗殴罪，寻衅滋事罪，纵容黑社会性质组织罪，提供伪造的出入境证件罪，赌博罪，开设赌场罪，贩卖毒品罪，容留他人吸毒罪，组织卖淫罪，行贿罪，单位行贿罪，受贿罪，向深圳市中级人民法院提起公诉。

被告人文稳权辩称没有参加任何黑社会性质组织。其辩护人提出：文稳权未单独或与陈垚东共同发起、创建黑社会性质组织，没有在组织中起决策、指挥、协调、管理作用，也没有带领、引导、领导行为，其和陈垚东之间没有经济合作之外的其他经济联系，所做经济决策不必听取陈垚东的命令，经济合作中的利益分配和风险承担根据股权的多少依照民事法律原则进行，文稳权的行为不构成领导黑社会性质组织罪。

深圳市中级人民法院经审理查明：

（一）组织、领导、参加黑社会性质组织的事实

被告人陈垚东自20世纪80年代末开始，纠集"沙皮狗"等社会闲杂人员，在广东省宝安县沙井镇（现广东省深圳市宝安区沙井街道）一带逞勇斗狠、为非作恶，成为当地颇具声名的恶势力。自1994年以来，陈垚东通过笼络乡邻、招纳小弟、聘用员工、纠集同道等途径，逐步建立起以其本人为组织者、领导者，以被告人伍健东、陈锦田、赖庆棠、王文明、陈诺强、曾庆发、曾鸿辉、易亚胡、潘永钊、宁注作等人为积极参加者，包括被告人陈伟明、林波、岳彪、曾玉新、曾细苓、刘志清、谢春山、陈惠芳、潘泽勇、陈嘉祺、陈卓峰、陈展斌、陈伟洪、文迎新、曾柏球、周梁、李朝阳、曾庆华、江沛华、黎进成、江锦平、陈法军、陈平右以及另案处理的数十人组成的骨干成员固定、层级结构明确、人数众多、势力庞大、在沙井街道经济、社会生活中具有重大影响的黑社会性质组织。该组织按照"江湖规矩"管理组织成员，维系组织架构。盘踞沙井街道一带，长期通过非法手段经营废品收购、码头运输、房地产等行业，实施了故意伤害、绑架、非法拘禁、抢劫、敲诈勒索、开设赌场、赌博、聚众斗殴、寻衅滋事、强迫交易、容留他人吸毒、贿赂国家工作人员、非法倒卖土地使用权等大量违法犯罪活动，攫取了巨额非法财富，严重破坏了当地的经济、社会生活秩序。

（二）以被告人陈垚东为首的黑社会性质组织实施犯罪的事实

容留他人吸毒的事实

1999年12月，被告人陈垚东与被告人文稳权等人合伙在深圳市宝安区沙井街道黄埔路口原新桥客运站一、二楼开办创世纪娱乐城。陈垚东、文稳权明知所经营的场所内存在吸毒行为，为招揽生意，非但不予制止，而且

长期为顾客提供吸食K粉的吸管、碗、碟等工具。创世纪娱乐城在经营期间，多次被公安机关查获有容留他人吸毒的违法犯罪活动，其中公安机关仅2004年9月30日就一次查获吸毒人员213人。

（故意伤害、绑架、非法拘禁、抢劫、敲诈勒索、赌博、聚众斗殴、寻衅滋事、强迫交易、行贿、非法倒卖土地使用权的事实略）

（三）黑社会性质组织成员及本案其他被告人实施犯罪的事实

被告人文稳权寻衅滋事的事实

2003年年底，被告人文稳权等人获得779路、780路、782路公交路线的承包经营权，由文稳权具体经营。2004年年初，文稳权认为其承包经营的公交线路的客源不如谭忠启承包经营的781路公交线路的客源丰富，遂擅自改变规定的行驶路线，与781路公交车队并线竞争揽客。同时，文稳权授意手下人员多次拦停营运的781路公交汽车，驱赶乘客，殴打司机，打砸汽车，逼迫781路公交车队改变规定的行驶路线或退出沙井客运市场。谭忠启被逼在2004年3月初将781路公交车队18台公交车全部停止营运。在沙井街道办和沙井运输公司介入协调下，781路公交车队恢复营运，并作出让步，改道走客源较少的路段。其后，因谭忠启未退出沙井客运市场，781路公交车队仍不时遭遇文稳权等人的暴力滋扰。

（其他事实略）

深圳市中级人民法院认为，以陈垚东为首的犯罪组织形成了较稳定的黑社会性质组织结构，组织成员加入时具有一定形式，有一定的组织纪律和活动规约并较为明确地划定势力范围；该组织通过违法犯罪活动或者其他手段获取经济利益，具有一定的经济实力，并以经济实力支持该组织的活动；该组织成员利用组织势力和影响，有组织地实施故意伤害、绑架、非法拘禁、抢劫、敲诈勒索、赌博、聚众斗殴、寻衅滋事、强迫交易、行贿、非法倒卖土地使用权等违法犯罪活动，并腐蚀、拉拢国家工作人员，称霸沙井街道一带，为非作恶，欺压、残害群众，造成群众心理恐慌，安全感下降；该组织以暴力、威胁为基础，利用组织势力和影响，为组织成员划分势力范围，垄断沙井街道一带的大宗废品收购、沙石运输等行业，在一定区域和行业内均形成了非法控制和重大影响，严重破坏了沙井街道一带经济、社会生活秩序。公诉机关指控陈垚东等31人分别构成组织、领导、参加黑社会性质组织罪，事实清楚，证据确实、充分，指控罪名成立……被告人文稳权虽然曾与陈垚东合作开办创世纪娱乐城、共同承包经营公交线路等，也有同案被告人指认文稳权与陈垚东私交颇好，但无证据证明文稳权参与发起、创建以陈垚东为首的黑社会性质组织，无证据证明文稳权以何种方式参加该组织，无证据证明文稳权在组织层级结构中处于何位置，无证据证实文稳权对该组织及其运行、活动起到决策、指挥、协调、管理作用以及曾发展下线成员，依法不能认定文稳权为黑社会性质组织的领导者，亦不能认定其参加黑社会性质组织，公诉机关指控文稳权犯领导黑社会性质组织罪，事实不清，证据不足，不予支持；文稳权为争抢客源而授意他人随意拦截公交汽车，殴打司乘人员，情节恶劣，其行为已构成寻衅滋事罪，应当依法予以惩处；公诉机关指控文稳权犯容留他人吸毒罪，已过追诉时效期限，并且不是必须追诉，已另行裁定终止审理……依照《中华人民共和国刑法》第二百九十四条第一款、第三款、第四款、第五款，第一百三十三条，第二百三十四条，第一百五十八条第一款，第二百二十六条第一项，第二百二十八条，第二百三十二条，第二百三十八条第一款、第三款，第二百三十九条第一款，第二百六十三条第四项，第二百九十条第一款，第二百九十二条第一款第二项、第四项，第三百一十九条第一款，第三百五十四条，第三百零三条，第三百五十九条第一款，第三百八十五条第一款，第三百八十六条，第三百八十三条第一款第一项、第二款，第三百九十条第一款，第三百八十九条第一款，第三百九十三条，第十二条第一款，第九十七条，第三十条，第三十一条，第二十三条，第二十五条第一款，第二十六条，第二十七条，第六十五条，第六十七条第二款、第三款，第六十一条，第四十八条，第五十七条第一款，第五十六条第一款，第五十二条，第五十九条，第六十九条，第七十条，第七十七条第一款，第七十二条第一款、第三款，第七十三条，第三十七条，第八十七条，第六十四条，第三十六条第一款；1997年修订的《中华人民共和国刑法》第二百七十四条，第二百九十三条第一项、第二项、第三项；《中华人民共和国民法通则》第一百一十九条、第一百三十条；《中华人民共和国刑事诉讼法》第九十九条第一款、第一百零二条；《中华人民共和国民事诉讼法》第六十四条、第二百五十三条;《全国人民代表大会常务委员会关于〈中华人民共和国刑法〉第二百二十八条、第三百四十二条、第四百一十条的解释》;《最高人民法院关于审理黑社会性质组织犯罪的案件具体应用法律若干问题的解释》第三条第一款、第五条第二款、第六条第四项;《最高人民法院、最高人民检察院关于办理行贿刑事案件具体应用法律若干问题的解释》第一条、第四条第一项、第五条;《最高人民法院关于审理破坏土地资源刑事案件具体应用法律若干问题的解释》第二条第三项、第四项;《最高人民法院关于审理交通肇事刑事案件具体应用法律若干问题的解释》第一条、第二条、第三条;《最高人民法院关于处理自首和立功具体应用法律若干问题的解释》第二条、第三条、第四条;《最高人民法院关于审理人身损害赔偿案件适用法律若干问题的解释》第三条第一款、第十九条、第二十条、第二十一条、第二十二条、第二十三条、第二十四条、第二十六条、第二十七条、第二十八条、第三十五条;《最高人民法院关于适用〈中华人民共和国刑事诉讼法〉的解释》第一百三十八条,第一百四十三条第一款第一项,第一百五十五条第一款、第二款,第一百五十七条的规定,判决如下:

1. 被告人陈垚东犯组织、领导黑社会性质组织罪,判处有期徒刑十五年,并处没收个人全部财产;犯故意伤害罪,判处无期徒刑,剥夺政治权利终身;犯绑架罪,判处有期徒刑十年,并处罚金人民币三百万元;犯非法拘禁罪,判处有期徒刑一年;犯抢劫罪,判处有期徒刑十年,剥夺政治权利三年,并处罚金人民币二十万元;犯敲诈勒索罪,判处有期徒刑十年;犯赌博罪,判处有期徒刑二年,并处罚金人民币一百八十万元;犯聚众斗殴罪,判处有期徒刑三年;犯寻衅滋事罪,判处有期徒刑二年;犯强迫交易罪,判处有期徒刑六年,并处罚金人民币九千万元;犯容留他人吸毒罪,判处有期徒刑二年,并处罚金人民币一百五十万元;犯行贿罪,判处无期徒刑,剥夺政治权利终身,并处没收个人全部财产;犯非法倒卖土地使用权罪,判处有期徒刑七年,并处罚金人民币三千万元;犯虚报注册资本罪,判处有期徒刑六个月,并处罚金人民币五十万元。数罪并罚,决定执行无期徒刑,剥夺政治权利终身,并处没收个人全部财产,罚金人民币一亿二千七百万元。

2. 被告人文稳权犯寻衅滋事罪，判处有期徒刑一年六个月。

（其他被告人、被告单位的判决情况略）

宣判后，被告人陈垚东等提出上诉，文稳权未提出上诉。

广东省高级人民法院经审理，依法驳回陈垚东等人的上诉，并依法对5名同案被告人改判。

二、主要问题

在黑社会性质组织犯罪案件中，应如何准确认定被告人是否为黑社会性质组织的成员。

三、裁判理由

我国刑法采用行为与地位、作用相结合的划分标准，将黑社会性质组织的成员分为组织者、领导者、积极参加者、其他参加者（又称“一般参加者”）等不同类型，并且规定了不同的刑罚。被指控为黑社会性质组织成员的被告人，能否认定其具有组织、领导、参加行为是一个基础性问题，不仅关乎事实认定，更关乎罪与非罪以及如何判处刑罚，必须严格加以区分。2009年《最高人民法院、最高人民检察院、公安部办理黑社会性质组织犯罪案件座谈会纪要》（以下简称2009年《纪要》）对黑社会性质组织的组织者、领导者、积极参加者、其他参加者均作出了较为明确的界定。2015年《全国部分法院审理黑社会性质组织犯罪案件工作座谈会纪要》（以下简称2015年《纪要》）进一步采用反向列举的方式，明确了以下三类人员不属于黑社会性质组织的成员：（1）主观上没有加入黑社会性质组织的意愿，受雇到黑社会性质组织开办的公司、企业、社团工作，未参与或者仅参与少量黑社会性质组织的违法犯罪活动的人员；（2）因临时被纠集、雇佣或受蒙蔽为黑社会性质组织实施违法犯罪活动或者提供帮助、支持、服务的人员；（3）为维护或扩大自身利益而临时雇佣、收买、利用黑社会性质组织实施违法犯罪活动的人员。同时规定：“上述人员构成其他犯罪的，按照具体犯罪处理。”通观两份《纪要》中关于认定黑社会性质组织成员的相关规定，既强调“主客观相一致”的刑法原则，要求审判时应当着重审查行为人主观上有无参加黑社会性质组织的认识因素和意志因素，同时又从客观方面对认定“组织、领导、参加”行为提出了具体标准。从2009年《纪要》的规定来看，组织者是指黑社会性质组织的发起者、创建者，领导者是指实际居于领导地位，并对整个组织及其运行、活动起着决策、指挥、协调、管理作用的组织成员。由于该定义十分清楚，组织者、领导者所需具有的客观行为也一目了然。对于积极参加者、其他参加者的认定，2009年《纪要》除了要求“明知而参加”之外，还要求行为人“接受黑社会性质组织的领导和管理”。应当说，此处的“接受”一词有着主客观两方面的含义：一方面是指主观上有将自己置于黑社会性质组织管控之下的意愿；另一方面也是指客观上有接受黑社会性质组织领导和管理的事实。2015年《纪要》继承了上述精神，仔细分析后不难发现，所列举的三类人员都是因为在主观或者客观方面尚未达到认定标准而被排除在黑社会性质组织成员之外。

司法实践中，认定被告人有无组织行为、领导行为相对容易，而认定被告人是否有参加黑社会性质组织行为时，情况则显得比较复杂。一般来说，可以将是否举行专门的参加仪式作为重要的认定依据。但当前的实践中多数黑社会性质组织在发展成员时并无此类程序，这就要求在审判时要按照两份《纪要》的规定，审慎地结合以下两个方面来判别被告人是否有参加黑社会性质组织的行为：第一，是否参与实施了黑社会性质组织的违法犯罪活动。黑社会性质组织区别于其他犯罪组织的本质特征，就是依靠有组织的违法犯罪活动来达到对经济、社会生活进行非法控制并进而攫取非法利益的目的。黑社会性质组织的生存离不开有组织的违法犯罪活动，而是否参与有组织的违法犯罪活动又是表明被告人与涉案黑社会性质组织之间存在关系的重要标志。因此，这一点自然是判断参加行为的重要依据。第二，与涉案黑社会性质组织之间有无相对固定的从属关系。所谓相对固定的从属关系，是指在黑社会性质组织中组织者、领导者居于核心地位，积极参加者和其他参加者较稳定地处于被领导、被管理的地位。其中，有些人是直接听命于组织者、领导者，更多的则是在分级管理的体系内听命于其他组织成员。但不管怎样，组织成员在黑社会性质组织中均应具有相对固定的位置，如果与黑社会性质组织没有任何从属关系，如只是临时受邀或基于个人意愿参与某起犯罪，即便其参与了有组织的违法犯罪活动，也不能将其认定为是黑社会性质组织的成员。换言之，如果在黑社会性质组织中找不到可以对应的位置，就说明被告人与该犯罪组织没有从属关系；如果与黑社会性质组织的某一成员之间没有服从与被服从、管理与被管理关系，就不能认定被告人有参加黑社会性质组织的行为。

当前，黑社会性质组织犯罪呈现出多样化、复杂化、隐蔽化、“黑白”结合等特征，在认定参加行为时也会面临一些新的问题。具体到本案，以陈垚东为首的黑社会性质组织发展时间较长，层级分明，组织纪律明确，成员多达数百人（本案是主案）。长期盘踞在深圳市宝安区沙井街道，通过实施违法犯罪活动和依靠个别国家工作人员的非法保护，欺压、残害群众、称霸一方。不仅获取了巨额经济利益，而且已对沙井地区的经济、社会生活以及当地的大宗废品收购、沙石运输等行业形成了非法控制或重大影响。应该说，该黑社会性质组织具有一定的典型性，且其运行模式、获利方式在同类型案件中也显得相对更为有效和广泛。虽然陈垚东黑社会性质组织的成员互称“公司的人”，但该犯罪组织并不是单纯以某一个经济实体作为依托。陈垚东本人主要是通过自己经营与非法控制的房地产、大宗废品回收业务以及其他投资来获取利益，而陈垚东手下的主要成员则各有独自染指的行业和势力范围，该犯罪组织的成员相互之间在获利渠道方面基本互不交叉。而且，陈垚东一般只直接管理骨干成员，通过调解纠纷、划分地盘和惩戒处罚等手段来避免手下的各个团伙相互发生冲突，骨干成员则负责管理各自手下的“小弟”。正因如此，该黑社会性质组织层级较多、势力庞大，触角几乎伸向了沙井地区的每一座村庄、每一个行业。在这种情况下，当地从事生产、经营活动的人员难免会与该黑社会性质组织存在这样那样的联系。其中一些人不仅与该黑社会性质组织或者组织成员有经济往来，甚至还参与了该组织的违法犯罪活动。可否将这些人员认定为黑社会性质组织成员，在司法实践中存在一定争议。

本案检察机关以领导黑社会性质组织罪对被告人文稳权提起公诉，并在起诉书中将其列为第二被告人。文稳权及其辩护人均不认可该项指控，提出其系“六无人员”（无组织、无纪律、无大哥、无马仔、无仪式、无行为），不是黑社会性质组织成员的辩解和辩护意见。从审理查明的案情来看，由于受香港地区有组织犯罪亚文化的影响，以陈垚东为首的黑社会性质组织在吸收、发展组织成员时一般需要举行一定的仪式，或是敬酒、敬茶，或是奉上红包。如本案骨干成员曾庆棠、曾鸿辉在20世纪90年代中期开始追随陈垚东时，就分别采用了前述方式。但是，在案证据并不能证明文稳权曾向陈垚东或陈的“黑道”前辈举行过“拜大佬”仪式，也不能证明其以其他形式表达过加入意愿。因此，在认定文稳权有无领导、参加行为时，还需要结合其是否参与实施黑社会性质组织的违法犯罪活动、是否与黑社会性质组织存在相对固定的从属关系来审查分析。

法院经审理后认定了两起与文稳权有关的犯罪事实，其中第一起系黑社会性质组织实施的容留他人吸毒犯罪，第二起系文稳权个人实施的寻衅滋事犯罪。应该说，除了陈垚东曾在公交线路经营初期有过短暂投资（约半年后撤资）之外，第二起犯罪与涉案黑社会性质组织并无其他关联。但是，第一起犯罪却有所不同。陈垚东、文稳权于1999年与他人共同投资开办创世纪娱乐城。开业之初，凭借陈垚东的关系请来香港黑社会组织头面人物及娱乐明星助阵，故当地皆知该娱乐城有陈垚东的股份，无人敢来闹事。创世纪娱乐城由文稳权出面经营直至2006年，陈垚东从中分红获利。这段时间正值以陈垚东为首的黑社会性质组织扩张时期，该娱乐城的经营对于该黑社会性质组织壮大声势、扩充经济实力客观上起到了不可低估的作用。那么，是否可以因文稳权参与了该起黑社会性质组织的犯罪活动便认定其具有领导或参加行为？从相关证人及各同案被告人的供述来看，文稳权与陈垚东是相识已久的朋友关系，私交甚好。文稳权虽长期与陈垚东共同经营生意，且颇受陈垚东手下“马仔”尊重，但没有证据证明其接受某一组织成员的管理或者对某一组织成员起着领导作用，也就是在陈垚东黑社会性质组织内既无上级，也无下属。虽然文稳权经营创世纪娱乐城达7年之久，客观上为陈垚东黑社会性质组织的发展提供了重要的帮助、支持，但其主观上并没有为黑社会性质组织存在、发展服务的意图。除了出面经营娱乐城之外，文稳权未曾介入陈垚东黑社会性质组织的决策、指挥、协调、管理等内部事务，也未参与其他有组织的违法犯罪活动。因此，其与陈垚东的经济合作实际上只是二人相互借助、各为其利。这一点，从陈垚东与文稳权共同投资经营公交路线后因无利可图便很快撤资的事实也可看出。文稳权确曾利用陈垚东黑社会性质组织的成员为其解决纠纷，但相关同案被告人均否认自己是文稳权的下属，且有其他证据表明文稳权借助该犯罪组织势力是经过陈垚东事先默许的，其既无自行决定的行为，也无自行决定的权力。因此，文稳权与该黑社会性质组织之间并不存在相对固定的从属关系，不应认定其领导或者参加了陈垚东黑社会性质组织。

（撰稿：广东省高级人民法院　李中原
审编：最高人民法院刑三庭　周　川）

［第1153号］

朱光辉等人组织、领导、参加黑社会性质组织案

——如何准确把握和认定黑社会性质组织的骨干成员

一、基本案情

被告人朱光辉，男，1963年10月31日出生。1985年因犯流氓罪被判处有期徒刑四年；1999年11月18日因犯非法携带枪支、管制刀具危及公共安全罪被判处拘役四个月；2009年4月29日因犯非法拘禁罪被判处有期徒刑一年，2009年10月14日刑满释放。2013年6月6日因本案被逮捕。

被告人朱文力，男，1993年7月17日出生。2013年6月6日因本案被逮捕。

被告人陈家福，男，1963年9月30日出生。2013年6月6日因本案被逮捕。

被告人易三云，男，1959年12月11日出生。2013年9月30日因本案被逮捕。

被告人刘超，男，1984年11月27日出生。2013年6月6日因本案被逮捕。

被告人朱宏，男，1962年9月11日出生。2013年8月23日因本案被逮捕。

（其他被告人基本情况略）

湖北省武汉市人民检察院以被告人朱光辉犯以组织、领导黑社会性质组织罪、故意伤害罪、寻衅滋事罪、敲诈勒索罪、绑架罪、非法持有枪支罪；被告人朱文力犯参加黑社会性质组织罪、故意伤害罪、敲诈勒索罪……被告人陈家福犯参加黑社会性质组织罪、寻衅滋事罪、绑架罪、非法持有枪支罪；

被告人易三云、刘超犯参加黑社会性质组织罪、寻衅滋事罪、敲诈勒索罪；被告人朱宏犯参加黑社会性质组织罪、敲诈勒索罪……向武汉市中级人民法院提起公诉。

被告人朱光辉辩称其没有敲诈勒索。被告人朱文力、朱宏、刘超等人均辩称没有参加黑社会性质组织。

武汉市中级人民法院经公开开庭审理查明：

2000年年初，被告人朱光辉刑满释放后，预谋通过对武汉市硚口区宗关客运站运营车辆收取"保护费"达到非法敛财的目的。为此，朱光辉先后纠集被告人易三云及"红强"、"在在"（前述二人均另案处理）等人以驱赶黑车、协调发班、维持秩序为由对宗关客运站的个体营运车辆多次敲诈勒索。2005年年底至2006年年初，宗关客运站与水厂客运站合并后搬迁至水厂客运站，各营运线路车主陆续成立了联营体。朱光辉随即大肆招揽劳改释放人员和社会闲散人员，将被告人朱文力、朱宏、郑秦缘、陈才、余志雄、江国亮、许还爽、陈家福、管后贤、刘超、易修、彭兴元、林菲及陶家鸣、周天、王前进、万威、殷创露、"郭胖子"、"付麻子"、"大雄雄"（前述八人均另案处理）等人网罗进组织扩充组织规模。自2006年以来，朱光辉带领朱文力、易三云、朱宏等人以收线路牌、抢车钥匙、扎汽车轮胎、"撞猴子"、暴力、威胁、恐吓等方式向各联营体收取"保护费"。至此该团伙已发展成为以朱光辉为首，以朱文力、易三云、朱宏、刘超、陈家福为骨干，以管后贤、余志雄、许还爽、林菲、郑秦缘、江国亮、彭兴元、陈才、易修、陶家鸣、周天、殷创露、王前进、"郭胖子"、"大雄雄"等为成员的人数达20余人的犯罪组织。2011年5月，朱光辉为进一步扩张其势力范围，达到非法敛财目的，又指使朱宏、余志雄、江国亮等人，利用其淫威控制雪花啤酒销售商在武汉市硚口区水厂一带的经营销售，同时收取"保护费"。2011年7月，朱光辉还指使刘超、林菲、陶家鸣、殷创露等人，控制武汉市康之福消毒餐具有限公司在武汉市硚口区水厂一带的 胖胖大酒楼、吟诗酒楼、草根生活、香辣虾酒楼、可可酒楼、潮兴粥府等6家餐馆一次性消毒餐具的使用并收取"保护费"。2012年6月，朱文力等人为了控制武汉市硚口区水厂一带的游戏机室的经营，对该地区的游戏机经营者进行骚扰和敲诈。朱光辉对其组织成员采取恩威并施的管理手段，通过日常管理和有组织实施一系列违法犯罪活动，逐步形成了一套约定俗成和普遍认同的组织纪律，并以组织成员集中就餐、固定发放工资、节日派发红包、坐牢安抚、实施违法犯罪活动给予奖励等方式对该组织成员予以拉拢、控制。

在该犯罪组织中，朱光辉是组织成员公认的组织者、领导者。为了便于管理控制其手下，朱光辉将自己租住的武汉市硚口区汉西北路67附6荣冠花园A座2单元404室作为其“地下公司”，在此对其手下成员进行统一管理、指挥并发号施令。其中，朱宏负责对水厂客运站的部分线路及水厂地区一带餐馆的啤酒供应商收取“保护费”；易三云、朱文力负责对水厂客运站大部分线路收取“保护费”；刘超负责对水厂地区一带餐馆消毒餐具供应商收取“保护费”；陈家福负责该组织的后勤保障。他们按照朱光辉的安排各负其责，并分别带领余志雄、郑秦缘、陈才、江国亮、彭兴元、林菲、许还爽、管后贤、易修及陶家鸣等人实施违法犯罪活动。

该犯罪组织在朱光辉的组织、领导下，以暴力手段为依托，通过有组织地实施一系列违法犯罪活动，非法收取硚口区水厂客运站个体营运车主及周边一次性餐具、啤酒供应的“保护费”，截至案发时，非法聚敛钱财达人民币260余万元。同时，为支撑组织运转，进一步增强其犯罪实力，朱光辉花钱购买了大量枪支、砍刀、棍棒、弓弩等作案工具；为拉拢和收买人心，朱光辉向其手下提供伙食，每月发放工资，过年、过节聚餐派发红包，组织成员因为组织利益被判刑，朱光辉多次到羁押场所探视等，此类支出已达人民币190余万元。

2005年以来，该犯罪组织在朱光辉的指使下，通过有组织实施的故意伤害、寻衅滋事、非法拘禁、敲诈勒索、绑架等违法犯罪活动，致1人死亡、3人轻伤、6人轻微伤，涉案枪支4支。该犯罪组织通过实施一系列违法犯罪活动，在武汉市硚口区水厂路一带称霸一方，对水厂客运站的个体长途车辆营运线路及周边的餐饮相关行业（啤酒、消毒餐具供应）形成非法控制，严重破坏了当地的经济、社会生活秩序。特别是在对水厂客运站各线路联营体、车主的敲诈过程中，朱光辉等人一方面以暴力、威胁、恐吓为手段；另一方面以驱赶站外“黑车”、协调发班、维持秩序等为由，霸占客运站的办公室作为其团伙的“办公室”，公开收取“保护费”，其行为非法取代了客运站、运管、交管等相关单位、部门的管理职能，对客运行业形成了非法控制。2007年4月，朱光辉为进一步树立自己的淫威，还组织多人堵截应山线路的客车，造成该线路停运，引起了武汉市主流媒体《楚天都市报》以及北京《法制与社会》杂志的关注，并以“汉口至广水的客车　七天内五次遭拦停”为题进行了报道，社会影响极其恶劣。

该组织实施的具体犯罪如下：

（一）故意伤害、寻衅滋事的事实

1. 2013年4月29日上午6时许，被告人朱文力窜至武汉市硚口区古田四路魔幻先锋电玩城，向该电玩城工作人员索要“保护费”遭到拒绝后，于当日上午8时许，邀约被告人刘超、郑秦缘、陈才等人持木棍、砍刀等凶器来到该电玩城进行报复，后被该电玩城工作人员赶走；被告人朱光辉在得知朱文力等人寻衅滋事未果后，又邀约被告人余志雄、华畅、胡建平以及陈金山（另案处理）等人持木棍、砍刀等凶器于当日下午3时许再次到电玩城进行挑衅，又被该电玩城工作人员赶走。2013年5月4日晚，朱光辉、朱文力决定实施报复，为此分别邀约刘超、郑秦缘、陈才、余志雄、华畅、胡建平，被告人杨新松、陈家福、管后贤、易修、林菲、许还爽、黄志国、江国亮、彭兴元、苏正祥、商海东以及陶家鸣、王前进（均另案处理）等人到武汉市硚口区汉西北路67附6荣冠花园A座2单元404室会合，经预谋及分工后，于次日凌晨3时许，朱光辉、杨新松、陈家福、胡建平、彭兴元、余志雄分别持自制手枪及猎枪；易修、刘超持弓弩及木棍；林菲、郑秦缘、许还爽、黄志国、江国亮、陈才、华畅及陶家鸣等人持砍刀、木棍等工具，统一佩戴深色鸭舌帽、白色手套，分别乘坐由商海东、苏正祥、管后贤及王前进等人驾驶的汽车到古田四路路口，管后贤、商海东、苏正祥3人在门外负责接应，其他人员持凶器先后冲进魔幻先锋电玩城二楼，追打该电玩城员工以及顾客，同时对游戏设备进行打砸，造成魔幻先锋电玩城价值共计人民币53 200元的物品损毁。在追打过程中，被告人杨新松持猎枪企图阻止对方追赶，朝对方人群开了一枪，子弹击中该电玩城经理葛世明头部，致其因严重颅脑损伤并发多器官功能衰竭而死亡；现场无辜群众王强被易修等人持械殴打左腿部致左腓骨骨折，损伤程度属轻伤。

2. 2011 年 8 月 22 日上午 10 时许，王加福与左汉庆两人在武汉市硚口区水厂长途汽车客运站，因争抢客源发生打斗，后经公安机关调解处理。2011 年 8 月 24 日中午，被告人易三云以调解双方纠纷为由，提出由左汉庆、王加福出钱在水厂附近的吟诗酒楼请客吃饭，同时易三云邀请被告人朱光辉以及王前进等人（另案处理）一起就餐。席间左汉庆与朱光辉因言语不和再次发生矛盾，随后左汉庆邀约老乡杜自新、潘忠一、高伦、祝文睿、杜凯凯等人前来助威，朱光辉指使易三云及王前进等人持菜刀、木棒等凶器将潘忠一、高伦、祝文睿、杜凯凯打伤。经鉴定，潘忠一损伤程度为轻伤；高伦、祝文睿、杜凯凯 3 人损伤程度均为轻微伤。

（其他故意伤害、寻衅滋事的事实略）

（二）绑架的事实

2013 年 4 月 24 日晚 10 时许，被告人朱光辉以自己的朋友先锋被李同仪殴打为由，指使被告人管后贤、陈家福到武汉市硚口区玉带街“御景名苑”小区一楼麻将室内，将李同仪绑架至硚口区简易路一卡拉 OK 厅二楼内。后被告人陈家福邀约被告人余志雄、陈才、许还爽等人参与看守。其间，朱光辉指使管后贤、陈家福、余志雄、陈才、许还爽等人使用暴力手段殴打李同仪并索要赎金。2013 年 4 月 25 日下午 2 时许，当李同仪的家人交纳赎金人民币 9 000 元后，朱光辉等人才将李同仪放回。

（三）敲诈勒索的事实

为了达到非法控制武汉市硚口区水厂客运站客运线路、水厂客运站周边中小型餐馆一次性餐具及啤酒经营业务的目的，被告人朱光辉采取暴力胁迫、恐吓等手段逼迫水厂长途汽车客运站的各条线路联营体、武汉市康之福消毒餐具有限公司、硚口区亿万达副食经营部等经销商接受每月向其交纳“保护费”的条件。随后朱光辉指使被告人易三云、朱文力、朱宏、刘超带领被告人余志雄、陈才、郑秦缘、江国亮、彭兴元、林菲及陶家鸣、万威、殷创露等人（均另案处理）对上述经营者进行暴力、威胁、恐吓，并采取抢夺线路牌、车钥匙、不让发车及不让销售、营业等手段收取“保护费”。2002 年至 2013 年 5 月间，朱光辉黑社会性质组织共敲诈勒索现金人民币 260 余万元。

其中,易三云参与敲诈勒索8起,实际数额164万余元;朱宏参与敲诈勒索5起,实际数额39万余元;朱文力、郑秦缘、陈才共同参与敲诈勒索1起,实际数额24万余元;刘超、林非共同参与敲诈勒索1起,实际数额10万余元;江国亮参与敲诈勒索2起,实际数额16万余元;彭兴元参与敲诈勒索1起,实际数额7万余元;余志雄参与敲诈勒索1起,数额12万余元。

(四)非法持有枪支的事实

(非法持有枪支的事实略)

武汉市中级人民法院认为,被告人朱光辉纠集、网罗被告人易三云、朱文力、陈家福、朱宏、刘超、余志雄、陈才、管后贤、许还爽、江国亮、郑秦缘、林非、彭兴元、易修等人,形成较为稳定的犯罪组织,人数众多,有明确的组织者、领导者,骨干成员基本固定;通过有组织地实施违法犯罪活动获取经济利益,以支持该组织的活动;通过暴力、威胁等手段,有组织地多次进行违法犯罪活动,为非作恶,欺压、残害群众;通过有组织地实施犯罪活动,逐步对本市硚口区水厂客运站营运车主以及周边餐饮、啤酒行业形成非法控制和重大影响,严重破坏当地经济、社会生活秩序。朱光辉犯罪组织符合《中华人民共和国刑法》第二百九十四条规定的黑社会性质组织的四个特征,依法应当认定为黑社会性质组织。

被告人朱光辉组织、领导黑社会性质组织,系组织者、领导者;直接参与并组织、指挥组织成员等人实施故意伤害1起,致1人死亡、1人轻伤,情节恶劣,后果严重;直接参与或指使组织成员任意损毁财物,持械随意殴打他人3起,致2人轻伤,6人轻微伤,情节恶劣;直接参与并指使组织成员敲诈勒索他人财物13起,数额260余万元,犯罪数额特别巨大;指使组织成员以勒索财物为目的绑架他人1起,索取赎金9 000元,情节较轻;违反枪支管理规定,非法持有枪支3支,情节严重。其行为分别构成组织、领导黑社会性质组织罪,故意伤害罪,寻衅滋事罪,绑架罪,敲诈勒索罪,非法持有枪支罪。被告人朱光辉系黑社会性质组织的首要分子,依法应当按照该组织所犯的全部罪行处罚;被告人朱光辉在敲诈勒索、寻衅滋事共同犯罪中均起主要作用,系主犯,依法应当按照其参与的或者组织、指挥的全部犯罪处罚;被告人朱光辉曾因故意犯罪被判处有期徒刑,刑满释放后五年内再犯应当判处有期徒刑以上刑罚之罪，系累犯，依法应当从重处罚；被告人朱光辉一人犯数罪，依法应当数罪并罚……被告人朱文力积极参加黑社会性质组织，系骨干成员；邀约并指使他人持械故意伤害1起，致1人死亡，1人轻伤，情节恶劣，后果严重；伙同组织成员敲诈勒索他人财物1起，数额24万余元，犯罪数额巨大；其行为分别构成参加黑社会性质组织罪、敲诈勒索罪。被告人朱文力在敲诈勒索共同犯罪中起主要作用，系主犯，依法应当按照其参与的或者组织、指挥的全部犯罪处罚；被告人朱文力在宣判前一人犯数罪，依法应当数罪并罚。被告人易三云积极参加黑社会性质组织，系骨干成员；伙同组织成员持械随意殴打他人2起，致1人轻伤，3人轻微伤，情节恶劣；伙同组织成员敲诈勒索他人财物8起，数额164万余元，犯罪数额特别巨大，其行为分别构成参加黑社会性质组织罪、寻衅滋事罪、敲诈勒索罪。被告人易三云在敲诈勒索共同犯罪中起主要作用，系主犯，依法应当按照其参与或组织、指挥的全部犯罪处罚。被告人易三云一人犯数罪，依法应当数罪并罚……被告人朱宏积极参加黑社会性质组织，系骨干成员；伙同组织成员敲诈勒索他人财物5起，数额39万余元，犯罪数额巨大。其行为分别构成参加黑社会性质组织罪、敲诈勒索罪。被告人朱宏在敲诈勒索犯罪中起主要作用，系主犯，依法应当按照其参与的或者组织、指挥的全部犯罪处罚。被告人朱宏一人犯数罪，依法应当数罪并罚。被告人刘超积极参加黑社会性质组织，系骨干成员；伙同组织成员持械任意损毁他人财物，随意殴打他人1起，致1人轻伤，情节恶劣，造成财产损失5万余元，情节严重；伙同组织成员敲诈勒索他人财物1起，数额10万元，犯罪数额巨大。其行为分别构成参加黑社会性质组织罪、寻衅滋事罪、敲诈勒索罪。被告人刘超在敲诈勒索共同犯罪中起主要作用，系主犯，依法应当按照其参与的或者组织、指挥的全部犯罪处罚。被告人刘超一人犯数罪，依法应当数罪并罚。被告人陈家福积极参加黑社会性质组织，系骨干成员；伙同组织成员持械任意损毁他人财物，随意殴打他人1起，致1人轻伤，情节恶劣，造成财产损失5万余元，情节严重；以勒索财物为目的绑架他人1起，索取赎金9 000元，情节较轻；违反枪支管理规定，非法持有枪支1支。其行为分别构成参加黑社会性质组织罪、寻衅滋事罪、绑架罪、非法持有枪支罪。被告人陈家福在绑架共同犯罪中起主要作用，系主犯，应当按照其参与的或者组织、指挥的全部犯罪处罚。被告人陈家福案发后自动投案并如实供述犯罪事实，是自首，依法可以从轻处罚。被告人陈家福一人犯数罪，依法应当数罪并罚……依照《中华人民共和国刑法》第二百九十四条一款、第五款，第二百九十三条第一款第一项、第三项，第二百三十四条第二款，第二百七十四条，第二百三十九条第一款，第一百二十八条第一款，第二十五条第一款，第二十六条，第二十七条，第四十八条第一款，第五十五条第一款，第五十六条第一款，第六十七条第一款，第六十五条第一款，第六十九条，第六十四条，第三十六条；《最高人民法院关于审理非法制造、买卖、运输枪支、弹药、爆炸物等刑事案件具体应用法律若干问题的解释》第五条第一款第二项、第二款第二项；《最高人民法院关于审理刑事附带民事诉讼范围的规定》第一条、第四条的规定，判决如下：

1. 被告人朱光辉犯组织、领导黑社会性质组织罪判处有徒刑十年，剥夺政治权利一年，并处没收个人财产人民币十万元；犯故意伤害罪判处死刑，缓期二年执行，剥夺政治权利终身；犯寻衅滋事罪判处有期徒刑五年六个月，并处罚金人民币三万元；犯敲诈勒索罪判处有期徒刑十三年，剥夺政治权利二年，并处罚金人民币十三万元；犯绑架罪判处有期徒刑六年，并处罚金人民币四万元；犯非法持有枪支罪判处有期徒刑五年。决定执行死刑，缓期二年执行，剥夺政治权利终身，并处没收个人财产人民币十万元，罚金人民币二十万元。

……

3. 被告人朱文力犯参加黑社会性质组织罪判处有期徒刑五年，并处罚金人民币五万元；犯故意伤害罪判处有期徒刑十三年，剥夺政治权利二年；犯敲诈勒索罪判处有期徒刑六年，并处罚金人民币六万元。决定执行有期徒刑十七年，剥夺政治权利二年，并处罚金人民币十一万元。

4. 被告人易三云犯参加黑社会性质组织罪判处有期徒刑五年，并处罚金人民币五万元；犯寻衅滋事罪判处有期徒刑二年；犯敲诈勒索罪判处有期徒刑十年，并处罚金人民币十万元。决定执行有期徒刑十二年，并处罚金人民币十五万元。

……

6. 被告人朱宏犯参加黑社会性质组织罪判处有期徒刑四年，并处罚金人民币四万元；犯敲诈勒索罪判处有期徒刑五年，并处罚金人民币五万元。决定执行有期徒刑七年，并处罚金人民币九万元。

7. 被告人刘超犯参加黑社会性质组织罪判处有期徒刑四年，并处罚金人民币四万元；犯寻衅滋事罪判处有期徒刑二年九个月；犯敲诈勒索罪判处有期徒刑三年，并处罚金人民币三万元。决定执行有期徒刑七年，并处罚金人民币七万元。

8. 被告人陈家福犯参加黑社会性质组织罪判处有期徒刑三年，并处罚金人民币三万元；犯寻衅滋事罪判处有期徒刑三年；犯绑架罪判处有期徒刑三年，并处罚金人民币二万元；犯非法持有枪支罪判处有期徒刑一年。决定执行有期徒刑六年六个月，并处罚金人民币五万元。

（其他被告人判决情况略）

一审宣判后，被告人朱文力、易三云、刘超、朱宏等人不服，向湖北省高级人民法院提出上诉。朱文力、易三云、刘超、朱宏上诉提出：原审判决认定其积极参加黑社会性质组织的事实不清，证据不足。

湖北省高级人民法院经审理认为，原审判决认定事实清楚，定罪准确，量刑适当，审判程序合法。各上诉人的上诉理由均不能成立。故裁定驳回上诉，维持原判。

二、主要问题

如何准确把握和认定黑社会性质组织的骨干成员？

三、裁判理由

根据刑法第二百九十四条第一款的规定，黑社会性质组织的成员包括三种类型：组织者、领导者，积极参加者和其他参加者。在该款规定中，还分别设置了七年以上有期徒刑，三年至七年有期徒刑以及三年以下有期徒刑、拘役、管制或者剥夺政治权利三个不同档次的刑罚。也就是说，审判时，对于被认定犯有该罪的被告人要分别归入这三类（也只能归入这三类），并在对应的法定刑幅度内判处刑罚。但是，刑法第二百九十四条第五款第一项规定，黑社会性质组织应当具备“形成较稳定的犯罪组织，人数较多，有明确的组织者、领导者，骨干成员基本固定”的组织特征。其中“骨干成员”所指为何并无明确规定，导致司法实践中在这个问题上出现了一定混乱。在有些黑社会性质组织犯罪案件的裁判文书中可以看到，“骨干成员”一词要么被回避，要么与积极参加者混为一谈、互相替代。不仅社会公众不明其意，许多办案法官也说不清“骨干成员”与法定的三类组织成员有何区别、是何关系。实际上，这个问题在刑法修正之前就已存在。“骨干成员”一词最早出现于2000年12月出台的《最高人民法院关于审理黑社会性质组织犯罪的案件具体应用法律若干问题的解释》(以下简称《司法解释》)。该解释规定，“黑社会性质的组织”一般应具备以下组织特征：“组织结构比较紧密，人数较多，有比较明确的组织者、领导者，骨干成员基本固定，有较为严格的组织纪律。”2002年出台的《全国人大常委会关于〈中华人民共和国刑法〉第二百九十四条第一款的解释》(以下简称《立法解释》)虽对组织特征的认定标准作出调整，但关于“骨干成员基本固定”的要求并未改变，即“形成较稳定的犯罪组织，人数较多，有明确的组织者、领导者，骨干成员基本固定”。之后，该规定又被刑法修正案(八)全盘吸收，并沿用至今。

从字面上理解，“骨干”一词是指事物最主要的、起支柱作用的部分。照此解读，“骨干成员”就应该是指黑社会性质组织中最为核心、最为重要的成员，显然不包括处于组织底层的其他参加者。那么，“骨干成员”是否是指组织者、领导者？毫无疑问，在黑社会性质组织中，组织者、领导者是能够代表组织意志并起决策、指挥、管理作用的核心成员。但从刑法第二百九十四条的相关规定来看，黑社会性质组织的组织特征同时要求“有明确的组织者、领导者”和“骨干成员基本固定”，因此，组织者、领导者与“骨干成员”是并列存在的不同范畴。在排除了组织者、领导者和其他参加者之后，“骨干成员”能否与积极参加者画等号？为了明确这一概念，准确认定组织特征，2015年《全国部分法院审理黑社会性质组织犯罪案件工作座谈会纪要》(以下简称2015年《纪要》)专门对此作出说明：“骨干成员，是指直接听命于组织者、领导者，并多次指挥或积极参与实施有组织的违法犯罪活动或者其他长时间在犯罪组织中起重要作用的犯罪分子，属于积极参加者的一部分。”根据这一界定，在认定“骨干成员”时应分以下几个层次来把握：

第一，骨干成员是积极参加者中的一部分，应当满足积极参加者的认定条件。2009年《最高人民法院、最高人民检察院、公安部办理黑社会性质组织犯罪案件座谈会纪要》（以下简称2009年《纪要》）已经从主客观两方面明确了积极参加者的认定标准。主观方面是指“明知而接受黑社会性质组织的领导和管理”。客观方面则更为复杂一些，既要有“参加”行为，又要符合三种情形之一。其中，第一种情形是指“多次积极参与黑社会性质组织违法犯罪活动”。要求行为人多次积极参与实施黑社会性质组织的违法犯罪活动，且在其参与实施的违法犯罪活动中一般应起主要作用。第二种情形是指“积极参与较严重的黑社会性质组织的犯罪活动且作用突出”。行为人所参与的“较严重的黑社会性质组织的犯罪”，既包括故意杀人、故意伤害、绑架等性质严重的暴力犯罪，也包括其他一些已造成重大财产损失或者恶劣社会影响的犯罪。第三种情形是指“在黑社会性质组织中起重要作用”。实际上就是专指那些对黑社会性质组织的人、财、物等重要事项具有“主要管理职权”，且对犯罪组织的维系、运行、活动确实起到重要作用的成员。审判时，对于“骨干成员”应当首先根据上述规定进行初步判断，不符合积极参加者认定条件的应直接被排除在外。

第二，“骨干成员”应当是直接听命于组织者、领导者的积极参加者。当时在全国人大法工委工作的黄太云同志在解读《立法解释》时指出，“骨干成员，通常是指从组织者、领导者那里受领任务又指挥和积极参与实施具体的犯罪活动的人”，这一解读清晰地传达出了立法本意。应当说，这一解读既符合“骨干”一词的文意，又与黑社会性质组织的组织结构相契合。可以试想，在组织者、领导者明确，而由其直接管理的积极参加者又基本固定的情况下，一个两层级的组织结构便已然建立，只要再加上一定数量的其他成员，并有组织纪律、规约作为管理手段，稳定的犯罪组织即可基本成型。因此，审判时应当紧紧把握“直接听命于组织者、领导者”这一限定条件，从积极参加者中准确筛选出“骨干成员”。

第三，“骨干成员”在黑社会性质组织中所起的作用应当大于一般的积极参加者。在认定“骨干成员”时，仅仅具备“直接听命于组织者、领导者”这一条件还是不够的。既然是“骨干”，所起的作用自然是要比一般的积极参加者更大。与2009年《纪要》中关于积极参加者的规定相比较后不难发现，2015年《纪要》对于“骨干成员”客观方面的要求，实际上是在积极参加者相关要求基础上的升级。只有是“多次指挥或积极参与实施有组织的违法犯罪活动或者其他长时间在犯罪组织中起重要作用”的积极参加者，才能被认定为“骨干成员”。也就是说，只要未达到“多次”，即便“积极参与实施较严重的黑社会性质组织的犯罪活动，且作用突出”，也不能认定。同理，只要未达到“长时间”，即便是对黑社会性质组织的人、财、物等重要事项具有主要管理职权，亦不能认定。

本案中，被告人朱光辉不仅是涉案犯罪组织的发起者，也是组织中公认的最高领导者，全体组织成员均以朱光辉为“带头大哥”，不仅在实施违法犯罪活动时听其号令，而且不管“保护费”是谁负责收取，都必须全部交给朱光辉管理，之后再由其为组织成员统一发放“工资”、提供物质支持。因此，朱光辉显然系黑社会性质组织的组织者、领导者。本案认定的骨干成员共有5人，分别是朱文力、易三云、朱宏、刘超和陈家福，他们当中加入涉案黑社会性质组织时间最短的，也已在组织中发展了一年以上，还有些则是从组织创建之初便已跟随朱光辉。从这5人加入组织后所指挥或积极参与实施的违法犯罪活动来看，易三云、朱宏、陈家福均是“多次指挥或积极参与实施有组织的违法犯罪活动”，朱文力、刘超虽未达到“多次”，但二人均加入组织多年，且与易三云、朱宏、陈家福一样，都是在朱光辉的直接领导和管理下，分别负责一部分“组织事务”，并各自带领和管理一伙“小弟”，在组织中发挥着承上启下的重要作用。其中，朱宏负责对水厂客运站的部分线路及水厂地区一带餐馆的啤酒供应商收取“保护费”，易三云、朱文力负责对水厂客运站大部分线路收取“保护费”，刘超负责对水厂地区一带餐馆消毒餐具供应商收取“保护费”，陈家福主要负责该组织的后勤保障。因此，上述5人不仅符合2009年《纪要》关于积极参加者的规定，也符合2015年《纪要》关于骨干成员的规定，一、二审法院认定上述5人为骨干成员是正确的。

最后，针对审判时容易出现的问题，笔者认为“骨干成员”与积极参加者之间是包含与被包含关系，不能混为一谈。在我国刑法中，对任意共犯的责任区分主要体现在总则部分（划分主从犯），而对必要共犯的责任区分主要是靠分则来解决。组织、领导、参加黑社会性质组织罪就属于必要共犯，刑法第二百九十四条第一款按照三类成员在黑社会性质组织中的地位、作用直接设置了不同幅度的法定刑。因此，准确认定积极参加者的主要意义就在于对被告人公正定罪量刑。而“骨干成员”出现在刑法第二百九十四条中关于黑社会性质组织构成条件的部分，准确认定“骨干成员”的主要意义，则在于保证黑社会性质组织认定的恰当性。由于两个概念的意义、作用不同，在裁判文书中应当区分情况、准确运用。一般来说，在裁判文书认定的事实部分，对于谁是骨干成员应予明确表述，不属于骨干成员的积极参加者也要单独表述清楚。而在裁判文书的“本院认为”部分，由于需要准确叙述罪状和量刑依据，对确属“骨干成员”的被告人，只表述“被告人某某积极参加黑社会性质组织”即可。因为“骨干成员”并没有与之对应的法定刑，积极参加者的身份才是对被告人定罪量刑的适当依据。

（撰稿：湖北省高级人民法院　金吕钢

审编：最高人民法院刑三庭　周　川）

[第 1154 号]

史锦钟等人组织、领导、参加黑社会性质组织案

——如何认定黑社会性质组织的形成时间

一、基本案情

被告人史锦钟,男,1979 年 3 月 25 日出生。2007 年 10 月 9 日因犯故意伤害罪被判处有期徒刑二年,2008 年 8 月 23 日刑满释放。2012 年 4 月 13 日因本案被逮捕。

(其他被告人基本情况略)

江西省吉安市人民检察院以被告人史锦钟、尹忠华、龙武、刘晓武、龚鹏、沈卫、尹卫民、尹友朵、刘海清、高远宇、张江华、皮文林、刘峰、李泽明、刘东东、雷作、周江维、吕金伟、廖红旗分别犯组织、领导、参加黑社会性质组织罪,故意伤害罪,以危险方法危害公共安全罪,开设赌场罪,赌博罪,非法持有枪支罪,非法拘禁罪,强迫交易罪,窝藏罪,向吉安市中级人民法院提起公诉。

史锦钟及其辩护人提出:史锦钟的行为不构成组织、领导黑社会性质组织罪。

吉安市中级人民法院经公开审理查明:

(一)组织、领导、参加黑社会性质组织的事实

被告人史锦钟原为江西省永新县恶势力团伙头目刘文广的手下。2004 年 10 月,史锦钟伙同沈卫等人持枪伤害在永新县有名的恶势力头目夏永东,迫使夏永东离开永新县。因此事件,史锦钟名声大震,并先后网罗社会闲散人员沈卫、尹卫民、高远宇、刘海清、张江华、黄建军、尹忠华、尹友朵等人听其差遣。2006 年刘文广死后,该恶势力团伙演变为分别以史锦钟为首

和以姜小伟为首的两个犯罪组织，相互之间因争霸立势而产生矛盾，互有摩擦。2006年6月，史锦钟为打压姜小伟一方，指使沈卫、刘海清等成员携带枪支、刀具在永新县高桥楼镇将姜小伟手下成员龙海涛等人打伤。为此，史锦钟手下的大部分成员入狱服刑，史锦钟也于2007年10月在浙江省宁波市因犯故意伤害罪被判刑入狱。2008年8月，史锦钟出狱后，继续网罗先前的组织成员，又发展了刘晓武、龙武、龚鹏、尹忠华等骨干成员。该组织通过暴力、威胁或其他手段，实施了大量的有组织犯罪活动，形成了一个以永新县城为主要活动区域，以史锦钟为组织者、领导者，以尹忠华、龙武、刘晓武、龚鹏、沈卫、尹卫民、尹友朵、刘海清、高远宇为积极参加者，张江华、皮文林、刘峰、李泽明、刘东东、雷作、周江维、吕金伟、廖红旗、黄建军（另案处理）、尹志权（另案处理）为一般参与者，组织严密、层级清晰、结构稳定的黑社会性质组织。

该犯罪组织先后在江西省永新县、吉安市，利用组织的恶名和强势地位，有组织地通过暴力、威胁等手段，开设赌场、经营客运班线、插手工程，以获取非法利益。其中，仅在永新县、吉安市开设赌场便获利300余万元，还通过入股永新至安福等客运班线和强行夺取永新县站前西路工程获取利益。该组织在聚敛财富的同时，还通过利益纽带维系组织的生存、发展和壮大。一方面，该组织平时作案所用经费、购置作案工具（砍刀、枪支）、车辆的费用，组织成员作案后用于逃匿、摆平关系的费用，交纳取保候审保证金、支付赔偿金等费用均由组织统一支付，总计支出20余万元。另一方面，史锦钟通过强迫转让方式获取站前西路工程后，安排骨干成员刘晓武担任项目经理，负责工程日常建设等事宜；还将班线中的股权分配给刘晓武、龙武、尹卫明、刘峰等人，形成利益共同体；并通过给沈卫、雷作、龚鹏等人发工资、发红包、食宿全包等方式笼络组织成员。

该犯罪组织为了排除异己、聚敛钱财，使用暴力、威胁和其他手段，或者利用组织的强势地位，大肆实施有组织的违法犯罪活动。其中，故意伤害案7起，共造成1人死亡，1人重伤，7人轻伤；以危险方法危害公共安全案1起，造成1人重伤，2人轻伤；开设赌场案2起；赌博案2起；非法持有枪支案4起；非法拘禁案1起；强迫交易案2起；窝藏案1起。另外，该组织还有数起寻衅滋事等违法行为。史锦钟利用该组织的势力和影响，指使或纵容组织成员寻衅滋事、冲击赌场、逼取赌债，以达到让赌客到该组织开设的赌场进行赌博的目的；使用暴力、威胁或其他手段插手工程建设，纵容组织成员插手茶麸生意，意图垄断永新县茶麸收购市场；利用组织恶名或强势地位，充当打手，随意插手他人纠纷，在永新县称霸一方，极大地破坏了当地的经济秩序和社会生活秩序，严重危害群众生命财产安全。

（二）故意伤害的事实

1. 被告人史锦钟与姜小伟素有积怨。自2006年起，分别以两人为首的犯罪组织之间多有矛盾。为打压对方，提高自已威望，史锦钟多次纠集组织成员殴打姜小伟。2011年，史锦钟以刘文飞拖欠其赌债不还为由，多次安排组织成员刘晓武、龚鹏、尹忠华等人找刘索要赌债。刘文飞因与姜小伟系亲戚，便找到姜出面帮忙。史锦钟认为是姜小伟从中作梗，多次扬言若姜小伟插手此事，就先将其“搞掉”。随后，史锦钟多次指使组织成员龙武、皮文林等人殴打姜小伟直至最终将其伤害致死。具体事实如下：

2011年3月的一天，史锦钟在永新县城开心100宾馆安排皮文林（已判刑）去打姜小伟，并给皮文林一把猎枪和一把仿制手枪，还安排吕金伟协同实施，吕金伟带廖红旗从安福县赶至永新县与皮文林会合。3月15日，皮文林和吕金伟持枪、廖红旗持刀蹲守在永新县才丰乡姜小伟女朋友家附近伺机作案。待姜小伟出门后，皮文林、吕金伟先后开枪，由于吕金伟所持枪支未击发，姜小伟随即躲避。皮文林追上后又朝姜小伟连开两枪，击中姜小伟腿部，该伤情经鉴定为轻伤乙级。

2011年10月的一天，史锦钟在永新县城开心100宾馆安排龙武去打姜小伟，并交给龙武一把仿六四手枪。龙武与李泽明、刘东东下楼准备去打姜小伟时，因姜已开车离去而未实施。此后，史锦钟多次交代龙武一定要打到姜小伟。

2011年11月6日，龙武听从史锦钟指示，安排李泽明、刘东东（二人均已判刑）去打姜小伟。龙武带李、刘二人指认姜小伟后，把史锦钟给的仿制手枪交给李泽明，并购置了两把不锈钢菜刀交给李、刘二人。随后龙武躲在永新县城茗园街一灯具店附近负责接应，李泽明先持枪朝站在店门口的被害人贺珂开枪（枪未击发），后李、刘二人分别持刀将贺珂砍伤。李、刘二人事后才得知，误将贺珂当作姜小伟砍伤。作案后，史锦钟安排龙武等人到自己位于吉安市青原区的出租房内躲避。经鉴定，被害人贺珂的伤势为轻伤甲级。

2012 年 1 月，史锦钟多次指示龙武要在过年前打到姜小伟。1 月 17 日下午，龙武在永新县城茗园街发现姜小伟的行踪后，随即赶到史锦钟的哥哥史锦明家中纠集尹友朵、龚鹏去砍姜小伟。龚鹏找来 3 把菜刀，后 3 人驾驶一辆小轿车前往茗园街寻找姜小伟。在“日丰管业”店门口发现姜小伟后，龙武先持刀砍向姜小伟腿部，姜随即往店内躲避，龚鹏、尹友朵、龙武 3 人持刀朝姜小伟头部、背部、手臂、腿部等处乱砍。见姜小伟被砍倒在地，3 人驾车逃离。龙武向史锦钟报告已经砍到姜小伟，史锦钟便要 3 人先返回史家，然后交给龙武 2 000 元，并先后安排刘晓武、尹忠华等人帮助 3 人逃匿。被害人姜小伟经医院抢救无效死亡。经鉴定，姜小伟系失血性休克死亡。

2. 被害人夏永东曾打过被告人史锦钟。2004 年，夏永东因琐事在史锦钟经营的发廊里打了一个人，史锦钟要求夏永东赔偿未果，便决意报复。2004 年 10 月 10 日晚，史锦钟纠集被告人沈卫和“小飞”“飞侠”（二人均另案处理），四人持两把仿六四手枪、一把猎枪、一把砍刀，在永新县城品牌街开枪击伤夏永东。经鉴定，夏永东的伤势为轻伤乙级。

3. 2006 年 6 月，被告人史锦钟组织成员被姜小伟手下打伤。6 月 29 日，史锦钟邀集沈卫、尹卫民、高远宇、刘海清（均已判刑）等骨干成员商议报复。在发现被害人龙海涛等人行踪后，尹卫民带上一支六连发转盘枪，纠集尹忠华、尹友朵、贺小云（均已判刑）驾车跟踪，沈卫驾车纠集黄建军（已判刑）等人、刘海清驾车纠集吴小园（已判刑）等人、高远宇驾车纠集尹志权（已判刑）等人均朝高桥楼方向追去。在永新县高桥楼派出所地段，尹卫民等人驾车合围被害人黄小康、龙海涛等人驾驶的车辆，尹卫民下车持枪威胁黄小康等人，尹忠华、贺小云分别持马刀、锁具砍砸被害人驾驶汽车的玻璃，黄建军、尹志权、龙风荣（已判刑）持刀将被害人砍伤。经鉴定，被害人黄小康、龙海涛、刘路平为轻伤甲级，田志强为轻伤乙级。经鉴定，尹卫民所持枪支具有杀伤力。

（其他故意伤害事实，开设赌场、赌博、非法持有枪支、非法拘禁、强迫交易、窝藏事实以及其他违法事实略）

吉安市中级人民法院经审理认为，被告人史锦钟的行为已构成组织、领导黑社会性质组织罪、故意伤害罪、以危险方法危害公共安全罪，开设赌场罪、赌博罪、非法持有枪支罪、非法拘禁罪、强迫交易罪，依法应数罪并罚。史锦钟在黑社会性质组织中起组织、领导作用，系首要分子。其在刑罚执行完毕后五年以内再犯应当判处有期徒刑以上刑罚之罪，系累犯，应当从重处罚……依照《中华人民共和国刑法》第二百九十四条第一款、第五款，第二百三十四条，第一百一十五条第一款，第三百零三条，第一百二十八条第一款，第二百三十八条第一款，第二百二十六条，第三百一十条第一款，第二十五条第一款，第二十六条第一款、第三款，第四十八条第一款，第五十二条，第五十六条第一款，第五十七条第一款，第六十五条第一款，第六十七条第一款、第三款，第六十八条，第六十九条，第七十条，第三十六条第一款的规定，判决如下：

被告人史锦钟犯组织、领导黑社会性质组织罪，判处有期徒刑九年，并处没收财产人民币五万元；犯故意伤害罪，判处死刑，缓期二年执行，剥夺政治权利终身；犯以危险方法危害公共安全罪，判处有期徒刑十年；犯开设赌场罪，判处有期徒刑三年，并处罚金人民币三万元；犯赌博罪，判处有期徒刑二年，并处罚金人民币两万元；犯非法持有枪支罪，判处有期徒刑四年；犯非法拘禁罪，判处有期徒刑二年；犯强迫交易罪，判处有期徒刑二年，并处罚金人民币一万元。决定执行死刑，缓期二年执行，剥夺政治权利终身，并处没收财产人民币五万元，罚金人民币六万元。

（其他被告人判决情况略）

一审宣判后，吉安市人民检察院以被告人史锦钟到案后无悔罪表现，一审法院判处史锦钟死缓，属于适用法律不当，导致量刑畸轻，应当判处死刑为由提出抗诉。

被告人史锦钟、尹忠华、龙武、尹友朵、龚鹏、刘晓武、沈卫、尹卫民、刘海清以其行为不构成组织、领导、参加黑社会性质组织罪分别提出上诉。

江西省高级人民法院经审理后认定，2004年10月10日晚，被告人史锦钟伙同他人故意伤害夏永东一案不属于黑社会性质组织所实施的犯罪，系史锦钟等人实施的个人犯罪。

江西省高级人民法院经审理认为，上诉人史锦钟的行为已构成组织、领导黑社会性质组织罪、故意伤害罪、以危险方法危害公共安全罪、开设赌场罪、赌博罪、非法持有枪支罪、非法拘禁罪、强迫交易罪，依法应数罪并罚。史锦钟在黑社会性质组织中起组织、领导作用，系首要分子。其在刑罚执行完毕后五年以内再犯应当判处有期徒刑以上刑罚之罪，系累犯，应当从重处罚。考虑史锦钟有一定的认罪悔罪表现，对其可酌情从轻处罚，对其所犯故意伤害罪可判处死刑，但不必立即执行。同时考虑史锦钟系黑社会性质组织的组织者、领导者，人身危险性极大，对其应限制减刑。对江西省人民检察院支持抗诉意见书和出庭意见中关于一审对史锦钟判处死缓，量刑畸轻，应当判处死刑立即执行的意见不予采纳……依照《中华人民共和国刑事诉讼法》第二百二十五第一款第一项、第二项，第二百二十六条第二款，第二百三十七条和《中华人民共和国刑法》第二百九十四条第一款、第四款、第五款，第二百三十四条，第一百一十五条第一款，第三百零三条，第一百二十八条第一款，第二百三十八条第一款，第二百二十六条，第三百一十条，第二十五条第一款，第二十六条第一款、第三款、第四款，第四十八条第一款，第五十条第二款，第五十二条，第五十六条第一款，第五十七条第一款，第六十五条第一款，第六十七条第一款、第三款，第六十八条，第六十九条，第七十条之规定，判决如下：

1. 维持一审判决对上诉人史锦钟的定罪量刑。

2. 对上诉人史锦钟限制减刑。

（其他上诉人、原审被告人的定罪处刑情况略）

二、主要问题

如何认定黑社会性质组织形成的时间。

三、裁判理由

黑社会性质组织的形成有无明确的时间节点？如果无法判断时间节点，那么，在黑社会性质组织成员在较早之前实施的违法犯罪行为，能否认定为组织的违法犯罪行为？该问题在司法实践中有不同的认识。具体到本案，发生在 2004 年的史锦钟纠集沈卫故意伤害夏永东的犯罪行为能否认定为黑社会性质组织的犯罪行为？该问题需要通过明确黑社会性质组织形成的时间节点才能解决。

黑社会性质组织一般都会有一个从产生、发展到逐步壮大的过程。随着组织的发展演变和犯罪行为的积累，其组织特征、经济特征、行为特征和非法控制特征逐渐形成、完备。严格来说，前述四个特征都具备了，才可称之为黑社会性质组织，但正如 2009 年下发的《最高人民法院、最高人民检察院、公安部办理黑社会性质组织犯罪案件座谈会纪要》所指出的，普通犯罪集团、恶势力团伙向黑社会性质组织发展是一个渐进的过程，没有明显的性质转变的节点，审判中也难以判明四个特征何时均已具备，认定标准无法统一。2015 年 9 月 7 日，最高人民法院在广西壮族自治区北海市召开会议，并形成《全国部分法院审理黑社会性质组织犯罪案件工作座谈会纪要》(以下简称 2015 年《纪要》)。该文件规定："黑社会性质组织存续的起点，可以根据涉案犯罪组织举行成立仪式或者进行类似活动的时间来认定。没有前述活动的，可以根据足以反映其初步形成核心利益或者强势地位的重大事件发布时间进行审查判断。没有明显标志性事件的，也可以根据涉案犯罪组织为维护、扩大组织势力、实力、影响、经济基础或者按照组织惯例、纪律、活动规约而首次实施有组织的犯罪活动的时间进行审查判断。"该规定不仅体现了在审判实践中认定黑社会性质组织形成时间的必要性、重要性，同时也确定了可供操作的具体标准，对于准确适用法律，切实做到罚当其罪，维护公平正义有重要意义。

从司法实践情况来看，尽管举行成立仪式也并不意味着黑社会性质组织的四个特征都已具备，但由于此类活动往往带有明确组织层级、结构、宗旨、目标的性质，故将举行成立仪式作为黑社会性质组织形成时间的起点很少会引起争议。不过，由于黑社会性质组织的成熟程度、严密程度毕竟不同于典型的黑社会组织，通过举行专门仪式来宣告成立的为数很少，故仅此一个判断标准尚不足以应对实践中各类复杂情况。审判时可以发现，有相当多的黑社会性质组织在发展过程中，都存在对其树立非法权威、争夺势力范围、获取稳定经济来源具有重要意义的违法犯罪活动或其他重大事件。这些违法犯罪活动或重大事件的具体情形和后果不尽相同：有的是击垮主要竞争对手、有的是抢得重要资源、还有的是制造重大社会影响并极大提升了犯罪组织的知名度。但其相同之处在于，它们都会对黑社会性质组织的发展、升级产生显著的推动或催化作用。将这些违法犯罪活动或重大事件作为黑社会性质组织的形成起点，不仅易于判断，而且也符合黑社会性质组织的成立宗旨和发展规律。当然，确实也有一些案件中不存在明显的标志性事件。在此情况下，可以按照2015年《纪要》的规定，将首次实施有组织犯罪活动的时间作为形成起点。应当注意的是，"首次实施有组织犯罪活动"并非仅指实施犯罪的方式具有组织性，更重要的是看该犯罪是否为了组织利益、按照组织意志而实施，以及犯罪能否体现该组织追求非法控制的意图。认定黑社会性质组织的违法犯罪活动，并非只有那些直接体现组织利益和组织意图的违法犯罪活动才能构成，只要符合组织惯例、纪律、活动规约，或者客观上起到维护和扩大组织势力、实力、影响、经济基础作用的也可认定。但是，在判断黑社会性质组织形成时间起点时，由于还没有所谓的惯例、纪律、活动规约可供参照，反映非法控制意图的事实尚不充分，如果作为判断依据的"首次实施有组织犯罪活动"不能体现组织利益、意图，则会失去应有的作用和意义。

结合本案事实，以史锦钟为首的犯罪组织，通过多年的发展，组织者、领导者明确，基本骨干一直稳定，而且不断发展其他成员，人数多达20余人。该组织不仅层级分明，且内部已形成一系列成员必须遵守的不成文的规矩，如不准吸毒、接受指令后必须执行且不得问原因、成员之间不允许发生矛盾等。该组织在永新县等地实施了一系列违法犯罪活动，涉及9项罪名、19起犯罪事实、7起违法事实，其中仅开设赌场一项便获利数百万元。该犯罪组织虽尚未能完全控制当地某个行业，但在赌博等非法行业内，对其他存在竞争关系的违法犯罪者不断进行打击，追求非法控制的意图十分明显，且在当地赌博行业内已形成重大影响。为谋取更大的非法利益，该组织还不断拓展涉足的领域，追求对当地工程招投标市场、茶麸收购市场的非法控制，对永新县的经济、社会生活秩序形成重大影响，已具备黑社会性质组织的四个特征。

该黑社会性质组织的形成、发展具有一定的代表性，经历了从恶势力团伙逐步发展为黑社会性质组织的过程。从时间上看，大致分为前后两个阶段：2004年至2006年是前一个阶段。在该阶段内，史锦钟依附于当地恶势力头目刘文广手下，团伙成员还有本案被害人姜小伟。在追随刘文广期间，史锦钟因私人恩怨，于2004年10月纠集沈卫等人持枪打伤另一恶势力团伙头目夏永东，迫使夏永东离开永新县，此举为史锦钟积累了个人“声望”，史锦钟也借此开始组织、网罗多名社会闲散人员直接受其差遣。第二个阶段是自2006年刘文广死后直至本案案发。刘文广之死导致以其为首的恶势力团伙开始分裂，史锦钟自立门户，并居于新的犯罪组织核心。随着沈卫、尹卫民、高远宇、刘海清、刘晓武、张江华、龙武、尹忠华、尹友朵、黄建军、尹志权等人的加入，以史锦钟为首的犯罪组织势力日渐增大，追求非法控制的意图日益明显。从此时开始，史锦钟一方面积极为该组织的发展积蓄经济实力，通过有组织地开设赌场、聚众赌博谋取非法利益；另一方面为确立其所领导的犯罪组织在永新县区域内的强势地位，有目的、有计划地打压与其有竞争关系的姜小伟犯罪组织。2006年6月29日，史锦钟指使沈卫、刘海清、高远宇、尹卫民、尹忠华、黄建军及尹志权等组织成员携带枪支和刀具在永新县高桥楼镇将姜小伟团伙成员龙海涛、何俊、黄小康等人打伤。该次犯罪，史锦钟犯罪组织的成员几乎全部参加，并将姜小伟一方的数名骨干成员打伤打残，致使姜小伟犯罪组织在此后实力大为减弱。此次犯罪不仅是典型的带有“争霸”性质的有组织犯罪，而且对史锦钟犯罪组织排除竞争对手、确立非法权威产生了重要影响。虽然在司法机关的打击下，史锦钟犯罪组织大部分成员或入狱或潜逃，在一段时间内呈分散解体状态，但该组织的恶名和史锦钟的个人权威已经形成，并对之后该组织的死灰复燃起到了重要作用。2008年史锦钟刑满释放后，该组织成员又迅速聚拢到其身边，其间又发展了刘晓武、龙武、龚鹏和尹忠华等骨干成员，社会闲散人员雷作、廖红旗、刘峰、皮文林、周江维、吕金伟等纷纷加入，组织规模不断巩固和扩大。至此，该犯罪组织以暴力、威胁或其他手段，实施了大量有组织的违法犯罪活动，大肆敛财、壮大经济实力，并将所得财产部分用于违法犯罪活动和维系组织的生存发展，形成了一个以永新县城为地域基础，以史锦钟为组织者、领导者，以尹忠华、龙武、刘晓武、龚鹏、沈卫、尹卫民、尹友朵、刘海清、高远宇为积极参加者，张江华、皮文林、刘峰、李泽明、刘东东、雷作、周江维、吕金伟、廖红旗、黄建军和尹志权为一般参与者，组织架构完整、层级清晰、结构稳定的黑社会性质组织。综上，2006 年 6 月，史锦钟指使组织成员在永新县高桥楼故意伤害黄小康、龙海涛等人一案可视为该黑社会性质组织的形成起点。

与之相比较，2004 年 10 月史锦钟、沈卫等人故意伤害夏永东一案，虽然是由史锦钟与涉案黑社会性质组织成员沈卫等人共同有组织地实施，客观上也提升了史锦钟的恶名，但该起犯罪是因个人恩怨而引发，既不涉及组织利益，也无法反映追求非法控制的意图。况且，当时史锦钟只是刘文广恶势力团伙的一名成员，尚未创建由其自己领导的犯罪组织，因此，不能据此认定涉案黑社会性质组织始于 2004 年 10 月，该起犯罪也不能认定为黑社会性质组织的犯罪，二审法院予以纠正是正确的。

（撰稿：江西省高级人民法院　周素阳

审编：最高人民法院刑三庭　周　川）

[第 1155 号]

汪振等人组织、领导、参加黑社会性质组织案

——较长时期内暂停实施违法犯罪活动的,是否可以认定黑社会性质组织仍持续存在

一、基本案情

被告人汪振,男,1969 年 9 月 22 日出生。1993 年 9 月 30 日因销赃、故意伤害被劳动教养三年;2006 年 9 月 4 日因涉嫌犯故意伤害罪被逮捕,同月 5 日被监视居住,2007 年 3 月 5 日解除监视居住;2010 年 8 月 11 日因涉嫌犯故意杀人罪被逮捕,同日被监视居住,2011 年 2 月 11 日解除监视居住。2011 年 6 月 11 日因本案被逮捕。

(其他被告人基本情况略)

湖南省怀化市人民检察院以被告人汪振、徐立忠等 27 人分别犯组织、领导、参加黑社会性质组织罪,故意杀人罪,故意伤害罪,聚众斗殴罪,非法拘禁罪,寻衅滋事罪,窝藏罪,敲诈勒索罪,贩卖毒品罪,开设赌场罪,妨害作证罪,非法持有枪支、弹药罪,向湖南省怀化市中级人民法院提起公诉。

被告人汪振辩称:其行为不构成组织、领导黑社会性质组织罪,故意杀人罪,故意伤害罪,聚众斗殴罪,寻衅滋事罪,敲诈勒索罪,妨害作证罪,非法持有枪支、弹药罪。其辩护人提出汪振不构成组织、领导黑社会性质组织罪,妨害作证罪,非法持有枪支、弹药罪,敲诈勒索罪,以及不应承担故意杀人罪的刑事责任等辩护意见。

怀化市中级人民法院经公开审理查明:

(一)组织、领导、参加黑社会性质组织的事实

1996 年,被告人汪振被解除劳动教养以后,在湖南省沅陵县县城纠集

被告人杨建华、李明冬、陈斌(共同作案人,已被执行死刑)和颜允海等人为非作恶,成为当地的一伙恶势力。1997年5月7日,汪振伙同杨建华、李明冬、陈斌和颜允海(另案处理)等人在沅陵县沅陵镇好吃街巷口将另一恶势力团伙成员陈辉砍成重伤后,汪振负案潜逃至广东省深圳市。1998年年初,汪振为了控制深圳至沅陵的长途客运市场以牟取暴利,纠集和网罗了郑开华、陈斌、颜允海、廖建、张中华、刘福生、杨军(后4人均另案处理)等人,通过违法犯罪活动夺取车站的经营权,获取经济利益,严重破坏了深圳至沅陵的长途客运秩序,初步形成了以汪振为组织者、领导者,郑开华、陈斌、颜允海、廖建、张中华、刘福生、杨军等人为积极参加者的黑社会性质组织。1999年10月,汪振在深圳因抗拒公安机关的抓捕,被民警开枪击伤,致使双下肢瘫痪。此后,汪振在田继安等人的陪护下在深圳疗伤。2005年下半年,汪振返回沅陵县。为了重新确立其在沅陵社会上的地位,汪振纠集田继安、陈斌、廖建、杨建华等人,同时网罗胡先亮、宋志辉、刘安、粟建华、宋祖勤、刘双华、杨道君、杨伟君、瞿占生、李文武、糜永刚(后3人均另案处理)等刑满释放人员和社会闲杂人员,由汪振将上述成员分为贩卖毒品和充当打手两部分,规定两部分成员之间不准接触,分开居住,统一开餐,违法犯罪所得由汪振统一管理和分配,充当打手的成员不准吸毒。2007年10月,胡先亮、宋祖勤、刘双华、杨道君、杨伟君、廖建、瞿占生、李文武、糜永刚因贩卖毒品罪被判处刑罚。2007年12月,杨建华、宋志辉、刘安因聚众斗殴罪被判处刑罚。之后,陈斌因故意杀人罪被执行死刑。汪振为了发展自己的势力,又纠集李明冬和郑开华,并吸纳徐立忠、李登红、谢伟、马继杨、丁雪松、陆启典、张园园、杨世刚、张松国、姚素英、钟海军、宋仪岸、宋文智、赵儒军等人为成员。其中,李登红负责管理钟海军、宋仪岸、宋文智、张晓宇(另案处理)等人,谢伟负责管理瞿伟权、张朝林、向杰(均另案处理)等人,马继杨负责管理梁帅(外号"福宝",另案处理)、马军(外号"胖子",另案处理)等人,张园园、杨世刚、张松国负责管理赵儒军和张海、宋明(均另案处理)等人。汪振通过对骨干成员的控制来达到对整个组织的控制,李登红、谢伟、马继杨、张园园、杨世刚、张松国带领各自管理的成员,集中住宿,统一开餐,形成了不许吸毒、不许到汪振开设的赌场内赌博等规矩。

汪振黑社会性质组织在形成和发展壮大过程中，为谋取经济利益，打击竞争对手，争夺地盘，大肆进行违法犯罪活动，有组织地实施故意杀人、故意伤害、聚众斗殴、寻衅滋事、贩卖毒品等犯罪，致1人死亡、1人重伤、4人轻伤、2人轻微伤，严重破坏了当地的社会秩序和经济秩序，造成了极其恶劣的社会影响。

（二）故意杀人、故意伤害、聚众斗殴的事实

2006年7月底，湖南省衡阳市石鼓区无业人员邬永辉（已判刑）因欠下沅陵县无业人员陈金（共同作案人，已判刑）赌债2 900元，与陈金产生矛盾。2006年8月19日晚，邬永辉与杨佳升（男，1984年6月出生）、尹相钧（已免予刑事处罚）等人来到湖南省长沙市开福区营盘路私生活网吧找到在此上网的陈金，要求免除部分赌债，被陈金拒绝后，邬永辉等人打了陈金。陈斌同在网吧上网，为此电话联系上宋志辉，通过宋志辉向汪振求助。汪振遂安排宋志辉、杨建华、刘安、陈星（共同作案人，均已被判刑）前往长沙帮陈斌打架，并提供左轮手枪一把、子弹6发、砍刀4把。汪振要胡先亮为宋志辉四人租了车，并支付了500元租车费，还给了杨建华1 000元用于开支。宋志辉、杨建华、刘安、陈星乘坐顾全（共同作案人，已判刑）驾驶的车牌号为湘N43569的奇瑞轿车来到长沙，于2006年8月20日早上与陈金、陈斌会合。当天上午9时许，陈金以和解为名，骗邬永辉到长沙市开福区营盘路乡里人家饭店。后陈斌、宋志辉、杨建华、刘安、陈星携带工具来到该饭店。邬永辉、尹相钧、杨佳升等人明知对方可能有诈，仍携带刀具赴约。同日上午10时许，双方在乡里人家饭店门前人行道上见面后，陈金向宋志辉等人示意并大喊“砍”，随即带头砍向邬永辉。随即，陈星持左轮手枪逼住杨佳升，陈斌持匕首上前刺中杨佳升左腹部，杨建华、宋志辉、刘安持砍刀朝杨佳升身上乱砍。邬永辉被砍后逃离，陈金和陈斌追赶邬永辉未成返回现场，陈金又持刀砍了杨佳升的手部。其间，陈星将石振华打倒在地。陈斌等六人行凶后乘坐奇瑞轿车逃离现场。杨佳升经送医院抢救无效，于当天死亡。

（其他故意伤害、聚众斗殴的事实略）

（三）寻衅滋事的事实

1.1998年年初，被告人汪振为了夺取广东省深圳市坂田车站的经营权，

提出与李一波合伙经营车站，遭到李一波的拒绝。1998 年 3 月 8 日下午 3 时许，汪振带领陈斌、颜允海、刘福生等人来到李一波在坂田的住房内，找到正在打麻将的李一波。汪振持匕首朝李一波大腿猛捅一刀。

2.1998 年，被告人汪振为了夺取广东省深圳市石岩车站的经营权，提出与陈小勇合伙经营车站，遭到陈小勇的拒绝，汪振即指使郑开华、陈斌、张中华、刘福生等人去砍陈小勇。郑开华等人携带砍刀来到石岩车站，没有找到陈小勇，张中华看见与陈小勇一起经营石岩车站的杨学兵正在车站内打电话，即抽出随身携带的砍刀跑过去砍杨学兵，杨学兵被砍后转身逃跑，郑开华、陈斌、刘福生等人亦持砍刀在后追砍，造成杨学兵全身多处被砍伤。经法医鉴定，杨学兵的损伤程度已构成轻伤。

（其他寻衅滋事的事实略）

（四）敲诈勒索的事实

1.2008 年，被告人汪振为了垄断沅陵县城的“六合彩”码书销售，一方面安排徐立忠、田自飞与沅陵县城码书经营者底玉萍一起销售“六合彩”码书；另一方面安排谢伟等人去找沅陵县城码书经营者钱孟秋，不准钱孟秋经营码书。钱孟秋闻讯后来到汪振家求情，汪振要求钱孟秋给 30 万元才能经营码书。钱孟秋迫于汪振一伙的淫威，答应给汪振 18 万元。2008 年 5 月 3 日，钱孟秋安排朋友杨能将现金 18 万元送给汪振，杨能按照汪振的吩咐将钱存入徐立忠的账户。

2.2008 年，被告人汪振将在沅陵县城南武田巷开设赌场的黄君建叫到家中，要求到赌场入干股。黄君建迫于汪振的淫威，答应让汪振入干股。汪振指使李明冬、谢伟到黄君建赌场分多次收取 7 000 元，李明冬、谢伟将 7 000 元钱全部交给了汪振。

（其他敲诈勒索的事实以及贩卖毒品、开设赌场、妨害作证、非法持有枪支的事实略）

怀化市中级人民法院认为，被告人汪振的行为构成组织、领导黑社会性质组织罪，故意杀人罪，故意伤害罪，聚众斗殴罪，寻衅滋事罪，敲诈勒索罪，贩卖毒品罪，开设赌场罪，妨害作证罪，非法持有枪支罪……依照 1979 年《中华人民共和国刑法》第一百三十四条第二款、第二十二条第一款、第二十三条；1997年修订的《中华人民共和国刑法》第二百七十四条，第二百九十三条第一项，第二百九十四条第一款、第三款，第六十九条，第七十七条；《中华人民共和国刑法》第一百二十八条第一款，第二百三十二条，第二百三十四条，第二百三十八条第一款，第二百六十三条，第二百九十二条，第二百九十四条第一款、第四款、第五款，第三百零三条第二款，第三百零七条第一款，第三百一十条第一款，第三百四十七条第一款、第二款第一项和第二项、第七款，第三百五十七条，第十二条第一款，第二十五条第一款，第二十六条，第二十七条，第四十七条，第四十八条，第五十二条，第五十三条，第五十七条第一款，第五十九条，第六十四条，第六十五条第一款，第六十七条第三款，第七十条，第八十七条，第八十八条，第八十九条，第九十七条；《全国人民代表大会常务委员会关于〈中华人民共和国刑法〉第二百九十四条第一款的解释》，《最高人民法院关于〈中华人民共和国刑法修正案（八）〉时间效力问题的解释》第四条、第六条，《最高人民法院关于在裁判文书中如何表述修正前后刑法条文的批复》；《最高人民法院关于罪犯因漏罪、新罪数罪并罚时原减刑裁定应如何处理的意见》；《最高人民法院关于审理非法制造、买卖、运输枪支、弹药、爆炸物等刑事案件具体应用法律若干问题的解释》第五条；《最高人民法院关于审理黑社会性质组织犯罪的案件具体应用法律若干问题的解释》第一条、第三条和第七条之规定，于2012年10月30日判决如下：

被告人汪振犯组织、领导黑社会性质组织罪，判处有期徒刑九年六个月；犯故意杀人罪，判处死刑，剥夺政治权利终身；犯故意伤害罪，判处有期徒刑九年；犯聚众斗殴罪，判处有期徒刑五年；犯寻衅滋事罪，判处有期徒刑三年；犯敲诈勒索罪，判处有期徒刑八年；犯贩卖毒品罪，判处死刑，剥夺政治权利终身，并处没收财产十万元；犯开设赌场罪，判处有期徒刑四年，并处罚金人民币二十万元；犯妨害作证罪，判处有期徒刑一年；犯非法持有枪支罪，判处有期徒刑二年；数罪并罚，决定执行死刑，剥夺政治权利终身，并处没收财产十万元，罚金人民币二十万元。

（其他被告人的定罪处刑情况略）

一审宣判后，被告人汪振、徐立忠、胡先亮、李明冬、杨建华、宋志辉、刘安、粟建华、田继安、宋祖勤、刘双华、杨道君、杨伟君、谢伟、马继杨、丁雪松、张园园、杨世刚、张松国、钟海军、宋文智、赵儒军不服，提出上诉。

汪振及其辩护人提出：原判忽略了汪振高位瘫痪已无犯罪条件以及1999年10月至2005年11月在广东养病期间无违法犯罪行为的问题，认定汪振犯组织、领导黑社会性质组织罪违背事实和法律等上诉理由和辩护意见。

湖南省高级人民法院经审理认为，原审判决认定的犯罪事实清楚，证据确实、充分，定罪准确，除对汪振所犯贩卖毒品罪量刑过重以外，对其他犯罪的量刑均适当。审判程序合法。依照1997年修订的《中华人民共和国刑法》第二百九十四条第一款、第三款，第二百九十三条第一项，第二百七十四条，第六十九条，第七十七条和《中华人民共和国刑法》第二百九十二条第一款第四项、第二款，第二百三十二条，第二百三十四条，第三百四十七条第一款、第二款第一项、第七款，第三百零三条第二款，第三百零七条第一款，第一百二十八条第一款，第二百六十三条，第二百三十八条第一款，第三百一十条第一款，第十二条，第二十五条第一款，第二十六条，第二十七条，第五十二条，第五十七条第一款，第五十九条，第六十四条，第六十五条第一款，第七十条，第八十九条，第九十七条及《中华人民共和国刑事诉讼法》第二百二十五条第一款第一项、第二项的规定，于2014年10月29日判决如下：

1. 驳回上诉人徐立忠、胡先亮、李明冬、杨建华、宋志辉、刘安、粟建华、田继安、宋祖勤、刘双华、杨道君、杨伟君、谢伟、马继杨、丁雪松、张园园、杨世刚、张松国、钟海军、宋文智、赵儒军的上诉和上诉人汪振的部分上诉，维持湖南省怀化市中级人民法院（2011）怀中刑一初字第36号刑事判决第2项至第28项判决和第1项中对汪振犯组织、领导黑社会性质组织罪，故意杀人罪、故意伤害罪，聚众斗殴罪、寻衅滋事罪，敲诈勒索罪，开设赌场罪，妨害作证罪，非法持有枪支罪的判决及犯贩卖毒品罪定罪部分的判决。

2. 撤销湖南省怀化市中级人民法院（2011）怀中刑一初字第36号刑事判决第1项中对上诉人汪振犯贩卖毒品罪量刑部分的判决。

3. 上诉人汪振犯贩卖毒品罪，判处无期徒刑，剥夺政治权利终身，并处没收财产人民币十万元，与原判对汪振犯组织、领导黑社会性质组织罪，故意杀人罪，故意伤害罪，聚众斗殴罪，寻衅滋事罪，敲诈勒索罪，开设赌场罪，妨害作证罪，非法持有枪支罪判处的刑罚并罚，决定执行死刑，剥夺政治权利终身，并处没收财产人民币十万元，罚金人民币二十万元。

最高人民法院经复核审理，依法核准被告人汪振死刑。

二、主要问题

较长时期内暂停实施违法犯罪活动的，是否可以认定黑社会性质组织仍持续存在？

三、裁判理由

（一）黑社会性质组织应当是在较长时期内持续存在的犯罪组织

刑法第二百九十四条第一款尽管没有明文表述黑社会性质组织应当是在较长时期内持续存在的犯罪组织，但该条第五款第一项中所规定的“形成较稳定的犯罪组织”，实际上已经包含了这一要求。如果对黑社会性质组织的四个特征进行系统化分析，便会发现“较长时期内持续存在”是认定黑社会性质组织的必然要求。从逻辑角度观察，黑社会性质组织不可能像合法组织那样在满足法定要件后成立运作，而只能是在违法犯罪活动中逐步发展、定型与升级。换言之，即便是成立之初就明确以成为黑社会性质组织为目标的犯罪组织，也不可能从其形成之日起就实现对一定区域或者行业的非法控制或重大影响，需要通过多次有组织地实施违法犯罪活动才能得以形成。从司法审查的角度来看，判断是否已形成较稳定的犯罪组织、骨干成员是否基本固定以及是否通过有组织的违法犯罪活动获取经济利益并实现对一定行业或区域的非法控制或形成重大影响，都需要以在较长时期内连续、多次实施有组织的违法犯罪活动作为主要依据。否则，既不能确定犯罪组织具有稳定性，更不能认定其已符合黑社会性质组织的法定认定标准。

判断犯罪组织是否在“较长时期内持续存在”，主要涉及两方面问题：一是“较长时期”从何时起算、需要持续多久；二是“持续存在”应当如何认定。关于第一个问题，2015年最高人民法院印发的《全国部分法院审理黑社会性质组织犯罪案件工作座谈会纪要》（以下简称2015年《纪要》）已有比较明确的规定，司法实践中遵照执行即可。关于第二个问题，笔者认为，在确定犯罪组织的形成起点后，只要该犯罪组织以组织名义、为组织利益连续多次实施违法犯罪活动的，就可以认定犯罪组织持续存在。实践中，有以下两种情况值得注意：一是有些黑社会性质组织脱离“打打杀杀”的初级阶段后，往往会以合法行业为主要经济来源，并会为逃避打击而自我“洗白”，有意减少甚至在一定时期内暂时停止实施违法犯罪活动，给人造成犯罪组织已经“转型”或者“解散”的错觉。当需要打击对手、抢夺市场、攫取资源之时，便会恢复本来面目，继续实施违法犯罪活动。二是有些黑社会性质组织在发展过程中，因某些具体的犯罪案件被公安司法机关查破，原有的组织成员或被抓或潜逃，被迫暂时停止实施违法犯罪活动，由此形成组织“溃散”的假象。但经过一段时间以后，组织成员又会重新聚集，或者又有新的成员加入并继续实施有组织违法犯罪活动。在认定黑社会性质组织是否持续存在时，以上两种情况往往会引发争议。

相比较而言，在第一种情况下，由于暂停违法犯罪活动期间，组织成员、结构一般不会发生大的变化，故认定起来相对容易。而对于第二种情况，由于组织成员一般会有明显更替，甚至犯罪组织活动的区域、染指的领域也可能发生变化，故认定起来存在一定难度。笔者认为，在第二种情况下，判断黑社会性质组织是否持续存在，应当着重审查组织者、领导者、骨干成员等组织的核心成员是否具有延续性，以及组织的非法影响是否具有延续性。组织的核心成员具有延续性，说明犯罪组织的基本构成是稳定的；非法影响具有延续性，说明犯罪组织的行为方式和犯罪宗旨未发生根本变化。需要说明的是，对于刑法第二百九十四条第五款第一项中的“骨干成员基本固定”，不能理解为骨干成员不变或基本不变。如同正规合法的社会组织，黑社会性质组织也会存在新老交替，当原本的骨干成员受到司法打击或由于死亡、受伤、潜逃、被开除等其他原因脱离组织后，由低层级的成员或新成员填补继位，并不会影响组织结构的稳定性和组织运转的有效性，组织者、领导者依然能够通过对骨干成员的直接指挥来对整个犯罪组织进行稳定的管控。因此，只要不是时聚时散或者频繁地大面积更换，就可以视为“骨干成员基本固定”。正因如此，在判断组织核心成员的延续性时，也并不要求骨干成员全部或者大部分保持不变。

（二）对本案黑社会性质组织是否持续存在的具体分析

本案中，汪振与陈斌于1998年负案潜逃至深圳，沅陵县部分负案在逃人员郑开华、张中华、廖建随后到深圳投靠汪振，汪振还纠集了沅陵籍社会闲杂人员刘福生等10余人，使用暴力和威胁手段逐步夺取、控制了深圳至沅陵的长途客运线路，不仅在深圳、沅陵两地皆树立了非法威望，而且为该组织的发展壮大获取了经济支持。截至此时，该犯罪组织已经将深圳至沅陵的长途客运业务确定为组织的核心利益所在，且在该市场初步形成了强势地位。按照2015年《纪要》的有关规定，可以将该时间确定为汪振恶势力团伙转化为黑社会性质组织的时间起点。

本案的特殊性在于汪振黑社会性质组织形成后所实施的违法犯罪活动，时间上存在中断，空间上存在跨地域的情况。该黑社会性质组织的违法犯罪活动从时间上看分为两个阶段：前一阶段为1998年至1999年，汪振负案潜逃至深圳，带领组织成员夺取、控制深圳至沅陵长途客运市场。后一阶段为2005年至2010年，汪振重返沅陵县，重新聚合原有成员并不断网罗新的成员，在当地实施敲诈勒索、开设赌场、贩卖“六合彩”码书和贩卖毒品等犯罪活动。而在两个阶段之间，即1999年至2005年间，因汪振受伤致该组织停止实施犯罪活动达5年之久，而两个阶段的组织成员也发生较大变化。据此，有意见认为，由于有长达5年的时间没有实施违法犯罪活动，且有部分成员在此期间离开汪振，还有多名骨干成员先后被判处刑罚，人员构成缺乏稳定性，故不能认定前后两个阶段中的犯罪组织是同一黑社会性质组织的持续存在。笔者认为，虽然汪振黑社会性质组织在长达5年的时间里没有实施违法犯罪活动，组织成员也有明显更替，但前后两个阶段在核心成员、非法影响等方面具有延续性，应认定该黑社会性质组织在“较长时期内持续存在”。主要理由是：其一，组织者、领导者具有延续性。汪振在前后两个阶段中均居于组织者、领导者地位，对于犯罪组织的存在、运行都起到了不可替代的核心作用。其二，组织成员具有延续性。2005年汪振回到沅陵后重新聚集的人员，包括前一阶段在深圳所带的骨干成员陈斌、郑开华、颜允海等人，汪振通过对这些骨干成员的继续控制，实现了对整个犯罪组织的继续控制。更为重要的是，即使是在汪振因拒捕被击伤而停止实施犯罪的5年间，组织成员郑开华、田继安等人仍然追随在汪振身边，虽未实施违法犯罪活动，但仍听从汪振指挥并照顾汪振起居，说明该组织并未真正地分崩离析，始终保持着一定的人员构成。其三，非法影响具有延续性。汪振黑社会性质组织在前一阶段实施犯罪的地点主要是在深圳市，汪振等人使用暴力、威胁手段，控制了深圳市运营相关客运线路的4个车站中的3个，对深圳至沅陵的长途客运市场形成重大影响。由于被该犯罪组织残害的对象主要是沅陵籍群众，故相关犯罪活动所造成的非法影响已经波及沅陵，甚至主要体现在沅陵，汪振黑社会性质组织在沅陵树立了恶名。在后一阶段中，汪振重返沅陵，之所以能够于短时间内迅速纠集和吸纳一大批刑满释放人员、社会闲杂人员，也与该组织之前在深圳的所作所为及其形成的非法影响具有直接关联。汪振黑社会性质组织在深圳是以控制长途客运市场为其核心利益，返回沅陵后则以贩卖毒品、开设赌场及地下"六合彩"等为其主要经济来源。虽然其染指的领域发生明显变化，但其以暴力、威胁为主要手段，有组织地实施违法犯罪活动的行为方式没有变，追求非法控制并借此攫取经济利益的总体犯罪意图没有变，由此造成的非法影响与前一阶段具有延续性和一致性。因此，本案中并不存在前后两个不同的犯罪组织，认定汪振黑社会性质组织在较长时期内持续存在发展是正确的。

（撰稿：湖南省高级人民法院　李伟华

审编：最高人民法院刑三庭　周　川）

［第 1156 号］

焦海涛等人寻衅滋事案

——如何根据违法犯罪活动的多样性把握黑社会性质组织的认定标准

一、基本案情

被告人焦海涛，男，1971 年 12 月 14 日出生。2002 年 7 月 1 日因犯故意伤害罪被判处有期徒刑三年，缓刑五年。2012 年 10 月 13 日因本案被逮捕。

被告人陈小四，又名陈四，男，1974 年 5 月 7 日出生。2009 年 12 月 16 日因犯寻衅滋事罪被判处有期徒刑一年六个月。2012 年 9 月 20 日因本案被逮捕。

被告人张克南，又名张凯，男，1980 年 1 月 4 日出生。2012 年 7 月 10 日因本案被逮捕。

（其他被告人基本情况略）

河南省西平县人民检察院以被告人焦海涛犯组织、领导黑社会性质组织罪，寻衅滋事罪；被告人陈小四、张克南犯参加黑社会性质组织罪、寻衅滋事罪……向河南省西平县人民法院提起公诉。

公诉机关指控：

2011 年 8 月以来，被告人焦海涛利用朋友关系及自身影响力聚集、吸收被告人陈小四、张克南、李宝争、彭华伟、于镇源、李海江、张勇、薛富堂、赵建阳、李云涛、李普等两劳释放及社会闲散人员，逐步建立起一个以其为组织者、领导者，骨干成员基本固定的具有黑社会性质的组织。其中，焦海涛将被告人陈小四、张克南发展为骨干成员，以发展下线的方式将李宝争、彭华伟、于镇源、李海江、张勇发展为一般参加成员。为领导、控制组织成员实施违法犯罪活动以获取经济利益，被告人焦海涛对其组织成员进行不同分工，划分等级，所有成员均服从焦海涛的领导，重大事项需向焦海涛请示汇报。焦海涛给骨干成员配备车辆、租住套房，为一般成员提供吃、住等生活保障，并在组织成员因违法犯罪被查处时出面托关系摆平，在公安机关追捕其组织成员时，出钱帮助逃跑。该组织有严格的纪律和奖惩制度，组织成员有事需请假，节假日期间发放烟酒福利，同时还以一定的娱乐活动作为对组织成员的鼓励。被告人焦海涛通过以上多种途径，使其领导的犯罪集团规模逐渐扩大，在西平县形成一股恶势力，最终发展成以其为首的犯罪组织。该犯罪组织以承包西平县中央花园拆迁改造工程为依托，为确立在拆迁工作中的强势地位，强迫拆迁户签订低价拆迁协议，获取非法利益。该组织多次组织内部成员到拆迁户家中采取威胁、恐吓、毁坏财物、打骂等手段迫使拆迁户签订低价赔偿协议，通过暴力拆迁获取中央花园项目部给予的拆迁报酬，先后获利 22 万元以支持该组织的活动。被告人焦海涛领导的犯罪集团多次进行暴力拆迁，严重影响了拆迁户的正常生活，对当地街坊邻居形成威慑，使当地百姓敢怒不敢言。此犯罪组织及其组织成员实施的多次寻衅滋事犯罪严重影响了西平县的治安和人民群众的生活。尤其是 2012 年 6 月 1 日，被告人焦海涛组织其内部成员到西平县专探乡寻衅滋事，公安机关接警后派人前去处理时，其组织成员无视出警民警的制止，更无视民警的生命安全，将民警拖行几百米后推出车外，致其摔伤，造成极其恶劣的重大影响，使当地群众的心理产生巨大恐慌，严重破坏了当地的经济和社会秩序。

（公诉机关另指控寻衅滋事的事实 20 起略）

公诉机关认为，被告人焦海涛组织、领导黑社会性质组织；被告人陈小四、张克南积极参加黑社会性质组织；被告人李宝争、彭华伟、于镇源、李海江、张勇参加黑社会性质组织，在西平县有组织地通过多次实施违法犯罪活动，获取经济利益，称霸一方，为非作恶，欺压、残害群众，严重破坏社会、经济、生活秩序和人民群众的生命财产安全。其行为已构成组织、领导、参加黑社会性质组织罪。

被告人焦海涛辩称其不构成组织、领导黑社会性质组织罪，只对起诉书中指控的第20起寻衅滋事承担责任。其他被告人辩称不构成参加黑社会性质组织罪。

河南省西平县人民法院经公开审理查明：

1. 2011年9月，被告人焦海涛在中央花园项目部副总刘家梁的授意下，安排陈小四带领张勇及薛富堂到西平县焦家胡同拆迁户焦灿中家采用言语威胁进行谈判，未果后，张克南带领李宝争、彭华伟、张松果、杨保会、王亚磊、“魏蛋”等人采用长时间坐在焦灿中家不走，辱骂、威胁并砸烂家中门窗玻璃、三轮摩托、水泵等物品的方式强迫拆迁。在焦灿中一次坐车外出时，陈小四带人把焦灿中拦下，将其挟持到县委招待所楼下，强迫搬迁并进行威胁，焦灿中迫于无奈到项目部签订拆迁协议。

2. 2011年8月至9月，被告人焦海涛在刘家梁的授意下，安排陈小四带领张勇、薛富堂去拆迁户孙克峰家采用言语威胁进行拆迁谈判，未果后，张克南带领彭华伟、李宝争、孙科、赵建阳等人采用言语威胁、长时间坐在家里不走、辱骂、砸门窗玻璃，夜晚往院里扔砖头等方式强迫其搬迁；后陈小四等人趁孙克峰家中无人时，在刘家梁的指使下派人将孙克峰家的大门、住房二层及南边配房扒倒，致使孙克峰家中的洗衣机、空调等物品全部砸毁。2012年2月，张克南带领于镇源、李宝争、彭华伟、孙科、李普、李云涛等人对孙克峰及其妻子宋玲霞进行辱骂和殴打，强迫其搬迁。

3. 2011年9月，被告人焦海涛在刘家梁的授意下，安排陈小四带领张勇、薛富堂先到拆迁户唐美妮家，后又到唐美妮位于西平县人民医院东边的室内装饰店内采用言语威胁进行拆迁谈判；未果后，陈小四带领张克南、李宝争、张勇、薛富堂等人长时间坐在唐美妮店内不走，跟踪、辱骂唐美妮，并将唐美妮店内的顾客赶走。谈判过程中，李宝争曾打了唐美妮的左脸一拳，陈小四将其屋内的饭桌掀翻。某日唐美妮在西平县柏城商场家具城办事时，张克南等人将唐美妮带到中央花园项目部，对唐美妮进行殴打，后将其拉到项目部门外再次进行殴打。唐美妮最终迫于无奈签订了拆迁协议。

4. 2011年10月，被告人焦海涛安排陈小四带领张勇、薛富堂到拆迁户赵喜民家采用言语威胁进行拆迁谈判，未果后，张克南等人到赵喜民家采用坐在家中长时间不走、辱骂、堵门等手段施压。2012年2月至3月间，张克南又带领董克龙、张华军等人将赵喜民家的窗户玻璃全部砸烂，并在晚上往其家扔鞭炮。赵喜民迫于无奈签订了拆迁协议。

5. 2011 年年底，被告人焦海涛在刘家梁的授意下，安排陈小四带领张勇、薛富堂等人到拆迁户李桂吾家采用言语威胁进行拆迁谈判，未果后，陈小四带领张克南、彭华伟、李宝争、王培坤、王军威、李普、李云涛、于镇源、董克龙等人采用坐在家中长时间不走、辱骂李桂吾及其妻子王桂荣，晚上在李家门口放鞭炮等方式向李桂吾施压。某日王桂荣带其子李纯阳外出办事，陈小四先是进行辱骂，后张克南、王军威和另外两名组织成员追上王桂荣，站在胡同口不让人进入，对王桂荣进行两次殴打。后李桂吾迫于无奈签订了拆迁协议。

6. 2012 年 4 月，被告人焦海涛在刘家梁的授意下，安排陈小四带领李海江等人到拆迁户夏满红家采用言语威胁进行拆迁谈判，未果后，张克南带领于镇源、李普、李云涛、“魏蛋”等人长时间坐在夏满红家不走，陈小四指使张克南、李普、李云涛、于镇源等人以打砸夏满红家的玻璃门窗并在院里放鞭炮等方式迫使夏满红签订协议。李海江与祁玉戎（夏满红的母亲，71岁）发生争执后，李海江打电话喊来陈小四、张克南、于镇源、李普、李云涛等人对夏满红、祁玉戎、张云玲（夏满红的妻子）、夏子浩（夏满红的儿子，15岁）进行殴打。夏满红迫于无奈签订了拆迁协议。

（其他寻衅滋事的事实略）

西平县人民法院认为，被告人焦海涛等人所涉组织不符合黑社会性质组织的四个特征，尚未达到称霸一方，在一定区域或者行业内，形成非法控制或重大影响，严重破坏经济秩序、社会生活秩序的程度，对公诉机关对焦海涛等被告人涉嫌组织、领导、参加黑社会性质组织罪的指控不予支持。被告人焦海涛纠集他人多次实施寻衅滋事行为，严重破坏了社会秩序，其行为已构成寻衅滋事罪。焦海涛等人共实施寻衅滋事行为 20 起，但其中第 12 起仅致一人轻微伤，不能认定情节恶劣，第 16 起、第 18 起均系因琐事引发争执殴打，事后赔偿被害人钱款，该两起事实公诉机关未提供被害人的人体损伤鉴定，且未提供相关证据证明达到《中华人民共和国刑法》第二百九十三条第一款第一项规定的情节恶劣程度，故对该两起指控不予支持……被告人焦海涛、刘家梁、陈小四、张克南、李宝争、彭华伟、于镇源、张勇、杨保会的行为符合《中华人民共和国刑法》第二百九十三条第二款之规定，其刑期应当在有期徒刑五年以上。鉴于被告人焦海涛、刘家梁案发后自动投案，如实供述自己的罪行，系自首，可以从轻或减轻处罚……根据《中华人民共和国刑法》第二百九十三条第一款第一项至第三项、第二款，第二百七十七条第一款，第三百一十条第一款，第二十五条第一款，第二十六条第一款，第二十七条，第六十七条第一款，第六十五条第一款，第六十九条的规定，判决如下：

1. 被告人焦海涛犯寻衅滋事罪，判处有期徒刑三年八个月。

2. 被告人陈小四犯寻衅滋事罪，判处有期徒刑三年三个月。

3. 被告人张克南犯寻衅滋事罪，判处有期徒刑三年二个月。

（其他被告人判决情况略）

一审宣判后，被告人服判不上诉，检察机关未抗诉，一审判决生效。

二、主要问题

如何根据违法犯罪活动的多样性把握黑社会性质组织的认定标准？

三、裁判理由

根据刑法第二百九十四条第五款的规定，黑社会性质组织应当同时具备以下特征：(1)形成较稳定的犯罪组织，人数较多，有明确的组织者、领导者，骨干成员基本固定；(2)有组织地通过违法犯罪活动或者其他手段获取经济利益，具有一定的经济实力，以支持该组织的活动；(3)以暴力、威胁或者其他手段，有组织地多次进行违法犯罪活动，为非作恶，欺压、残害群众；(4)通过实施违法犯罪活动，或者利用国家工作人员的包庇或者纵容，称霸一方，在一定区域或者行业内，形成非法控制或者重大影响，严重破坏经济、社会生活秩序。根据该规定，黑社会性质组织的特征，具体表现在组织、经济、行为、非法控制等四个方面，且应当同时具备。

2006年“打黑除恶”专项斗争开展以来，全国各地依法严惩了一大批黑社会性质组织，对维护社会和谐稳定，增强人民群众安全感起到了积极作用。但也不可否认，在对“打早打小”方针的片面理解下，有个别“四个特征”并不完全具备的犯罪组织也被作为黑社会性质组织犯罪侦查并移送起诉，将普通犯罪集团、恶势力团伙拔高认定为黑社会性质组织的情形也曾有出现。客观而言，除了政策把握不到位的原因外，在法律层面上，黑社会性质组织与普通犯罪集团、恶势力团伙存在诸多联系与相似之处，区分起来确有难度。例如，在组织特征方面，实践中不乏成员人数较多，组织者、领导者明确，骨干成员相对固定，且有一定形式组织纪律、活动规约的恶势力团伙；又如，在经济特征方面，某些犯罪集团也会通过犯罪活动聚敛大量财富，其中不少还会将所获经济利益用于支持犯罪集团的违法犯罪活动。因此，正如2009年下发的《最高人民法院、最高人民检察院、公安部办理黑社会性质组织犯罪案件座谈会纪要》所指出的，在认定黑社会性质组织时，“应根据立法本意，认真审查、分析黑社会性质组织‘四个特征’相互间的内在联系，准确评价涉案犯罪组织所造成的社会危害，确保不枉不纵”。

笔者认为，黑社会性质组织与犯罪集团、恶势力团伙最为显著的区别就在于，黑社会性质组织实施违法犯罪活动的目标不仅是攫取经济利益，同时也追求对经济、生活秩序的非法控制，之后再通过由其掌控的非法秩序来实现经济利益的最大化。也就是说，是否追求非法控制是区分黑社会性质组织与犯罪集团、恶势力团伙的关键标尺。就犯罪集团来说，其犯罪的动机和目的一般都比较单一和明确，就是要通过抢劫、盗窃、走私、贩毒、组织卖淫、拐卖人口等具体犯罪来谋取不法利益，但不追求对经济、社会生活的非法控制，因此，其犯罪活动往往是较隐秘的，与黑社会性质组织公开、半公开地实施违法犯罪活动明显有别。就恶势力团伙来说，其特征与黑社会性质组织相对更为接近，其实施违法犯罪活动不单纯是为了获取经济利益，同时也有在社会上逞强争胜、“扬名立万”的意图。但与黑社会性质组织追求非法控制不同，恶势力团伙好勇斗狠、逞强争胜的目的更多的是满足树立恶名、寻求刺激等心理需要，并没有清晰、明确的追求对经济、社会生活进行非法控制进而攫取更大经济利益的意愿。从某种意义上说，恶势力团伙与黑社会性质组织实际上只隔着一层“窗户纸”，一旦恶势力团伙开始有意识、有计划、有组织地通过违法犯罪活动试图在正常社会里建立非法秩序，那么其就跨越了向黑社会性质组织升级转型的鸿沟，剩下的只需要完成量的积累。

如前所述，审判时，对于黑社会性质组织的四个特征不能简单套用，而是应以非法控制为核心，将四个特征作为一个有机整体来判断。2015年最高人民法院印发的《全国部分法院审理黑社会性质组织犯罪案件工作座谈会纪要》(以下简称2015年《纪要》)规定的“涉案犯罪组织仅触犯少量具体罪名的，是否应认定为黑社会性质组织要结合组织特征、经济特征和非法控制特征(危害性特征)综合判断，严格把握”，也正是基于这一考虑。从刑法第二百九十四条第五款中的规定来看，法定的黑社会性质组织的行为特征只要求“暴力性”、“组织性”以及“多次实施”，并没有要求触犯多项不同罪名，2015年《纪要》的前述规定是否属于在法定标准之外增加构成要素？笔者认为，黑社会性质组织并不是单纯为实施违法犯罪而存在，违法犯罪只是服务于非法控制目的的手段，违法犯罪的性质、次数、严重程度也都是由实现非法控制的需要所决定。经济、社会生活中的各种关系是极为纷繁复杂的，以生活中最为常见、普通的集贸市场为例，从市场活动参与主体来看，涉及经营者与供货商的关系、经营者与顾客的关系、经营者与经营者的关系、经营者与市场所有者的关系等；从与集贸市场相关的公共管理职权来看，涉及工商税务管理、公共治安管理、卫生检疫管理等不一而足。因此，管理一个集贸市场仅靠某一种手段是远远不够的，需要将监督检查、处罚整改、市场调节、配套服务等多种手段相结合才能保证其稳定、有序地运营，便利一方群众的生活。从这个例子不难看出，对于经济、社会管控是一项复杂的系统工程。同理，对于经济、社会生活的非法控制也不太可能靠一两种犯罪便能实现。还是以集贸市场为例，若要实现非法控制，首先，要对市场主体形成心理强制，这就需要实施一定数量的暴力性犯罪，如故意伤害、聚众斗殴、寻衅滋事等；其次，若要对抗管理市场的公共职权，则需要实施妨害公务、聚众扰乱公共秩序、行贿等犯罪；最后，若要改变市场交易规则并从中获利，还需要实施强迫交易、敲诈勒索等犯罪。因此，2015年《纪要》中关于犯罪“多样性”的要求，反映了非法控制的内在要求，并不超出法律规定的本意与合理解释的范畴。如果涉案犯罪组织触犯的具体罪名明显偏少，则要考虑其是否属于专门从事某一两种犯罪的犯罪集团，而非黑社会性质组织。

本案中，公诉机关指控以焦海涛为首的犯罪组织构成组织、领导、参加黑社会性质组织罪，但指控的具体犯罪事实中仅涉及寻衅滋事罪一个罪名。指控的20起犯罪事实中，有12起是该组织实施的有组织犯罪，包括11起暴力拆迁引发的寻衅滋事和1起因焦海涛为承揽工程而实施的寻衅滋事。指控的犯罪行为虽然在次数、手段上符合“以暴力、威胁或者其他手段，有组织地多次进行违法犯罪活动”的特征，但应当看到，焦海涛等人是因为中央花园项目才聚集在一起，但他们并不是依靠非法手段获得该项目征地拆迁业务，而是受项目部雇佣从事暴力拆迁活动。除了中央花园项目，焦海涛等人并未染指其他拆迁工程，这些因素决定了他们的犯罪对象和犯罪手段具有特定性，只需要采用暴力、威胁、滋扰手段迫使项目征地范围内的住户尽快签订拆迁协议即可，不需要实施其他更多性质不同的犯罪来制定西平县拆迁行业的从业规则或者影响当地与征地拆迁无关的居民的生产、生活秩序。这一点，也可以反过来证明焦海涛等人只是依附于中央花园项目，通过配合征地拆迁牟利。截至被公安机关查处之时，其既没有对当地经济、社会生活进行非法控制的意图，也没有以非法控制为目的实施相应的违法犯罪活动，实际上并不具有真正意义上的黑社会性质组织的行为特征。

当然，正如之前所说，对于黑社会性质组织的四个特征应当进行整体考察，并不是仅凭未触犯多个罪名这一点就可以认定某一犯罪组织是否涉黑，这也是2015年《纪要》中对犯罪“多样性”问题只作提示性规定的初衷，审判时应当充分认识到这一点。

（撰稿：河南省高级人民法院　张敏娜

审编：最高人民法院刑三庭　周　川）

[第 1157 号]

符青友等人敲诈勒索，强迫交易，故意销毁会计账簿，对公司、企业人员行贿，行贿案

——如何把握黑社会性质组织行为特征中的暴力性

一、基本案情

被告人符青友，男，1964 年 10 月 20 日出生。2012 年 1 月 6 日因本案被逮捕。

（其他被告人的情况略）

安徽省旌德县人民检察院以被告人符青友犯组织、领导黑社会性质组织罪，强迫交易罪，敲诈勒索罪，抽逃出资罪，故意销毁会计账簿罪，对公司、企业人员行贿罪；被告人汪利群犯参加黑社会性质组织罪、强迫交易罪、敲诈勒索罪、抽逃出资罪、故意销毁会计账簿罪、对公司、企业人员行贿罪；被告人吕宽仂、谢观宏、符青红、黄国有、王文宾、张国庆、符腊美、黄智勇犯参加黑社会性质组织罪，强迫交易罪，敲诈勒索罪；被告人刘道财犯参加黑社会性质组织罪，强迫交易罪，抽逃出资罪，对公司、企业人员行贿罪，向旌德县人民法院提起公诉。

被告人符青友、汪利群、吕宽仂、谢观宏、符青红、黄国有、王文宾、张国庆、符腊美、黄智勇均辩称，其行为不构成组织、领导、参加黑社会性质组织罪。

旌德县人民法院经公开审理查明：

组织、领导、参加黑社会性质组织的事实

2003 年，旌德县人民政府对旌阳镇北门旧城区进行改造，被告人符青友等人成为失地农民。同年年底，符青友、汪利群、刘道财合伙购买了一台挖掘机，并邀请了旌德县旌阳镇新光村书记冯德田隐名合伙，以“三友公

司”名义在北门范围内承揽土方工程。符青友提议以“当地事应当由当地人做”为由垄断北门范围内土方工程，汪利群、刘道财表示同意。之后，符青友等3人采取暴力、威胁、围堵等手段先后强行承揽利民安置区土方工程、中易公司在北门范围内的土方工程、解放北路道路工程，从此确立了符青友等人在北门建筑劳务市场的强势地位。

2002年3月，旌阳镇原新光村北门劳务队成立，由吕宽仂任队长，成员主要是北门村民组有运输机械的农民。2007年10月，符青友邀集吕宽仂、符青红、谢观宏、黄国有、王文宾、张国庆等18人以入股形式筹集资金将北门村民组范围内的建筑劳务一次性“买断”。成立了新的北门劳务组。符青友实际控制该劳务组，决定人员安排、价格确定、纠纷解决等重大事项。在劳务组内部，吕宽仂、谢观宏、黄智勇、符青红、黄国有、张国庆、王文宾等有明确分工。2008年，该劳务组扩大组织成员吸收符腊美加入，并进而扩大范围，买断和平、老伍村民组在旌阳镇中易文锦苑二期建设工程中的劳务。2010年6月，符青友邀集汪利群、吕宽仂、谢观宏、符青红、黄国有、王文宾、张国庆、符腊美等共计16人买断窑上、汪家村民组在旌阳镇中易文锦苑三期建设工程中的劳务。北门劳务组成为符青友所领导组织的另一重要组成部分。

自2003年起，符青友、汪利群、刘道财通过有组织地实施强迫交易，敲诈勒索，向公司、企业人员行贿等违法犯罪活动，获取非法利益。其中，三人在承揽的北门土方工程中非法获利1 067 721.36元。2007年至2011年间，符青友控制的北门劳务组，通过强迫交易手段在沙石供应方面非法获利1 927 023.54元。此外，符青友等人通过敲诈勒索手段获取补偿款共计343 660元。北门劳务组将上述违法所得在劳务组成员之间平均分配，已查明的分红金额达210万元。

为维系组织的生存和发展，该组织将非法聚敛的经济利益部分用于为组织成员提供工资、福利、生活费用；部分用于购买机械设备、承揽工程；部分用于支付医疗费、行政罚款等；部分用于“买断”其他村民组劳务，扩大势力范围、攫取更大的非法经济利益，从而使该组织进一步坐大成势，称霸一方。

以符青友为首的犯罪组织以暴力、威胁手段为基础，在利用组织势力和影响已对他人形成心理强制的情况下，除有组织地实施强迫交易，敲诈勒索，抽逃出资，故意销毁会计账簿，向公司、企业人员行贿，行贿等犯罪活动外，还组织实施强行索要补偿费、无施工资质及未取得工程施工许可证进行施工等违法活动。

该组织通过多次有组织地实施强迫交易、敲诈勒索等违法犯罪活动，给在旌阳镇北门社区内生活的群众及生产经营者形成心理强制和威慑，致使合法利益受损的群众及生产经营者不敢要账，或放弃工程，或不敢控告；致使开发商、承建商不能自主选择土方施工者及建筑材料供应者，被迫接受三友公司及北门劳务组提供的劳务。该组织严重危害了旌德县建筑领域持证经营、自由交易、公平竞争等市场秩序和社会公共秩序，极大地危害了旌德县经济发展和社会稳定。

（强迫交易、敲诈勒索等事实略）

旌德县人民法院认为，以被告人符青友为组织者、领导者，以被告人汪利群、吕宽仂为积极参加者，以被告人谢观宏、符青红、黄国有、王文宾、张国庆、符腊美、刘道财为一般参加者的团伙，人数较多，分工明确，骨干成员基本固定，结构稳定，组织成员均服从符青友指挥。该组织以三友公司和北门劳务组为依托，以恐吓、滋扰、围堵、哄闹、聚众等胁迫性手段，欺压群众，确立称霸北门劳务市场的强势地位，对北门区域内劳动群众、开发商、建筑商、建筑材料供应商等形成心理强制和威慑，长时间非法控制和垄断北门土方工程，沙石、砖块供应及运输等劳务市场，采用所谓的“谈判”“协商”“调解”等非暴力手段，有组织地大肆实施强迫交易、敲诈勒索等违法犯罪活动，非法获取巨额经济利益。这些经济利益或用于进行购买机械设备、“买断劳务”等犯罪准备，或用于为组织成员提供工资福利和生活费用，笼络组织成员，或用于行贿牟利等违法犯罪活动，以维系组织的生存、发展，坐大成势，称霸一方。该组织的行为严重破坏了北门劳务市场交易秩序，对旌德县房地产开发行业的正常秩序产生了恶劣影响，损害了旌德县的经济发展环境。被告人符青友的行为已构成组织、领导黑社会性质组织罪。被告人汪利群、吕宽仂、谢观宏、符青红、黄国有、王文宾、张国庆、符腊美、刘道财的行为已构成参加黑社会性质组织罪……依照《中华人民共和国刑法》第二百九十四条第一款、第三款、第四款、第五款，第二百二十六条，第二百七十四条，第一百六十二条之一第一款，第一百六十四条，第三百八十五条第一款，第三百八十六条，第三百八十三条，第三百八十九条第一款，第三百九十条，第十三条，第二十三条，第二十四条，第二十五条第一款，第二十六条，第二十七条，第九十三条，第三十七条，第五十二条，第五十三条，第五十九条，第六十四条，第六十七条第二款，第六十九条之规定，数罪并罚。判决如下：

被告人符青友犯组织、领导黑社会性质组织罪，判处有期徒刑七年，并处没收财产人民币二百万元；犯强迫交易罪，判处有期徒刑五年，并处罚金一百五十万元；犯敲诈勒索罪，判处有期徒刑四年，并处罚金三十万元；犯故意销毁会计账簿罪，判处有期徒刑一年，并处罚金五万元；犯对公司、企业人员行贿罪，免予刑事处罚；犯行贿罪，判处有期徒刑一年。数罪并罚，决定执行有期徒刑十五年，并处没收财产人民币二百万元，罚金人民币一百八十五万元。

（其他被告人判决情况略）

宣判后，符青友、汪利群、吕宽仂、谢观宏、符青红、黄国有、王文宾、张国庆、符腊美提出上诉，均认为其行为不构成组织、领导、参加黑社会性质组织罪。

宣城市中级人民法院经审理查明：

2003 年，旌德县人民政府对旌阳镇北门旧城区进行改造，被告人符青友等人成为失地农民。2004 年，旌德县县城北门街区改造建设指挥部在旌北改〔2004〕3 号会议纪要中要求在价格、质量、服务效果同等的情况下，由所在地村级劳务组织优先承揽劳务。

2003 年年底，符青友、汪利群、刘道财合伙购买了一台挖掘机，在北门范围内承揽土方工程。为便于承接工程和解决纠纷，三人邀请了旌德县旌阳镇新光村（2005 年并入北门社区）书记冯德田隐名合伙，以“三友公司”（当时未注册）名义承揽工程。2004 年年初，符青友、汪利群、刘道财以土地被征用，需要寻找生活出路为由，向旌德县政府提出申请，要求以“三友公司”的名义承包北门旧城改造中的各项劳务，得到“在同等条件下优先安排”的批示。2006年3月符青友、汪利群、刘道财注册成立了三友公司，符青友任法定代表人，全面负责公司经营及重要事项的决策；汪利群负责该公司财务；刘道财负责工程施工。其间，符青友、汪利群、刘道财三人利用旌德县北门旧城区改造之机，为强揽工程，共同实施强迫交易、敲诈勒索等犯罪而组成较为固定的犯罪组织，并以三友公司为依托，大肆实施强迫交易，敲诈勒索，抽逃出资，故意销毁会计账簿，对公司、企业人员行贿，行贿等行为，对旌德县城北门范围内的土方工程形成较大影响。自2003年至案发，该犯罪组织在北门土方工程中非法获利1 067 721.36元，上述非法获利已作为三友公司利润在股东间按出资比例分配。

2002年3月，为加强城区建筑劳务市场管理工作，旌阳镇原新光村成立了新光村劳务市场管理领导组，所辖的北门、老伍、窑上等村民组分别成立劳务队，从事建筑工地运输业务。其中，北门劳务队由吕宽仂任队长，成员主要是北门村民组有运输机械的农民。2007年10月，符青友出面将北门村民组范围内的建筑劳务一次性“买断”，吸收吕宽仂、符青红、谢观宏、黄国有、王文宾、张国庆等十八户入股参加，形成买断后的北门劳务组。符青友等人为强揽沙石、红砖供应及运输劳务，以买断后的北门劳务组为依托，为共同实施强迫交易、敲诈勒索犯罪而组成较为固定的犯罪组织，对北门村民组所辖范围内在建工程的沙石、红砖供应及运输劳务形成较大影响。2008年，该组织吸收符腊美加入，并买断和平、老伍村民组在旌阳镇中易文锦苑二期建设工程中的劳务。2010年6月，该组织吸收汪利群加入，买断窑上、汪家村民组在旌阳镇中易文锦苑三期建设工程中的劳务。该组织自2007起至案发，通过多次实施强迫交易、敲诈勒索等行为，对北门村民组所辖范围及被买断劳务的在建工程中沙石、红砖等建筑材料供应及运输劳务产生一定控制。符青友等人将通过强迫交易手段高价获得的沙石供应交由其他人承揽，从中获取巨额利润，在沙石供应方面非法获利1 927 023.54元；通过敲诈勒索手段获取补偿款303 660元。该组织将上述非法获利在成员间平均分配，已查明的分红金额达210万元。

以符青友为首要分子的两犯罪组织除单独实施上述行为外，还在旌阳镇解放北路等部分工程建设上，为了各自利益，相互帮衬，共同实施强迫交易、敲诈勒索犯罪行为，强揽土方工程和劳务，符青友等人实施的具体犯罪活动如下：

（一）强迫交易的事实

1.2003年11月，符青友、汪利群、刘道财合伙购买了一台挖掘机。为强揽旌阳镇利民安置区土方工程，3人未经被害人陈颖松同意便将挖掘机开到陈颖松的施工现场。符青友通过谩骂、恐吓挖掘机驾驶员，拦停工程机械的威胁方式，强行要求承揽部分工程。陈颖松被迫将部分工程交给符青友等3人施工。后陈颖松退出利民安置区土方工程，离开旌德县。之后，符青友等3人以北门农民失地为由，并以“三友公司”（未经工商登记成立）名义，向旌德县政府申请承包北门旧城改造中的各项劳务，得到“在同等条件下优先安排”的批示。符青友、汪利群、刘道财故意曲解该批示的本意，借该批示对中易公司施压，强行要求中易公司将利民安置区剩余土方工程交由3人施工，中易公司被迫与3人签订协议。符青友、汪利群、刘道财从该项工程中非法获利234 973元。

2.2004年年初，符青友、汪利群、刘道财多次找到中易公司，以农民失地为由，歪曲“在同等条件下优先安排”批示的本意，认为在北门范围内的土方工程必须由3人施工，强行要求中易公司将北门开发范围内的土方平整工程交由3人施工，中易公司被迫答应。符青友、汪利群、刘道财从该项工程中非法获利562 430.89元。

（其他强迫交易的事实略）

（二）敲诈勒索的事实

1.2007年10月，旌德县泰科置业有限公司开发建设旌阳镇泰科上河铭门工程，该工程土方项目由三友公司承揽施工（含开挖、回填、清运）。同年11月，在施工过程中，当施工方负责人蒋兆华要求被告人符青友履行协议，将渣土清理外运时，符青友却以渣土中含有中易公司的渣土为由，要求施工方另行支付费用。为了不延误工期，泰科公司被迫答应符青友的要求，额外支付了39 450元。

2.2008年1月，旌阳镇中易北组团1号楼建设过程中，被告人吕宽仂、谢观宏、符青红、黄国有、张国庆、黄智勇找到施工方负责人吴成震，要求砖块运输必须交由北门劳务组承揽，或者支付补偿款。为了不延误工期，吴成震被迫同意对北门劳务组进行“补偿”，共支付补偿款23 210元。

3.2008年2月，旌阳镇中易北组团2号楼建设过程中，被告人吕宽仂、谢观宏、符青红、黄国有、张国庆、黄智勇、王文宾找到施工方负责人吴洪峰、方卫国，要求砖块运输必须交由北门劳务组承揽，或者支付补偿款。为了不延误工期，施工方被迫支付红砖补偿款5 120元。上述被告人采取同样的方法向中易北组团3号楼、4号楼施工方负责人温宗淮索取了红砖补偿款10 000元。

（其他敲诈勒索的事实以及故意销毁会计账簿，对公司、企业人员行贿，行贿等事实略）

宣城市中级人民法院认为，三友公司与北门劳务组在资金来源、业务范围、利润分配上相互独立，一审判决将三友公司与北门劳务组认定为符青友统一领导下的黑社会性质组织不当。三友公司和北门劳务组将获取的经济利益在股东或劳务组成员间按出资比例分配，股东或劳务组成员将分得的经济利益用于各自的家庭生活，未将获取的非法经济利益再用于组织的生存和发展，认定本案具备黑社会性质组织的经济特征证据不足。符青友等人在承揽土方工程或沙石材料供应的过程中，违法犯罪行为的暴力性不突出，不符合黑社会性质组织的行为方式。一审判决认定符青友等10名被告人犯组织、领导、参加黑社会性质组织罪的证据不足……符青友组织、领导犯罪集团进行强迫交易等犯罪活动，系犯罪集团的首要分子，应按集团所犯全部罪行处罚。其中，组织、领导强迫交易38起，非法获利3 246 744.90元；敲诈勒索10起，犯罪数额303 660元；故意销毁依法应当保存的会计账簿，情节严重；向公司、企业人员行贿40 000元；行贿89 759元等。应依照《中华人民共和国刑法》第二百二十六条、第二百七十四条、第一百六十二条第一款、第一百六十二条之一第一款、第三百八十五条第一款、第三百八十六条、第三百八十三条、第九十三条；1997年修订的《中华人民共和国刑法》第一百六十四条，第三百八十九条第一款，第三百九十条，第十三条，第二十三条，第二十四条，第二十五条第一款，第二十六条，第二十七条，第三十七条，第五十二条，第五十三条，第六十四条，第六十七条第一款、第二款，第六十九条；《中华人民共和国刑事诉讼法》第一百九十五第三项，第二百二十五条第一款第二项、第三项的规定，判决如下：

上诉人符青友犯强迫交易罪，判处有期徒刑五年，并处罚金人民币一百万元；犯敲诈勒索罪，判处有期徒刑四年，并处罚金人民币三十万元；犯故意销毁会计账簿罪，判处有期徒刑一年，并处罚金人民币五万元；犯对公司、企业人员行贿罪，免予刑事处罚；犯行贿罪，判处有期徒刑一年。数罪并罚，决定执行有期徒刑九年，并处罚金人民币一百三十五万元。

（其他被告人改判情况略）

二、主要问题

如何把握黑社会性质组织行为特征中的暴力性？

三、裁判理由

根据刑法第二百九十四条的规定，黑社会性质组织应同时具备组织特征、经济特征、行为特征和非法控制特征。2009 年下发的《最高人民法院、最高人民检察院、公安部办理黑社会性质组织犯罪案件座谈会纪要》（以下简称 2009 年《纪要》）指出，危害性特征（非法控制特征）是黑社会性质组织的本质特征，也是黑社会性质组织区别于一般犯罪集团的关键所在。该纪要同时还指出，黑社会性质组织必须同时具备组织特征、经济特征、行为特征和危害性特征（非法控制特征）。由于实践中许多黑社会性质组织并非“四个特征”都很明显，因此，在具体认定时，应根据立法本意，认真审查、分析黑社会性质组织“四个特征”相互间的内在联系，准确评价涉案犯罪组织所造成的社会危害，确保不枉不纵。

本案被告人符青友等人通过三友公司和北门劳务组基本垄断了旌德县城北门开发改造范围内的土方工程，并对北门村民组所辖范围内在建工程的砂石、红砖材料供应、运输业务进行了控制。从表面上看，已经初步具备黑社会性质组织的非法控制特征。检察机关以组织、领导、参加黑社会性质组织罪提起公诉，一审法院也认定符青友等人构成黑社会性质组织犯罪。但根据我国刑法的规定和 2009 年《纪要》的精神，仅仅形成一定程度的非法控制并不能满足认定黑社会性质组织的全部条件。

从组织特征上看，三友公司和北门劳务组的人员虽都服从符青友的管理，组织成员较多，但其层级不清晰，组织体系不明显，并不具备黑社会性质组织的组织特征。与犯罪团伙、犯罪集团相比，黑社会性质组织应具有较强的组织性、稳定性、严密性，组织内部一般存在明确的层级结构、较为严格的帮规戒律，且组织者、领导者明确，骨干分子基本固定，能够对组织资金使用、人员安排、重大违法犯罪活动等事项予以掌控。本案中，三友公司与北门劳务组采用的都是参与者平等出资、利润平均分配的经营模式。三友公司和北门劳务组的内部人员虽有分工，却无明显的层级结构。当与开发商、承建商产生纠纷时，成员间相互通知，为追求共同的经济利益自觉参与违法犯罪活动，并非是为维护组织利益、接受组织调遣、遵照组织纪律而参与违法犯罪活动，且每次参与的人员不确定，一般是当天在家的劳务组成员。既没有比较明确的层级和职责分工，也没有约定俗成的纪律、规约，不能认定三友公司和北门劳务组具备黑社会性质组织的组织特征。

从经济特征看，2009年《纪要》指出，“所获经济利益用于违法犯罪活动或者维系犯罪组织的生存、发展”一般是指购买作案工具、提供作案经费，为受伤、死亡的组织成员提供医疗费、丧葬费，为组织成员及其家属提供工资、奖励、福利、生活费用，为组织寻求非法保护以及其他与实施有组织的违法犯罪活动有关的费用支出等。本案中，符青友等人通过北门土方工程、砂石供应及实施敲诈，非法获利300余万元，具有一定的经济实力。但在利益分配上，三友公司和北门劳务组都将获取的经济利益平均分配，组织的财务机构只是空转，成员将所得利润用于各自的家庭生活消费，并未将获取的非法经济利益用于组织的生存和发展。例如，三友公司每次需要购置设备以及北门劳务组三次买断劳务，都是参加者平均出资，获取的利润平均分配，且三次参与出资买断劳务的人员也不完全相同。可见，三友公司和北门劳务组在经济方面具有“遇事共同筹资、获利坐地分赃”的特点，与黑社会性质组织有组织地攫取经济利益并有组织地将经济利益用于自我发展是迥然有别的。

除了以上组织特征、经济特征方面的欠缺之外，涉案犯罪组织行为方式的暴力性不明显，也是宣城市中级人民法院审理后未将其认定为黑社会性质组织的重要原因。一审宣判后，符青友等人上诉提出：三友公司、北门劳务组承揽的工程、从事的劳务都是本村村民组的项目，对外村村民组的工程、劳务都是通过出钱购买、给予补偿等方式获得，没有以暴力、威胁手段获取，不构成黑社会性质组织犯罪。因此，对符青友等人的三友公司、北门劳务组是否构成黑社会性质组织，应结合组织特征、经济特征、行为特征全面审查，尤其是如何把握和认定黑社会性质组织的行为特征是本案定性的关键。

行为特征是黑社会性质组织的“四大特征”之一。刑法第二百九十四条将黑社会性质组织的行为特征界定为“以暴力、胁迫或者其他手段，有组织地多次进行违法犯罪活动，为非作恶，欺压、残害群众”。分析条文并结合2009年《纪要》、2015年最高人民法院印发的《全国部分法院审理黑社会性质组织犯罪案件工作座谈会纪要》(以下简称2015年《纪要》)的规定，黑社会性质组织的行为应具有以下几个特征：(1)行为的有组织性。行为的有组织性，是指为了黑社会性质组织的组织利益，由组织成员有计划、有安排、有分工地实施违法犯罪活动。司法实践中，为了组织利益，一般而言主要表现是争夺势力范围、排除竞争对手、确立强势地位、谋取经济利益、维护非法权威等。(2)行为的违法性。行为的违法性，是指行为违反法律规定，既包括违反刑法规定的犯罪行为，也包括尚不构成犯罪的其他违法行为。(3)行为危害的严重性。行为危害的严重性，一方面体现在黑社会性质组织存续期间需要多次实施违法犯罪行为，同时，根据实现非法控制目的的需要，一般应触犯多个罪名；另一方面也体现在违法犯罪行为所造成的危害后果应达到一定的严重程度。(4)行为的暴力性。2009年《纪要》指出，暴力性、胁迫性和有组织性是黑社会性质组织行为方式的主要特征，而“其他手段”主要包括以暴力、威胁为基础，在利用组织势力和影响力对他人形成心理强制和威慑的情况下，进行所谓的“谈判”“协商”“调解”，滋扰、哄闹、聚众等其他干扰、破坏正常经济、社会生活秩序的非暴力手段。可见暴力性是黑社会性质组织行为特征中的必备属性，即便是黑社会性质组织的非暴力行为，也往往是以暴力或以暴力威胁为后盾的。2015年《纪要》明确指出，在黑社会性质组织所实施的违法犯罪活动中，一般应有一部分能够较明显地体现出暴力或以暴力相威胁的基本特征。这一点其实不难理解：黑社会性质组织之所以能够实现对人民群众的心理强制或威慑，并进而实现非法控制，依靠的正是暴力血腥的违法犯罪手段。黑社会性质组织并不排斥非暴力性犯罪，甚至当其发展到一定阶段后会以非暴力性的违法犯罪为主要活动，但这并不是说黑社会性质组织会自动放弃使用暴力手段，更不是说在黑社会性质组织发展过程中可以没有明显的暴力性违法犯罪活动。如日本著名的暴力团（我国称之为黑社会组织）“山口组”，发展至今早已脱离了随意打杀的低级阶段，主要依靠涉足娱乐、服务等产业来不断获取巨额经济利益。但是应当看到，“山口组”的发迹史充斥着各种各样严重的暴力犯罪，而且，即便是现在，当利益受到威胁时，暴力犯罪也还会重新成为其解决问题的主要方式。因此，不管黑社会性质组织违法犯罪手段如何变化，暴力或者以暴力相威胁的基本特点都是不会改变的。

本案中，三友公司和北门劳务组的成立具有特殊的时代背景。被告人符青友等人在旌德县人民政府于2003年对旌阳镇北门旧城区进行改造时成为失地农民，符青友等人成立三友公司和北门劳务组，以失地农民的身份承包北门改造中的各项劳务，最初只是为了解决失去土地后的生计问题，这种现象在当时、当地并非个例。正因如此，旌德县城北门街区改造建设指挥部旌北改〔2004〕3号《北门改造指挥部关于劳务问题协调会议纪要》中提出“当地劳务当地做，同等条件下要照顾失地农民的利益”。三友公司向县委、县政府提交了要求优先承揽北门旧城改造中各项劳务工程的申请书，县委、县政府、旌阳镇政府主要领导签字，同意了符青友等人的申请。在旌德县范围内，“当地事由当地人做”是人人皆知的规则，当地领导知道，也认可这一做法。在北门劳务组、三友公司与施工企业在找外单位施工过程中发生诸多纠纷时，当地政府或者北门社区都是支持北门劳务组、三友公司的。可见符青友等人成立三友公司和北门劳务组的目的是在自己原本生活的地域内从事土方工程、劳务，自谋生路，不是为了通过实施违法犯罪活动去建立与政府对抗的“地下王国”，而且还在一定程度上得到了政府的支持。尽管其在此过程中有组织地实施了违法犯罪活动，但与那些妄图建立非法秩序，依靠逞强斗狠，通过暴力、威胁手段实施一系列违法犯罪活动达到非法控制为目的的黑社会性质组织有所不同。

符青友等人利用三友公司和北门劳务组有组织地在旌德县城北门建设工地上承揽土方工程或沙石材料供应业务，并多次实施强迫交易、敲诈勒索犯罪。仅从触犯的罪名、犯罪的次数以及非法获利数额等方面来看，其行为基本符合黑社会性质组织行为特征中的有组织性、违法性和危害严重性等特点。但符青友等人实施强迫交易、敲诈勒索犯罪的手段的暴力色彩极为微弱，既没有带领组织成员实施打打杀杀的行为，也不是通过暴力在旌德县城对人民群众形成事实上的心理威慑。符青友等人在承揽土方工程或沙石材料供应业务过程中，大多数是以“当地事由当地人做”、政府批复“同等条件下优先安排劳务”等为理由，与开发商、承建商进行“谈判”“协商”承揽工程，而这些“谈判”“协商”并不是以暴力为基础。在少数项目中，符青友等人以自己是失地农民要生活、“工程在谁地皮上劳务由谁做”为理由，采取到工地堵门、堵路、不让施工等手段强揽土方工程或砂石供应，没有直接对开发商、承建商或其他提供劳务者使用暴力或以暴力相威胁。开发商、承建商之所以妥协退让，也不是基于对暴力或者以暴力相威胁的恐惧，而是为了避免因符青友等人的滋扰导致工程拖延。与其说开发商、承建商的心理受到强制，不如说是不胜其烦。因此，本案在行为特征方面，与黑社会性质组织应有的行为方式存在明显区别。

综上，二审法院不认定三友公司和北门劳务组为黑社会性质组织，并对被告人符青友等人予以改判是正确的。

（撰稿：安徽省高级人民法院　周　斌　余乃荣
审编：最高人民法院刑三庭　周　川）

[第 1158 号]

刘汉等人组织、领导、参加黑社会性质组织案

——如何认定黑社会性质组织实施的违法犯罪活动；如何认定组织者、领导者对具体犯罪的罪责

一、基本案情

被告人刘汉，男，汉族，1965 年 10 月 25 日出生，原系四川汉龙（集团）有限公司董事局主席，曾任中国人民政治协商会议四川省第九届委员会委员，第十届、第十一届委员会常务委员会委员，四川省工商业联合会副会长。2013 年 8 月 8 日因本案被逮捕。

被告人唐先兵，男，汉族，1974 年 8 月 11 日出生。2013 年 7 月 27 日因本案被逮捕。

被告人仇德峰，男，汉族，1979 年 5 月 16 日出生，2002 年 11 月 4 日因犯寻衅滋事罪被判处有期徒刑四年，2005 年 5 月 30 日刑满释放。2013 年 7 月 27 日因本案被逮捕。

（其他被告人、被告单位的基本情况略）

湖北省咸宁市人民检察院以被告人刘汉犯组织、领导黑社会性质组织罪，故意杀人罪，故意伤害罪，非法拘禁罪，非法买卖枪支罪，非法持有枪支、弹药罪，串通投标罪，非法经营罪，敲诈勒索罪，故意毁坏财物罪，妨害公务罪，寻衅滋事罪，开设赌场罪，窝藏罪，骗取贷款、票据承兑、金融票证罪；被告人唐先兵犯参加黑社会性质组织罪，故意杀人罪，故意伤害罪……被告人仇德峰犯参加黑社会性质组织罪、故意杀人罪……向咸宁市中级人民法院提起公诉。

咸宁市中级人民法院经审理查明：

（一）组织、领导、参加黑社会性质组织的事实

1993年，被告人刘汉在四川省广汉市开办圣罗兰游戏机厅，从事赌博活动，由其哥哥刘坤（曾用名刘建，另案处理）管理。此后，刘汉与孙晓东（另案处理）在四川省绵阳市合伙成立绵阳市平原建材公司，通过经营建筑材料、从事期货交易等业务，逐渐积累经济实力，并于1997年3月在绵阳市成立被告单位四川汉龙（集团）有限公司（以下简称汉龙集团），后又安排被告人刘小平（刘汉的姐姐）管理公司财务。同年4月，汉龙集团成立绵阳小岛建设开发有限公司，在绵阳市游仙区小岛开发房地产，招募被告人唐先兵、仇德峰等组建保安队。保安队多次对当地村民使用暴力，强行推进工程建设，唐先兵等人将村民熊伟杀死。其间，被告人孙华君（孙晓东的哥哥）经营典当行，网罗被告人缪军、李波、车大勇、刘岗等人在广汉市、绵阳市发展黑恶势力。孙华君为刘汉、孙晓东发展经济实力提供武力保护，将缪军、车大勇、刘岗派到刘汉、孙晓东开办的经济实体工作，在刘汉、孙晓东的指使下组织唐先兵等人枪杀了对汉龙集团产生威胁的王永成。

与此同时，以刘维（刘汉的弟弟，另案被告人）为首的黑恶势力在被告人刘汉的资助下不断发展、壮大。1994年9月，刘维因妨害公务被取保候审后回到广汉市。刘汉将圣罗兰游戏机厅交给刘维经营，出资为刘维开办餐饮、娱乐场所。刘维积累了一定经济实力后，逐步发展手下成员，将广汉市有名的“操哥”（混社会的人）陈富伟的小弟曾建军（另案被告人）、张顺（另案处理）收归名下，还将陈力铭、旷晓燕、文香灼、旷小坪（均系另案被告人）等人发展为小弟。曾建军、陈力铭、旷晓燕、文香灼、旷小坪等人亦各自发展手下成员。刘维安排曾建军等人在赌博游戏机厅“看场子”、收取“保护费”，枪杀了与其争夺势力范围的“操哥”周政，逐步垄断了广汉市赌博游戏机行业。刘维还成立广汉市乙源实业发展有限公司等经济实体大肆敛财，结交四川省什邡市人民检察院原副检察长刘忠伟、四川省德阳市公安局刑侦支队原政委刘学军、德阳市公安局装备财务处原处长吕斌（均系另案被告人）等人充当其保护伞，将广汉市音豪娱乐会所作为组织集会场所。刘维还为刘汉、孙晓东聚敛钱财、排除异己提供暴力支持，多次派手下携带枪支保护刘汉，为刘汉、孙晓东等人杀害王永成、策划杀害史俊泉提供枪支，并

策划枪杀了对刘家产生威胁的陈富伟。

随着经济实力的增强，被告人刘汉与孙晓东于2000年将汉龙集团总部迁至四川省成都市。刘汉、孙晓东通过“政商结合”，不仅成为四川省知名的民营企业家，还分别获得四川省政协常委、绵阳市人大代表等身份，并利用政治地位和结交的关系多次对刘维、孙华君等人的违法犯罪活动提供庇护。

被告人刘汉与刘维、孙晓东、孙华君以兄弟亲情、合作经营为纽带，以汉龙集团等经济实体为依托，相互支持、相互融合，逐步形成了以刘汉、刘维、孙晓东为组织者、领导者，被告人唐先兵、孙华君、缪军、曾建军、文香灼、旷小坪、陈力铭、旷晓燕和詹军（另案被告人）等人为骨干成员，被告人刘岗、李波、车大勇、仇德峰、刘小平、肖永红和张东华、田先伟、张伟、袁绍林、曾建、桓立柱、孙长兵、闵杰、李君国、钟昌华、黄谋、王雷、王万洪、刘光辉（均系另案被告人）等人为其他参加者的较稳定的犯罪组织。刘汉负责决策和指挥整个组织的运转；孙晓东负责执行刘汉指示及汉龙集团日常经营管理；刘维负责为组织打击、铲除对手，谋取非法利益，树立非法权威。

该犯罪组织崇尚暴力，从武术学校、退伍军人中招募多名保安、保镖，吸纳刑满释放人员和社会闲散人员，购置刀具、警械，非法买卖、持有大量枪支、弹药，为实施暴力犯罪提供保障。该犯罪组织宣扬“为公司利益要敢打敢冲，出了事公司会负责”“要是公司遇到事了，打架要打赢，要勇敢一点”“表现好的有重用，不好的被开除”“‘哥佬倌’带小弟，小弟服从‘哥佬倌’指挥”等不成文的规约和纪律，纵容成员为组织利益实施违法犯罪活动，并通过奖励、提拔为组织利益“敢打敢冲”的成员和开除少数违反组织纪律的成员，不断强化组织纪律和规约，树立组织者、领导者权威。

该犯罪组织不仅通过有组织地实施开设赌场、敲诈勒索等违法犯罪活动敛财，壮大经济实力，还分别依托汉龙集团、乙源实业公司等经济实体的经营活动攫取巨额经济利益，具有强大的经济实力。为了扩充经济实力、维护组织利益，被告人刘汉和刘维、孙晓东等人以暴力为后盾，利用黑恶势力排挤、打击竞争对手，铲除障碍，“以黑护商”。该组织还“以商养黑”，将所获收益部分用于支持组织成员实施违法犯罪活动，购买枪支、弹药、刀具和车辆等作案工具，提升组织犯罪能力，增强组织威慑力；组织手下成员聚会、娱乐、吸毒等，为组织成员发放工资、奖金，购买房屋、车辆，偿还赌债，提供逃跑、赔偿费用；收买国家工作人员，为组织实施违法犯罪活动提供庇护。

该犯罪组织为树立其非法权威，维护其非法利益，为非作恶，欺压、残害群众，有组织地实施了故意杀人，故意伤害，非法拘禁，非法买卖枪支，非法持有枪支、弹药，敲诈勒索，故意毁坏财物，妨害公务，寻衅滋事，开设赌场，窝藏等数十起犯罪活动以及随意殴打他人、聚众赌博、串通拍卖等11起违法行为，共造成8人死亡、多人受伤等极其严重的危害后果。该组织通过实施违法犯罪活动及利用国家工作人员的包庇和纵容，称霸一方，在广汉市、绵阳市、什邡市等地形成重大影响，并对广汉市的赌博游戏机行业形成非法控制，严重破坏了上述地区的经济秩序和社会生活秩序。

（二）故意杀人的事实

1. 1997年4月，汉龙集团成立小岛公司，开发四川省绵阳市游仙区小岛。工程开发过程中，小岛公司多次与当地村民发生冲突。在1998年3月至4月间的一次冲突中，被告人唐先兵（小岛公司保安）被村民熊伟（男，绰号熊三娃，殁年22岁）打伤。唐先兵起意报复熊伟，并请同为该公司保安的被告人仇德峰等人帮忙。1998年8月13日23时许，唐先兵从仇德峰处得知熊伟行踪后，携带水果刀赶到绵阳市凯旋酒廊。仇德峰向唐先兵指认了熊伟所在位置，唐先兵走进酒廊，持刀朝熊伟右胸部连扎两刀后跑出酒廊，乘坐仇德峰事先租好的出租车逃离现场。熊伟被他人送往医院经抢救无效死亡。经法医鉴定，被害人熊伟系外伤性心脏破裂死亡。时任汉龙集团娱乐有限公司经理的被告人肖永红得知情况后，当即向孙晓东汇报，并分别安排唐先兵、仇德峰到广汉躲藏，为二人提供生活费，仇德峰工资照发。后仇德峰回到绵阳，汉龙集团将其从小岛公司保安队调至工程部开车，工资待遇提高。

2. 1999年年初，被害人王永成（男，殁年29岁）的朋友李小东因琐事被汉龙集团员工何均等人砍伤，王永成扬言要炸毁汉龙集团办公场所、保龄球馆及汉龙集团总经理孙晓东乘坐的车辆。孙晓东得知该消息后，即向被告人刘汉作了汇报，刘汉指使孙晓东找人“做掉”王永成。孙晓东向被告人孙华君、缪军传达了刘汉要教训王永成的指示。孙华君安排黄强、杨建伟（均另案处理）打探王永成行踪，提供桑塔纳轿车用于作案。刘维应孙晓东的要求，安排其司机罗廷刚（另案处理）将2支手枪、1支滑膛枪送交缪军。缪军安排被告人车大勇开车，将枪支分发给被告人唐先兵、刘岗、李波，组织唐先兵等人试枪并在汉龙集团职工宿舍集中住宿。同年2月13日晚，黄强、杨建伟在绵阳市凯旋酒廊发现王永成，随即联系缪军。缪军安排车大勇驾驶桑塔纳轿车载唐先兵、刘岗、李波前往，其随后赶到。在凯旋酒廊门口，黄强向缪军等人指认了王永成，缪军先行离开。唐先兵、刘岗各持手枪在凯旋酒廊门口守候，李波持滑膛枪在附近警戒。当王永成走出凯旋酒廊时，唐先兵朝王连开两枪，将王击倒在地。刘岗亦开枪，但因枪支故障未能击发。随后，车大勇驾车接应唐先兵等人逃离现场。王永成因被枪弹击伤致外伤性心脏破裂、双肺裂创，经抢救无效死亡。

事后，当地公安机关根据相关线索怀疑孙华君、缪军等人涉嫌犯罪，对其进行抓捕。缪军、车大勇将作案所用桑塔纳轿车销毁。孙晓东将王永成已被杀死以及公安机关抓捕情况向被告人刘汉作了汇报，刘汉当即安排孙华君等人到深圳市佳宁娜广场小区躲藏。经刘汉同意，孙晓东在孙华君、缪军逃匿期间从汉龙集团的资产中给予孙华君、缪军共计100余万元，为唐先兵、刘岗、缪军长期发放工资直至该三人归案，还提供凯迪拉克轿车和奥迪A8轿车给孙华君使用。

（其他犯罪事实略）

咸宁市中级人民法院认为，被告人刘汉伙同他人网罗被告人唐先兵、孙华君、缪军、刘岗、李波、仇德峰、肖永红、车大勇、刘小平等，形成较稳定的犯罪组织。该组织存续20年，成员多达30余人，有明确的组织者、领导者，骨干成员基本固定；通过有组织地实施违法犯罪活动或者其他手段获取经济利益，具有强大的经济实力，以支持该组织的活动；以暴力、威胁或者其他手段，有组织地实施故意杀人、故意伤害、非法拘禁等违法犯罪活动数十起，非法持有、买卖枪支20支，为非作恶，欺压、残害群众，共造成8人死亡、多人受伤等严重后果；通过实施违法犯罪活动和利用国家工作人员的包庇、纵容，称霸一方，在四川省广汉市、绵阳市、什邡市等地形成重大影响，并对广汉市的赌博游戏机行业形成非法控制，该犯罪组织依法应认定为黑社会性质组织。被告人刘汉组织、领导黑社会性质组织，其行为构成组织、领导黑社会性质组织罪。被告人刘汉作为黑社会性质组织的组织者、领导者和首要分子，应当对该组织所实施的全部罪行负责，其行为分别构成组织、领导黑社会性质组织罪，故意杀人罪，故意伤害罪，非法拘禁罪，非法买卖枪支罪，非法持有枪支、弹药罪，非法经营罪，敲诈勒索罪，故意毁坏财物罪，妨害公务罪，开设赌场罪，寻衅滋事罪和窝藏罪。被告人唐先兵积极参加黑社会性质组织，并伙同其他组织成员故意非法剥夺他人生命，故意损害他人身体健康，其行为分别构成参加黑社会性质组织罪、故意杀人罪、故意伤害罪……被告人仇德峰参加黑社会性质组织，伙同其他组织成员故意非法剥夺他人生命，其行为分别构成参加黑社会性质组织罪、故意杀人罪……依照《中华人民共和国刑法》第二百九十四条第一款、第四款、第五款，第二百三十二条，第二百三十四条，第二十五条第一款，第二十六条，第六十四条，第六十七条第三款，第六十九条和《最高人民法院关于审理黑社会性质组织犯罪的案件具体应用法律若干问题的解释》第三条第一款……(其他法律规定略)的规定，判决如下：

1. 被告人刘汉犯组织、领导黑社会性质组织罪，判处有期徒刑十五年，并处没收个人全部财产；犯故意杀人罪，判处死刑，剥夺政治权利终身；犯故意伤害罪，判处有期徒刑十三年；犯非法拘禁罪，判处有期徒刑十年；犯非法买卖枪支罪，判处有期徒刑三年；犯非法持有枪支、弹药罪，判处有期徒刑五年；犯非法经营罪，判处有期徒刑七年，并处没收财产人民币三千万元；犯敲诈勒索罪，判处有期徒刑五年；犯故意毁坏财物罪，判处有期徒刑三年；犯妨害公务罪，判处有期徒刑二年；犯开设赌场罪，判处有期徒刑五年，并处罚金人民币二百万元；犯寻衅滋事罪，判处有期徒刑二年；犯窝藏罪，判处有期徒刑二年；犯骗取贷款、票据承兑、金融票证罪，判处有期徒刑六年，并处罚金人民币五千万元。决定执行死刑，剥夺政治权利终身，并处没收个人全部财产。

2. 被告人唐先兵犯参加黑社会性质组织罪，判处有期徒刑七年，并处罚金人民币二十万元；犯故意杀人罪，判处死刑，剥夺政治权利终身；犯故意伤害罪，判处有期徒刑十三年。决定执行死刑，剥夺政治权利终身，并处罚金人民币二十万元。

3. 被告人仇德峰犯参加黑社会性质组织罪，判处有期徒刑三年，并处罚金人民币五万元；犯故意杀人罪，判处有期徒刑十年，剥夺政治权利一年。决定执行有期徒刑十二年，剥夺政治权利一年，并处罚金人民币五万元。

（其他被告人、被告单位的判决情况略）

宣判后，被告人刘汉、唐先兵、仇德峰提出上诉。

刘汉及其辩护人提出：刘汉不构成组织、领导黑社会性质组织罪，原审判决所认定的组织犯罪，有的系孙晓东、刘维组织实施，刘汉事先根本不知情；有的系他人出于个人恩怨实施；有的被法院生效判决确认为个人犯罪。将这些由多人为各自目的所实施的犯罪拼凑成“有组织地”实施违法犯罪活动，与事实不符，刘汉不应承担刑事责任等上诉理由和辩护意见。

唐先兵及其辩护人提出：唐先兵不属于黑社会性质组织骨干成员，现有证据无法证明王永成身上的致命枪伤系唐先兵造成，也没有充分的证据证明熊伟身上的致命刀伤系唐先兵造成等上诉理由和辩护意见。

仇德峰及其辩护人提出：熊伟被杀案应定性为故意伤害罪，仇德峰系黑社会性质组织的其他参加者，在熊伟被杀案中系从犯等上诉理由和辩护意见。

湖北省高级人民法院经审理认为，原审判决认定上诉人刘汉犯组织、领导黑社会性质组织罪，故意杀人罪，故意伤害罪，非法拘禁罪，非法买卖枪支罪，非法持有枪支、弹药罪，敲诈勒索罪，故意毁坏财物罪，妨害公务罪，开设赌场罪，寻衅滋事罪，窝藏罪；上诉人唐先兵犯参加黑社会性质组织罪、故意杀人罪、故意伤害罪；上诉人仇德峰犯参加黑社会性质组织、故意杀人罪的事实清楚，定罪准确，量刑适当。依法判决：上诉人刘汉犯骗取贷款、票据承兑、金融票证罪，判处有期徒刑四年，并处罚金人民币一千万元，与原审判决对其犯组织、领导黑社会性质组织罪，判处有期徒刑十五年，并处没收个人全部财产；犯故意杀人罪，判处死刑，剥夺政治权利终身；犯故意伤害罪，判处有期徒刑十三年；犯非法拘禁罪，判处有期徒刑十年；犯非法买卖枪支罪，判处有期徒刑三年；犯非法持有枪支、弹药罪，判处有期徒刑五年；犯敲诈勒索罪，判处有期徒刑五年；犯故意毁坏财物罪，判处有期徒刑三年；犯妨害公务罪，判处有期徒刑二年；犯开设赌场罪，判处有期徒刑五年，并处罚金人民币二百万元；犯寻衅滋事罪，判处有期徒刑二年；犯窝藏罪，判处有期徒刑二年并罚，决定执行死刑，剥夺政治权利终身，并处没收个人全部财产。驳回唐先兵、仇德峰的上诉，维持原判。湖北省高级人民法院依法对被告人刘汉、唐先兵的死刑判决报请最高人民法院核准。

最高人民法院复核认为，被告人刘汉伙同他人组织、领导人数众多、骨干成员基本固定的较稳定的犯罪组织，有组织地通过违法犯罪活动或者其他手段获取经济利益，具有支持该组织活动的经济实力，以暴力、威胁或者其他手段，有组织地多次进行违法犯罪活动，为非作恶，欺压、残害群众，称霸一方，在一定区域或者行业内形成非法控制或者重大影响，严重破坏经济、社会生活秩序，其行为已构成组织、领导黑社会性质组织罪……在故意杀害王永成的共同犯罪中，刘汉提出杀人犯意，事后藏匿、资助组织成员，起组织、指挥作用……故意杀害熊伟的犯罪系黑社会性质组织的骨干成员唐先兵为维护组织利益而实施……被告人唐先兵积极参加黑社会性质的组织，其行为已构成参加黑社会性质组织罪；唐先兵伙同他人故意非法剥夺被害人生命，其行为已构成故意杀人罪……第一审、第二审判决认定被告人刘汉组织、领导黑社会性质组织，故意杀人，故意伤害，非法拘禁，非法买卖枪支，非法持有枪支、弹药，敲诈勒索，故意毁坏财物，妨害公务，寻衅滋事，开设赌场和窝藏的事实和被告人唐先兵参加黑社会性质组织、故意杀人、故意伤害的事实，以及第二审判决认定被告人刘汉骗取贷款、票据承兑、金融票证的事实清楚，证据确实、充分，定罪准确。第一审判决中除非法经营罪和骗取贷款、票据承兑、金融票证罪以外的量刑及第二审判决量刑适当。审判程序合法。故裁定核准湖北省高级人民法院（2014）鄂刑一终字第 00076 号刑事判决中对被告人刘汉和被告人唐先兵的定罪量刑部分。

二、主要问题

1. 如何认定黑社会性质组织实施的违法犯罪活动？

2. 如何认定组织者、领导者对具体犯罪的罪责？

三、裁判理由

（一）黑社会性质组织违法犯罪活动的认定

在审理黑社会性质组织犯罪案件中，正确区分黑社会性质组织违法犯罪和组织成员个人违法犯罪的重要意义：一是对于解决黑社会性质组织组织者、领导者的刑事责任问题有至关重要的影响。黑社会性质组织的组织者、领导者不仅应对其本人直接组织、策划、指挥、参与实施的违法犯罪活动承担责任，而且应当对黑社会性质组织实施的违法犯罪承担责任。因此，准确界定黑社会性质组织实施的违法犯罪的范围，是确定组织者、领导者刑事责任的基础和前提。二是有助于准确认定黑社会性质组织的行为特征。黑社会性质组织的行为特征是“以暴力、威胁或者其他手段，有组织地多次进行违法犯罪活动，为非作恶，欺压、残害群众”。可见，构成黑社会性质组织，必须有一定违法犯罪活动量的积累。没有量的积累，不可能“称霸一方”，也不可能“在一定区域或者行业内，形成非法控制或者重大影响”。因此，准确认定黑社会性质组织实施的违法犯罪活动，有助于从行为特征上把握黑社会性质组织的构成条件，避免把组织成员个人实施的违法犯罪活动认定为组织实施的违法犯罪活动，进而导致把一些松散的犯罪团伙、恶势力团伙升格为黑社会性质组织。三是有助于准确认定参加黑社会性质组织的行为。由于黑社会性质组织在发展程度上与典型的黑社会组织还存在差异，很少会通过举行仪式、登记造册等显见形式来发展和管理组织成员，往往要通过被告人是否参加黑社会性质组织的违法犯罪活动来判断其是否已经接受黑社会性质组织的领导与管理。因此，正确区分组织的违法犯罪与成员个人的违法犯罪，对于准确认定参加黑社会性质组织罪也有直接影响。四是有助于明确组织成员的罪责。准确界定黑社会性质组织实施的违法犯罪活动，有助于正确区分积极参加者和其他参加者。相反，将组织成员个人实施的违法犯罪活动认定为组织实施的违法犯罪活动，有可能不恰当地将本属于其他参加者的被告人升格为积极参加者，从而加大其罪责。

2009年下发的《最高人民法院、最高人民检察院、公安部办理黑社会性质组织犯罪案件座谈会纪要》（以下简称2009年《纪要》）对黑社会性质组织违法犯罪与组织成员个人违法犯罪进行了区分，列举了属于黑社会性质组织违法犯罪活动的五种情形，其中四种情形属于并非由组织者、领导者直接组织、策划、指挥、参与的违法犯罪，即“由组织成员以组织名义实施，并得到组织者、领导者认可或者默许的违法犯罪活动；多名组织成员为逞强争霸、插手纠纷、报复他人、替人行凶、非法敛财而共同实施，并得到组织者、领导者认可或者默许的违法犯罪活动；组织成员为组织争夺势力范围、排除竞争对手、确立强势地位、谋取经济利益、维护非法权威或者按照组织的纪律、惯例、共同遵守的约定而实施违法犯罪活动……”。上述情形下，虽然并非由组织者、领导者直接组织、策划、指挥、参与实施，但应认定为组织的违法犯罪，即意味着组织者、领导者要承担相应的罪责。2015 年最高人民法院印发的《全国部分法院审理黑社会性质组织犯罪案件工作座谈会纪要》进一步强调：“属于 2009 年《座谈会纪要》规定的五种情形之一的，一般应当认定为黑社会性质组织实施的违法犯罪活动，但确与维护和扩大组织势力、实力、影响、经济基础无任何关联，亦不是按照组织惯例、纪律、活动规约而实施，则应作为组织成员个人的违法犯罪活动处理。”

可以看出，组织者、领导者并非对所有组织成员实施违法犯罪承担责任，纯粹由组织成员个人实施的犯罪，不能视为组织犯罪。组织者、领导者之所以要对一些并非由自己直接组织、策划、指挥、参与的违法犯罪承担责任，一言以蔽之，是与组织意志和组织利益有关。详言之：第一，“由组织成员以组织名义实施，并得到组织者、领导者认可或者默许的违法犯罪活动”。是指组织成员以组织名义实施违法犯罪时原本未经组织者、领导者授意，属于“越权”行为。但因组织成员以组织名义实施，不言而喻能扩大组织的影响力，符合组织利益，且因得到了组织者、领导者的认可或默许，体现了组织意志，因而视为组织犯罪。第二，“多名组织成员为逞强争霸、插手纠纷、报复他人、替人行凶、非法敛财而共同实施的违法犯罪”。此类违法犯罪虽然行为人主观动机上不一定是为了组织利益，但因上述行为是黑社会性质组织经常实施的违法犯罪，通常手段上具有暴力、胁迫性，方式上为公开化或半公开化，犯罪的附带后果能扩大组织的影响力和势力，客观上符合组织利益。而且，多名组织成员共同实施，本身在一定程度上能反映组织意志，尤其是得到组织者、领导者的认可或默许，可能体现组织的意志，因而视为组织犯罪。第三，“组织成员为组织争夺势力范围、排除竞争对手、确立强势地位、谋取经济利益、维护非法权威而实施违法犯罪”。显而易见，这几种情形都是为了组织利益而实施的违法犯罪。其中，为组织谋取经济利益较为直接，而为组织争夺势力范围、排除竞争对手、确立强势地位、维护非法权威与组织的潜在利益有关，有利于黑社会性质组织在今后的竞争中取得优势地位，从而谋取更大的经济利益，因而视为组织犯罪。第四，“按照组织的纪律、惯例、共同遵守的约定而实施违法犯罪活动”。所谓组织的纪律、共同遵守的约定，是指组织制定或者自发形成的，并用以明确组织内部人员管理、职责分工、行为规范、利益分配、行动准则等事项的成文或不成文的规定、约定；所谓惯例，是指能够体现组织意志、宗旨的一贯做法。可见，上述四种情形均能体现组织意志或符合组织利益，或者是组织利益和组织意志的统一，如果与组织利益无任何关联，即使有组织者、领导者的认可和默许，也不能视为组织犯罪。

本案中，故意杀害熊伟的犯罪虽然表面上看似是因组织成员与被害人的个人恩怨而引发，但实际上与维护组织利益密切相关，符合组织的纪律、惯例和共同遵守的约定，属于比较典型的组织犯罪。被告人刘汉崇尚暴力，汉龙集团从武术学校、退伍军人中招募多名保安、保镖，吸纳在逃犯罪嫌疑人、刑满释放人员和社会闲散人员，大量购置枪支、弹药、刀具、警械，为实施暴力犯罪提供保障。该犯罪组织宣扬“为公司利益要敢打敢冲”“打架要打赢”“表现好的有重用，不好的被开除”等不成文的规约和纪律，纵容组织成员为组织利益实施违法犯罪活动。不仅如此，该犯罪组织还通过奖励、提拔为组织利益“敢打敢冲”的成员和开除少数违反组织纪律的成员，不断强化组织纪律和规约，对组织成员的行为产生导向作用。

故意杀害熊伟犯罪是汉龙集团在暴力开发过程中发生的案件。该犯罪组织的另一名组织者、领导者孙晓东的供述可以证明，在开发小岛村时，公司跟村民发生纠纷多用暴力解决。其向刘汉汇报保安将小岛村村民打伤的事，刘汉比较赞同，说只要工程能够顺利推进，不管采用什么方法都行，员工为了公司利益出了事该管就管，该花钱的花钱，该赔钱的赔钱，该鼓励的鼓励，该奖励的奖励。之后，孙晓东将刘汉的意思向下传达。当熊伟被杀案发生后，其向刘汉汇报了情况。刘汉对唐先兵表示赞许，说“这个娃还可以”。由此可见，刘汉虽然事先对故意杀害熊伟案并不具体知晓，但其对组织成员采用暴力手段持肯定态度。该起犯罪的具体参与者唐先兵、仇德峰、肖永红均系汉龙集团的保安或负有保安管理职责的人员。唐先兵到汉龙集团当保安后，汉龙集团领导多次向其灌输暴力文化，其在与小岛村村民的冲突中表现较好，立即受到公司奖励，安排其免费学习驾驶技术，并调整到汉龙娱乐公司当保安。其本人接受上述观念后，认为敢打敢杀才能得到上级的赏识，故在工程开发过程中与熊伟发生冲突后，蓄意报复杀害对方。熊伟被杀后，小岛村村民对汉龙公司心存恐惧，之后，开发项目更为顺利。因此，唐先兵的行为不仅客观上符合汉龙集团的利益，该起犯罪亦得到了组织者、领导者的认可。因此，故意杀害熊伟犯罪既属于组织成员为维护组织利益实施的犯罪，又属于按照组织的纪律、惯例、共同遵守的约定而实施的犯罪。第一、二审判决及最高人民法院复核裁定认定上述犯罪系组织犯罪，刘汉应承担责任是正确的。

（二）组织者、领导者对具体犯罪的罪责范围和程度

黑社会性质组织的组织者、领导者是组织的发起者、创建者，在组织中处于领导地位，对整个组织的运行起着决策、指挥、管理作用。因此，组织者、领导者不仅应对其直接组织、策划、指挥、参与实施的违法犯罪活动承担责任，而且应当对该组织所犯全部罪行承担刑事责任。但在对具体犯罪承担刑事责任的范围和程度上，实践中不无争议。概括起来有两个层次的问题：

1. 组织者、领导者对具体犯罪承担罪责的范围

关于组织者、领导者对具体犯罪承担罪责的范围，有两种观点：第一种观点认为，根据《最高人民法院关于审理黑社会性质组织犯罪案件具体应用法律若干问题的解释》（以下简称《司法解释》）第三条的规定，“……对于黑社会性质组织的组织者、领导者，应当按照其所组织、领导的黑社会性质组织所犯的全部罪行处罚”。因此，组织者、领导者应对其直接组织、领导的罪行承担责任，而不是对黑社会性质组织的全部罪行承担责任。第二种

观点认为，组织者、领导者应对黑社会性质组织所犯的全部罪行承担刑事责任，即组织者、领导者与犯罪行为的组织者、策划者、指挥者、实施者构成共犯，应根据其在共同犯罪中的地位和作用对具体犯罪承担刑事责任。

我们同意第二种观点。理由是：(1)第一种观点错误理解了司法解释的规定，“应当按照其所组织、领导的黑社会性质组织所犯的全部罪行处罚”，意在强调组织者、领导者对黑社会性质组织所犯的罪行承担责任，而不能对组织成员个人的罪行承担责任，此处的“组织、领导”限定的是“黑社会性质组织”，而不是“罪行”。(2)刑法第二十六条第三款规定：“对组织、领导犯罪集团的首要分子，按照集团所犯的全部罪行处罚。”黑社会性质组织是犯罪集团的高级表现形式，黑社会性质组织的组织者、领导者也是犯罪集团的首要分子，应按照黑社会性质组织所犯的全部罪行处罚。(3)2009年《纪要》进一步规定，对黑社会性质组织的组织者、领导者，应根据法律规定和该纪要中关于“黑社会性质组织实施的违法犯罪活动”的规定，按照该组织所犯的全部罪行承担责任。

2.组织者、领导者对具体犯罪承担罪责的程度

组织者、领导者对黑社会性质组织所犯的全部罪行承担刑事责任，并不意味着组织者、领导者在具体犯罪中承担最重罪责，而要根据其在具体犯罪中的地位和作用来确定罪责。具体来说，在确定组织者、领导者对具体犯罪的罪责时，应把握以下原则：

第一，组织者、领导者对于并非由自己直接组织、策划、指挥、参与的犯罪一般不承担最重的责任。如上文所述，2009年《纪要》规定了四种并非由组织者、领导者直接组织、策划、指挥、参与的违法犯罪。上述四种情形下，组织者、领导者对具体犯罪只是一般性地知晓，甚至根本不知晓，只应负一般的责任，而应当由具体犯罪的起意者、组织者、指挥者或者实施者承担最重的责任。

第二，组织者、领导者对由其直接组织、策划、指挥、参与实施的犯罪，一般应承担最重的刑事责任。实践中存在的争议问题是，如果组织者、领导者提出犯意后未参与具体的策划、实施，如何确定其罪责程度？《最高人民法院关于审理故意杀人、故意伤害案件正确适用死刑的指导意见》指出：对

于雇凶者与受雇者共同直接实施故意杀人、故意伤害犯罪的，应认定雇凶者为罪行最为严重的主犯；雇凶者没有直接实施故意杀人、故意伤害犯罪行为，但参与了共同犯罪的策划，实施了具体组织、指挥行为的，对雇凶者也应认定为罪行最为严重的主犯；雇凶者只是笼统提出犯意，没有实施具体组织、指挥行为，积极实施犯罪行为的受雇者可以认定为罪行最为严重的主犯。我们认为，上述意见对黑社会性质组织犯罪案件具有参考意义，但审判时应当结合涉黑犯罪的自身特点来把握，不能机械理解。具体来说，如果组织者、领导者不仅提出犯意，而且具体策划、组织、指挥，或者直接参与实施犯罪的，当然应认定为罪责最为严重的主犯。但是，如果组织者、领导者没有针对具体犯罪进行策划、组织、指挥以及参与实施，只是提出犯意后交由组织成员负责实施，也并不能就此认为组织者、领导者不是罪责最为严重的主犯，还应当结合具体案情进行分析。这是因为，黑社会性质组织犯罪不同于一般共同犯罪、团伙犯罪，组织者、领导者与组织成员的联系更加紧密，具有领导与被领导、管理与被管理的关系，犯罪的组织化程度也更高，分工更明确，隐蔽性更强。基于这些特点，组织者、领导者往往只需要躲在幕后发号施令即可，不必策划、组织、指挥具体的违法犯罪活动，参与实施的情况就更少。实践中，组织者、领导者一旦发出指示，组织成员都会不遗余力地执行，如果简单套用上述意见，无疑会给黑社会性质组织的组织者、领导者逃避处罚以可乘之机。

刘汉、刘维组织、领导黑社会性质组织案中，该组织实施的杀害周政、王永成、陈富伟等三起故意杀人犯罪，均由组织者、领导者提起犯意，骨干成员组织实施，其他组织成员具体执行，是自上而下层层安排；组织者、领导者或骨干成员事先准备枪支、车辆等作案工具，对作案人员进行分工，作案后安排作案人员逃避法律追究，充分反映出该犯罪组织有很强的犯罪能力，实施违法犯罪活动时的组织性很强。在故意杀害王永成的犯罪中，被告人刘汉虽然并未就如何作案等问题进行具体的策划、安排，更未直接参与实施犯罪，但该犯罪组织另一组织者、领导者孙晓东的供述证明，刘汉指使其找几个人把王永成“做掉”。组织成员孙华君的供述也证明，其和缪军这样“操社会”的人都明白刘汉的意思是要杀掉王永成。因此，刘汉在该起犯罪中并非仅是笼统地提出犯意，其对组织成员的指示较为明确。而且，刘汉在案发后安排孙华君、缪军等人藏匿，并提供资助，符合该犯罪组织实施违法犯罪活动的一贯分工和做法，凸显出刘汉在该起犯罪中发挥着“幕后总指挥”的作用，应当认定为该起故意杀人犯罪中罪责最为严重的主犯，第一、二审判决及最高人民法院复核裁定对刘汉判处死刑是正确的。

（撰稿：最高人民法院刑五庭　绳万勋
审编：最高人民法院刑三庭　周　川）

［第1159号］

王云娜等人故意伤害、寻衅滋事、非法拘禁、敲诈勒索案

——如何根据“非法控制或重大影响”的内在要求准确认定黑社会性质组织的危害性特征

一、基本案情

被告人王云娜，别名刘颖，女，1978年4月25日出生。2009年7月25日因本案被逮捕。

被告人王淄，男，1980年7月9日出生。2009年7月25日因本案被逮捕。

被告人贺辰宇，男，1988年8月12日出生。2007年12月4日因犯盗窃罪被判处有期徒刑八个月，2008年5月7日刑满释放。2009年7月25日因本案被逮捕。

（其他被告人基本情况略）

河北省石家庄市人民检察院以被告人王云娜、王淄、董重旭、刘勇、王占朋、贺辰宇、贺广金、孟奇、郑悍博、李龙、陈龙、周磊璞、李亚斌、贾光、刘亮、冯双华、孔德贤、苑朝旺、崔业权、郗先、李文平、宋彦章、吕亮亮分别犯组织、领导、参加黑社会性质组织罪，故意伤害罪，寻衅滋事罪，非法拘禁罪，敲诈勒索罪，故意毁坏财物罪，向非国家工作人员行贿罪，向石家庄市中级人民法院提起公诉。

石家庄市人民检察院指控：2008年8月，被告人王云娜（刘颖）成立了石家庄市固瑞特保温材料厂，为了扩大自己的经济实力，在此基础上又分别先后设立了固瑞特科技有限公司和瑞华线材厂。在经营中为了垄断市场，攫取巨额利润，王云娜指使其丈夫王淄、胞弟刘亮和公司的员工董重旭等人

并纠集社会闲散人员刘勇、贺广金等人多次实施违法犯罪活动，并在违法犯罪过程中逐步树立了“老大”的领导地位。

尤其是2009年3月以来，王云娜为了进一步垄断保温材料市场，获得更大的经济利益，指使王淄、刘亮、董重旭、李亚斌、冯双华、郗先、崔业权、孔德贤和“混社会”的刘勇、贺广金、王占朋、贺辰宇等人，对同行业内的其他公司业务员及相关人员多次进行跟踪殴打。特别是2009年5月5日，在王云娜的指挥下，其团伙的主要成员无故对同行业竞争对手石家庄恒保龙保温材料公司（以下简称恒保龙保温材料公司）董事长朱龙华进行跟踪并殴打，造成朱龙华死亡的严重后果，在社会上和行业内造成了恶劣的影响，严重破坏了正常的经营秩序。

在该团伙实施的一系列故意伤害、寻衅滋事、非法拘禁、敲诈勒索、行贿、故意毁坏财物等犯罪活动中，逐步形成了以王云娜为组织者、领导者，王淄、刘亮、董重旭、刘勇、贺广金为骨干成员，李亚斌、冯双华、郗先、崔业权、孔德贤、王占朋、贺辰宇为成员的较为固定的犯罪组织。王云娜为了便于随时调遣和指使团伙成员进行违法犯罪活动，为该团伙主要成员提供了汽车多部，并专门在石家庄市御景园D座2-502购置房产供团伙主要成员冯双华、孔德贤、郗先等人居住。

被告人刘勇、王占朋、贺广金等人听命于被告人王云娜，积极充当王云娜的打手。平日里，他们除在各自的势力范围内进行违法犯罪活动外，一旦受到王云娜的召集，便迅速带领手下蜂拥而至，积极参与王云娜组织的寻衅滋事和故意伤害他人的违法犯罪活动。王云娜为了有效地控制团伙成员，除对固定成员发放工资外，还对在违法犯罪活动中的积极参与者予以重奖。例如，贺广金因多次积极参与王云娜组织的寻衅滋事犯罪活动，王云娜给予其5 000元奖励；团伙成员李文平等三人积极参与王云娜指挥的敲诈勒索活动后，王云娜高兴地给予每个积极参加者3 000元奖励。

王云娜犯罪团伙凭借着近年来多次的违法犯罪活动和其名下公司采用的行贿、偷逃税款、欠账不还等一系列违法手段，非法获利近千万元。王云娜依靠其非法获得的经济实力，积极地支持其组织的犯罪活动，为组织骨干和团伙成员提供各种违法犯罪经费支出达20余万元。例如，2009年5月5

日，刘勇等人参与将朱龙华殴打致死后，王云娜为让刘勇逃避公安机关的抓捕，给刘勇现金1万元帮助其逃匿。

王云娜犯罪团伙通过实施一系列有组织的故意伤害、寻衅滋事、非法拘禁、敲诈勒索、行贿、故意毁坏财物、窝藏等违法犯罪活动后，扩大了自己的势力和影响，获取了一定的经济实力，逐步形成了以家庭为基础、以血缘为纽带、以经济做后盾，人数众多、成员相对固定、层次分明、分工明确的黑社会性质犯罪组织，在石家庄市一定范围和行业内称霸一方，为非作恶，严重破坏了当地正常的经济、社会、生活秩序。

（公诉机关另指控故意伤害、寻衅滋事、非法拘禁、敲诈勒索、故意毁坏财物、向非国家工作人员行贿罪等事实略）

被告人王云娜的辩护人提出：王云娜不构成组织、领导黑社会性质组织罪，故意伤害罪，敲诈勒索罪，故意毁坏财物罪，向非国家工作人员行贿罪，指控王云娜犯寻衅滋事罪、非法拘禁罪证据不足。

石家庄市中级人民法院经公开审理查明：

（一）故意伤害的事实

2009年5月5日下午2时许，被告人王淄在通往河北省晋州市的公路上发现挤塑板生意上的竞争对手恒保龙保温材料公司的富康车后，便决定教训对方一下，遂打电话和被告人王云娜商量，在征得王云娜同意后，王淄即安排被告人董重旭、贾光、李亚斌、周磊璞对富康车进行跟踪，并安排董重旭打电话让被告人刘勇找几个人过来。刘勇找来被告人王占朋、贺辰宇、郑悍博、李龙、陈龙，王淄驾车将之送到富康车停泊的辛集广兴泡沫厂附近。下午6时许，周磊璞、李亚斌分别驾驶汽车在安新线辛集境内马兰路段追上被害人朱龙华驾驶的富康轿车，刘勇将富康车拦住，刘勇、王占朋、贺辰宇、李龙、陈龙、郑悍博对朱实施殴打，王占朋持镐把殴打朱的身体，贺辰宇、郑悍博持镐把打击朱头部，之后分别乘车逃离现场。其中贺辰宇多次持镐把击打被害人头部并致镐把折断，造成朱龙华颅骨骨折，经送医院抢救无效死亡。王云娜在得知朱龙华已死亡后，为让刘勇逃避公安机关的抓捕，给刘勇等人1万元现金帮助其逃跑。

(二)寻衅滋事的事实

1. 2009年3月23日中午,被告人王云娜纠集被告人王淄、董重旭、李亚斌、刘勇、郗先、崔业权、冯双华、孔德贤、贺辰宇、李朋(在逃)、云龙(在逃)分乘7辆汽车来到河北省栾城县楼底镇西羊市村恒保龙保温材料公司聚众滋事,用汽车挡住恒保龙保温材料公司门口,使该厂拉货车辆不能出入,时间长达三四小时,在派出所民警的劝说下,才将堵在厂门口的汽车开走。当业务员张军芝回厂时,刘勇、李朋、云龙、贺辰宇、李亚斌等人无故对张军芝进行殴打,打掉其门牙两颗,该伤经法医鉴定为轻伤。

2. 被告人王云娜于2009年4月3日上午从被告人冯双华、崔业权口中得知恒保龙保温材料公司业务员曹跃峰在石家庄市维也纳工地做业务后,为恐吓打压对方,达到垄断市场目的,便指使王淄、贺广金、冯双华、崔业权在石家庄市南二环将曹跃峰拦截,由贺广金对曹进行殴打后逃跑。

3. 2009年4月29日下午,被告人王云娜、王淄从崔业权口中得知恒保龙保温材料公司工作人员严忠明到石家庄市金水湾工地做挤塑板业务后,便决定对严忠明进行殴打。王云娜指使被告人冯双华、苑朝旺对严忠明实施跟踪,指使被告人贺广金和李韩伟(在逃)殴打严忠明。当日下午在石家庄市金水湾工地外的公路上,贺广金、李韩伟对严忠明进行殴打致轻微伤,之后二人乘坐苑朝旺、冯双华的车逃离现场。

(非法拘禁、敲诈勒索、故意毁坏财物、向非国家工作人员行贿的事实略)

石家庄市中级人民法院经审理认为,对于公诉机关指控的被告人王云娜犯组织、领导黑社会性质组织罪,被告人王淄、董重旭、刘勇、王占朋、贺辰宇、贺广金、李亚斌、刘亮、冯双华、孔德贤、崔业权、郗先犯参加黑社会性质组织罪的公诉意见,经查,从现有证据来看,本案不具备黑社会性质组织犯罪的四个法定特征:在组织体系方面,未形成固定的犯罪组织,也欠缺王云娜对所谓成员的控制、约束的证据;在社会危害方面,缺少王云娜所在公司对石家庄市保温材料行业进行垄断和非法控制的证据,现有证据主要是对竞争对手之一的石家庄市恒保龙挤塑板厂实施了一些违法犯罪行为……在行为特征方面,从目前的证据来看,组织犯罪只涉及故意伤害、寻衅滋事、故意毁坏财物三个罪名,且故意毁坏财物一案证据不足。综上,本案不符合黑社会性质组织犯罪的构成要件，现有证据不足以认定……公诉机关指控王云娜犯故意毁坏财物罪、向非国家工作人员行贿罪证据不足，指控罪名不成立……在故意伤害一案中，被告人王云娜参与预谋，王淄系犯意提起者和组织、指挥者，贺辰宇系致人死亡的直接责任者，且系累犯……依照《中华人民共和国刑法》第二百三十四条第二款、第二百七十四条、第二百九十三条、第二百三十八条、第一百六十四条、第十七条第三款、第二十五条、第二十六条、第三十六条、第三十七条、第四十八条、第五十五条、第五十七条、第六十四条、第六十五条、第六十七条、第六十八条、第六十九条、第七十二条以及《最高人民法院关于处理自首和立功具体应用法律若干问题的解释》第一条、第二条、第五条之规定，判决如下：

1. 被告人贺辰宇犯故意伤害罪，判处死刑，剥夺政治权利终身；犯寻衅滋事罪，判处有期徒刑六个月。决定执行死刑，剥夺政治权利终身。

2. 被告人王淄犯故意伤害罪，判处死刑，缓期二年执行，剥夺政治权利终身；犯寻衅滋事罪，判处有期徒刑一年六个月；犯非法拘禁罪，判处有期徒刑一年。决定执行死刑，缓期二年执行，剥夺政治权利终身。

3. 被告人王云娜犯故意伤害罪，判处有期徒刑十三年，剥夺政治权利三年；犯寻衅滋事罪，判处有期徒刑二年；犯非法拘禁罪，判处有期徒刑一年；犯敲诈勒索罪，判处有期徒刑三年，并处罚金一万元。决定执行有期徒刑十六年，剥夺政治权利三年，并处罚金一万元。

（其他被告人判决情况略）

一审宣判后，被告人王云娜等人提出上诉。王云娜及其辩护人提出：王云娜不构成故意伤害罪、敲诈勒索罪，非法拘禁刘双良一案，情节显著轻微，不应作为犯罪处理等上诉理由和辩护意见。

石家庄市人民检察院抗诉提出：原判决认定现有证据不足以认定本案符合黑社会性质组织犯罪的四个法定特征，属于认定事实确有错误，适用法律不当。从现有证据来看，本案已形成以王云娜为组织者、领导者，王淄、董重旭、刘勇、刘亮、贺广金为骨干成员，李亚斌等 7 名被告人为成员的较为固定的犯罪组织。该组织为在一定区域内控制保温材料行业实施了多起犯罪，在行业内和群众中造成了恶劣影响，该组织通过系列的违法犯罪活动拥有较为雄厚的经济基础，并部分用于组织骨干和团伙成员的犯罪支出。综上所述，原判决在认定事实上确有错误，适用法律不当，直接导致了对各被告人量刑畸轻的后果。

河北省人民检察院支持抗诉意见为：被告人王云娜构成组织、领导黑社会性质组织罪，被告人王滔、董重旭、刘勇、刘亮、贺广金、李亚斌、王占朋、贺辰宇、郗先、冯双华、崔业权、孔德贤构成参加黑社会性质组织罪。

河北省高级人民法院经审理认为，对于检察机关抗诉所提被告人王云娜、王滔、董重旭、刘勇、王占朋、贺辰宇、刘亮、贺广金、李亚斌、冯双华、孔德贤、崔业权、郗先构成组织、领导、参加黑社会性质组织罪的理由，经查，被雇人员到王云娜企业的目的大多是打工挣钱，且来去基本自愿，没有证据证实王云娜对成员进行控制约束；按照检察机关指控的组织形成时间即 2008 年 8 月以来，该团伙暴力行为构成犯罪的较少，且罪名只有故意伤害和寻衅滋事，犯罪的多样性差；社会危害特征方面，没有证据证实王云娜公司对石家庄市保温材料行业形成垄断和非法控制，不符合认定黑社会性质组织犯罪要求的在一定区域或者行业内，形成非法控制或者重大影响，严重破坏经济、社会生活秩序的特征，对该抗诉意见不予支持……依法判决驳回王云娜、王滔、贺辰宇等人的上诉和检察机关对王云娜、王滔、贺辰宇等人分别构成组织、领导、参加黑社会性质组织罪的抗诉，维持原审对被告人王云娜、王滔、贺辰宇等人的判决，对王占朋等八人依法改判。

最高人民法院经复核审理，依法核准了河北省高级人民法院维持第一审对被告人贺辰宇以故意伤害罪判处死刑，剥夺政治权利终身；以寻衅滋事罪判处有期徒刑六个月；决定执行死刑，剥夺政治权利终身的刑事附带民事判决。

二、主要问题

如何根据“非法控制或重大影响”的内在要求准确认定黑社会性质组织的危害性特征？

三、裁判理由

在刑法第二百九十四条第五款规定的黑社会性质组织四个特征中，危害性特征（又称非法控制特征）是最为重要的判断标准。以程度的不同来区分，该特征中又包括非法控制和重大影响两种情形。为便于审判时掌握和操作，2009 年《最高人民法院、最高人民检察院、公安部办理黑社会性质组织犯罪案件座谈会纪要》（以下简称 2009 年《纪要》）列举了“通过实施违法犯罪活动，或者利用国家工作人员的包庇、纵容，在一定区域或者行业内形成非法控制或重大影响”的八种情形：（1）对在一定区域内生活或者在一定行业内从事生产、经营的群众形成心理强制、威慑，致使合法利益受损的群众不敢举报、控告的；（2）对一定行业的生产、经营形成垄断，或者对涉及一定行业的准入、经营、竞争等经济活动形成重要影响的；（3）插手民间纠纷、经济纠纷，在相关区域或者行业内造成严重影响的；（4）干扰、破坏他人正常生产、经营、生活，并在相关区域或者行业内造成严重影响的；（5）干扰、破坏公司、企业、事业单位及其他社会团体的正常生产、经营、工作秩序，在相关区域、行业内造成严重影响，或者致使其不能正常生产、经营、工作的；（6）多次干扰、破坏国家机关、行业管理部门以及村委会、居委会等基层群众自治组织的工作秩序，或者致使上述单位、组织的职能不能正常行使的；（7）利用组织的势力、影响，使组织成员获取政治地位，或者在党政机关、基层群众自治组织中担任一定职务的；（8）其他形成非法控制或者重大影响，严重破坏经济、社会生活秩序的情形。

为使以上情形更加清晰、明确，2015 年《全国部分法院审理黑社会性质组织犯罪案件工作座谈会纪要》（以下简称 2015 年《纪要》）进一步规定：第 1 种情形中的“致使合法利益受损的群众不敢举报、控告的”，是指致使多名合法利益遭受犯罪或者严重违法活动侵害的群众不敢通过正当途径维护权益。第 2 种情形中的“形成垄断”，是指可以操控、左右、决定与一定行业相关的准入、退出、经营、竞争等经济活动。“形成重要影响”，是指对与一定行业相关的准入、退出、经营、竞争等经济活动具有较大的干预和影响能力，或者具有在该行业内占有较大市场份额、通过违法犯罪活动或以其他不正当手段在该行业内敛财数额巨大（最低数额标准由各高级人民法院根据本地情况在 20 万至 50 万元的幅度内自行划定）、给该行业内从事生产、经营活动的其他单位、组织、个人造成直接经济损失 100 万元以上等情节之一。

第3、4、5种情形中的"造成严重影响",是指具有致人重伤或致多人轻伤、通过违法犯罪活动或以其他不正当手段敛财数额巨大(数额标准同上)、造成直接经济损失100万元以上、多次引发群体性事件或引发大规模群体性事件等情节之一。第6种情形中的"多次干扰、破坏国家机关、行业管理部门以及村委会、居委会等基层群众自治组织的工作秩序",包括以拉拢、收买、威胁等手段多次得到国家机关工作人员包庇或纵容,或者多次对前述单位、组织中正常履行职务的工作人员进行打击、报复的情形。第7种情形中的"获取政治地位",是指当选各级人大代表、政协委员。"担任一定职务",是指在各级党政机关及其职能部门、基层群众自治组织中担任具有组织、领导、监督、管理职权的职务。同时,考虑到寻衅滋事、敲诈勒索、强迫交易、聚众扰乱社会秩序等个罪,如果多次实施也有可能造成"干扰、破坏他人正常生产、经营、生活,并在相关区域或者行业内造成严重影响"等后果,故2015年《纪要》还规定:八种情形一般不会单独存在,往往是两种以上的情形同时并存、相互交织,从而严重破坏经济、社会生活秩序。审判时,应当充分认识这一特点,准确认定该特征。这一重要补充使认定危害性特征的标准更加严密。

以上两个纪要中列举的若干情形,源自于对司法实践经验的总结,对于审判时准确把握危害性特征具有重要的指导作用。但应当看到,黑社会性质组织的司法认定具有高度的复杂性。就危害性特征来说,不能仅根据一个或数个孤立事实来认定,而是要通过一系列的违法犯罪事实来反映。而且,对于具体的违法犯罪事实也不能只看客观上造成的后果,还要审查行为时的主观意图。换句话说,就是审判时不能简单堆砌和套用以上两个纪要的规定。为进一步揭示危害性特征的内在要求,有必要对"非法控制"和"重大影响"作进一步分析。按照《现代汉语词典》的释义,"控制",是指使一定对象处于自己的占有、管理和影响之下;"影响",是指对他人的思想和行动所起的作用。由此推论,刑法第二百九十四条第五款中的非法控制,是指以有组织的违法犯罪手段使一定对象处于自己的占有、管理和影响之下;重大影响,是指以有组织的违法犯罪手段对一定对象的思想和行动产生发生作用。二者有着以下共同点:(1)都是有意识地以非法方式主动干涉他人

(包括其他单位、组织)的结果;(2)都不是一种偶然、短暂的现象,而是一种持续的状态;(3)控制或影响的对象具有广泛性,控制或影响的程度具有严重性。根据以上几点,在对涉案犯罪组织是否形成非法控制与重大影响进行司法判断时,除了要对照两个纪要的相关规定,还应着重审查涉案犯罪组织是否是基于争抢势力范围、树立非法权威、攫取不法利益等非法控制目的而实施违法犯罪行为;是否在一段较长的时期内连续、多次通过实施违法犯罪行为对他人的自主性造成干扰或破坏;被侵害对象的数量以及所造成的后果是否已达到形成非法控制或重大影响的严重程度。如果以上几点都已齐备,危害性特征一般能够成立。反之,则不能认定。

具体到本案,经一、二审法院审理查明,在公诉机关指控的王云娜等人实施的违法犯罪活动中,只有 1 起故意伤害犯罪、3 起寻衅滋事犯罪可以认定为该团伙的犯罪,其他皆为个人犯罪。而这 4 起犯罪的对象,均是王云娜在挤塑板业务中的竞争对手恒保龙保温材料公司的老板或员工,犯罪共造成 1 人死亡、1 人轻伤、1 人轻微伤的后果。对照两个纪要的相关规定,符合其中一种情形,即"干扰、破坏公司、企业、事业单位及其他社会团体的正常生产、经营、工作秩序,在相关区域、行业内造成严重影响"。但根据 2015 年《纪要》的补充性规定,仅有这一种情形尚不足以认定危害性特征已经具备。更为重要的是,虽然王云娜等人是为排挤竞争对手而实施了故意伤害、寻衅滋事犯罪,但在控制和影响的长期性、广泛性、严重性等方面与危害性特征的内在要求还有明显差距。

首先,王云娜犯罪团伙存在时间明显过短、犯罪次数明显偏少。王云娜等人所依托的经济实体石家庄市固瑞特保温材料厂,从成立至案发只有十个月左右的时间(2008 年 8 月至 2009 年 6 月),王云娜等人为排挤竞争对手而实施的故意伤害、寻衅滋事犯罪集中发生于不到两个月的时间内(2009 年 3 月 23 日至 5 月 5 日)。而且,该团伙全部犯罪仅有 4 起,罪名也只涉及故意伤害、寻衅滋事。尽管本案造成了人员伤亡的严重后果,但如此短暂的时间和明显偏少的犯罪次数,决定了该团伙不可能对一定区域或行业内的人员、单位、组织形成长期、持续的控制和影响,不符合黑社会性质组织在一定区域或行业内建立非法秩序的基本要求。

其次，由于侵害对象特定、单一，王云娜犯罪团伙不足以争霸一方或者严重破坏当地挤塑板行业的生产经营秩序。本案故意伤害、寻衅滋事犯罪皆是针对恒保龙保温材料公司而实施，目的只是争夺石家庄市维也纳小区建设开发项目的材料供应业务，因此，本案不存在王云娜犯罪团伙欺压、残害当地普通群众、称霸一方的问题。从恒保龙保温材料公司有关证人的证言及本案各被告人的供述来看，在石家庄市的挤塑板供应市场上，还有其他数家保温材料厂在经营同类业务。在案证据不能证明恒保龙保温材料公司在当地的挤塑板行业内占有较大市场份额，或者对该行业有其他重要影响。故本案中的具体犯罪既不足以反映王云娜掌控的企业已在行业内形成垄断，也不足以反映王云娜犯罪团伙对该行业的准入、退出、经营、竞争等经济活动已经具有较大的干预能力。

综上，王云娜犯罪团伙不具有黑社会性质组织的危害性特征，一、二审法院未认定王云娜等人构成组织、领导、参加黑社会性质组织罪是正确的。需要说明的是，王云娜犯罪团伙在组织特征、经济特征、行为特征等方面亦不符合法定标准，鉴于本案辨析重点在于危害性特征，故对这些问题不再一一论述。但是，这些问题中有许多又与危害性特征存在关联与交叉。例如，本案组织特征中的存在发展时间问题、行为特征中的犯罪多样性问题，均与危害性特征的认定息息相关。因此，审判时应当按照2009年《纪要》的要求，将黑社会性质组织的四个特征作为具有内在联系的有机整体来进行系统化的考察，避免简单地对号入座。

（撰稿：河北省高级人民法院　石明辉

审编：最高人民法院刑三庭　周　川）

［第1160号］

牛子贤等人绑架、敲诈勒索、开设赌场、重婚案

——如何准确把握黑社会性质组织的认定标准，最高人民法院经复核认为涉黑罪名不成立的应如何依法处理

一、基本案情

被告人牛子贤，男，1967年11月23日出生。2010年6月4日因涉嫌犯绑架罪被逮捕。

（其他被告人的基本情况略）

河南省新乡市人民检察院以被告人牛子贤犯组织、领导黑社会性质组织罪，绑架罪，敲诈勒索罪，开设赌场罪，重婚罪，向新乡市中级人民法院提起公诉。

被告人牛子贤当庭辩解，其行为不构成组织、领导黑社会性质组织罪；其没有与吕福秋、时丽等人预谋，没有索要钱财，没有指使杀人，没有敲诈被害人邢云康、邢云峰。其辩护人提出，认定牛子贤犯绑架罪的证据不足，其行为也不构成组织、领导黑社会性质组织罪和敲诈勒索罪、重婚罪。

新乡市中级人民法院经公开审理查明：

（一）组织、领导、参加黑社会性质组织的事实

2007年以来，被告人牛子贤利用朋友、亲属、同学等关系纠集一些社会上的无业闲散人员，在新乡市区进行绑架、开设赌场、敲诈勒索等违法犯罪活动，逐渐形成了以牛子贤为首，被告人吕福秋、牛震等为骨干成员，被告人时丽、胡俊忠、李来刚、周鑫、岳静等为积极参加者的具有黑社会性质的犯罪组织。为攫取经济利益，该犯罪组织采取开设赌场、敲诈勒索等犯罪方式获取非法利益。平时，这些犯罪组织成员接受牛子贤指挥、分工，为牛子

贤所开设的赌场站岗、放哨、记账、收账并从事其他犯罪活动。每次参加开设赌场等犯罪活动后，牛子贤都将非法所得以“工资”形式分给参加者，或拿钱给参加者吃饭等。在组织纪律方面，牛子贤要求组织成员按其制定的开设赌场规矩交纳“保证金”，以保证组织成员在为其开设的赌场服务期间能尽职尽责，否则将没收“保证金”。由此该组织成员逐渐形成了听从牛子贤指挥、安排的习惯性行为，从而进行犯罪活动。在实施违法犯罪活动过程中，牛子贤亲自或指使组织成员多次以威胁、暴力手段从事绑架、敲诈勒索等违法犯罪活动，影响极其恶劣，给国家、集体财产和公民个人生命及财产造成了重大损失，对当地的社会生活秩序和经济秩序造成了严重破坏。

（二）绑架、非法拘禁、故意杀人、帮助毁灭证据的事实

被告人牛子贤为达到勒索财物目的，经与被告人吕福秋商量后，多次授意被告人时丽利用女色引诱男人，进行绑架来勒索钱财。2010年3月30日22时许，时丽在牛子贤的授意下，将被害人李旦火诱骗至新乡市牧野区王村镇牛村建材市场南口，牛子贤指使吕福秋找人控制李旦火。吕福秋以“有人遛小燕（时丽）了，牛子贤让去打那个人一顿”为借口，纠集被告人牛震、周鑫、岳静、胡俊忠将李旦火从其车上拽下进行殴打，并用手铐将李旦火拘禁在位于王村镇牛村的牛子贤的仓库内，后周鑫、牛震、岳静、胡俊忠相继离开。牛子贤到仓库后与吕福秋采取殴打等方式逼迫李旦火向其朋友打电话索要现金，并搜走李旦火现金3 000元及手机一部。后牛子贤、吕福秋担心事情败露，牛子贤决定将李旦火杀死。次日23时许，吕福秋通知牛震，牛震又通知周鑫来到仓库，吕福秋说牛子贤要将李旦火杀死，并递给周鑫一条毛巾，周鑫接过毛巾后和吕福秋一起将李旦火勒死。随后，牛子贤开车赶到仓库，从车后备箱拿出事先准备好的编织袋，和吕福秋、牛震、周鑫一起将李旦火的尸体装入编织袋，掩埋于牧野区栗屯桥北170米处的垃圾填埋场。同年4月1日晚，岳静在得知李旦火被杀死后，又和吕福秋、牛震、周鑫一起在掩埋尸体的地方压上几块水泥块以掩盖痕迹。经法医鉴定，不排除李旦火系因机械性窒息而死亡。

（三）开设赌场的事实

2007年以来，被告人牛子贤为达到敛财目的，伙同被告人李光军、李洪

全、李双志、李伟、裴铮铮等人在新乡市牧野区王村镇牛村等处开设赌场，并多次组织、雇佣被告人李来刚、胡俊忠、牛震、吕福秋、岳静及被告人程新亮、李宁、赵桂宁和曹金宝（另案处理）等人充当赌场站岗、放哨、放高利贷、记账、收账人员，组织多人以麻将牌“四挂四”的形式进行赌博，牛子贤等人从中非法获利。

（四）敲诈勒索的事实

2009 年 1 月某日 21 时许，被告人高志强、牛震驾驶被告人牛子贤的黑色雪佛兰轿车在新乡市人民路“金三角”市场地下涵洞，与被害人邢云康、邢云峰驾驶的拉煤货车发生碰撞，造成雪佛兰轿车右后车门及后保险杠受损。因高志强与邢云康认识，双方同意私了。邢云康因急着开车去市区卸煤便让邢云峰留下，其卸煤后来处理此事。后邢云康一直未来，高志强通知牛子贤，牛子贤便带领被告人吕福秋等人赶至现场，将邢云峰带至位于新乡市牧野区牛村一仓库内。因邢云康迟迟未来，高志强、牛震、吕福秋等人便采用殴打、威胁等手段逼迫邢云峰打电话，让其父亲及邢云康来解决此事。次日凌晨 2 时至 3 时许，牛子贤、高志强、牛震和被告人牛子良等人在新乡市环宇立交桥附近和开货车的邢云康见面，并将货车扣留，将邢云峰放回。后牛子贤等以要求赔偿车损、给手下人“发工资”为由敲诈勒索邢云康现金 7 849.70 元。

（重婚的事实略）

新乡市中级人民法院经审理认为，被告人牛子贤等人组织、领导和参加以暴力、威胁或者其他手段，有组织地进行的违法犯罪活动，为非作恶，严重破坏经济、社会生活秩序的黑社会性质组织。其中，牛子贤系黑社会性质组织的组织者、领导者，其行为已构成组织、领导黑社会性质组织罪。牛子贤作为黑社会性质组织的首要分子，应当对该组织所犯的全部罪行承担刑事责任。牛子贤等人以勒索财物为目的绑架他人，并杀害被绑架人，其行为均已构成绑架罪。在绑架犯罪中，牛子贤与他人共同预谋并实施绑架，系主犯，应当按照其所参与的全部犯罪处罚。牛子贤等人以营利为目的，长期开设赌场，其行为均已构成开设赌场罪。在开设赌场犯罪中，牛子贤起主要作用，系主犯，应当按照其所参与的全部犯罪处罚。牛子贤等人敲诈勒索他人财物,数额较大,其行为均已构成敲诈勒索罪。在敲诈勒索犯罪中,牛子贤起主要作用,系主犯,应当按照其所参与的全部犯罪处罚。牛子贤有配偶而重婚,其行为已构成重婚罪。牛子贤犯有数罪,应当数罪并罚。关于辩护人所提牛子贤的行为不构成组织、领导黑社会性质组织罪的意见,经查,以牛子贤为首的犯罪集团具有较为明确的组织性,通过犯罪活动获取经济利益,以暴力、威胁等手段多次进行违法犯罪活动,欺压、残害群众,对当地的社会生活秩序和经济秩序造成了严重破坏,故对该辩护意见不予采纳。关于辩护人所提认定牛子贤犯绑架罪证据不足的意见,经查,牛子贤与被告人吕福秋、时丽预谋绑架并杀害被害人的犯罪事实不仅有各被告人的供述相互印证,而且有现场勘查笔录、鉴定意见、编织袋、铁锹、通话记录、相关证人证言等证据证实,故对该辩护意见不予采纳。关于辩护人所提牛子贤不构成敲诈勒索罪的意见,经查,牛子贤伙同其他被告人以赔偿车损、给手下"发工资"为由,扣押他人及车辆,并殴打被害人,其行为符合敲诈勒索罪特征,故对该辩护意见不予采纳。依照《中华人民共和国刑法》第二百九十四条,第二百三十九条第二款,第二百七十四条,第二百五十八条,第二十五条第一款,第二十六条,第四十八条第一款、第二款,第五十二条,第五十七条第一款,第六十九条等规定,判决如下:

被告人牛子贤犯组织、领导黑社会性质组织罪,判处有期徒刑六年;犯绑架罪,判处死刑,剥夺政治权利终身,并处没收个人全部财产;犯开设赌场罪,判处有期徒刑二年九个月,并处罚金人民币五万元;犯敲诈勒索罪,判处有期徒刑二年,并处罚金人民币二千元;犯重婚罪,判处有期徒刑一年。决定执行死刑,剥夺政治权利终身,并处没收个人全部财产。

(其他被告人的判决情况略)

一审宣判后,被告人牛子贤上诉提出,其没有为绑架被害人李旦火进行预谋和准备,李旦火是在何人提议、指使下被害的事实不清,其不应对李旦火的死亡后果负责;其不具有敲诈勒索的主观故意,也没有实施敲诈勒索的客观行为,与被害人邢云峰之间的纠纷属于普通交通事故引发的民事赔偿,不构成敲诈勒索罪;其与时丽没有以夫妻名义共同生活,不构成重婚罪;原判认定其构成组织、领导黑社会性质组织罪没有证据支持。

河南省人民检察院出庭意见是：一审判决认定的主要犯罪事实清楚，证据确实、充分；在定性方面，在被害人李旦火被拘禁并被杀害的犯罪中，被告人牛子贤的行为应在定性为抢劫罪和故意杀人罪；牛子贤等人的行为符合黑社会性质组织犯罪的组织性、经济性及行为性特征，但在危害性特征即影响力和控制性特征方面的证据稍显薄弱；原判对牛子贤量刑适当，建议二审法院根据本案证据情况、量刑情节等依法裁判。

河南省高级人民法院经二审审理认为，关于上诉人牛子贤及其辩护人所提其行为不构成黑社会性质组织犯罪的意见，经查，以牛子贤为首的犯罪团伙具有较为明确的组织性，通过犯罪活动获取经济利益，以暴力、威胁等手段多次进行违法犯罪活动，欺压、残害群众，对当地的社会生活秩序和经济秩序造成了严重破坏，在当地具有重大影响，故牛子贤等人的行为符合黑社会性质组织犯罪的四个特征，构成黑社会性质组织犯罪。牛子贤系黑社会性质组织的组织、领导者，其行为已构成组织、领导黑社会性质组织罪。在牛子贤等人所犯的绑架罪、故意杀人罪、非法拘禁罪、帮助毁灭证据罪中，牛子贤等人预谋从被害人李旦火处勒索钱财，客观上实施了控制、拘禁李旦火并要求李旦火向亲朋要钱的行为，后又合谋杀死李旦火，符合绑架犯罪的构成要件，其行为已构成绑架罪，当场劫取财物的行为被绑架罪所吸收。关于牛子贤及其辩护人所提牛子贤不应对李旦火死亡后果负责的意见，经查，牛子贤虽未直接动手杀害李旦火，但其是绑架杀人犯罪的组织、策划、指挥者，应对李旦火死亡后果负责，且其是罪行最为严重的主犯，应依法严惩。牛子贤等人敲诈勒索他人财物，数额较大，其行为已构成敲诈勒索罪。在敲诈勒索犯罪中，牛子贤等人强行扣留并殴打被害人邢云峰，逼迫邢云峰打电话让亲属解决问题，后扣留车辆，向邢云峰、邢云康索要超出修车费用近5倍的赔偿款，其行为符合敲诈勒索罪的构成要件，且牛子贤系主犯。牛子贤的行为还构成开设赌场罪、重婚罪。原判定罪准确，量刑适当，审判程序合法。依照《中华人民共和国刑事诉讼法》第二百二十五条第一款第一项之规定，裁定驳回上诉，维持原判，并依法报请最高人民法院核准。

最高人民法院经复核确认的被告人牛子贤实施绑架、开设赌场、敲诈勒索、重婚犯罪的事实与一、二审认定一致，但认为，黑社会性质组织应当同时具备组织特征、经济特征、行为特征和非法控制特征，本案并无充分证据证实牛子贤为首的犯罪团伙同时具备上述“四个特征”，故依法不能认定为黑社会性质组织。由于一、二审法院认定牛子贤犯罪团伙系黑社会性质组织及牛子贤等人的行为构成涉黑犯罪不当，且是否认定涉黑犯罪对多名同案被告人的定罪量刑均有影响，故依法不予核准牛子贤死刑，将本案发回河南省高级人民法院重新审判。

二、主要问题

1. 如何准确把握黑社会性质组织的认定标准？

2. 对于报送核准死刑的黑社会性质组织犯罪案件，经复核认为涉黑罪名不成立的，应如何依法处理？

三、裁判理由

（一）认定黑社会性质组织必须同时具备四个法定特征

自1997年刑法新增“组织、领导、参加黑社会性质组织罪”以来，准确界定和把握黑社会性质组织的认定标准便成为理论界和司法实践关注的焦点和难点，甚至最高司法机关之间也一度出现认识分歧。为此，全国人大常委会于2002年4月28日通过了《全国人大常委会关于〈中华人民共和国刑法〉第二百九十四条第一款的解释》（以下简称《立法解释》）明确规定，“‘黑社会性质的组织’应当同时具备以下特征：（一）形成较稳定的犯罪组织，人数较多，有明确的组织者、领导者，骨干成员基本固定；（二）有组织地通过违法犯罪活动或者其他手段获取经济利益，具有一定的经济实力，以支持该组织的活动；（三）以暴力、威胁或其他手段，有组织地多次进行违法犯罪活动，为非作恶，欺压、残害群众；（四）通过实施违法犯罪活动，或者利用国家工作人员的包庇或者纵容，称霸一方，在一定区域或者行业内，形成非法控制或者重大影响，严重破坏经济、社会生活秩序”。由此，认定黑社会性质组织所必备的“四个特征”，即组织特征、经济特征、行为特征和非法控制特征正式确立。2011年5月1日起施行的刑法修正案（八），将《立法解释》规定的黑社会性质组织的认定标准直接写入刑法，从而彻底解决了原条文罪状不清、表述不明的问题，为惩治涉黑犯罪提供了更加完备的法律武器。

不过，随着2006年年初开始的“打黑除恶”专项斗争的推进和司法实践的发展，黑社会性质组织犯罪不断表现出新变化、新特点，各级公检法机关对于黑社会性质组织认定标准等具体问题的争议仍然时有发生，有时甚至影响了办案效果。为此，最高人民法院、最高人民检察院、公安部于2009年12月联合印发了《办理黑社会性质组织犯罪案件座谈会纪要》，重点对过去七八年间司法实践中争议较为集中的黑社会性质组织的认定等问题进行了说明，细化了“四个特征”的具体认定标准，增加了可操作性。为继续推进“打黑除恶”专项斗争，准确适应刑法、刑事诉讼法对涉黑犯罪相关规定的修改，更好地满足依法惩治黑社会性质组织犯罪的需要，最高人民法院又于2015年研究制定了《全国部分法院审理黑社会性质组织犯罪案件工作座谈会纪要》。该纪要对司法实践中反映较为突出，但2009年《纪要》未作规定或者有关规定尚需进一步细化的问题进行了补充和完善，使黑社会性质组织“四个特征”的认定标准更加清晰。

我们认为，鉴于涉黑犯罪的严重社会危害性，必须毫不动摇地依法加以严惩，同时也应认真贯彻落实宽严相济刑事政策，正确把握“打早打小”与“打准打实”的关系，准确区分“涉黑”与“涉恶”的差别。具体而言，在审理涉黑犯罪案件中，应当坚持罪刑法定原则和证据裁判原则，本着实事求是的态度，严格依照刑法的规定和两个座谈会纪要的精神认定黑社会性质组织。对于指控证据尚未达到“确实、充分”的程度，不符合黑社会性质组织认定标准的，应当根据案件事实和证据，依照刑法的相关规定予以处理，对被告人依法定罪处刑，不能勉强认定为黑社会性质组织犯罪。

具体到本案，在案并无充分证据证实被告人牛子贤犯罪团伙同时具备组织特征、经济特征、行为特征和非法控制特征等“四个特征”，故依法不能认定为黑社会性质组织。具体分析如下：

第一，认定被告人牛子贤犯罪团伙具备组织特征的证据不充分。从刑法规定和两个座谈会纪要的精神来看，黑社会性质组织应当具有一定规模，人数较多，组织成员一般在10人以上；应有明确的组织者、领导者，骨干成员基本固定，并有比较明确的层级和职责分工。具有一定的组织纪律或者活动规约，虽然不是黑社会性质组织的必要条件之一，但却是认定组织特征时的重要参考依据。综观本案，其一，虽然公诉机关指控牛子贤等8人系组织成员，人数较为接近前述要求，但时丽、周鑫、岳静、胡俊忠、李来刚等人多系被临时纠集参与作案，与牛子贤合伙经营赌场的李光军、李洪全、李双志、李伟、裴铮铮等人均不属于组织成员，涉案人员尚没有形成稳定的组织体系。其二，牛子贤犯罪团伙没有成文或者不成文的组织纪律或者活动规矩，牛子贤要求手下人交纳"保证金"系其经营赌场时管理雇员的必要手段，难以认定为组织纪律或者活动规约。其三，牛子贤、吕福秋、牛震、周鑫、时丽、岳静等人之间并不存在明显的层级关系，相互之间并非管理与被管理的上下级，也没有明确固定的职责分工，反映不出组织性。因此，现有证据不能认定牛子贤犯罪团伙具备黑社会性质组织的组织特征。

第二，认定被告人牛子贤犯罪团伙具备经济特征的证据不充分。根据刑法规定和两个座谈会纪要的精神，黑社会性质组织的经济特征，是指有组织地通过违法犯罪活动或者其他手段获取经济利益，具有一定的经济实力，以支持该组织的活动。"一定的经济实力"，是指黑社会性质组织在形成、发展过程中获取的，足以支持该组织运行、发展以及实施违法犯罪活动的经济利益。而是否将所获经济利益全部或部分用于违法犯罪活动或者维系犯罪组织的生存、发展，即所获经济利益是否在客观上起到豢养组织成员、维护组织稳定、壮大组织势力的作用，是认定经济特征的重要依据。本案证据反映，牛子贤获取经济利益的主要途径是开设赌场，但赌场收入一般由各合伙人按出资比例分配，并非由牛子贤全权支配或者独享。赌场的部分收入用于支付雇员工资，也并非由牛子贤决定，不能认定其以此方式豢养组织成员。牛子贤在3年多时间内从赌场获利几十万元，经济实力相对薄弱，且所获赃款基本上用于其个人及家庭支出，尚无证据证实牛子贤将所获取的上述不义之财用于保持组织稳定、实施其他违法犯罪、支持组织活动或者维系组织的生存与发展。也就是说，牛子贤既没有为有组织地实施违法犯罪活动提供经费、出资购买刀具、枪支等作案工具，也没有为组织成员发放福利、奖励或者为帮助组织成员逃避法律追究而支付必要的费用，等等。因此，现有证据不能认定牛子贤犯罪团伙具备黑社会性质组织的经济特征。

第三，认定被告人牛子贤犯罪团伙具备行为特征的证据不充分。根据刑法的规定和两个座谈会纪要的精神，黑社会性质组织的行为特征，是指以暴力、威胁或者其他手段，有组织地多次进行违法犯罪活动，为非作恶，欺压、残害群众。“有组织地多次进行违法犯罪活动”是认定黑社会性质组织的必要条件之一，涉案犯罪组织实施的犯罪活动不多，仅触犯少量具体罪名的，是否应认定为黑社会性质组织，要结合组织特征、经济特征和非法控制特征综合判断，严格把握。从本案看，牛子贤等人仅实施了3起犯罪，且目的均是图财，与追求非法控制无关。其中，只有开设赌场犯罪具有一定的持续性，而敲诈勒索犯罪发生于2009年1月，纯属偶发案件，牛子贤等人所实施的绑架犯罪又与敲诈勒索犯罪相隔一年两个月之久。虽然本案从形式上看基本符合“多次实施违法犯罪活动”的条件，但这些违法犯罪活动既反映不出牛子贤等人长期欺压、残害无辜群众，也反映不出牛子贤等人有逞强争霸、争权势力范围、确立“江湖”地位等目的，故现有证据不能认定牛子贤犯罪团伙具备黑社会性质组织的行为特征。

第四，认定被告人牛子贤犯罪团伙具备非法控制特征的证据不充分。根据刑法的规定，“通过实施违法犯罪活动，或者利用国家工作人员的包庇或者纵容，称霸一方，在一定区域或者行业内，形成非法控制或者重大影响，严重破坏经济、社会生活秩序”是黑社会性质组织的非法控制特征。该特征是黑社会性质组织的本质特征，也是该组织区别于一般犯罪集团的关键所在。从本案情况来看，首先，虽然牛子贤等人在3年多时间里多次非法开设赌场并获利数十万元，但并无扩张的行为或意图，在案证据不能证明牛子贤等人对当地的其他地下赌场有任何影响。其次，牛子贤等人所实施的绑架、敲诈勒索犯罪均具有随机性，侵害对象有限且犯罪目的单一，既没有对当地群众形成心理强制或者威慑，也没有表现为“称霸一方”；既不属于插手民间纠纷、经济纠纷，也不属于干扰破坏他人正常生产、经营。换言之，并无确实、充分的证据证实牛子贤犯罪团伙对当地经济、社会生活秩序造成了严重破坏，现有证据不能认定牛子贤犯罪团伙具备黑社会性质组织的非法控制特征。

综上，由于本案不符合黑社会性质组织的认定标准，牛子贤等人的行为依法不构成组织、领导、参加黑社会性质组织罪，故最高人民法院复核后认为“一、二审认定的部分事实不清、证据不足”，依法将案件发回重审。

（二）对于报送核准死刑的黑社会性质组织犯罪案件，经复核认为涉黑罪名不成立的，应根据案件具体情况依法准确处理

最高人民法院第一次复核期间，对本案如何处理曾有三种意见：第一种意见认为，最高人民法院应直接改判，即不认定被告人牛子贤犯组织、领导黑社会性质组织的事实，以绑架罪、敲诈勒索罪、开设赌场罪、重婚罪数罪并罚，判处牛子贤死刑。第二种意见认为，应以一、二审认定的部分事实不清、证据不足为由，发回一审法院重新审判。第三种意见认为，应以一、二审认定的部分事实不清、证据不足为由，发回二审法院重新审判。经研究，最终采纳了第三种处理意见，具体理由如下：

第一，多年来，最高人民法院始终强调办理死刑案件“一审是基础、二审是关键”，并特别注重发挥二审法院对死刑案件的审查把关作用。本案中以牛子贤为首的犯罪团伙在“四个特征”方面均与黑社会性质组织存在差距，最高人民法院将案件发回二审法院重新审判，可以促使二审法院更好地理解和把握黑社会性质组织的认定标准，从而在今后的类似案件审判过程中更好地发挥职能作用。

第二，按照《最高人民法院关于适用〈中华人民共和国刑事诉讼法〉的解释》第三百五十三条的规定，对于最高人民法院裁定不予核准死刑、发回二审法院重新审判的案件，第二审人民法院有两种处理方式：一是直接改判；二是必须通过开庭查清事实、核实证据或者纠正原审程序违法的，则应开庭审理。本案发回重审后，二审法院具有较大的选择空间，如果检察机关未能补充提供认定涉黑事实的证据，二审法院可以依法直接对涉黑事实和被告人牛子贤的定罪量刑作出改判，并可以绑架罪等非涉黑罪名再次报请核准死刑；如果检察机关能够补充提供相关证据，则可以按照二审程序开庭审理，查清事实，并重新作出是否认定涉黑犯罪的判决。

第三，由于其他被认定犯有参加黑社会性质组织罪的同案被告人的判决已生效，二审法院重审期间，既可以解决对牛子贤所涉犯罪的实体处理问

题，也可以通过启动审判监督程序一并解决相关同案被告人的定罪量刑问题，无疑更有利于节约司法资源。

需要补充的是，最高人民法院作出拟不核准死刑的复核决定之前，曾依法向最高人民检察院通报了本案有关情况。最高人民检察院经审查，亦认为一、二审认定被告人牛子贤等人构成黑社会性质组织犯罪的事实不清、证据不足，且是否认定涉黑犯罪对被告人牛子贤及同案其他被告人的定罪量刑均有影响，故同意最高人民法院不核准牛子贤死刑，将案件发回二审法院重新审判的决定。二审法院对本案重新审理后，直接予以改判，对原判牛子贤的组织、领导黑社会性质组织犯罪不予认定，并以绑架罪等其他犯罪再次报送核准死刑，最高人民法院经再次复核，依法核准了被告人牛子贤死刑。

（撰稿：最高人民法院刑五庭　李晓光　邓克珠
审编：最高人民法院刑五庭　韩维中）

[第 1161 号]

邓统文等人组织、领导、参加黑社会性质组织案

——组织者、领导者通过赔偿经济损失取得被害人家属谅解的，量刑时应当如何把握

一、基本案情

被告人邓统文，绰号“邓胖”，男，1985 年 9 月 18 日出生。2010 年 4 月 14 日因犯故意伤害罪被樟树市人民法院判处有期徒刑三年，缓刑四年。2011 年 7 月 6 日因本案被逮捕。

（其他被告人基本情况略）

江西省宜春市人民检察院以被告人邓统文犯组织、领导黑社会性质组织罪，故意杀人罪，故意伤害罪，故意毁坏财物罪，寻衅滋事罪，开设赌场罪，非法买卖枪支罪，非法持有枪支、弹药罪，敲诈勒索罪……向宜春市中级人民法院提起公诉。

被告人邓统文及其辩护人提出：邓统文的行为不构成组织、领导黑社会性质组织罪。其中，本案未查扣任何财产，没有证据证实该组织具备经济实力，不具备黑社会性质组织的经济特征。

（其他辩解理由和辩护意见略）

宜春市中级人民法院经公开审理查明：

（一）组织、领导、参加黑社会性质组织的事实

自 2005 年年底开始，被告人邓统文与他人先后在江西省樟树市洋湖乡晏梁村店前自然村、鹿江街道大路口村老邹坊、大桥街道枧头村黄家脑等地开设赌场非法牟利，并先后收刘欢、敖祥（同案被告人，均已判刑）等人为“小弟”。在此期间，胡小强（同案被告人，已判刑）及严露、朱海林（均另案

处理）等人亦曾跟随邓统文。2007年1月，邓统文为了报复竞争对手敖志富，伙同他人持刀、枪将敖志富手下“小弟”聂江涛砍伤，并将聂江涛的女友徐兆华刺成重伤。此举极大地提升了邓统文在当地的“名气”，而以邓统文为组织者、领导者的犯罪组织也随之得以快速发展。其中，敖祥、刘欢及王波文、丁文波（同案被告人，均已判刑）为积极参加者，敖超、熊建申、游龙明、尚波、杜程远、丰凯强、张威、熊四华、胡思生、丁梁、彭建军、邹雪勇（同案被告人，均已判刑）等人为其他参加者。邓统文通过对骨干成员敖祥、刘欢、王波文的授意和指挥来对整个犯罪组织进行控制、管理，并形成了对组织成员进行管理与奖惩的一系列不成文的组织纪律和行为规则。

2005年年底以来，邓统文及其组织成员以开设赌场等方式聚敛了巨额经济利益，并用于购买枪支、刀具、对讲机等作案工具，向组织成员发放工资及生活费用，安排部分组织成员集中吃、住等，为该组织的运行、发展提供经济支撑。该组织在樟树市观上镇、江西省丰城市拖船镇（毗邻樟树市观上镇）等地区长期、多次开设赌场，并以暴力手段“护赌”以及强行在他人开设的赌场“入股”，在上述地区的这一非法行业中确立了重要地位。为了扩大势力范围、排除竞争对手、维护非法权威以及插手其他行业，2007年1月以来，该组织还在樟树市大肆实施故意杀人，故意伤害，故意毁坏财物，寻衅滋事，非法买卖枪支，非法持有枪支、弹药，敲诈勒索等多种违法犯罪活动，作案30余起，致死1人，致伤3人（重伤1人，轻伤2人），损毁公民合法财物价值数万元，已在当地形成重大影响，严重破坏了正常的社会生活秩序和经济秩序。

（二）故意杀人、寻衅滋事的事实

1.2011年5月29日下午5时许，被告人邓统文指使被告人敖祥带领被告人王波文、敖超、丰凯强、游龙明、胡思生、熊建申、熊四华、尚波等人携带枪支、刀具乘车前往樟树市东门菜市场旁“东门老年活动中心”麻将馆，在要求强行入股未果后，朝麻将馆开枪进行恐吓。同年6月1日上午，敖祥在邓统文的授意下，召集组织成员携带枪支、刀具、雷管到樟树盐矿家属区汇合。邓统文指使敖祥再次带领王波文、丁文波、敖超、熊建申、游龙明、丰凯强、张威、胡思生、尚波等人分乘由被告人熊四华、丁梁驾驶的两辆车前往该麻将馆“砸场子”。到达后，熊四华、丁梁未下车。敖祥、王波文、丁文波、敖超、熊建申、游龙明 6 人持枪，丰凯强、张威、胡思生、尚波等人持刀下车，敖超走在前面。在此麻将馆“守场子”的被害人杨素庭在隔壁“三百斤”麻将馆门口见敖超等人过来，随即持枪朝敖超等人先开一枪，但未击中人。熊建申、敖祥、王波文、丁文波、敖超、游龙明随即朝杨素庭开枪。丰凯强、张威、胡思生、尚波等人持刀站在一旁。杨素庭中枪后躲入“三百斤”麻将馆，丁文波持枪追入，朝坐在地上的杨素庭开了一枪后退出。敖祥等人朝该麻将馆及旁边店面等处开了十多枪后，携作案工具乘熊四华、丁梁的车回到盐矿家属区与邓统文会面。敖祥、王波文、丁文波向邓统文汇报了枪击事实。案发后，被害人杨素庭随即被送往医院，经抢救无效于 2011 年 6 月 3 日死亡。经鉴定，杨素庭系被散弹枪击伤头面部致重度颅脑损伤，因急性中枢神经功能衰竭而死亡。

2. 2011 年 5 月 5 日，被告人敖祥带领被告人敖超、丰凯强、游龙明及蔡彬、罗旭等人在樟树市观上镇巷里村委开设赌场，杨峻等人持枪将赌场抄掉，并打伤罗旭，砸烂了赌场内的车辆。为此，敖祥在请示被告人邓统文后，带领敖超、丰凯强、游龙明及蔡彬等人携带刀枪开车寻找杨峻等人报复。当行至樟树市老火车站博彩超市旁时发现一辆广本无牌轿车，敖祥等人以为杨俊等人在车上，便朝汽车开枪、扔自制“雷管”，致使晏刚、游泳受伤。在晏刚、游泳等人逃走后，敖祥等人冲上去将未来得及逃跑的“朋朋”拉下车进行殴打，并持刀将广本汽车砸烂。

3. 被告人邓统文欲参股江西晶昊盐化有限公司煤灰煤渣处理承包项目，遭到承包股东之一熊金芽（绰号“大佬”）拒绝。邓统文遂在 2011 年 4 月左右指使被告人敖祥、王波文带人持枪到樟树市洋湖乡晏梁村委店前村找熊金芽未果后，朝天鸣枪示威恐吓。同年 5 月 28 日晚上 6 时许，邓统文指使敖祥、王波文、丁文波、敖超、熊建申、熊四华、丰凯强、游龙明、胡思生、尚波及蔡彬携带刀枪乘车再次前往熊金芽家进行恐吓。因不能确认熊金芽家具体位置，便开枪将熊金芽家旁一户村民的窗户打碎，并朝天开枪恐吓后离开。当晚 10 时许，邓统文再次指使被告人敖祥带领被告人王波文、敖超、熊建申、熊四华、丰凯强、游龙明、胡思生及蔡彬携带刀枪乘车前往店前村找熊金芽。在问清熊金芽家位置后，敖祥等人强行踢开熊金芽家大门，对熊金芽的妻子持刀进行恐吓，并推翻熊金芽家摩托车、电视机、衣柜等物，用刀将摩托车等物砍烂后离开。

（其他寻衅滋事的事实略）

（三）故意伤害的事实

2011年3月至4月，被害人陈凯的朋友带人砍伤被告人丁梁后，又在樟树市银河大酒店KTV打了被告人邓统文女友的弟弟。邓统文遂指使被告人王波文带人报复陈凯。2011年4月30日16时左右，王波文纠集被告人熊建申、丁梁、熊四华、杜程远和陈星（另案处理）等人，携带两把枪及数把菜刀在樟树市大唐歌飞KTV门口找到陈凯。王波文、熊四华各持一把枪，熊建申、丁梁、杜程远和陈星上前抓住陈凯砍了几刀。陈凯被砍后挣脱逃跑，王波文遂持枪向陈凯逃跑的方向开了一枪。经法医鉴定，被害人陈凯伤情为轻伤乙级。

（其他故意伤害的事实略）

（四）故意毁坏财物的事实

2010年年底至2011年年初，被告人邓统文欲参股江西晶昊盐化有限公司煤灰煤渣处理承包项目。在遭到承包股东拒绝后，邓统文对多名承包股东多次采取暴力、威胁手段进行报复。2011年1月7日凌晨2时许，邓统文指使被告人敖祥带领被告人敖超、丰凯强、丰路平、“小猛”等人持刀到樟树市香格里拉小区内，将承包股东之一陈庆的一辆大众迈腾轿车（车牌号为赣CE0606）砸烂。经鉴定，车辆损失为24 897元。

（其他故意毁坏财物以及开设赌场，非法买卖枪支，非法持有枪支、弹药，敲诈勒索的事实略）

宜春市中级人民法院经审理认为，被告人邓统文的行为已构成组织、领导黑社会性质组织罪，故意杀人罪，故意伤害罪，故意毁坏财物罪，寻衅滋事罪，开设赌场罪，非法买卖枪支罪，非法持有枪支、弹药罪，敲诈勒索罪。被告人邓统文在缓刑考验期限内犯新罪且判决以前还有漏罪，应当撤销缓刑，数罪并罚。被告人邓统文在黑社会性质组织的犯罪活动中起组织、领导作用，系首要分子，应对该组织所犯全部罪行承担责任……依照《中华人民共和国刑法》第一百二十五条第一款，第一百二十八条第一款，第二百三十二条，第二百三十四条第一款、第二款，第二百六十四条，第二百七十四条，第二百七十五条，第二百九十三条第一款第一项至第三项、第二款，第二百九十四条第一款、第四款、第五款，第三百零三条第二款，第三百四十七条第四款，第十七条第一款、第二款、第三款，第二十五条第一款，第二十六条第一款、第三款、第四款，第二十七条，第四十八条第一款，第五十七条第一款，第六十七条第一款，第六十八条，第六十九条，第七十七条第一款；《最高人民法院、最高人民检察院关于办理盗窃刑事案件适用法律若干问题的解释》第一条第一款；《最高人民法院关于执行〈中华人民共和国刑事诉讼法〉若干问题的解释》第三百五十七条；《最高人民法院关于适用财产刑若干问题的规定》第三条之规定，判决如下：

被告人邓统文犯组织、领导黑社会性质组织罪，判处有期徒刑九年，并处没收财产人民币十万元；犯故意杀人罪，判处死刑，剥夺政治权利终身；犯故意伤害罪，判处有期徒刑二年；犯故意毁坏财物罪，判处有期徒刑五年；犯寻衅滋事罪，判处有期徒刑七年；犯开设赌场罪，判处有期徒刑七年，并处罚金人民币五十万元；犯非法买卖枪支罪，判处有期徒刑三年；犯非法持有枪支、弹药罪，判处有期徒刑五年六个月；犯敲诈勒索罪，判处有期徒刑二年，并处罚金人民币一万元。与前罪数罪并罚，决定执行死刑，剥夺政治权利终身，并处没收财产人民币十万元，罚金人民币五十一万元；

（其他被告人定罪量刑情况略）

一审判决后，被告人邓统文不服，以不构成组织、领导黑社会性质组织罪，二审期间其亲属与被害人亲属自愿达成了民事赔偿及谅解协议等为由向江西省高级人民法院提出上诉，请求二审依法改判。

江西省高级人民法院经审理认为，原判认定的犯罪事实清楚，证据确实、充分，定罪准确，量刑适当，审判程序合法。裁定驳回邓统文的上诉，维持原判，并将依法报请最高人民法院核准。

最高人民法院经复核，依法核准被告人邓统文死刑。

二、主要问题

黑社会性质组织的组织者、领导者通过经济赔偿取得被害方谅解的，量刑时应当如何把握?

三、裁判理由

受尊重被害人程序主体地位、恢复性司法等理念的影响,在当前的刑事司法实践中,对于被害方(包括被害人以及特定情况下被害人的近亲属)权益的保护愈加重视,被害方就案件处理所提出的意见,也会成为量刑时所要考虑的因素。2010 年下发的《最高人民法院关于贯彻宽严相济刑事政策的若干意见》第二十三条指出:"被告人案发后对被害人积极进行赔偿,并认罪、悔罪的,依法可以作为酌定量刑情节予以考虑。因婚姻家庭等民间纠纷激化引发的犯罪,被害人及其家属对被告人表示谅解的,应当作为酌定量刑情节予以考虑……"审判时,正确理解并将这一精神准确运用于死刑案件之中,对于贯彻执行"保留死刑,严格控制和慎重适用死刑"刑事政策具有重要意义。应当看到,将被害方的谅解作为酌定量刑情节,要以确保实现刑罚的惩罚、预防功能为前提,否则就可能会导致轻纵犯罪和量刑不公。因此,无论是刑法第六十一条关于量刑依据的规定,还是前述关于宽严相济政策的意见,均强调要根据犯罪的事实、性质、情节和对于社会的危害程度来依法决定犯罪分子的刑罚。对于被告人通过赔偿经济损失取得被害方谅解的,在量刑时应当与案件性质、后果、被告人的主观恶性、人身危险性以及其他量刑情节等因素放在一起综合考虑。也就是说,对于非因民间纠纷而引发,危害对象不特定的严重危害社会治安的暴力犯罪案件,原则上不能因被害人谅解而从轻处罚;对于被告人未能真诚认罪、悔罪,再犯可能性较大,又无法定从轻情节的,也不能因被害方谅解便予以从宽处理。

众所周知,黑社会性质组织犯罪案件的社会危害远大于普通刑事案件,黑社会性质组织头目、骨干分子的人身危险性也往往更大。同时,黑社会性质组织通过违法犯罪活动积聚了较强的经济实力,社会关系也较为广泛,更容易通过经济赔偿来取得被害方谅解。为了不给黑社会性质组织犯罪分子逃避处罚留下可乘之机,2015 年《全国部分法院审理黑社会性质组织犯罪案件工作座谈会纪要》(以下简称 2015 年《纪要》)规定:"审理黑社会性质组织犯罪案件,应当通过判处和执行民事赔偿以及积极开展司法救助来最大限度地弥补被害人及其亲属的损失。被害人及其亲属确有特殊困难，需要接受被认定为黑社会性质组织成员的被告人赔偿并因此表示谅解的，量刑时应当特别慎重。不仅应当查明谅解是否确属真实意思表示以及赔偿款项与黑社会性质组织违法所得有无关联，而且在决定是否从宽处罚、如何从宽处罚时，也应当从严掌握。可能导致全案量刑明显失衡的，不予从宽处罚。”笔者认为，对于该纪要中的前述规定，审判时应从以下几方面来理解和把握：一是被害人谅解必须基于真实意思表示。由于黑社会性质组织体系严密，人员构成复杂，经济实力较强，因此，即便在被司法机关打掉之后，仍有可能残存一定的犯罪能力和社会活动能力。审判时，若被害方对黑社会性质组织犯罪分子表示谅解的，一定要审慎核实背景情况，排除因受到威逼、诱骗而违背真实意愿的情形。二是被告人的赔偿款项应当与黑社会性质组织的违法犯罪所得无关。根据刑法第六十四条的规定，犯罪分子违法所得的一切财物，都应当予以追缴或者责令退赔。但是，在黑社会性质组织犯罪案件中，犯罪分子往往采取各种手段极力掩饰、隐瞒违法犯罪所得的来源、去向，给司法机关的追缴工作制造困难。因此，审判时应当认真甄别赔偿款项的来源，不能让黑社会性质组织犯罪分子利用隐匿的违法犯罪所得在量刑时获利。三是在谅解意思真实、赔偿款项与违法犯罪所得无关的情况下，量刑仍应从严把握。如前所述，黑社会性质组织犯罪具有极大的社会危害，对于此类犯罪分子原则上不能因被害方谅解而予以从宽处罚。如果被害方确因特殊生活困难急需获得经济赔偿的（如丧失劳动能力以及急需支付就学、就医费用等），在考虑是否从宽以及确定从宽幅度时，要以保证罪责刑相一致、实现刑罚目的以及全案量刑平衡为底线。

以被告人邓统文为首的黑社会性质组织在江西省樟树市市区、观上镇及其周边地区长期为非作恶。为争夺当地赌博行业的控制权、强行介入工程项目，该组织配备了霰弹枪、手枪6支以及砍刀、自制爆炸物等作案工具，并在邓统文的授意、指挥之下实施故意杀人、故意伤害、寻衅滋事等各类犯罪30余起，致1人死亡，多人受伤，社会危害极其严重。邓统文系在缓刑考验期内继续组织、领导黑社会性质组织实施违法犯罪活动，且其归案后对犯罪事实避重就轻，在大量证据面前，始终否认组织、领导黑社会性质组织犯罪、故意杀人犯罪等严重罪行，认罪态度较差，充分说明其主观恶性较深、人身危险性较大。鉴于本案的性质和危害后果，法院在审理过程中未组织调解。一审宣判后，邓统文的亲属与死者杨素庭的亲属私下接触，代为赔偿 76 万元并与被害方达成谅解协议，死者杨素庭的家属还向二审法院明确表示希望得到 76 万元的经济赔偿，请法院量刑时予以充分考虑。针对这一情况，审理过程中就量刑问题曾出现过不同意见：有一种意见认为，考虑到邓统文并未明确授意组织成员开枪射杀杨素庭，且死者家属明确表示谅解并有接受赔偿的强烈愿望，故可以考虑改判邓统文死缓并限制减刑。但多数意见认为，在枪杀杨素庭一案发生之前，敖祥、敖超等组织成员便曾多次在寻衅滋事过程中随意开枪（如在博彩超市门前砸毁广本轿车的过程中开枪射伤晏刚、游泳、在熊金芽家开枪滋事时险些击中熊金芽的父亲）。由于这种作案手法具有高度的危险性，因此，邓统文事先虽未明确授意手下成员射杀杨素庭，但开枪致死杨素庭应属偶然之中有必然。邓统文明知组织成员一贯采用高度危险的作案手段，不仅从未加以制止，反而提供枪支、弹药，因此，敖祥、敖超等人开枪射杀杨素庭的行为和后果并不超出邓统文的故意范围。此外，证人刘庆勇的证言证明：2011 年 5 月 29 日（本案故意杀人犯罪发生之前），敖祥等人就曾在“东门老年活动中心”麻将馆开枪滋事，邓统文于当晚 23 时许打电话威胁刘庆勇“你不要再到那里玩了（不要再介入该麻将馆的经营），如果到时候开枪打到你，你不要说我没有和你讲”；敖祥、王波文、丁文波等人的供述证明，敖祥在作案后向邓统文当面汇报了枪击杨素庭的情况，邓统文不仅未持异议，还打电话对刘庆勇再次进行威胁，之后又指使敖祥等人去打砸被害人邹韶生的车辆。根据前述证据，足以说明邓统文对于组织成员开枪杀人的行为早有预见，其主观上对此持默许态度。另外，邓统文虽未具体参与实施，但其系该起犯罪的造意者、策划者、组织者，而且还向各同案被告人提供了作案用的枪支、弹药，并安排车辆接送，放任组织成员开枪杀人，因此，邓统文应属于故意杀人犯罪中罪责最为严重的主犯。至于死者杨素庭家属的谅解是否足以影响量刑，则应进一步核实其意思表示的真实性以及赔偿款项的来源。

经调查，死者杨素庭家属的谅解意思虽然真实，但其接受经济赔偿的目的是改善生活条件，而非存在特殊困难。关于邓统文家属代为赔偿款项的来源，则存在很大疑问：在案证据证明，邓统文组织、领导的黑社会性质组织通过开设赌场、敲诈勒索等一系列犯罪活动聚敛了巨额不法经济利益，仅在江西省丰城市拖船镇利城村开设的一处赌场，保守计算获利也已在百万元以上，且该组织的犯罪所得均由邓统文统一管理和支配，具体的数额、去向只有其最为清楚。但是，邓统文归案后拒不供认，导致涉案犯罪所得难以查清和追缴，一审判处的没收财产人民币十万元，罚金人民币五十一万元，也无财产可供执行。邓统文的父母均为普通农民，一审宣判后一次性拿出76万元进行赔偿，却未能清楚地说明款项来源。在调查时，邓统文的父亲称："76万元都是借的，向弟弟邓某某借了5万元、向朋友曾某借了6万元，还有一个邓统文的朋友以转账的方式借了65万元，这个朋友的名字记不清了，所有这些借款都没有打借条。"法院要求邓统文的父亲提供借款证明和转账凭单，其仅提供了一份名为"陆某"的身份证复印件（上面写有"今借给邓某某65万元整。陆某"）。因"陆某"无法找到，法院遂找邓统文进行核实，邓统文在调查时明显对"陆某"的名字感到陌生，经仔细回忆后才称此人可能是其一个做生意的朋友。根据上述情况，邓统文的家属对于赔偿款项的来源既未提供足够的证据予以证明，所作解释也不合情理，不能排除该款与黑社会性质组织的犯罪所得有关。

综上，笔者认为，被告人邓统文所犯罪行极其严重，其不仅没有法定从轻情节，且属于缓刑考验期内再犯罪，归案后未能真诚认罪悔罪，家属代赔款项来源存疑，被害人家属虽表示谅解，但不足以据此对邓统文从轻处罚，一、二审法院和最高人民法院的裁判结果是正确的。从案件审结后的各方反应看，本案的审判有力地维护了法律的严肃与公正，实现法律效果与社会效果的统一。

（撰稿：江西省高级人民法院　彭济晓

审编：最高人民法院刑三庭　周　川）

[第1162号]

吴亚贤等人组织、领导、参加黑社会性质组织案

——组织者、领导者检举揭发构成立功,量刑时应如何把握

一、基本案情

被告人吴亚贤,男,1974年7月15日出生,原系广东大众矿业有限公司总经理、廉江市第十四届人大代表和第十一届政协常委。2009年11月26日因本案被逮捕。

(其他被告人基本情况略)

广东省湛江市人民检察院以被告人吴亚贤等犯组织、领导、参加黑社会性质组织罪,故意杀人罪,故意伤害罪,非法采矿罪,寻衅滋事罪,强迫交易罪,敲诈勒索罪,故意毁坏财物罪,抽逃出资罪,妨害公务罪,非法持有枪支罪,非法拘禁罪,抢劫罪,向广东省湛江市中级人民法院提起公诉。

湛江市中级人民法院经审理查明:

(一)组织、领导、参加黑社会性质组织的事实

被告人吴亚贤在20世纪90年代后期通过诈骗聚敛财富,于2000年回到广东省廉江市雅塘镇开设赌场牟利。2004年间,吴亚贤获悉采挖黑白矿泥加工成球土出售可获取高额利润,便开始筹建廉江市大众球土原料厂、廉江市大众矿业有限公司(后增资变更为广东大众矿业有限公司),以经营企业为幌子非法开采矿土攫取财富。其间,吴亚贤先后吸收一些社会闲散人员,逐步形成了以吴亚贤为组织、领导者,吴日旺、吴仔君、吴树琴、吴日敷、钟汝翁(另案处理)为积极参加者,曹日坚、邹才董、王优如、温亚华、尤甲宗、曹超、赖名可、吴炳兰、李观兴、吴广利、潘英文、吴启仁、江济发、尤俊其、廖家俊、梁有章、唐鸿声及蓝建、张观娣、吴亚添、赖宁、李辉、吴广胜、

林春梅、符南光(后8人均另案处理)等人为一般参加者的犯罪组织。该组织结构较为稳定,成员人数多达数十人,并有比较明确的层级、职责分工和组织纪律,主要以廉江市大众矿业有限公司等公司、企业为幌子,从事违法犯罪活动,非法谋取暴利。在经营过程中,该犯罪组织通过非法手段低价强买或强抢其他矿产企业或国家、农村集体的山林矿地进行非法开采加工,数年间聚敛了巨额财富。该组织一方面将财富用于发放大众矿业公司等企业普通员工工资、购买机器设备、投资生产经营等,另一方面用于支持违法犯罪活动。2004年至2009年间,该组织进行了故意杀人、强迫交易、故意毁坏财物、非法采矿、妨害公务等违法犯罪活动,在廉江市雅塘镇、青平镇、营仔镇、河唇镇、吉水镇、和寮镇等地区为非作恶,欺压、残害群众,给众多受害人造成了人身伤害和财产损失,在当地的群众中形成了严重的心理威慑。此外,吴亚贤还想方设法当选廉江市人大代表、政协委员,公开以人大代表、政协委员、企业家的身份在社会上活动。以吴亚贤为首的犯罪组织多次实施违法犯罪活动,称霸一方,已在廉江市雅塘镇、青平镇及周边乡镇村庄的采矿等行业内形成非法控制,造成国家矿产等资源的重大损失,严重破坏了廉江地区经济、社会生活的秩序,严重地影响了廉江地区的社会治安稳定及经济发展,社会影响极其恶劣。

(二)故意杀人的事实

2009年2月开始,被告人吴亚贤与廉江市雅塘镇大埇村的罗亚斌为争夺廉江市雅塘镇四角塘车站岭的采矿权而产生矛盾,进而怀恨在心,遂萌发报复罗亚斌的歹念。2009年9月26日21时许,当吴亚贤获悉罗亚斌组织人员在车站岭采矿的情况后,便打电话让吴日旺组织人员前往该矿场报复罗亚斌等人。吴日旺立即指使王优如去踩点。王优如踩点后将情况电话告知吴日旺,吴日旺又将情况电话反馈给吴亚贤。当日22时许,吴亚贤再次电话指示吴日旺尽快纠集组织成员邹才董、吴日敷等人持枪到四角塘矿场“喷”(指开枪射击)罗亚斌及其在矿场干活的人员,还要求到矿场后见人就“喷”。吴日旺将吴亚贤的指示分别通过电话告知了邹才董、吴日敷、吴仔君、王优如等人,叫上述人员准备好作案用的车辆等工具后会合。邹才董打电话将吴亚贤的指示告知了曹日坚,曹乘坐邹才董的小车与其他人会合。

吴日旺和吴日敷则拿了两支猎枪和数枚猎枪子弹，邹才董准备了一支枪支及数枚子弹。

吴日旺等6人会合后，吴日旺自持一支猎枪，让吴日敷也持一支猎枪伙同曹日坚坐上邹才董驾驶的吉普车前往，让吴仔君、王优如各驾一辆两轮摩托车尾随。当窜至距四角塘车站岭矿场约几公里处时，吴日旺安排吴仔君、王优如两人望风，其则与邹才董、曹日坚、吴日敷4人继续驾车前往矿场。9月27日凌晨1时许，吴日旺、邹才董、吴日敷、曹日坚等人驾车窜至距矿场约200米远处停车，吴日旺、吴日敷、曹日坚3人各持一支猎枪下车向矿场冲去，邹才董在原地等候接应。接近矿场后，吴日旺首先持枪向矿场口人、车集中的方向开枪射击，紧接着吴日敷、曹日坚也朝着同一方向射击。曹日坚开了一枪后，因所持枪支出现故障无法继续射击，便马上逃回吉普车中。吴日旺、吴日敷仍持枪向矿场口中心方向推进射击，将该矿场工人莫孙运打死，致谢亚明轻伤。

作案得逞后，吴日旺、邹才董、吴日敷、曹日坚、吴仔君和王优如等人驾车逃离现场，并将作案情况向吴亚贤汇报。事后，吴亚贤按惯例付给吴日旺3 000元，付给吴仔君、王优如、邹才董各5 000元作为报酬。邹才董拿到报酬后，付给曹日坚2 000元。

（其他违法犯罪事实略）

湛江市中级人民法院认为，被告人吴亚贤组织、领导黑社会性质组织，大肆进行违法犯罪活动，应对其黑社会性质组织的全部犯罪负责……被告人吴亚贤还直接指使组织成员枪杀被害人莫孙运，致莫孙运死亡；指使组织成员故意伤害他人身体健康，致人轻伤；无证擅自开采矿土，造成矿产资源严重破坏；指使组织成员随意殴打他人，情节恶劣；指使他人任意损毁私人财物，情节严重；亲自或指使组织成员强迫他人转让沙场经营权、林地承包权，情节严重；以暴力、威胁等方法敲诈勒索他人财物13.2万元，数额巨大；指使组织成员故意损毁他人财物，数额巨大；违反公司法的规定，抽逃注册资金，数额巨大；以暴力、威胁手段阻碍国家机关工作人员依法执行职务；违反法律规定非法持有枪支，其行为已分别构成组织、领导黑社会性质组织罪，故意杀人罪，故意伤害罪，非法采矿罪，寻衅滋事罪，强迫交易罪，敲诈勒索罪，故意毁坏财物罪，抽逃出资罪，妨害公务罪，非法持有枪支罪，应数罪并罚。在杀害莫孙运一案中，吴亚贤是直接指使者，是作用最重要的主犯，罪行极其严重，人身危险性极大，亦无任何法定、酌定从宽情节，依法应予严惩……依照《中华人民共和国刑法》第二百九十四条、第二百三十二条、第二百三十四条、第三百四十三条第一款、第二百九十三条、第二百二十六条、第二百七十四条、第二百七十五条、第一百五十九条、第二百七十七条第一款、第一百二十八条第一款、第二百三十八条、第二百六十三条、第十七条第三款、第二十五条第一款、第二十六条、第二十七条、第三十六条、第四十五条、第四十七条、第四十八条、第五十二条、第五十三条、第五十五条、第五十六条第一款、第五十七条第一款、第六十一条、第六十二条、第六十四条、第六十五条第一款、第六十八条、第六十九条、第七十条、第七十七条，《全国人民代表大会常务委员会关于〈中华人民共和国刑法〉第二百九十四条第一款的解释》，《最高人民法院关于审理黑社会性质组织犯罪的案件具体应用法律若干问题的解释》第三条、第七条，《最高人民法院关于适用财产刑若干问题的规定》第一条、第二条、第三条、第五条、第八条，《最高人民法院关于处理自首和立功具体应用法律若干问题的解释》第六条，《最高人民法院关于刑事附带民事诉讼范围问题的规定》(已失效)第一条、第二条，《中华人民共和国民法通则》第一百一十九条、第一百三十条，《最高人民法院关于审理人身损害赔偿案件适用法律若干问题的解释》第三条、第十七条、第十九条、第二十四条、第二十七条、第二十八条、第二十九条、第三十五条的规定，参照《广东省二〇一〇年度人身损害赔偿损失计算标准》的有关规定，判决如下：

被告人吴亚贤犯组织、领导黑社会性质组织罪，判处有期徒刑九年；犯故意杀人罪，判处死刑，剥夺政治权利终身；犯故意伤害罪，判处有期徒刑二年；犯非法采矿罪，判处有期徒刑六年，并处罚金人民币四千万元；犯寻衅滋事罪，判处有期徒刑四年；犯强迫交易罪，判处有期徒刑二年，并处罚金人民币十万元；犯敲诈勒索罪，判处有期徒刑六年；犯故意毁坏财物罪，判处有期徒刑五年；犯抽逃出资罪，判处有期徒刑三年，并处罚金人民币一百万元；犯妨害公务罪，判处有期徒刑三年；犯非法持有枪支罪，判处有期徒刑一年。数罪并罚，决定执行死刑，剥夺政治权利终身，并处罚金人民币四千一百一十万元。

（其他被告人判决情况略）

一审宣判后，吴亚贤上诉提出原判认定的事实不清，证据不足；吴亚贤主动检举原廉江市公安局局长马东进等人涉嫌受贿等违法犯罪行为，已被查证属实，构成立功，应从轻处罚。吴日旺、吴日敷、吴仔君、邹才董、曹日坚、王优如等亦提出上诉。

广东省高级人民法院经审理认为，原判认定各被告人的犯罪事实清楚，证据确实、充分。上诉人吴亚贤虽然揭发他人犯罪经查证属实，具有立功表现，且其亲友于二审期间向被害人莫运孙的亲属支付了部分赔偿款，但鉴于其罪行极其严重，主观恶性和人身危险性极大，对其不予从轻处罚，维持其死刑判决。上诉人吴日旺所犯参加黑社会性质组织罪，依照修正后的刑法，对其参加黑社会性质组织罪改判有期徒刑七年，与其他犯罪合并执行，决定执行死缓。本案依法报请最高人民法院核准。对上述其他被告人均维持原判。

最高人民法院经复核，依法核准被告人吴亚贤死刑。

二、主要问题

组织者、领导者检举揭发构成立功，量刑时应如何把握？

三、裁判理由

本案是一起较为典型的黑社会性质组织犯罪案件。吴亚贤等人经过多年的发展后，已形成较稳定的犯罪组织，且人数众多，仅抓获在案的就有22人。本案中，吴日旺、吴仔君、邹才董、吴树琴、温亚华等人属于基本固定的骨干成员，均直接接受吴亚贤的领导和管理。该组织的主要成员之间层级清楚、分工明确、联系紧密。吴亚贤是该组织的唯一决策者、最高指挥者，被组织成员尊称为“老板”或“贤哥”。吴亚贤制定了成文和不成文两套组织纪律和活动规约。成文的纪律是以公司、企业的制度、章程等形式出现，包括奖惩制度、请销假等规章。不成文的规约则表现为吴亚贤平时对组织成员提出的各种要求，包括“绝对听从命令”“凡是外出为组织做事一定要绝对保密，不准向外张扬”“互相之间不准打听”“要讲义气、讲团结，不准做对不起兄弟的事”。违反前述纪律、规约的，吴亚贤便会采取报复或惩戒措施，这些内部控制手段使该犯罪组织体系更加严密，违法犯罪的组织化程度更高。该组织不仅通过开设赌场获取不法经济利益，而且通过实施强迫交易、敲诈勒索、寻衅滋事等犯罪活动，低价强买或强占其他矿产企业或国家、农村集体的山林矿地进行非法开采，短短几年间便迅速聚敛了巨额的财富。如 2006 年 8 月至 2009 年 9 月这 3 年间，该组织所属公司营业总收入就达 6 800 余万元，利润多达 1 300 余万元，具有较为雄厚的经济实力，并用于支持该组织的违法犯罪活动。2004 年以来，该组织为实现抢占资源、排除对手等目的，先后实施了一系列的故意杀人、故意伤害、寻衅滋事、敲诈勒索、强迫交易等暴力犯罪活动，在廉江当地为非作歹，欺压、残害群众，对廉江市的黑白矿泥开采、甘蔗收购、河沙开采等行业形成了不同程度的非法控制，当地相关政府职能部门，如廉江市国土资源局、雅塘镇土地管理所、雅塘镇人民政府甚至是廉江市公安局雅塘镇派出所等，其工作人员均因惧怕吴亚贤等人的打击报复而不敢正常履行职务。吴亚贤还想方设法获取了廉江市人大代表、政协常委的政治光环，该犯罪组织在其带领下给当地群众造成了极大的心理恐惧，严重破坏了当地经济、社会生活的秩序。

在本案故意杀人犯罪中，吴亚贤因获知竞争对手罗亚斌于案发当晚组织人员在四角塘矿场采矿的情况后，便直接打电话让吴日旺组织人员前往该矿场报复罗亚斌，获悉组织成员的“踩点”情况后，再次电话明确指示吴日旺持枪“喷”罗亚斌及其在矿场工作的人员，还要求到矿场后见人就“喷”。在吴亚贤的授意下，吴日旺等人遂持 3 支枪到四角塘矿场对正在运矿的司机等人开枪射击，致一死一伤。吴亚贤作为黑社会组织的领导者、组织者，不仅明确提出犯意，而且有组织、指挥行为，其在该起犯罪中应当承担最为主要的罪责。一审宣判后，吴亚贤检举原廉江市公安局局长马东进等人买官卖官、收受贿赂的情况。经立案侦查，马东进涉嫌徇私枉法、收受贿赂人民币 172 万元和港元 4 万元，湛江市麻章区人民检察院遂以犯徇私枉法罪、受贿罪对马东进提起公诉。因吴亚贤的检举揭发构成立功，故二审期间对吴亚贤可否从轻处罚的问题曾存在不同意见。多数意见认为，对于黑社会性质组织的组织者、领导者因检举揭发而构成立功的，量刑时应从严掌握，综合全案情况，对吴亚贤不予从轻。

笔者认为，设立立功制度的实质根据有二：一是从法律上说，刑罚的目的之一在于对罪犯施以改造，犯罪分子揭发他人犯罪，表明其有意积极配合司法机关查处犯罪，说明其主观上发生向好转变，人身危险性有所降低，可以适度降低用于改造的刑罚；二是从政策上说，揭发他人犯罪有利于司法机关发现、侦破案件，可予以必要奖励。如果被告人虽有立功表现，但其主观恶性很大且未发生变化，再犯可能性并未减小，人身危险性并未降低，难以实现改造目的的，则不予从轻处罚。对于因揭发检举而构成立功或重大立功的黑社会性质组织的组织者、领导者是否从宽处罚，除了要综合考虑此类犯罪的特殊危害、被告人所具有的各种量刑情节以及全案的量刑平衡之外，还应着重审查以下两点：一是认罪态度。黑社会性质组织的组织者、领导者若能如实供述罪行，则检举揭发可以表明其人身危险性降低，对其从宽处理不违反立功制度设立初衷。反之，对于在证据面前拒不供认或者避重就轻的，则不宜从宽处理。二是检举线索的来源。由于组织者、领导者在黑社会性质组织中居于核心地位，有获取他人犯罪线索的便利条件，故审判时应当防止组织者、领导者利用这种优势地位获利甚至逃避处罚。2009 年《最高人民法院、最高人民检察院、公安部办理黑社会性质组织犯罪案件座谈会纪要》(以下简称 2009 年《纪要》)指出：黑社会性质组织的组织者、领导者检举揭发与该黑社会性质组织及其违法犯罪活动有关联的其他犯罪线索，即使依法构成立功或重大立功，在量刑时也应从严把握。2015 年《全国部分法院审理黑社会性质组织犯罪案件工作座谈会纪要》(以下简称 2015 年《纪要》)进一步指出：对于组织者、领导者检举揭发与该黑社会性质组织及其违法犯罪活动有关联的其他犯罪线索，如果在认定立功问题方面存在事实、证据或法律适用方面的争议，应严格把握。构成立功的，在决定是否从宽、如何从宽时，要依据罪责刑相一致的原则从严掌握。可能导致全案量刑明显失衡的，不予从宽处罚。审判时，应当根据 2009 年《纪要》和 2015 年《纪要》的前述规定对检举揭发线索的来源进行审查。如果线索是利用组织者、领导者的特殊地位而取得，且与该黑社会性质组织及其违法犯罪活动有关联的，则一般不应从宽处罚。至于对检举线索“关联性”的判断，则应当从是否与黑社会性质组织寻求非法保护、实施违法犯罪等活动有关联、是否与该组织的成员、“保护伞”及雇佣、纠集的人员有关联等方面来进行审查。

具体到本案，吴亚贤在一审、二审期间、死刑复核期间均拒不供认罪行，对于马东进等人的受贿线索，其在一审期间也并未检举，而是等到一审宣判后才向司法机关反映，其目的不言自明。这些情况都可以说明吴亚贤并未认罪悔罪，检举揭发只是其妄图逃避处罚的一种手段，其人身危险性并没有丝毫降低。同时，以吴亚贤为首的黑社会性质组织在广东省廉江市长期、多处非法采矿，并大量实施其他违法犯罪活动，廉江市公安局长马东进等人明知该组织从事非法采矿活动，不仅不予查处，还与吴亚贤合作采矿办厂，充当该犯罪组织的“保护伞”，任由该犯罪组织为非作恶、发展壮大。吴亚贤为了与马东进等人搞好关系，除通过入股分红构建利益共同体外，还经常请吃请喝以笼络感情。吴亚贤所检举的马东进等人的受贿线索，就是在这些吃喝宴请活动中获知的。该线索与该黑社会性质组织寻求非法保护紧密相关，属于利用组织者、领导者地位获取的“关联性”线索。综上，吴亚贤虽有立功情节，但广东省高级人民法院、最高人民法院根据本案的犯罪事实、性质、情节和对社会的危害程度，对吴亚贤不予从轻处罚是正确的。

（撰稿：广东省高级人民法院　李中原

审编：最高人民法院刑三庭　周　川）

[第 1163 号]

刘学军、刘忠伟、吕斌包庇、纵容黑社会性质组织案

——包庇、纵容黑社会性质组织犯罪案件中的相关具体应用法律问题

一、基本案情

被告人刘学军，男，1969 年 10 月 21 日出生，曾任四川省德阳市公安局刑侦支队政委。2013 年 6 月 23 日因本案被逮捕。

被告人刘忠伟，男，1968 年 12 月 24 日出生，曾任四川省什邡市人民检察院副检察长。2013 年 6 月 14 日因本案被逮捕。

被告人吕斌，男，汉族，1969 年 3 月 26 日出生，曾任四川省德阳市公安局装备财务处处长。2013 年 6 月 14 日因本案被逮捕。

湖北省咸宁市人民检察院以被告人刘学军、刘忠伟、吕斌犯包庇、纵容黑社会性质组织罪，受贿罪，向咸宁市中级人民法院提起公诉。

被告人刘学军及其辩护人提出：公诉机关指控刘学军犯包庇、纵容黑社会性质组织罪和受贿罪属重复评价，应按一罪处罚，并依照刑法从旧兼从轻原则，适用 1997 年修订的《中华人民共和国刑法》对其量刑等辩解和辩护意见。

被告人刘忠伟及其辩护人提出：刘忠伟包庇、纵容黑社会性质组织的行为结束于 2009 年 4 月，应对该行为适用 1997 年修订的《中华人民共和国刑法》定罪量刑，不应与受贿罪并罚；刘忠伟揭发他人犯罪的行为构成立功，依法可以从轻或减轻处罚等辩解和辩护意见。

被告人吕斌及其辩护人提出：吕斌对刘维杀害陈富伟等人案并不知情，

亦无查禁职责，不属不依法履行职责等辩解和辩护意见。

咸宁市中级人民法院经审理查明：

包庇、纵容黑社会性质组织的事实

被告人刘学军、刘忠伟、吕斌身为国家机关工作人员，明知刘汉、刘维等人在四川省广汉市、什邡市等地有组织地长期从事违法犯罪活动，却不依法履行职责，多次纵容刘汉、刘维等人组织、领导的黑社会性质组织进行违法犯罪活动，或者积极帮助该组织成员逃避查禁或打击，为其充当保护伞。具体事实如下：

1. 1997年左右，被告人刘忠伟受刘维等人所托，为刘维在什邡市经营带有赌博性质的游戏机厅寻找场所、疏通关系。在刘维等人经营该游戏机厅过程中，刘忠伟多次在公安机关检查前向刘维通风报信。该游戏机厅被什邡市公安局城东派出所查处后，刘忠伟出面帮刘维要回了被查扣的游戏机主板。

2. 1999年左右，被告人刘忠伟明知刘维没有持枪资格，仍应刘维要求向其提供手枪子弹约30发。

3. 2001年下半年，被告人刘学军负责侦办1998年周政被杀案，其从广汉市公安局调取该案案卷，并将刘维、闵杰列为该案重要犯罪嫌疑人。同期，闵杰因涉嫌犯非法持有、私藏枪支等罪被德阳市公安局抓获，刘维唯恐其杀害周政的罪行败露，委托被告人刘忠伟帮忙打探。刘忠伟从刘学军处得知闵杰没有供出刘维的情况后，通过陈力铭告诉刘维。后刘忠伟将刘学军介绍给刘维认识。在侦办周政被杀案未能取得进展的情况下，刘学军长期隐匿该案案卷，不归还广汉市公安局。2010年年初，公安机关决定将周政被杀案和陈富伟等人被杀案并案侦查，多方查找周政被杀案原始案卷，最后在刘学军的办公室找到，发现此案卷部分原始材料缺失。

4. 2002年至2009年，被告人刘学军、刘忠伟、吕斌多次接受刘维等人安排的吃请和娱乐活动，并多次与刘维、陈力铭、旷晓燕及旷小坪（另案处理）等人共同吸食毒品，对刘维等人吸食毒品等行为不予制止和揭发。

5. 2006年左右，被告人刘忠伟找被告人吕斌要来枪支配件，帮助刘维将枪柄塑料卡口损坏的一支六四式手枪修复。

6. 2008年，陈富伟出狱后扬言要报复刘维、刘汉及其家人。刘维得知后，在被告人刘学军、刘忠伟、吕斌面前反复提及此事，欲通过刘学军利用职权追究陈富伟刑事责任。之后刘忠伟、吕斌多次帮助刘维督促刘学军，让刘学军加快侦办进度。其间，刘维曾当着刘学军、刘忠伟、吕斌的面，扬言要报复陈富伟。2009年年初，陈富伟等人被杀。德阳市公安局侦查陈富伟等人被杀案期间，以刘学军与刘维交往密切为由，决定让刘学军回避。刘学军回避后，将公安机关正在侦查刘维的情况故意泄露给刘维。刘学军、刘忠伟、吕斌掌握了刘维涉嫌杀害陈富伟等人重要情况后，直至2013年本案案发时仍隐瞒不报。

（受贿的事实略）

咸宁市中级人民法院认为，被告人刘学军、刘忠伟、吕斌身为国家机关工作人员，包庇刘汉、刘维等人组织、领导的黑社会性质组织，纵容该组织进行违法犯罪活动，三名被告人的行为均构成包庇、纵容黑社会性质组织罪。三名被告人的包庇、纵容行为致使该黑社会性质组织的组织者、领导者刘维逃匿多年，且刘学军、刘忠伟多次实施包庇、纵容行为，依法均应认定为情节严重……根据被告人刘学军、刘忠伟、吕斌犯罪的事实、性质、情节和对于社会的危害程度，依照《中华人民共和国刑法》第二百九十四条第三款、第四款，第三百八十五条第一款，第三百八十八条，第三百八十六条，第三百八十三条第一款第一项、第二款，第六十四条，第六十九条第一款及《最高人民法院关于审理黑社会性质组织犯罪的案件具体应用法律若干问题的解释》第五条，第六条第三项、第五项之规定，判决如下：

1. 被告人刘学军犯包庇、纵容黑社会性质组织罪，判处有期徒刑八年；犯受贿罪，判处有期徒刑十一年决定执行有期徒刑十六年。

2. 被告人刘忠伟犯包庇、纵容黑社会性质组织罪，判处有期徒刑六年；犯受贿罪，判处有期徒刑十年六个月，决定执行有期徒刑十三年。

3. 被告人吕斌犯包庇、纵容黑社会性质组织罪，判处有期徒刑五年；犯受贿罪，判处有期徒刑十年，决定执行有期徒刑十一年。

（其他判决内容略）

宣判后，被告人刘学军、刘忠伟、吕斌不服，向湖北省高级人民法院提出上诉。刘学军、刘忠伟、吕斌及其各自辩护人均提出:原判适用法律错误,三人的包庇、纵容行为都发生在《中华人民共和国刑法修正案(八)》施行前,应适用修正前的刑法对三人定罪处罚等上诉理由及辩护意见。

湖北省高级人民法院经审理认为,原审判决认定事实清楚,证据确实、充分,适用法律正确,量刑适当,审判程序合法。依法裁定驳回上诉,维持原判。

二、主要问题

1. 行为人包庇、纵容黑社会性质组织的犯罪行为跨越刑法修正施行日期的,如何具体适用刑法?

2. 行为人包庇黑社会性质组织,或者纵容黑社会性质组织进行违法犯罪活动,归案后如实供述相关黑社会性质组织的犯罪活动,能否认定立功?

3. 公安机关的内勤人员对黑社会性质组织的犯罪行为知情不举的,是否属于不依法履行职责?

三、裁判理由

(一)行为人包庇、纵容黑社会性质组织的犯罪行为跨越刑法修正施行日期的,应当适用修正后的刑法,一并进行追诉

犯罪活动的有组织化是当今世界各国普遍面临的值得高度重视的犯罪防控课题。针对20世纪八九十年代,有组织犯罪活动在我国开始兴起,并在一些地方表现猖獗的问题,我国1997年修订刑法时,在刑法第二百九十四条中规定了组织、领导、参加黑社会性质组织罪,包庇、纵容黑社会性质组织罪等罪名,对此类犯罪予以严厉惩处,保障了人民群众生命、财产安全,维护了社会稳定。近年来,随着黑社会性质组织犯罪形态的变化,刑法第二百九十四条关于黑社会性质组织犯罪的规定在各地司法适用中出现了一些新情况、新问题。就包庇、纵容黑社会性质组织罪而言,突出表现为该罪的法定刑较低,与刑法第三百一十条规定的普通包庇罪的法定刑相同,没有体现出对包庇、纵容黑社会性质组织的“保护伞”予以从严惩处的刑事政策精神。因此,刑法修正案(八)提高了本罪的法定刑,即第一

档法定最高刑由原来的三年有期徒刑提高到五年，第二档法定最高刑由原来的十年有期徒刑提高到十五年，加大了对“保护伞”的惩处力度。此外，刑法修正案（八）还明确了犯本罪又有其他犯罪行为的，依法实行数罪并罚。本案中，被告人刘学军、刘忠伟、吕斌均辩称的包庇、纵容行为发生在刑法修正案（八）施行前，应适用修正前的刑法条款自己定罪量刑，且不能与受贿罪数罪并罚。咸宁市中级人民法院及湖北省高级人民法院均未采纳该辩护观点。具体理由分析如下。

1.被告人刘学军、刘忠伟、吕斌均实施了包庇、纵容黑社会性质组织的犯罪行为

依据《最高人民法院关于审理黑社会性质组织犯罪的案件具体应用法律若干问题的解释》第五条的规定，包庇、纵容黑社会性质组织罪中的“包庇”，是指国家机关工作人员为使黑社会性质组织及其成员逃避查禁，而通风报信，隐匿、毁灭、伪造证据，阻止他人作证、检举揭发，指使他人作伪证，帮助逃匿，或者阻挠其他国家机关工作人员依法查禁等行为；“纵容”，是指国家机关工作人员不依法履行职责，对黑社会性质组织的违法犯罪活动不依法制止，反而放纵其进行违法犯罪活动的行为。依照上述司法解释的规定，“包庇”一般表现为积极的作为，“纵容”则一般表现为消极的不作为。本案中，被告人刘学军、刘忠伟、吕斌的行为可细分为三类：一是意图帮助黑社会性质组织及其成员逃避查禁的积极作为，包括通风报信、隐匿证据等，例如，被告人刘学军故意将公安机关正在侦查刘维的情况泄露给刘维；二是不是基于上述意图的其他帮助黑社会性质组织的积极作为，例如，刘忠伟帮助要回被公安机关查扣的赌博机主板等；三是不依法履行职责，纵容黑社会性质组织犯罪的消极不作为，例如，明知刘维等人有吸毒、非法持有枪支、杀害陈富伟的犯罪行为而知情不举、不查。上述三类行为均系包庇、纵容黑社会性质组织的具体表现形式，在犯罪形态上，属于连续犯。

有意见认为，被告人刘学军等人的前两类行为均发生在2011年5月1日刑法修正案（八）施行之前，第三类行为持续到2011年5月1日后。第三类行为的特点是国家机关工作人员不依法履行职责的行为与黑社会性质组织未被依法查禁的不法状态同时持续存在，属于刑法理论上的继续犯。笔

者认为，上述观点是值得商榷的。继续犯是指行为人所实施的实行行为与造成的不法状态（危害后果）在一定时间内同时持续存在，侵害了同一个客体的故意犯罪形态，最为典型的是非法拘禁罪。连续犯是指行为人基于同一的或者概括的犯罪故意，连续实施性质相同的数个行为，触犯同一罪名的犯罪形态。继续犯区别于连续犯的关键点在于：前者仅实施了一个可以单独评价为犯罪的行为；而后者实施了数个犯罪行为，每一个犯罪行为本可以单独评价为犯罪并追究刑事责任，只不过基于上述数个犯罪行为在主观目的上具有同一性或者概括性，客观上又系连续实施，因而在处断上将其作为一罪处理。这种做法仅系大陆法系国家的刑法理论学说，英美法系并不承认连续犯的概念，并且，德国刑法自1871年以后，日本刑法自1947年以后，均将连续犯删除；我国台湾地区“刑法”现已取消了连续犯的规定。对于存在连续犯的场合，德、日刑法及我国台湾地区“刑法”通常按照数罪并罚处理。我国刑法理论及刑法典等均承认连续犯的概念，如刑法第一百五十三条第三款规定：“对多次走私未经处理的，按照累计走私货物、物品的偷逃应缴纳税额处罚。”审判实务中对于连续犯亦按一罪论处。

本案中，单一评价被告人刘学军实施的第三类行为，确实具有继续犯的某些特征，但对犯罪形态的评价，首先应从整体上把握全案犯罪事实，即是实施一个犯罪行为，还是多个犯罪行为。如果是一个犯罪行为，可能存在继续犯或者法条竞合的可能；如果是多个犯罪行为，则或者依法数罪并罚，或者依据刑法理论认定为连续犯、牵连犯、吸收犯等，按一罪论处。继续犯本质上是行为人实施了一个犯罪行为，该犯罪行为所造成的危害后果（不法状态）与行为同时持续存在，属于当然的一罪，不存在数罪并罚的可能性和理论争议。但本案中，被告人刘学军先后实施了多次包庇、纵容黑社会性质组织的犯罪行为，且每一起犯罪行为，均应依法予以追究刑事责任；换言之，均达到了刑事追诉的标准。此外，被告人刘学军等人实施上述行为时，其主观目的上具有同一性、概括性，均系包庇、纵容刘汉、刘维黑社会性质组织。因此，将被告人刘学军等人实施的多起包庇、纵容黑社会性质组织的犯罪行为认定为连续犯是适当的。

2. 被告人刘学军等人连续实施的包庇、纵容黑社会性质组织的犯罪行

为，应适用修正后的刑法追究刑事责任

本案中，被告人刘学军、刘忠伟、吕斌包庇、纵容黑社会性质组织的事实共有6起，始于1997年左右，终于2013年案发，跨越2011年5月1日刑法修正案（八）施行前后。三名被告人均辩称自己的包庇、纵容行为发生在刑法修正案（八）施行前，应适用修正前的1997年刑法对三人定罪量刑。被告人的辩解能否成立，这就涉及对于连续犯行为跨越刑法修正前后两个时间段的，如何适用刑法的问题以及是否适用从旧兼从轻的原则等问题。这一问题，在1997年刑法修订后已经凸显。针对此一问题，最高人民检察院于1998年作出《关于对跨越修订刑法施行日期的继续犯罪、连续犯罪以及其他同种数罪应如何具体适用刑法问题的批复》（高检发释字〔1998〕6号，以下简称《批复》），该批复针对继续犯、连续犯等犯罪形态跨越修订刑法如何适用刑法的问题作了明确。对于连续犯，《批复》规定："对于开始于1997年9月30日以前，连续到1997年10月1日以后的连续犯罪，或者在1997年10月1日前后分别实施同种类数罪，其中罪名、构成要件、情节以及法定刑均没有变化的，应当适用修订刑法，一并进行追诉；罪名、构成要件、情节以及法定刑已经变化的，也应当适用修订刑法，一并进行追诉，但是修订刑法比原刑法所规定的构成要件和情节较为严格，或者法定刑较重的，在提起公诉时应当提出酌情从轻处理意见。"从这一规定足以看出，对于连续犯，原则上仍适用修订后的刑法追诉，如果修订后的刑法所对应的法定刑较重的，仍应当依法适用，只不过在提起公诉时应当提出酌情从轻处理意见。虽然《批复》针对的是1997年修订后的刑法，但其精神符合刑法第十二条的规定，仍应参照适用。本案中，至2011年5月1日《中华人民共和国刑法修正案（八）》施行时，被告人刘学军、吕斌对其掌握的刘维等人涉嫌杀害陈富伟，刘忠伟对其掌握的刘维非法持有枪支、弹药的重要情况仍隐瞒不报，不依法履行职责，放纵黑社会性质组织进行违法犯罪活动，故三人的包庇、纵容黑社会性质组织的行为应适用修正后的刑法第二百九十四条。依据《最高人民法院关于审理黑社会性质组织犯罪的案件具体应用法律若干问题的解释》（法释〔2000〕42号）第六条的规定，"多次实施包庇、纵容行为的""致使某一区域或者行业的经济、社会生活秩序遭受黑社会性质组织特别严重破坏的”“致使黑社会性质组织的组织者、领导者逃匿，或者致使对黑社会性质组织的查禁工作严重受阻的”，均属于包庇、纵容黑社会性质组织罪中“情节严重”。本案三名被告人连续多次实施包庇、纵容行为，不仅致使黑社会性质组织的组织者、领导者刘维逃匿多年，且导致周政被杀案原始案卷材料缺失，给查证命案造成严重障碍，属“情节严重”，应依法严惩。一、二审法院对三名被告人量刑时，同时又酌情考虑了三名被告人犯罪行为跨越刑法修正案（八）施行前后的客观事实，并结合三名被告人各自的罪责，分别从宽判处被告人刘学军有期徒刑八年、刘忠伟有期徒刑六年、吕斌有期徒刑五年的刑罚。笔者认为，一、二审法院适用法律正确，对三名被告人的量刑是公正的，体现了罚当其罪。

3.被告人刘学军等人实施包庇、纵容黑社会性质组织犯罪的同时，又实施受贿犯罪的，应依法数罪并罚

刑法修正案（八）对刑法第二百九十四条中关于数罪并罚的范围作出调整，规定“犯前三款罪又有其他犯罪行为的，依照数罪并罚的规定处罚”，从而明确了犯包庇、纵容黑社会性质组织罪，又有其他犯罪行为的，也应当数罪并罚。被告人刘学军等人以其受贿行为主要发生在刑法修正案（八）之前为由，认为不应当数罪并罚。笔者认为，三被告人的上述辩解不能成立。除了上述连续犯罪应适用修正后刑法规定的理由之外，还应看到，刑法修正案（八）对此问题予以明确，主要是因为实践中，国家机关工作人员包庇、纵容黑社会性质组织的行为不同于普通的包庇犯罪，往往与权钱交易相伴随，一人犯数罪的情况比较常见，可能涉及牵连犯的一些理论问题，明确数罪并罚的处罚原则可以减少不必要的争议。因此，刑法修正案（八）的这一修改，并不意味着对于包庇、纵容黑社会性质组织的国家机关工作人员，在刑法修正案（八）作出上述规定前，纵然犯有数罪，亦不应当数罪并罚。事实上，刑法第二百九十四条第三款的规定，属于注意性规定。该条文修改前，司法实践中对行为人实施包庇、纵容黑社会性质组织犯罪，同时又有受贿犯罪事实的，亦普遍采取了数罪并罚的做法。故一、二审认定被告人刘学军三人均犯包庇、纵容黑社会性质组织罪和受贿罪，并依法数罪并罚是正确的。

(二)包庇黑社会性质组织，或者纵容黑社会性质组织进行违法犯罪活动的行为人归案后如实供述相关黑社会性质组织的犯罪活动的，不能认定立功情节

依据我国刑法及《最高人民法院关于处理自首和立功具体应用法律若干问题的解释》(法释〔1998〕8号，以下简称《解释》)的规定，犯罪分子到案后有检举、揭发他人犯罪行为，包括共同犯罪案件中的犯罪分子揭发同案犯共同犯罪以外的其他犯罪，经查证属实；提供侦破其他案件的重要线索，经查证属实；阻止他人犯罪活动；协助司法机关抓捕其他犯罪嫌疑人(包括同案犯)；具有其他有利于国家和社会的突出表现的，应当认定为有立功表现。对于犯罪嫌疑人、被告人如实供述自己的罪行与“检举揭发型立功”的区别，审判实践中时常存在模糊认识。笔者认为，犯罪嫌疑人、被告人如实供述自己的罪行，是指犯罪嫌疑人、被告人到案后如实交代自己的主要犯罪事实，如果犯有数罪的，则应如实供述全部犯罪事实；如果犯罪嫌疑人、被告人仅如实供述所犯数罪中部分犯罪的，只对如实供述的部分认定如实供述，没有如实供述的部分则不能认定；在共同犯罪案件中，犯罪嫌疑人、被告人如实供述，既包括如实供述自己的罪行，还应当包括供述所知的同案犯，主犯则应当供述所知其他同案犯的共同犯罪事实。犯罪嫌疑人、被告人到案后如果检举、揭发了与其无关的他人的犯罪事实，或者共同犯罪案件中的犯罪分子揭发了同案犯共同犯罪以外的其他犯罪的，已经超出了如实供述的范畴，经查证属实的，属于立功。如果被告人如实供述自己犯罪事实中必然包含有他人的犯罪事实的，换言之，没有超出如实供述范畴的，依法不应当认定为立功。例如，受贿人如实供述受贿事实必然包含行贿人的犯罪事实。本案中，2009年年初，陈富伟等人被刘维授意、组织的人员当街杀害。被告人刘忠伟明知刘维有重大作案嫌疑，却不依法履行职责，隐瞒不报。同年5月，刘忠伟在公安机关找其调查时陈述了刘维等人商议杀害陈富伟的经过。刘忠伟据此主张其有立功表现。一、二审法院均未认定刘忠伟的行为构成立功。笔者认为是正确的。

首先，公安机关在2009年2月抓获涉案人员袁绍林、文香灼后，即已确定刘维等人是陈富伟被杀案的犯罪嫌疑人。同年5月，被告人刘忠伟才向

公安机关陈述刘维等人商议杀害陈富伟的事实。刘忠伟揭发的是公安机关已经掌握的罪行,依据《解释》的规定,不符合"提供线索型立功"规定。

其次,退一步来讲,即使被告人刘忠伟揭发时公安机关尚未掌握刘维等人的犯罪事实,刘忠伟也不构成立功。前文已经指出,对于"检举揭发型立功",要求行为人交代的是其本人未参与实施的犯罪,换言之,其检举揭发行为已经超出如实供述的范畴,才能成立"检举揭发型立功"。刘忠伟在交代其包庇、纵容黑社会性质组织违法犯罪活动的过程中,必然涉及其放纵的黑社会性质组织的犯罪活动的具体细节。因此,刘忠伟揭发相关黑社会性质组织的犯罪事实,仍属于如实供述其纵容黑社会性质组织犯罪事实的范畴,属于如实供述,依法不构成立功。

(三)公安机关的内勤人员对黑社会性质组织的犯罪行为知情不举的,属于不依法履行职责

本案被告人刘学军、刘忠伟、吕斌长时间包庇、纵容黑社会性质组织犯罪中,吕斌在知晓并隐瞒刘维等人杀害陈富伟作案嫌疑时,时任四川省德阳市公安局装备财务处处长。吕斌据此提出其系公安机关的内勤人员,没有查禁违法犯罪的职责,依法不构成包庇、纵容黑社会性质组织罪的辩护意见。笔者认为,此点辩解是不能成立的。人民警察法第二条规定了人民警察的任务和范围,同时,该法第六条规定了公安机关不同岗位的人民警察的14项具体职责。依该法第二条的规定,无论人民警察的具体岗位如何,均负有维护国家安全,维护社会治安秩序,保护公民的人身安全、人身自由和合法财产,保护公共财产,预防、制止和惩治违法犯罪活动的任务。该任务是所有人民警察的共同职责,也属于法定义务,内勤岗位上的人民警察也不例外。被告人吕斌明知刘维有杀害他人的重大嫌疑,隐瞒不报,不履行人民警察预防、制止和惩治违法犯罪活动的共同职责,属于不依法履行职责。一、二审法院均未采纳被告人的此点辩护意见,并依法认定被告人吕斌构成包庇、纵容黑社会性质组织罪是正确的。

(撰稿:湖北省高级人民法院　邓海兵

审编:最高人民法院刑三庭　张向东)

最高人民法院
全国部分法院审理黑社会性质组织犯罪案件工作座谈会纪要（节录）

（2015年10月13日　法〔2015〕291号印发）

为深入贯彻党的十八大和十八届三中、四中全会以及习近平总书记系列重要讲话精神，认真落实全国继续推进打黑除恶专项斗争电视电话会议和《中央政法委员会关于继续推进打黑除恶专项斗争的意见》的总体部署，进一步加强黑社会性质组织犯罪案件的审判工作，最高人民法院于2015年9月17日在广西壮族自治区北海市组织召开了全国部分法院审理黑社会性质组织犯罪案件工作座谈会。全国20个省、自治区、直辖市高级人民法院和部分中级人民法院、基层人民法院的主管副院长、刑事审判庭负责同志参加了此次会议。

会议传达、学习了中央关于不断深化打黑除恶专项斗争的有关文件、领导讲话和周强院长对会议所作的重要批示，最高人民法院副院长南英同志作了重要讲话。会议就如何加强打黑除恶审判工作进行了经验交流，并对当前审判工作中存在的新情况、新问题进行了全面、系统地归纳整理，对如何进一步明确和统一司法标准进行了深入研讨。会议认为，2009年印发的《最高人民法院、最高人民检察院、公安部办理黑社会性质组织犯罪案件座谈会纪要》（以下简称：2009年《座谈会纪要》）对于指导审判实践发挥了重要作用。由于黑社会性质组织犯罪始终处于不断发展变化之中，且刑法、刑事诉讼法的相关规定均有修改，因此，对于一些实践中反映较为突出，但2009年《座谈会纪要》未作规定或者有关规定尚需进一步细化和完善的问题，确有必要及时加以研究解决。经过与会代表的认真研究，会议就人民法院审理黑社会性质组织犯罪案件时遇到的部分政策把握及具体应用法律问题形成了共识。同时，与会代表也一致认为，本次会议所取得的成果是对2009年《座谈会纪要》的继承与发展，原有内容审判时仍应遵照执行；内容有所补充的，审判时应结合执行。现会议纪要如下：

……

二、关于黑社会性质组织的认定

（一）认定组织特征的问题

黑社会性质组织存续时间的起点，可以根据涉案犯罪组织举行成立仪式或者进行类似活动的时间来认定。没有前述活动的，可以根据足以反映其初步形成核心利益或强势地位的重大事件发生时间进行审查判断。没有明显标志性事件的，也可以根据涉案犯罪组织为维护、扩大组织势力、实力、影响、经济基础或按照组织惯例、纪律、活动规约而首次实施有组织的犯罪活动的时间进行审查判断。存在、发展时间明显过短、犯罪活动尚不突出的，一般不应认定为黑社会性质组织。

黑社会性质组织应当具有一定规模，人数较多，组织成员一般在10人以上。其中，既包括已有充分证据证明但尚未归案的组织成员，也包括虽有参加黑社会性质组织的行为但因尚未达到刑事责任年龄或因其他法定情形而未被起诉，或者根据具体情节不作为犯罪处理的组织成员。

黑社会性质组织应有明确的组织者、领导者，骨干成员基本固定，并有比较明确的层级和职责分工，一般有三种类型的组织成员，即：组织者、领导者与积极参加者、一般参加者（也即“其他参加者”）。骨干成员，是指直接听命于组织者、领导者，并多次指挥或积极参与实施有组织的违法犯罪活动或者其他长时间在犯罪组织中起重要作用的犯罪分子，属于积极参加者的一部分。

对于黑社会性质组织的组织纪律、活动规约，应当结合制定、形成相关纪律、规约的目的与意图来进行审查判断。凡是为了增强实施违法犯罪活动的组织性、隐蔽性而制定或者自发形成，并用以明确组织内部人员管理、职责分工、行为规范、利益分配、行动准则等事项的成文或不成文的规定、约定，均可认定为黑社会性质组织的组织纪律、活动规约。

对于参加黑社会性质组织，没有实施其他违法犯罪活动，或者受蒙蔽、威胁参加黑社会性质组织，情节轻微的，可以不作为犯罪处理。对于参加黑社会性质组织后仅参与少量情节轻微的违法活动的，也可以不作为犯罪处理。

以下人员不属于黑社会性质组织的成员：1. 主观上没有加入黑社会性质组织的意愿，受雇到黑社会性质组织开办的公司、企业、社团工作，未参与或者仅参与少量黑社会性质组织的违法犯罪活动的人员；2. 因临时被纠集、雇佣或受蒙蔽为黑社会性质组织实施违法犯罪活动或者提供帮助、支持、服务的人员；3. 为维护或扩大自身利益而临时雇佣、收买、利用黑社会性质组织实施违法犯罪活动的人员。上述人员构成其他犯罪的，按照具体犯罪处理。

对于被起诉的组织成员主要为未成年人的案件，定性时应当结合“四个特征”审慎把握。

（二）认定经济特征的问题

“一定的经济实力”，是指黑社会性质组织在形成、发展过程中获取的，足以支持该组织运行、发展以及实施违法犯罪活动的经济利益。包括：1. 有组织地通过违法犯罪活动或其他不正当手段聚敛的资产；2. 有组织地通过合法的生产、经营活动获取的资产；3. 组织成员以及其他单位、个人资助黑社会性质组织的资产。通过上述方式获取的经济利益，即使是由部分组织成员个人掌控，也应计入黑社会性质组织的“经济实力”。

各高级人民法院可以根据本地区的实际情况，对黑社会性质组织所应具有的“经济实力”在20—50万元幅度内，自行划定一般掌握的最低数额标准。

是否将所获经济利益全部或部分用于违法犯罪活动或者维系犯罪组织的生存、发展，是认定经济特征的重要依据。无论获利后的分配与使用形式如何变化，只要在客观上能够起到豢养组织成员、维护组织稳定、壮大组织势力的作用即可认定。

（三）认定行为特征的问题

涉案犯罪组织仅触犯少量具体罪名的，是否应认定为黑社会性质组织要结合组织特征、经济特征和非法控制特征（危害性特征）综合判断，严格把握。

黑社会性质组织实施的违法犯罪活动包括非暴力性的违法犯罪活动，但暴力或以暴力相威胁始终是黑社会性质组织实施违法犯罪活动的基本手段，并随时可能付诸实施。因此，在黑社会性质组织所实施的违法犯罪活动中，一般应有一部分能够较明显地体现出暴力或以暴力相威胁的基本特征。否则，定性时应当特别慎重。

属于2009年《座谈会纪要》规定的五种情形之一的，一般应当认定为黑社会性质组织实施的违法犯罪活动，但确与维护和扩大组织势力、实力、影响、经济基础无任何关联，亦不是按照组织惯例、纪律、活动规约而实施，则应作为组织成员个人的违法犯罪活动处理。

组织者、领导者明知组织成员曾多次实施起因、性质类似的违法犯罪活动，但并未明确予以禁止的，如果该类行为对扩大组织影响起到一定作用，可以视为是按照组织惯例实施的违法犯罪活动。

（四）认定非法控制特征（危害性特征）的问题

黑社会性质组织所控制和影响的"一定区域"，应当具备一定空间范围，并承载一定的社会功能。既包括一定数量的自然人共同居住、生活的区域，如乡镇、街道、较大的村庄等，也包括承载一定生产、经营或社会公共服务功能的区域，如矿山、工地、市场、车站、码头等。对此，应当结合一定地域范围内的人口数量、流量、经济规模等因素综合评判。如果涉案犯罪组织的控制和影响仅存在于一座酒店、一处娱乐会所等空间范围有限的场所或者人口数量、流量、经济规模较小的其他区域，则一般不能视为是对"一定区域"的控制和影响。

黑社会性质组织所控制和影响的"一定行业"，是指在一定区域内存在的同类生产、经营活动。黑社会性质组织通过多次有组织地实施违法犯罪活动，对黄、赌、毒等非法行业形成非法控制或重大影响的，同样符合非法控制特征（危害性特征）的要求。

2009年《座谈会纪要》明确了可以认定为“在一定区域或者行业内，形成非法控制或者重大影响，严重破坏经济、社会生活秩序”的八种情形，适用时应当注意以下问题：第1种情形中的“致使合法利益受损的群众不敢举报、控告的”，是指致使多名合法利益遭受犯罪或者严重违法活动侵害的群众不敢通过正当途径维护权益；第2种情形中的“形成垄断”，是指可以操控、左右、决定与一定行业相关的准入、退出、经营、竞争等经济活动。“形成重要影响”，是指对与一定行业相关的准入、退出、经营、竞争等经济活动具有较大的干预和影响能力，或者具有在该行业内占有较大市场份额、通过违法犯罪活动或以其他不正当手段在该行业内敛财数额巨大（最低数额标准由各高院根据本地情况在20—50万元的幅度内自行划定）、给该行业内从事生产、经营活动的其他单位、组织、个人造成直接经济损失100万元以上等情节之一；第3、4、5种情形中的“造成严重影响”，是指具有致人重伤或致多人轻伤、通过违法犯罪活动或以其他不正当手段敛财数额巨大（数额标准同上）、造成直接经济损失100万元以上、多次引发群体性事件或引发大规模群体性事件等情节之一；第6种情形中的“多次干扰、破坏国家机关、行业管理部门以及村委会、居委会等基层群众自治组织的工作秩序”，包括以拉拢、收买、威胁等手段多次得到国家机关工作人员包庇或纵容，或者多次对前述单位、组织中正常履行职务的工作人员进行打击、报复的情形；第7种情形中的“获取政治地位”，是指当选各级人大代表、政协委员。“担任一定职务”，是指在各级党政机关及其职能部门、基层群众自治组织中担任具有组织、领导、监督、管理职权的职务。

根据实践经验，在黑社会性质组织犯罪案件中，2009年《座谈会纪要》规定的八种情形一般不会单独存在，往往是两种以上的情形同时并存、相互交织，从而严重破坏经济、社会生活秩序。审判时，应当充分认识这一特点，准确认定该特征。

“四个特征”中其他构成要素均已具备，仅在成员人数、经济实力规模方面未达到本纪要提出的一般性要求，但已较为接近，且在非法控制特征（危害性特征）方面同时具有2009年《座谈会纪要》相关规定中的多种情形，其中至少有一种情形已明显超出认定标准的，也可以认定为黑社会性质组织。

三、关于刑事责任和刑罚适用

（一）已退出或者新接任的组织者、领导者的刑事责任问题

对于在黑社会性质组织形成、发展过程中已经退出的组织者、领导者，或者在加入黑社会性质组织之后逐步发展成为组织者、领导者的犯罪分子，应对其本人参与及其实际担任组织者、领导者期间该组织所犯的全部罪行承担刑事责任。

（二）量刑情节的运用问题

黑社会性质组织的成员虽不具有自首情节，但到案后能够如实供述自己罪行，并具有以下情形之一的，一般应当适用《刑法》第六十七条第三款的规定予以从轻处罚：1. 如实交代大部分尚未被掌握的同种犯罪事实；2. 如实交代尚未被掌握的较重的同种犯罪事实；3. 如实交代犯罪事实，并对收集定案证据、查明案件事实有重要作用的。

积极参加者、一般参加者配合司法机关查办案件，有提供线索、帮助收集证据或者其他协助行为，并在侦破黑社会性质组织犯罪案件、认定黑社会性质组织及其主要成员、追缴黑社会性质组织违法所得、查处“保护伞”等方面起到较大作用的，即使依法不能认定立功，一般也应酌情对其从轻处罚。

组织者、领导者、骨干成员以及“保护伞”协助抓获同案中其他重要的组织成员，或者骨干成员能够检举揭发其他犯罪案件中罪行同样严重的犯罪分子，原则上依法应予从轻或者减轻处罚。组织者、领导者检举揭发与该黑社会性质组织及其违法犯罪活动有关联的其他犯罪线索，如果在是否认定立功的问题上存在事实、证据或法律适用方面的争议，应当严格把握。依法应认定为立功或者重大立功的，在决定是否从宽处罚、如何从宽处罚时，应当根据罪责刑相一致原则从严掌握。可能导致全案量刑明显失衡的，不予从宽处罚。

审理黑社会性质组织犯罪案件，应当通过判处和执行民事赔偿以及积极开展司法救助来最大限度地弥补被害人及其亲属的损失。被害人及其亲

属确有特殊困难，需要接受被认定为黑社会性质组织成员的被告人赔偿并因此表示谅解的，量刑时应当特别慎重。不仅应当查明谅解是否确属真实意思表示以及赔偿款项与黑社会性质组织违法所得有无关联，而且在决定是否从宽处罚、如何从宽处罚时，也应当从严掌握。可能导致全案量刑明显失衡的，不予从宽处罚。

（三）附加剥夺政治权利的适用问题

对于黑社会性质组织的组织者、领导者，可以适用《刑法》第五十六条第一款的规定附加剥夺政治权利。对于因犯参加黑社会性质组织罪被判处五年以上有期徒刑的积极参加者，也可以适用该规定附加剥夺政治权利。

（四）财产刑的适用问题

对于黑社会性质组织的组织者、领导者，依法应当并处没收财产。黑社会性质组织敛财数额特别巨大，但因犯罪分子转移、隐匿、毁灭证据或者拒不交代涉案财产来源、性质，导致违法所得以及其他应当追缴的财产难以准确查清和追缴的，对于组织者、领导者以及为该组织转移、隐匿资产的积极参加者可以并处没收个人全部财产。

对于确属骨干成员的积极参加者一般应当并处罚金或者没收财产。对于其他积极参加者和一般参加者，应当根据所参与实施违法犯罪活动的次数、性质、地位、作用、违法所得数额以及造成损失的数额等情节，依法决定财产刑的适用。

四、关于审判程序和证据审查

（一）分案审理问题

为便宜诉讼，提高审判效率，防止因法庭审理过于拖延而损害当事人的合法权益，对于被告人人数众多，合并审理难以保证庭审质量和庭审效率的黑社会性质组织犯罪案件，可分案进行审理。分案应当遵循有利于案件顺利审判、有利于查明案件事实、有利于公正定罪量刑的基本原则，确保有效质证、事实统一、准确定罪、均衡量刑。对于被作为组织者、领导者、积极参加者起诉的被告人，以及黑社会性质组织重大犯罪的共同作案人，分案审理影响庭审调查的，一般不宜分案审理。

(二)证明标准和证据运用问题

办理黑社会性质组织犯罪案件应当坚持“事实清楚，证据确实、充分”的法定证明标准。黑社会性质组织犯罪案件侦查取证难度大，“四个特征”往往难以通过实物证据来加以证明。审判时，应当严格依照刑事诉讼法及有关司法解释的规定对相关证据进行审查与认定。在确保被告人供述、证人证言、被害人陈述等言词证据取证合法、内容真实，且综合全案证据，已排除合理怀疑的情况下，同样可以认定案件事实。

(三)法庭举证、质证问题

审理黑社会性质组织犯罪案件时，合议庭应当按照刑事诉讼法及有关司法解释的规定有效引导控辩双方举证、质证。不得因为案件事实复杂、证据繁多，而不当限制控辩双方就证据问题进行交叉询问、相互辩论的权利。庭审时，应当根据案件事实繁简、被告人认罪态度等采取适当的举证、质证方式，突出重点；对黑社会性质组织的“四个特征”应单独举证、质证。为减少重复举证、质证，提高审判效率，庭审中可以先就认定具体违法犯罪事实的证据进行举证、质证。对认定黑社会性质组织行为特征的证据进行举证、质证时，之前已经宣读、出示过的证据，可以在归纳、概括之后简要征询控辩双方意见。对于认定组织特征、经济特征、非法控制特征(危害性特征)的证据，举证、质证时一般不宜采取前述方式。

(四)对出庭证人、鉴定人、被害人的保护问题

人民法院受理黑社会性质组织犯罪案件后，应当及时了解在侦查、审查起诉阶段有无对证人、鉴定人、被害人采取保护措施的情况，确保相关保护措施在审判阶段能够紧密衔接。开庭审理时，证人、鉴定人、被害人因出庭作证，本人或其近亲属的人身安全面临危险的，应当采取不暴露外貌、真实声音等出庭作证措施。必要时，可以进行物理隔离，以音频、视频传送的方式作证，并对声音、图像进行技术处理。有必要禁止特定人员接触证人、鉴定人、被害人及其近亲属的，以及需要对证人、鉴定人、被害人及其近亲属的人身和住宅采取专门性保护措施的，应当及时与检察机关、公安机关协调，确保保护措施及时执行到位。依法决定不公开证人、鉴定人、被害人真实姓名、住址和工作单位等个人信息的，应当在开庭前核实其身份。证人、

鉴定人签署的如实作证保证书应当列入审判副卷，不得对外公开。

五、关于黑社会性质组织犯罪案件审判工作相关问题

（一）涉案财产的处置问题

审理黑社会性质组织犯罪案件时，对于依法查封、冻结、扣押的涉案财产，应当全面审查证明财产来源、性质、用途、权属及价值大小的有关证据，调查财产的权属情况以及是否属于违法所得或者依法应当追缴的其他财物。属于下列情形的，依法应当予以追缴、没收：1. 黑社会性质组织形成、发展过程中，该组织及其组织成员通过违法犯罪活动或其他不正当手段聚敛的财产及其孳息、收益，以及合法获取的财产中实际用于支持该组织存在、发展和实施违法犯罪活动的部分；2. 其他单位、个人为支持黑社会性质组织存在、发展以及实施违法犯罪活动而资助或提供的财产；3. 组织成员通过个人实施的违法犯罪活动所聚敛的财产及其孳息、收益，以及供个人犯罪所用的本人财物；4. 黑社会性质组织及其组织成员个人非法持有的违禁品；5. 依法应当追缴的其他涉案财物。

（二）发挥庭审功能问题

黑社会性质组织犯罪案件开庭前，应当按照重大案件的审判要求做好从物质保障到人员配备等各方面的庭审准备，并制定详细的庭审预案和庭审提纲。同时，还要充分发挥庭前会议了解情况、听取意见的应有作用，提前了解控辩双方的主要意见，及时解决可能影响庭审顺利进行的程序性问题。对于庭前会议中出示的证据材料，控辩双方无异议的，庭审举证、质证时可以简化。庭审过程中，合议庭应当针对争议焦点和关键的事实、证据问题，有效引导控辩双方进行法庭调查与法庭辩论。庭审时，还应当全程录音录像，相关音视频资料应当存卷备查。

《全国部分法院审理黑社会性质组织犯罪案件工作座谈会纪要》的理解与适用

戴长林　朱和庆　刘广三　周　川　张向东

为深入贯彻中央的决策部署，进一步加强黑社会性质组织犯罪案件的审判工作，最高人民法院于2015年9月17日在广西壮族自治区北海市组织召开了全国部分法院审理黑社会性质组织犯罪案件工作座谈会。经与会代表认真讨论，就若干法律适用问题取得了共识，会后形成的《全国部分法院审理黑社会性质组织犯罪案件工作座谈会纪要》（以下简称《纪要》）已于2015年10月13日印发，供各级人民法院在刑事审判工作中参照执行。为便于司法实践中准确理解《纪要》的有关精神，现对《纪要》制定的背景、指导思想以及其中的重点内容进行简要介绍和说明。

一、《纪要》的制定背景及过程

为统一办理黑社会性质组织犯罪案件的执法标准，2009年12月，最高人民法院与最高人民检察院、公安部联合下发了《办理黑社会性质组织犯罪案件座谈会纪要》（以下简称2009年《纪要》），初步解决了一批实践中争议较大的问题，对于指导审判工作发挥了重要作用。但是，随着时间的推移，新情况也在不断出现，一些2009年《纪要》未作规定或者有关规定尚需进一步细化和完善的问题，对于司法实践的困扰越发凸显。特别是刑法修正案（八）的颁布实施以及刑事诉讼法的再次修订，对于办理黑社会性质组织犯罪案件提出了更为严格的要求，如何更好地将严打方针与依法办案原则有机结合起来，成为一项迫切需要解决的问题。

2014年下半年，中央政法委下发文件并召开电视电话会议，对继续推进打黑除恶专项斗争进行部署。最高人民法院迅速制订工作方案，将研究解决黑社会性质组织犯罪案件法律适用、证明标准、审判程序等方面存在的突出问题列为工作重点。2015年年初，最高人民法院成立专题调研小组，在全面了解情况和广泛听取意见的基础上，针对实践中反映较为集中的问题提出了具体指导意见。《纪要》稿起草完成后，分别征求了最高人民法院各相关庭室、部分高级人民法院以及全国人大法工委、最高人民检察院、公安部的意见，并邀请部分知名专家、学者进行研究论证，几经修改和完善后提交全国部分法院审理黑社会性质组织犯罪案件工作座谈会讨论。会后，调研小组根据与会代表提出的意见作了进一步修改，最终形成《纪要》。

二、制定《纪要》的指导思想及其与2009年《纪要》的适用关系

（一）指导思想

《纪要》的研究、制定，始终遵循和体现以下的指导思想：

第一，以问题为导向，什么问题突出就研究什么问题，什么问题能解决就解决什么问题。首先，从前期调研情况来看，各地法院所反映的问题几乎都与组织、领导、参加黑社会性质组织罪的法律适用、政策把握和审判程序相关，而对刑法第二百九十四条规定的包庇、纵容黑社会性质组织罪和入境发展黑社会组织罪则基本没有涉及。因此，《纪要》未对这两个罪名的法律适用进行解读和说明。其次，黑社会性质组织犯罪案件审判工作中遇到的问题纷繁复杂，其中一些需要在法学理论层面进行更为深入的研究、探讨，还有一些则需要通过立法来解决。因此，《纪要》只是针对实践中反映最为突出，且有可能在充分论证后达成共识的问题提供指导意见。

第二，严格依照法律和司法解释的规定。在征求意见过程中，一些学者和实务部门的同志都曾指出，我国刑事立法只关注打击高端形态的犯罪组织，而对中低端的犯罪组织的社会危害未给予足够重视，既不符合国际上通行的“有组织犯罪统一体”观念，客观上也造成了“形成期不能打，形成后打不动”的困境，“降格”或“拔高”认定问题的根源也正在于此。应该说，这些意见确实需要引起重视和认真思考。但是，罪刑法定是审判时必须遵循的基本原则，因此，《纪要》提出的指导意见必须坚守不超越法律、司法解

释规定的底线,严格坚持依法办案原则也是贯穿《纪要》全部内容的一项基本要求。

第三,在继承2009年《纪要》有关精神的基础上,为审判实践提供尽可能清晰和便于操作的指导意见。2009年《纪要》澄清了关于黑社会性质组织犯罪中一些基本问题的认识,对于依法惩治黑社会性质组织犯罪产生了积极而深远的影响,在今后的审判工作中仍具有重要的指导作用。因此,《纪要》的制定是对既有成果的继承与发展,大部分内容是对2009年《纪要》的补充和细化。同时,考虑到实践中的情况极为复杂,《纪要》最大限度地兼顾了原则性、灵活性和可操作性的统一,更多采用"一般性要求""提示性规定"的方式,并有针对性地设置了兜底条款,为满足惩治犯罪的需要留出了余地和空间。

(二)与2009年《纪要》的适用关系

如前所述,《纪要》整体上延续了2009年《纪要》的有关精神,2009年《纪要》的大部分内容在今后的审判实践中仍具有指导意义,应当继续参照执行。两相比较,《纪要》中的新变化主要表现为以下三种情形:(1)2009年《纪要》未作规定,《纪要》予以补充,如附加剥夺政治权利的适用、财产刑的适用等内容就属于这种情形。审判时,应当按照《纪要》的规定执行。(2)2009年《纪要》已有规定,《纪要》予以完善、修改,如组织成员人数、经济实力数额等问题,相关内容发生了一定的变化。审判时,也应当按照《纪要》的规定执行。(3)2009年《纪要》已有规定,《纪要》予以细化,如对非法控制特征(危害性特征)八种情形的进一步解读就是这种情形的典型代表。审判时,应当将两个纪要的有关内容相互结合,配套使用。

三、对于《纪要》重点内容的解读

(一)关于黑社会性质组织的认定

1. 认定组织特征的问题

(1)关于黑社会性质组织存续时间起点的认定

黑社会性质组织的存续时间起点应当如何确定,是司法实践一个非常重要但又长期悬而未决的问题。该问题不仅与组织特征的认定有关,而且会对组织成员、组织犯罪等一系列问题的认定产生重要影响。从逻辑上讲，只有当“四个特征”同时具备之时才是黑社会性质组织真正形成之日，但是，这在司法实践中又是无法准确判断和把握的。黑社会性质组织一般都是由犯罪集团、“恶势力”团伙逐步演化而来，会经历一个渐进的、从量变到质变的过程。有组织地大量实施暴力性违法犯罪活动以获取强势地位，往往是黑社会性质组织发展初期的明显特征，而构建非法秩序也大多是在这个阶段完成。当其发展到比较成熟的阶段之后，由于凭借前期积累的恶名和影响力便可维持非法控制的状态，行为方式中的暴力性特点会逐渐趋于隐蔽，违法犯罪活动的数量也会相应减少。因此，如果以同时具备“四个特征”为时间节点，将“恶”与“黑”这两个阶段截然分开，认定黑社会性质组织时就会面临空中楼阁一般的困局，无法有效地通过具体的违法犯罪事实来充分反映该犯罪组织的行为特征以及社会危害。

为解决上述问题，《纪要》作出原则性规定，将“举行成立仪式或者进行类似活动”“标志性事件”“首次实施有组织的犯罪活动”作为认定黑社会性质组织起始时间的审查判断依据。也就是说，“成立仪式”最为优先，“标志性事件”次之，在没有前两者的情况下，可以依据“首次有组织的犯罪”的时间认定。其中，“标志性事件”主要包括两种情形：一是足以反映涉案犯罪组织已初步形成较稳定获利来源的重大事件，如为涉足某一行业而成立公司、企业等经济实体等；二是足以反映涉案犯罪组织已在一定区域或行业内初步形成强势地位的重大事件，实践中比较常见的就是在逞强争霸、排除竞争对手过程中具有“一战成名”作用的违法犯罪活动。

有一种意见认为，根据刑法第二百九十四条的规定，黑社会性质组织的行为特征既包括犯罪活动，也包括违法活动，因此，应从“首次共同实施有组织的违法犯罪活动”起算。我们认为，黑社会性质组织是犯罪集团的高级形态，应当满足犯罪集团的全部条件。根据刑法第二十六条的规定，犯罪集团应当是“为共同实施犯罪”而组成，因此，黑社会性质组织的存续时间起点应从首次实施有组织的犯罪活动起算。

（2）是否应对黑社会性质组织的存在、发展时间作出明确规定

由于2009年《纪要》没有对此问题明确画线，实践中标准掌握不统一

的问题仍然存在。根据前期调研情况,2011年1月至2014年12月间,已审结生效的组织、领导、参加黑社会性质组织犯罪案件中,涉案犯罪组织存在、发展时间不满6个月的占比达到4.53%。综合考虑多方面因素,《纪要》讨论稿中曾有如下规定:"黑社会性质组织的存在、发展时间一般在12个月以上。"征求意见过程中,此问题始终存在较大争议,其中一种意见认为,刑法相关条款中并未涉及黑社会性质组织的存在、发展时间问题,故不应对此作出规定。根据座谈会讨论情况以及各方提出的意见,《纪要》未再提出明确的时间要求,但规定"存在、发展时间明显过短、犯罪活动尚不突出的,一般不应认定为黑社会性质组织"。这是因为,根据刑法第二百九十四条的规定,黑社会性质组织应当是"较稳定"的犯罪组织。"较稳定"应从两方面来理解:一是指犯罪组织的结构与核心成员比较稳定;二是指犯罪组织应当在一定时期内持续存在。因此,黑社会性质组织的存在、发展时间应当达到一定长度。同时,如果一个犯罪组织存在、发展时间过短,也难以形成真正意义上的非法控制。

(3)关于黑社会性质组织的成员人数问题

根据刑法的规定,黑社会性质组织应当"人数较多"。按照一般的理解,黑社会性质组织的成员人数理应比普通的犯罪集团更多,但由于缺少明文规定,一些案件在成员人数的把握上明显偏松。在已审结生效的案件中,组织成员不足5人的案件并不鲜见,一定程度上降低了认定门槛。征求意见过程中,多数意见都赞成将组织成员人数予以量化,但又有"10人说"和"7人说"之争。《纪要》最终采纳了目前理论界、实务界相对更为认可的"10人说",并专门说明"10人"之中"既包括已有充分证据证明但尚未归案的组织成员,也包括虽有参加黑社会性质组织的行为但因尚未达到刑事责任年龄或因其他法定情形而未被起诉,或者根据具体情节不作为犯罪处理的组织成员"。如此规定,主要是基于以下两点考虑:一是对于未到案、未起诉、未定罪处罚的人员可否在认定黑社会性质组织时算作组织成员的问题一直存在争议,《纪要》作出规定后可以给该争论画上句号;二是《纪要》明确规定组织成员的人数标准之后,不排除实践中可能出现为了凑齐人数而将本不应认定为黑社会性质组织成员的被告人"拔高"认定的问题,对该标准加以详细说明，将有助于预防出现这一问题。

（4）关于“骨干成员”的认定

刑法第二百九十四条第一款中对组织者、领导者、积极参加者、一般参加者（其他参加者）分别设置了不同的法定刑，并没有“骨干成员”的概念，但第四款关于组织特征的规定中却有“骨干成员基本固定”的要求。由于概念不明，实践中将骨干成员、积极参加者相互替代使用的情况时有出现。为此，《纪要》明确指出，骨干成员只是积极参加者中较为核心的一部分，除了直接听命于组织者、领导者之外，还要求多次指挥或积极参与实施有组织的违法犯罪活动或者长时间在犯罪组织中起重要作用。之所以要加上“多次”和“长时间”的限定，主要是为了从作用上将其与一般的积极参加者相区别。

（5）关于组织纪律、活动规约的审查判断问题

2009年《纪要》规定：“具有一定的组织纪律、活动规约，也是认定黑社会性质组织时的重要参考依据。”近年来，实践中出现了一些新情况，黑社会性质组织的组织纪律、活动规约表现形式多种多样，而且内容也会带有一定的迷惑性、欺骗性。例如，一些以经济实体为依托的黑社会性质组织，其组织纪律、活动规约往往是以公司、企业内部规章制度的形式表现出来的；还有一些黑社会性质组织会对其成员提出“不许吸毒、不许赌博、不许随意殴打他人”等看似劝人向善的要求，与传统意义上的“帮规”“家法”存在一定差异。为此，《纪要》要求结合涉案犯罪组织制定、形成相关纪律、规约的目的与意图来进行审查判断。

（6）关于可不作为犯罪处理的情形

为了贯彻执行宽严相济刑事政策，《纪要》重申了《最高人民法院关于审理黑社会性质组织犯罪的案件具体应用法律若干问题的解释》（以下简称《司法解释》）第三条第二款的规定。为了适当放开该罪的出口，以便更好地分化、瓦解犯罪子，《纪要》还规定：“对于参加黑社会性质组织后仅参与少量情节轻微的违法活动，也可以不作为犯罪处理。”

（7）关于不应认定为黑社会性质组织成员的几类人员

实践中，对于某些与黑社会性质组织或其违法犯罪活动有一定关联的

人员能否以参加黑社会性质组织罪定罪处罚的问题尚存在争议。为防止不当扩大打击面,《纪要》明确了不应认定为黑社会性质组织成员的三类人员,其行为如果构成其他犯罪的,应按照具体犯罪处理。我们认为,在认定黑社会性质组织成员时应当遵循"主客观一致"的基本原则。对于"主观上没有加入黑社会性质组织的意愿,受雇到黑社会性质组织开办的公司、企业、社团工作,未参与或者仅参与少量黑社会性质组织违法犯罪活动的人员",虽然也可视为在客观上接受了黑社会性质组织的领导和管理,但由于未参与或者仅参与少量黑社会性质组织的违法犯罪活动,还不足以推定其主观上已经具有加入黑社会性质组织的意愿,因此,不应以参加黑社会性质组织罪定罪处罚。例如,在刘汉、刘维黑社会性质组织案中,汉龙公司财务人员刘某、赖某某因履行职务而实施了骗取贷款、票据承兑、金融凭证犯罪,但并未被认定为是黑社会性质组织成员。对于"因临时被纠集、雇佣或受蒙蔽为黑社会性质组织实施违法犯罪活动或者提供帮助、支持、服务的人员"以及"为维护或扩大自身利益而临时雇佣、收买、利用黑社会性质组织实施违法犯罪活动的人员",由于这两类人员主观上没有加入黑社会性质组织的意愿,客观上也没有接受黑社会性质组织的领导、管理,只是临时性的雇佣与被雇佣、收买与被收买、利用与被利用的关系,因此,也不应以参加黑社会性质组织罪定罪处罚。当然,如果这两类人员与黑社会性质组织经过长期合作后已经相互渗透与融合,则另当别论。

2. 认定经济特征的问题

(1)关于"一定经济实力"的范围

"有组织地通过违法犯罪活动或者其他手段获取经济利益,具有一定的经济实力,以支持该组织的活动"是黑社会性质组织应当具备的经济特征。实践中,对于"一定经济实力"的范围问题存在模糊认识,特别是对组织成员在黑社会性质组织形成之前已经拥有的财产和黑社会性质组织形成后组织成员个人名下的财产能否计入"一定经济实力"的问题,各地做法差异很大。我们认为,对于该问题主要应从以下两个方面来把握:第一,黑社会性质组织所具有的经济实力并不等同于刑法第六十四条规定的违法所得和犯罪工具。所谓经济实力,是指掌控经济资源并随时为己所用的能力,因此,应当包括合法获取的资产；第二，根据刑法第二百九十四条第五款第二项的规定，“一定经济实力”的取得方式应具备“有组织性”的特点。也就是说，无论是违法所得还是合法资产，都应当是通过与黑社会性质组织有关联的行为或方式而获取，包括黑社会性质组织通过实施违法犯罪活动而获取的资产，黑社会性质组织利用从事不法活动所确立的优势地位和影响力而获取的资产，黑社会性质组织聚敛资产后进行合法投资而获取的孳息、收益，等等。为此，《纪要》对“一定经济实力”的概念和范围进行了说明，将黑社会性质组织形成之前获取或者组织成员完全通过个人行为获取的经济利益排除在外。同时还规定，只要是“有组织地”获取的经济利益，即便归于组织成员个人名下，也应当计入“一定经济实力”。

（2）关于“一定经济实力”的数额标准

2009 年《纪要》考虑到司法实践的复杂性，没有明确规定“一定经济实力”的数额标准，但近年来的效果并不理想。《纪要》起草过程中，有一种意见认为，经济实力的强弱并不是黑社会性质组织的本质特征，而且客观上证明经济实力来源、数额的证据很难收集，因此，不应对此问题予以量化。我们认为，由于刑法第二百九十四条规定黑社会性质组织需要具有“一定经济实力”，因此，明确标准的做法更加符合罪刑法定原则的基本精神。具有“一定经济实力”虽不是黑社会性质组织的本质特征，但却可以反映出涉案犯罪组织的发展成熟程度。在当前的司法实践中，对此问题掌握较为随意的情况依然存在，确有必要加以规范。根据前期调研掌握的数据，综合考虑各地经济发展水平的差异以及其他多方面因素后，《纪要》规定：“各高级人民法院可以根据本地区的实际情况……在 20—50 万元幅度内，自行划定一般掌握的最低数额标准。”

（3）对于所获经济利益是否用于黑社会性质组织的审查判断

2009 年《纪要》将认定经济特征的重点放在了涉案犯罪组织获利后的用途上，并列举了“购买作案工具、提供作案经费，为受伤、死亡的组织成员提供医疗费、丧葬费，为组织成员及其家属提供工资、奖励、福利、生活费用”等具体情形。近年来，一些黑社会性质组织改变手法，往往不再直接向组织成员提供工资、福利、奖励、生活费用或者作案经费，而是通过安排组织成员承揽工程、承接项目、从事特定生产、经营活动等方式进行间接的利益分配，或者授意、指使、帮助组织成员实施某种违法犯罪活动以获取不法经济利益。针对这一变化，《纪要》规定："无论获利后的分配与使用形式如何变化，只要在客观上能够起到豢养组织成员、维护组织稳定、壮大组织势力的作用即可认定。"

3. 认定行为特征的问题

（1）关于黑社会性质组织犯罪的多样性

刑法第二百九十四条以及《司法解释》中均未规定黑社会性质组织必须实施性质不同的多种犯罪，故 2009 年《纪要》对此问题并未涉及。但从实践情况看，黑社会性质组织若要实现对经济、社会生活的非法控制，一般都需要实施多种犯罪。为了引起对此问题的重视，在审判工作中更加准确地区分黑社会性质组织与专门从事某种犯罪的犯罪集团，《纪要》作了相应的提示性规定。

（2）关于黑社会性质组织违法犯罪活动的暴力性问题

如前所述，当黑社会性质组织发展到一定阶段后暴力色彩会有所减弱，往往会更多地采用滋扰恫吓、造势摆场等非暴力、"软暴力"手段来达到不法目的。正因为如此，司法实践中也逐渐产生了一种模糊认识，认为黑社会性质组织不需要实施暴力性的违法犯罪活动也可以形成非法控制。我们认为，无论行为方式最终如何变化，暴力（"硬暴力"）或者以暴力相威胁的手段是黑社会性质组织能够对社会公众形成心理强制的重要原因。即便在发展到较为成熟的阶段之后，暴力性也是依然是黑社会性质组织行为方式的基本特点，一旦需要使用便随时可能付诸实施。因此，如果涉案犯罪组织在整个发展过程中没有较为明显地以暴力或者以暴力相威胁的手段实施违法犯罪活动，那么，在对该组织定性时就应当特别慎重。

（3）如何区分黑社会性质组织的违法犯罪活动和组织成员个人的违法犯罪活动

2009 年《纪要》通过列举五种具体情形的方式，较好地解决了黑社会性质组织的违法犯罪活动范围问题。但是，由于其并未明确将"符合组织利益或者组织宗旨"作为基本判断标准，在一些个案的审判工作中，如何区分黑社会性质组织违法犯罪活动和组织成员个人违法犯罪活动的问题仍然引发了一定的争议。有鉴于此,《纪要》作了补充性规定。也就是说,即便是组织者、领导者亲自组织实施的违法犯罪活动,如果确实与维护和扩大组织的势力、实力、影响、经济基础无任何关联,也不是按照组织惯例、纪律、活动规约而实施的,也不应当认定为是黑社会性质组织的违法犯罪活动。

(4)如何认定按照"组织惯例"实施的违法犯罪活动

在黑社会性质组织犯罪案件中往往存在大量的违法犯罪活动无法直接与组织利益、组织宗旨联系起来,但这些违法犯罪活动大多是在组织者、领导者的纵容之下实施,符合黑社会性质组织约定俗成的行为习惯,客观上又起到了为黑社会性质组织确立非法权威、扩大社会影响推波助澜的作用,有必要作为组织的违法犯罪活动来处理。因此,《纪要》规定:"组织者、领导者明知组织成员曾多次实施起因、性质类似的违法犯罪活动,但并未明确予以禁止的,如果该类行为对扩大组织影响起到一定作用,可以视为是按照组织惯例实施的违法犯罪活动。"有一种意见认为,对于纯属组织成员个人行为的违法犯罪活动,不能仅因组织者、领导者未尽到禁止义务就作为黑社会性质组织的违法犯罪活动来处理,组织者、领导者也不应承担相应罪责。我们认为,黑社会性质组织的宗旨就是要通过实施违法犯罪活动建立非法秩序,组织者、领导者在创建、管理犯罪组织时,对于组织成员可能实施多种违法犯罪活动有概括的预见和故意。组织者、领导者作为核心人物,犯罪组织的意志很大程度上就是通过组织者、领导者的意志来体现。组织者、领导者在明知组织成员多次实施类似行为的情况下不予明确禁止,可以说明其对此类行为持放任、纵容的态度,也说明此类行为并不违背犯罪组织的意志和宗旨,加之这些行为客观上又对扩大组织影响起到作用,组织者、领导者应当承担责任。

4.认定非法控制特征(危害性特征)的问题

(1)对于"一定区域""一定行业"的理解和把握

在2009年《纪要》有关内容的基础上,《纪要》对这两个问题作了进一步解读。不仅明确了"一定区域"包括乡镇、街道、较大的村庄,同时还指出，对于“一定行业”的理解应当结合“一定区域”的概念来把握。简而言之，即便是某一乡镇范围内的同类生产、经营活动，只要从业人员、产业规模等要素达到一定程度，也可以视为是“一定行业”。

（2）关于非法控制特征（危害性特征）的认定

2009年《纪要》明确了可以认定为“在一定区域或者行业内，形成非法控制或者重大影响，严重破坏经济、社会生活秩序”的八种情形。前期调研时，许多高级人民法院均反映这八种情形不够具体，诸如“重要影响”“严重影响”等表述还需要进一步明确。综合各方意见，《纪要》以导致人员伤亡、造成直接经济损失、敛财数额巨大等情形为标准，对2009年《纪要》的有关内容予以补充和细化，并使之更具可操作性。其中列举的“直接经济损失”，是指与黑社会性质组织的违法犯罪活动有直接因果关系的经济损失。主要包括以下情形：因违法犯罪活动导致财产损毁、灭失而造成的经济损失；因违法犯罪活动导致停产、停业、减产、破产以及由此承担违约责任而造成的经济损失；因违法犯罪活动导致被迫接受不公平交易而造成的经济损失；其他应当计算在内的直接经济损失。此外，由于敲诈勒索、聚众扰乱社会秩序等个罪所造成的危害后果也有可能符合八种情形之一，因此，不能简单地认为只要具有其中一种情形，就可以认定非法控制特征。为纠正对此问题的认识，《纪要》专门作了如下说明：“2009年《座谈会纪要》规定的八种情形一般不会单独存在，往往是两种以上的情形同时并存、相互交织，从而严重破坏经济、社会生活秩序。审判时，应当充分认识这一特点，准确认定该特征。”

（3）关于是否应当设置“兜底”规定的问题

《纪要》在对黑社会性质组织的成员人数、经济实力规模予以量化的同时，也有针对性地设置了“兜底”规定。对此，有意见认为，“兜底”规定一旦放开口子，就有可能会使组织特征、经济特征中已经量化的标准失去意义。我们认为，由于实践中的情况极为复杂，确有必要保持惩治黑社会性质组织犯罪的灵活性。设置“兜底”规定，其目的在于突出非法控制特征（危害性特征）的重要性，并不意味着已经量化的标准可以忽略。为此，《纪要》也对适用“兜底”规定认定黑社会性质组织的情形设定了多项限制条件，可以避免出现标准虚置的问题。

(二)关于刑事责任和刑罚适用

1.已退出或者新接任的组织者、领导者的刑事责任范围

《纪要》根据近几年来实践中出现的新情况,明确了在组织者、领导者发生更替的情况下应当如何确定相关人员刑事责任范围的问题。需要重申的是,刑事责任范围不同于刑事责任程度。在具体犯罪中,组织者、领导者并非一定是罪责最为严重者,还是应当根据2009年《纪要》的规定,按照其在具体犯罪中的地位、作用来确定责任程度。

2.量刑情节的运用问题

(1)坦白情节的运用

为节约办理黑社会性质组织犯罪案件的司法资源,鼓励包括组织者、领导者在内的黑社会性质组织成员主动交代犯罪事实,《纪要》列举了一般应当适用刑法第六十七条第三款的规定予以从轻处罚的三种情形。其中,前两种情形是针对个罪而言,而第三种情形既包括个罪,也包括组织、领导、参加黑社会性质组织罪。

(2)对于配合查办案件行为的积极评价

运用宽严相济刑事政策分化、瓦解犯罪分子,是打黑除恶专项斗争中的一条宝贵经验。实践中,积极参加者、一般参加者的某些配合司法机关查办案件的协助行为依法难以认定为立功。为了给予积极评价,《纪要》规定对此类协助行为量刑时一般应酌情予以从轻处罚。

(3)对于组织者、领导者立功情节的把握

《纪要》规定,"组织者、领导者、骨干成员以及'保护伞'协助抓获同案中其他重要的组织成员,或者骨干成员能够检举揭发其他犯罪案件中罪行同样严重的犯罪分子,原则上依法应予从轻或者减轻处罚",这与《最高人民法院关于贯彻宽严相济刑事政策的若干意见》中的有关内容保持一致。对于"组织者、领导者检举揭发与该黑社会性质组织及其违法犯罪活动有关联的其他犯罪线索"的情形,《纪要》作了与2009年《纪要》类似的规定。不同的是,《纪要》明确指出,此种揭发检举"如果在是否认定立功的问题上存在事实、证据或法律适用方面的争议,应当严格把握",进一步体现了不

让犯罪分子利用优势地位得利的从严惩处精神。

（4）关于通过民事赔偿取得被害方谅解后可否从宽处罚的问题

黑社会性质组织犯罪分子通过赔偿经济损失取得被害方谅解后可否酌情从轻处罚，这一直是实践中存在争议的问题。我们认为，黑社会性质组织犯罪不仅社会危害极大，而且组织成员往往可以从违法犯罪活动中获得巨额不法利益，具有较强的经济赔偿能力和社会活动能力。因此，对于通过民事赔偿取得被害方谅解的，量刑时应当从严掌握，以防止犯罪分子有机可乘。当然，对此问题的理解也不应绝对化，对于组织者、领导者、骨干成员以外的其他黑社会性质组织成员，也可以视其所犯具体罪行的严重程度及其在犯罪中的地位、作用，综合考虑被害方是否具有特殊困难等情况，在确认谅解意思真实、赔偿款项与违法所得无关的情况下，酌情予以从宽处罚。

3.关于资格刑、财产刑的适用问题

由于组织、领导黑社会性质组织罪的法定最高刑为有期徒刑十五年，积极参加黑社会性质组织罪的法定最高刑为有期徒刑七年，因此，对于组织者、领导者和积极参加者可否适用刑法第五十六条第一款的规定附加剥夺政治权利，以及可否并处没收个人全部财产的问题均存在不同认识。有一种意见认为，司法惯例不宜轻易突破，否则可能会引发示范效应。我们认为，考虑到黑社会性质组织犯罪的特殊危害及其自身特点，有必要加大资格刑、财产刑的适用力度。关于能否附加剥夺政治权利的问题，虽然司法实践中一般都掌握在处刑十年以上的才附加剥夺政治权利，但这并不是法律的明文规定。黑社会性质组织犯罪属于严重危害社会治安、严重破坏社会秩序的犯罪，而有期徒刑五年又是目前重刑率的计算起点，因此，对于因犯组织、领导、参加黑社会性质组织罪而被判处五年以上、十年以下有期徒刑的组织者、领导者和积极参加者，也可以适用刑法第五十六条第一款的规定附加剥夺政治权利。关于对组织者、领导者和积极参加者能否并处没收个人全部财产的问题，我们同样持肯定的观点。首先，刑法并未规定对于判处有期徒刑的被告人不能并处没收个人全部财产。其次，刑法修正案（八）之所以增设财产刑，就是考虑到黑社会性质组织犯罪案件中甄别涉案财产来源、性质的难度极大，仅靠追缴、没收违法所得和犯罪工具不足以彻底摧毁黑社会性质组织的经济基础。因此，审判时应当充分运用现有法律规定加大惩治力度。最后，《纪要》对于组织者、领导者和部分积极参加者并处没收个人全部财产的前提条件做了较为严格的限定，并非可以随意适用，应符合罪责刑相一致的基本原则。

（三）关于审判程序和证据审查

1.关于分案审理问题

并案审理是审理共同犯罪案件的一般原则，我国刑事诉讼法和相关司法解释对于哪些案件可以分案审理未作明确规定。黑社会性质组织犯罪案件普遍具有人数多、事实多、罪名多的特点，一律并案审理不仅会给审判工作造成困难，而且也不利于保护被告人的合法权利。例如，某些重大涉黑案件庭审时间长达数十天，不仅被告人超期羁押的情况难以避免，而且也无法充分保障每一名被告人都能有效地行使举证、质证、辩解、辩护等诉讼权利。因此，《纪要》规定，“对于被告人人数众多，合并审理难以保障庭审质量和庭审效率的黑社会性质组织犯罪案件，可分案进行审理”，这为解决这一问题提供了依据。同时，为避免分案审理带来的弊端，《纪要》还明确了分案审理的基本原则和一般性要求。应当特别说明的是，在审判实践中分案审理只能是例外情形，凡有条件并案审理的涉黑案件不得随意分案。

2.关于证明标准和证据运用问题

黑社会性质组织犯罪案件收集证据的难度极大，且“四个特征”往往要靠被告人供述、证人证言、被害人陈述等言词证据来证明，证据的稳定性较差。根据这一特点，《纪要》强调涉黑案件应当坚持“事实清楚，证据确实、充分”的法定证明标准，同时也按照刑事诉讼法和相关司法解释的规定，对如何依据言词证据认定案件事实进行了说明。

3.关于法庭举证、质证问题

由于法庭举证、质证环节耗时较长，在一些黑社会性质组织犯罪案件的庭审过程中存在举证、质证不规范、随意限制控辩双方质证权利等问题，个别案件甚至没有对“四个特征”问题进行有针对性的举证、质证。另外，由于黑社会性质组织行为特征的认定与个罪事实在证据上多有交叉，法庭审理过程中又往往容易出现重复举证、质证问题。为规范这一庭审环节，《纪要》对法庭举证、质证提出具体要求，同时提供了避免重复举证、质证的具体方案。

4.关于对出庭证人、鉴定人、被害人的保护问题

《纪要》对证人、鉴定人、被害人保护的衔接问题作了原则性规定，要求人民法院主动了解情况，确保相关保护措施紧密衔接。此外，《纪要》还对刑事诉讼法规定的“采取不暴露外貌、真实声音等出庭作证措施”进行了一定的细化，规定可以采取音频、视频传送的方式作证。

（四）关于黑社会性质组织犯罪案件审判工作相关问题

1.关于涉案财产的处置

涉案财产的处置是黑社会性质组织犯罪案件审判工作中的“老、大、难”问题，究其根本，关键还是在于取证难度极大。为改变司法实践中的乱象，《纪要》要求审判时“应当全面审查证明财产来源、性质、用途、权属及价值大小的有关证据”，并依照刑法和有关司法解释的规定明确了涉案财产追缴、没收的范围，特别是将追缴、没收“合法获取的财产”的范围限定为“实际用于支持该组织存在、发展和实施违法犯罪活动的部分”，以防止出现侵害合法财产权利的情况。

2.关于发挥庭审功能问题

以落实审判中心主义为出发点，《纪要》从制定庭审预案、召开庭前会议、把握争议焦点、有效引导控辩等方面，对黑社会性质组织犯罪案件的庭审工作提出了原则性要求，从而保证庭审能够发挥应有功能。

黑社会性质组织犯罪涉案财物处置的问题与对策

朱和庆*

财产权是公民基本人权的重要组成部分，是公民享有自由权、平等权和人格尊严的物质保障。在现代法治国家，对涉案财物的处置，[①]包括查封、扣押、冻结财物等均极为审慎，且须遵循正当的法律程序。我国宪法也明确规定“公民的合法的私有财产不受侵犯”。在刑事诉讼中，对涉案财物的处置是公检法等机关的重要职责之一，既攸关当事人及案外利害关系人的合法权益和切身利益，也是刑事诉讼顺利进行的必然要求。若涉案财物处置不当，不仅难以起到有效打击犯罪、剥夺犯罪分子再犯能力的积极作用，甚至有可能发生公权力侵吞公民合法财产的风险，从而偏离法治轨道，激化社会矛盾。黑社会性质组织犯罪涉案财物处置是当前刑事审判中最为棘手、争议最大的难题之一。一方面，成立黑社会性质组织必须具备“有组织地通过违法犯罪活动或者其他手段获取经济利益，具有一定的经济实力，以支持该组织的活动”的经济特征；另一方面，黑社会性质组织涉案财物来源多元，形态多样，涉案财物规模大，动辄上千万元、数亿元，这在客观上也增加了审判阶段处置涉案财物的难度。

2012年刑事诉讼法修改前，仅有刑法第六十四条、1996年刑事诉讼法

---

* 最高人民法院刑事审判第三庭副庭长。

① 有观点认为，涉案财物包括作为犯罪之物、作为证据之物和作为保全之物，在种类上既包括实物形态也包括非实物形态。具体来讲，涉案财物不但包括已经查控在案的财物，还包括尚未查控在案、需要继续追缴的违法所得等；不但包括在案件形成过程中就已存在的、能够证明案件事实的财物，还包括查控在案的、成为财产刑或退赔责任执行标的的被告人的合法财产；不但包括与刑事案件有关并应当依法予以追缴、没收、责令退赔的财物，还包括应当依法返还被害人和利害关系人（案外人）的财物。参见福建省厦门市中级人民法院刑二庭课题组：《刑事涉案财物处理程序问题研究》，载《法律适用》2014年第9期。

第一百九十八条及相关司法解释对涉案财物的处置作了简单概括规定。由于法律规定不完善及涉案财物处置体制、机制问题没有厘清、理顺，导致了司法实践中对涉案财物的处置十分混乱，个别法院刑事判决对涉案财物没有作出处理或者处理不明确，导致对涉案财物难以执行。2012年刑事诉讼法第二百三十四条增加了人民法院应当对查封、扣押、冻结的财物及其孳息作出处理的规定，《最高人民法院关于适用〈中华人民共和国刑事诉讼法〉的解释》（以下简称《刑事诉讼法解释》）第十六章对涉案财物处置问题予以了细化，解决了实践中的部分难题。但鉴于黑社会性质组织犯罪形态的特殊性及涉案财物的复杂性，上述规定在执行时仍显不足，审判实践中对黑社会性质组织犯罪涉案财物处置还面临许多困惑和难题。

一、黑社会性质组织犯罪涉案财物处置面临的困难和挑战

（一）刑法规定的黑社会性质组织“涉黑财产”认定标准过于原则、指导性不强

我国刑法第六十四条对犯罪物品的处理作了原则规定：“犯罪分子违法所得的一切财物，应当予以追缴或者责令退赔；对被害人的合法财产，应当及时返还；违禁品和供犯罪所用的本人财物，应当予以没收。没收的财物和罚金，一律上缴国库，不得挪用和自行处理。”实践中对涉案财物的返还或者退赔不存在大的争议，但对于违法所得财物或者供犯罪所用的本人财物的追缴或者没收，则存在较大争议，实践操作也较为混乱。关于“涉黑财产”的认定，2009年下发的《最高人民法院、最高人民检察院、公安部办理黑社会性质组织犯罪案件座谈会纪要》（以下简称2009年《纪要》）规定：“无论其财产是通过非法手段聚敛，还是通过合法的方式获取，只要将其中部分或全部用于违法犯罪活动或者维系犯罪组织的生存、发展即可。”但实践中该规定也不易操作。如被告人先后成立多家公司，资产数亿元，能够认定用于违法犯罪活动或者维系犯罪组织生存、发展的费用却不足100万元，在认定该组织是否系黑社会性质组织时，其经济规模应按照其全部资产计算，还是按照实际用于违法犯罪活动或者维系犯罪组织生存、发展的费用计算，实践中存在争议。此外，如果组织成员多数为该公司员工，公司在工作中提供的正

常工资、奖金、福利、慰问金等能否认定为2009年《纪要》中规定的“用于违法犯罪活动或者维系犯罪组织的生存、发展”实践中也存在不同认识。

（二）侦查机关对“涉黑财产”来源、权属、性质等取证较不到位

黑社会性质组织犯罪案件被告人数多、犯罪事实多、波及面广，法律关系复杂，侦查工作量大。侦查机关不仅要及时抓捕犯罪嫌疑人，做到“一网打尽”，还要深挖“保护伞”，分路收集定案证据，客观上弱化了对查封、扣押、冻结涉案财物来源、权属、性质的调查取证。加之侦查机关仍普遍存在重定罪证据的倾向，往往从犯罪构成方面收集证据，将侦查重点确定在个罪认定以及相关犯罪组织是否成立黑社会性质组织上，对黑社会性质组织的财物及其收益方面的证据并不注重收集，即使予以收集，实践中也很难对涉黑组织及其成员的每一笔财产均做到有证据认定其来源、权属、性质。加之当前“涉黑财产”呈现出财产主体多元化、资产状况多样化、所涉法律关系复杂化的特点，导致一些涉黑案件中非法获取的财产利益没有及时予以追缴、没收、扣押，或者对追缴、没收、扣押的财物没有进行分门别类地登记造册，没有做好相关的提取扣押记录或保管登记，致使审判阶段很难依据现有证据具体查清涉案财物的来源、权属、性质等，给法院处置涉案财物和适用财产刑带来一定的困难。如果采取直接认定法，即有直接证据证实属于“涉黑财产”的予以认定，反之则不认定，这很容易限缩“涉黑财产”的范围，使得一些本来应认定为“涉黑财产”的部分因缺乏直接证据而难以认定，无法彻底铲除黑社会性质组织的经济基础；如果采取排除法，即排除属于组织成员的合法财产，其余都认定为“涉黑财产”，这在一定程度上又扩大了认定范围，有损害公民合法财产权利之虞。

（三）涉黑财产的财产性质难以认定

攫取经济利益、扩充经济实力，既是黑社会性质组织有组织地实施违法犯罪活动的主要目标，也是其坐大成势、称霸一方、实现非法控制并向黑社会组织发展过渡的物质基础，还是法院依法认定黑社会性质组织并依法处置“涉黑财产”的前提条件。从有组织犯罪发展形态来看，黑社会性质组织初期往往靠暴力起家，以抢劫、绑架、“看场子”（提供非法保护）、收取“保护费”、代人讨债、敲诈勒索等方式完成原始积累，待到发展到一定阶段，特别

是在一定地区和行业形成非法控制或重大影响以后，则更多地采取非暴力犯罪，通过金融犯罪、组织卖淫、开设赌场、走私等方式获取经济利益，或以形式上的合法经营为掩护，广泛涉足房地产、矿产等高利润行业，并以多种手段排挤、打击竞争对手，获得垄断地位，走“以黑护商”“以商养黑”的道路。黑社会性质组织从成立到案发被查获，短则数月，长则达数十年，其间其所获得的一系列经济利益是否全部应当认定为“涉黑财产”，或者在什么情况下属于组织成员的合法所得，难以得到合理区分。尤其是当黑社会性质组织经济实力达到一定程度和规模后，还会以开办公司、企业等方式作为掩护，造成一种“来源合法、手段正当”的假象，增加了对黑社会性质组织经济实力和规模的认定难度，也为其后认定和处置“涉黑财产”增加了障碍。

从世界范围来看，包括黑社会性质组织犯罪在内的有组织犯罪均面临类似的犯罪组织的非法利益与组织成员的合法利益混合的问题。“在实践中，犯罪收益的形态往往是不断变化的，而且经常表现为可替代物。例如，某一账户中的资金，既可能是由犯罪分子存入的，也可能是由企业合法发放的薪金，但是，这些资金一旦混合在一起即难以区分。”[①]针对这一难题，虽然2009年《纪要》明确了“黑社会性质组织及其成员通过犯罪活动聚敛的财物及其收益，是指在黑社会性质组织的形成、发展过程中，该组织及组织成员通过违法犯罪活动或其他不正当手段聚敛的全部财物、财产性权益及其孳息、收益”，但由于近年来黑社会性质组织的运作模式呈现出新变化，开始出现以“正当权利”为支持，以“合法实业”为载体，以非法运营为本质的运作模式，带有违法性的“黑色经济”因素的比重有所下降。此类组织的财产，既有违法所得，又有合法所得。一些组织成员为了隐匿、“漂白”犯罪所得，有意将合法利益与非法利益相互流动，例如通过合伙、入股、并购等公司经营手段有意将非法所得与其他公司、企业或者个人合法财产混合，导致审判中难以准确区分涉黑财产与组织成员合法财产、组织成员家属财产以及公司、企业合法财产。此外，从纵向上看，由于黑社会性质组织的形成需要一个过程，其成立前或成立之初的资产尚未支撑其犯罪活动，甚至该组

①《澳大利亚2002年犯罪收益追缴法》，张磊等译，中国政法大学出版社2008年版，第5页。

织成立后也有相当一部分收入是合法经营所得，如何从巨额涉案财物中甄别出这部分合法财产在实践中存在很大争议，给司法机关处置涉案财物增加了极大难度。某种意义上讲，准确区分涉案财物来源、性质和权属的难度，甚至远大于查办黑社会性质组织犯罪案件本身。

（四）黑社会性质组织涉案财物的处置机制仍需进一步完善

2012年刑事诉讼法修改了查封、扣押、冻结财物的处理规定，如增加“制作清单、随案移送”制度，并规定“人民法院作出的判决，应当对查封、扣押、冻结的财物及其孳息作出处理”，等等，有助于防止涉案财物未经审判即被随意处置的现象出现，具有积极意义。但也要看到，我国对刑事诉讼涉案财物的处置机制仍不完善，不能满足以审判为中心的刑事诉讼制度改革的要求。

1.缺乏一个相对独立的涉案财物处理程序

黑社会性质组织涉案财物种类繁多，如组织成员的轿车、房产、游艇、股票、各类珍贵古玩字画等，均可能是犯罪所得及其收益。上述财物是否均系涉案财物，组织成员名下账户内的资金及其他非涉案人员账户名下的资金是否均系违法所得或者组织成员转移的资金等，均需通过法庭调查逐一查清并作出处理。但我国刑事诉讼法尚没有关于涉案财物处理程序的规定，法庭对涉案财物来源、权属、性质的调查完全依附于对案件事实、证据等的调查，没有作为一个相对独立的环节凸显出来。在法庭调查阶段，审判实践中基本上不对涉案财物处置的事实进行专门调查，即便有进行调查，大多数也都是以附带的形式展开，既未要求公诉机关出示证据证明涉案财物的权属与案件的关联情况，也未对调查涉案财物属性时应当达到什么样的证明标准作出明确。在法庭辩论阶段，合议庭也较少组织控辩双方、被害人等诉讼参与人针对涉案财物处置发表相关辩论意见，导致相关涉案财物的权属难以查清。①

2.涉案财物的审前返还制度存在局限，制约了审判阶段对涉案财物的处置

涉案财物返还涉及公安机关、检察机关、法院之间的职责分工。审前返

① 参见福建省厦门市中级人民法院刑二庭课题组：《刑事涉案财物处理程序问题研究》，载《法律适用》2014年第9期。

还虽有助于及时弥补被害人等的损失,恢复因犯罪所遭受侵害的社会关系,但因缺乏司法审查,仅有侦查机关作出处断,弊端也十分明显。刑事诉讼法解释第三百六十条明确规定公安机关、检察机关可以在审判前返还财物,即“对被害人的合法财产,权属明确的,应当依法及时返还”。2015年1月,中共中央办公厅、国务院办公厅印发了《关于进一步规范刑事诉讼涉案财物处置工作的意见》(以下简称“两办”《意见》)又对此予以强化,规定“对权属明确的被害人合法财产,凡返还不损害其他被害人或者利害关系人的利益、不影响诉讼正常进行的,公安机关、国家安全机关、人民检察院、人民法院都应当及时返还”。我们认为,这一制度的初衷如上文所述应予以充分肯定,但在操作层面,何谓“权属明确的被害人合法财产”?谁来判断是否权属明确?没有进入审判阶段又如何认定审前返还不损害其他被害人或者利害关系人的利益、不影响诉讼正常进行?这就导致刑事诉讼涉案财物处置主体多元,由公安机关等在审前返还财物正当性不足,处置程序不清,审前返还缺乏监督,错误返还后难以进行救济等一系列不利于案件公正处理和公民、法人合法财产权益保护的问题。

如前文所述,黑社会性质组织犯罪手段多样化及其自身的经济特征决定了涉案财物来源、权属、性质甄别特别困难。如审前返还被害人及其他利害关系人,有可能造成原本应予罚没的财物,因没有查清而返还被害人或者案外利害关系人,致使国家利益遭受损失。实践中,一些黑社会性质组织成员拥有股份的企业财产和家庭财产在侦查阶段已被处置,之后才经法院审查,如果认定其不属于“涉黑财产”,则意味着此前侦查机关的先行处置行为已造成合法财产的巨大损失,侵犯了公民合法财产权,实践中类似情况引发上访的现象也时有发生。出现这类问题时,如果法院还将上述财产认定为“涉黑财产”并予以追缴、罚没,则等同于为侦查机关的先行处置行为“背书”,有违公正裁判,后患无穷。

3.涉案财物的先行拍卖、变卖程序仍需完善

《最高人民法院、最高人民检察院、公安部、国家安全部、司法部、全国人大常委会法制工作委员会关于实施刑事诉讼法若干问题的规定》及《刑事诉讼法解释》对刑事诉讼涉案财物的先行拍卖、变卖程序均作了具体规

定，即审判期间，权利人申请出卖被扣押、冻结的债券、股票、基金份额等财产，人民法院经审查，认为不损害国家利益、被害人利益，不影响诉讼正常进行的，以及扣押、冻结的汇票、本票、支票有效期即将届满的，可以在判决、裁定生效前依法出卖。但依据上述规定，实践中可拍卖、变卖的财物范围十分有限，仅限于被扣押、冻结的“债券、股票、基金份额”等财产以及“汇票、本票、支票”等有价证券。黑社会性质组织犯罪案件办案周期长，涉案财物多，涉案财物的价值随着市场波动而变化，一些涉案物品折旧很快，如果仅依据上述规定的财物范围先行拍卖、变卖的，则大部分涉案物品难以保值。实践中已经出现查封、扣押的涉案豪华车辆等物品因扣押时间过长导致价值大幅度贬值等现象，造成国家或者当事人、案外利害关系人等的财产损失。

二、黑社会性质组织犯罪涉案财物处置的基本思路

为进一步规范刑事诉讼涉案财物的处置工作，“两办”《意见》提出要健全处置涉案财物的程序、制度和机制，规范涉案财物查封、扣押、冻结程序，建立办案部门与保管部门、办案人员与保管人员相互制约制度，规范涉案财物保管制度，探索建立跨部门的地方涉案财物集中管理信息平台，完善涉案财物先行处置程序，审前返还程序，明确利害关系人诉讼权利，完善权利救济机制，健全责任追究机制，着力解决涉案财物“保管不规范、移送不顺畅、信息不透明、处置不及时、救济不到位”等刑事诉讼涉案财物处置工作存在的“通病”和“老大难”问题。其后，公安部修订《公安机关涉案财物管理若干规定》、最高人民检察院制定《人民检察院刑事诉讼涉案财物管理规定》，结合部门职责对“两办”《意见》作了细化规定。上述规定对法院处置涉案财物提供了指引和参照，具有积极意义。但考虑到法院对涉案财物处置具有终局性，法院对涉案财物的处置，一方面建立在公安机关、检察机关的调查取证及起诉、举证基础上；另一方面法院的裁判结果又为公安机关、人民检察院判后处置涉案财物提供了依据。因此，法院对涉案财物的处置，特别是对黑社会性质组织案件涉案财物的处置应特别审慎，笔者认为，应坚持以下几个基本思路。

（一）全面审查黑社会性质组织涉案财物的来源、权属、性质等基本情况

黑社会性质组织犯罪涉案财物多种多样，根据我国现行涉案财物处置机制，侦查机关应当把作为证据使用的实物，包括作为物证的货币、有价证券等随案移送，但对于其他大量的财物则仅移送财物清单。2012年刑事诉讼法增加了“制作清单、随案移送”制度，即侦查阶段对查封、扣押、冻结的犯罪嫌疑人、被告人的财物及其孳息，不仅要履行妥善保管的职责，还应当列出清单，根据诉讼程序的进展，将清单随案移送，这有助于后续办案机关准确了解和掌握涉案财物的种类、数量，便于监督，维护犯罪嫌疑人、辩护人的合法权益。当前，侦查机关在移送案件时基本做到移送涉案财物清单，但法院在调查涉案财物来源、权属、性质时，仅有涉案财物清单难以查清上述事实，如一辆车是否系涉案车辆，一笔银行账户资金是否系非法所得，需要在案其他证据予以证实，否则对涉案财物进行处置便成一笔“糊涂账”。

实践中，一些黑社会性质组织的领导者、组织者同时也是公司、企业的负责人，一旦黑社会性质组织性质被证成，不但其犯罪组织成员的经济利益将被全部罚没，其公司、企业中未参与黑社会性质组织犯罪员工的合法权利也难免受到影响。我们认为，在此情况下，既要查清涉案财物种类、数量，该组织的经济来源、经济实力规模和组织成员所获得利益的情况，又要查清敛财的目的、方式、手段，对组织财产的分配、使用情况及用途等，从而对涉案财物作出准确认定并依法处置。这也同时要求公安机关、检察机关在侦查环节、审查起诉环节认真审查涉案财物的来源、性质，明确区分参加黑社会性质组织犯罪分子的个人财产和涉黑公司、企业资产情况、产权情况，并对相关证据进行收集、固定，及时采取扣押、冻结、查封等措施，保障涉案财物处置能够顺利进行。

（二）准确认定黑社会性质组织的成立时间是查清“涉黑财产”的前提

黑社会性质组织的成立时间是认定“涉黑财产”的起始点。组织成立前的财产，包括组织成员及相关经济实体的财产，除非其后用于组织犯罪的，否则应认定为组织成员及相关经济实体的合法财产，依法应予保护。

2009年《纪要》规定，“在黑社会性质组织的形成、发展过程中，该组织及组织成员通过违法犯罪活动或其他不正当手段聚敛的全部财物、财产性权益及其孳息、收益”，属于黑社会性质组织及其成员通过犯罪活动聚敛的财物及其收益。但黑社会性质犯罪组织的成立时间在具体个案中并不太容易认定。从犯罪构成角度，当一个犯罪集团具备刑法所规定的黑社会性质组织的“四个特征”时，即属于黑社会性质组织，但一个犯罪团伙最终演变为黑社会性质组织，一般都经历了从小到大，从特征不明显到特征明显的发展、壮大过程。在黑社会性质组织成立过程中一般没有明确的同时具备“四个特征”的时间节点，这就增加了认定的难度。笔者认为，审判时，可以将涉案犯罪组织举行成立仪式或者确立核心利益、强势地位的时间作为审查判断黑社会性质组织形成时间的依据。如果没有前述标志性事件的，也可以将部分组织成员为维护、扩大组织势力、影响、利益而首次实施有组织的犯罪活动的时间作为审查判断依据。在认定了黑社会性质组织成立时间节点后，该组织及其组织成员通过违法犯罪活动或其他不正当手段聚敛的全部财物、财产性权益及其孳息、收益，即属于“涉黑财产”，应予以追缴、没收。

需要补充说明的是，在黑社会性质组织成立之前，行为人通过实施犯罪活动或者其他违法活动而获取的财物，属非法所得，依据刑法等的相关规定，仍应予以追缴、没收，只不过该部分涉案财物不再认定为“涉黑财产”而已。

（三）厘清黑社会性质组织“涉案财物”的范围，依法保护合法财产

2009年《纪要》虽然规定了黑社会性质组织成立后，该组织及其组织成员通过违法犯罪活动或其他不正当手段聚敛的全部财物、财产性权益及其孳息、收益属于“涉黑财产”，但当黑社会性质组织采取公司化方式运作，或者组织成员通过其他途径获得的合法财产又与“涉黑财产”混合后，我国相关立法及司法解释、《纪要》等并未对此类案件中涉案财物的处置作进一步明确规定，导致实践中有些案件对合法财产与涉黑财产界限难以清晰界定。笔者认为，组织者、领导者及组织成员的私人财产，如房产，如果不是通过违法犯罪活动获取，或者通过合法方式获取后没有用于犯罪活动或维系组织生存、发展的，则不能追缴、没收。

黑社会性质组织的涉案财物中以下几类应予追缴、没收：（1）有组织地

通过违法犯罪活动或其他不正当手段聚敛的资产；(2)通过合法的生产、经营活动获取的资产中实际用于支持该组织生存、发展和实施违法犯罪活动的部分；(3)组织成员以及其他单位、个人为支持黑社会性质组织生存、发展以及实施违法犯罪活动而资助或提供的财产。对于"涉黑财产"与个人合法财产混合后难以区分的，笔者认为，应借鉴我国已经加入的《联合国打击跨国有组织犯罪公约》的相关规定予以处置。按照该公约第二条的规定，"犯罪所得"系指直接或间接地通过犯罪而产生或获得的任何财产。同时，第十二条规定，如果犯罪所得已经部分或全部转变或转化为其他财产，则应对此类财产适用该条所述的辨认、追查、冻结或扣押措施，以便最终予以没收。如果犯罪所得已与从合法来源获得的财产相混合，则应在不影响冻结权或扣押权的情况下没收这类财产，没收价值可达混合于其中的犯罪所得的估计价值。对于来自犯罪所得、来自犯罪所得转变或转化而成的财产或已与犯罪所得混合的财产所产生的收入或其他利益，也应适用该条所述措施，其方式和程度与处置犯罪所得相同。

(四)完善黑社会性质组织犯罪涉案财物处置机制

1.改革完善涉案财物的审前返还制度

依据"两办"《意见》的规定，对于权属清楚，且不影响犯罪嫌疑人或者其他利害关系人权益的案件，可直接由公安、检察机关返还被害人。对权属是否清楚，公安、检察机关应该严格审查，错误返还的，检察机关应当进行监督并提出纠正意见。对于犯罪嫌疑人或者其他利害关系人对涉案财物提出权属异议的，即使不作为证据使用，公安、检察机关亦应当查明存在争议财产的来源、性质，并随案移送，公安、检察机关不得直接返还。法院经庭审查证，对异议财物权属作出裁判，依法应该返还被害人或者利害关系人的，判决返还；依法应该追缴或者罚没的，则判决予以追缴或者罚没。

2.进一步扩大涉案财物的先行拍卖、变卖种类、范围

为了实现涉案财物保值增值，实现"物尽其用"，维护公民的合法财产权益，在遵循正当程序原则的前提下，笔者建议适当扩大先行处理的涉案财物范围。(1)对于势必折旧、贬值且容易毁损、灭失的财物，如机器设备、汽车船舶等动产，可以视为"不易长期保存的物品"，在征得权利人同意的情

况下，可以先行变卖、拍卖等。(2)对于未必贬值且不易毁损的财物，如公司股份、知识产权、土地房产、金银珠宝等，非经权利人申请，不得先行变卖、拍卖、处理等。只有经权利人申请，并经审查，不会损害当事人及其他利害关系人利益，不会影响诉讼正常进行的，才可以先行处理。

3.建立相对独立的涉案财物处理程序

有学者建议，“庭审中，应当将犯罪资产的处置纳入庭审内容，允许控辩双方对被扣财产的性质，查封、扣押行为的合法性、必要性及合理性等进行调查、讯问、举证及辩论，最后由合议庭评议后统一作出裁定”。[①] 笔者认为，鉴于涉案财物处置在黑社会性质组织犯罪案件审判中的重要性，可以参照量刑规范化改革内容，将涉案财物处置纳入庭审程序，建立相对独立的财物处理程序。首先，检察机关提起公诉时，应将已采取强制措施的财物品种、数量、位置等情况列出清单，移送法院，且要移送证明涉案财物系违法所得或者犯罪工具的证据材料，并在起诉书中列明涉案财物的处理意见。其次，法院原则上应当在刑事判决中一并对涉案财物作出处理并阐明理由。但是，涉案财物种类繁多、数量巨大，难以在审限内查清权属关系并作出处理的，为了防止刑事案件审判的过分拖延，可以先作出定罪量刑的判决，而后再由同一审判组织对涉案财物作出处理。

① 李林:《黑社会性质组织犯罪司法认定研究》，法律出版社 2013 年版，第 168 页。

关于黑社会性质组织组织特征的若干问题

罗高鹏[*]

依法及时、有效地打击黑社会性质组织犯罪是司法机关的一项重要任务，在审判过程中如何准确认定黑社会性质组织是要面对的重要问题。刑法修正案（八）对黑社会性质组织的“四个特征”作出明确规定，也就是黑社会性质组织应当具有组织特征、经济特征、行为特征及危害性特征。在司法实践中，有些黑社会性质组织的四个特征并非都特别明显，在具体认定时便会产生困惑，尤其是黑社会性质组织的组织形式在实践中多种多样，在司法审判中既要做到不把一些普通集团犯罪“拔高”认定为黑社会性质组织，又要做到不将已经具有一定规模但组织形式隐蔽性较高的黑社会性质组织“降格”处理，确实存在很大困难。本文从对黑社会性质组织“组织特征”的立法规定出发，拟对司法实践中“组织特征”的理解和把握方面存在的问题和困惑做出回应。

一、黑社会性质组织组织特征的立法规定

黑社会性质组织的组织特征，从立法角度是指“形成较稳定的犯罪组织，人数较多，有明确的组织者、领导者，骨干成员基本固定”。在司法实践中对于黑社会性质组织的组织特征的理解和把握，至少应当包括以下几个方面：第一，在形式上，应当具有一定的组织结构，即各成员之间以一定的方式聚合、组织内的部门以一定方式排列。影响聚合和排列方式的因素有成员、部门在组织内的角色、职能分工和权利层级等。组织成员、部门聚合、排列在一起各司其职，使整个组织协调、运转。第二，从黑社会性质组织的

* 吉林省高级人民法院刑事审判第一庭法官，法学博士。

立法特征来看，黑社会性质组织应当具有一定的组织目标，即获取经济利益。黑社会性质组织从成立到运作的整个过程都围绕着“有组织地通过违法犯罪活动或者其他手段获取经济利益，具有一定的经济实力，以支持该组织的活动”这一组织目标，各个成员的加入也都是为了通过组织的合力来实现这一组织目标。不断获取经济利益的目标，不仅仅是黑社会性质组织成立和扩大的目的，也是促使其不断犯罪的内在根源。第三，在组织规模上，黑社会性质组织不同于一般的共同犯罪或犯罪集团，应当具有一定规模，而规模的大小不仅仅简单取决于成员的数量，也取决于组织的经济实力、活动的区域及行业等相关因素。第四，从组织过程来看，黑社会性质组织具有一定的规章制度并全员遵循。黑社会性质组织一般都有成文或者不成文的，但得到普遍遵守的“帮规”、纪律，并通过这种规章制度、行为规范控制组织成员的行为，从而落实组织决策，确保组织的运行。

二、黑社会性质组织组织特征的表现形式

黑社会性质组织的组织形式在实践中有不同的表现方式，不同的黑社会性质组织在组织方式、聚合方式上表现不尽相同，结合司法实践中处理的涉黑案件，大致可以将其组织结构分为以下几种：紧密型结构、半紧密型结构和松散型结构，而划分的依据就在于组织者、领导者、骨干成员和一般成员的关系是否稳定、紧密。组织者、领导者、骨干成员与一般成员保持稳定关系，且之间具有严密的组织结构，分工明确的，属于紧密型结构；组织者、领导者、骨干成员与一般成员关系相对稳定，骨干成员的分工相对明确，但组织内部层级划分不是很明确、一般成员之间的职责划分不是很明确的，属于半紧密型结构；组织者、领导者明确、骨干成员相对稳定，但一般成员之间没有明确的等级划分和职责分工，且时常发生变动，实施某一具体犯罪时经常是靠骨干成员随机召集、网罗闲散人员的，属于松散型结构。

紧密型结构是最典型的黑社会性质组织形态，它具有紧密、复杂的等级结构，组织中的各层结构都有固定成员和相对固定的职能分工，组织内部具有严格的约束制度如“帮规”。有些组织的“帮规”是明确的、成文的，甚至在组织内部三令五申；还有些组织的“帮规”是约定俗成的或者并未明确声

明，但在组织内部众所周知，并严格执行。例如，吉林省长春市以梁旭东为首的黑社会性质组织，该犯罪组织体系严密、等级分明，形成金字塔形状，塔尖为“老大”，中间是“分舵”，再往下是“领班”，在塔基的是一般成员。该组织纪律森严，明确规定下级有事必须报告，对组织要“绝对忠诚，不允许中途退出”，如违反“帮规”，轻则剁掉手指，重则打断腿。又如，福建省三明市王凤庆等人涉黑案中，以王凤庆为首的各被告人通过有组织地实施敲诈勒索、开设赌场、非法采矿、组织妇女卖淫等违法犯罪行为获取非法利益，并通过分发股份、发放工资、提供吃喝玩乐、为被关押的组织成员交纳生活费等方式笼络组织成员。该组织并没有制定明文的规章制度，但王凤庆通过日常管理和有组织地实施一系列违法犯罪活动，逐步形成了“不该问的不问、不该说的不说、不能吸毒、遇到事情大家一起上”等一套约定俗成和普遍认同的组织纪律。在实施具体犯罪行为时，一般成员即使开始不知道要实施何种行为以及为何实施，也都会无条件地服从。

半紧密型结构没有紧密型结构那样严格的等级，但组织者、领导者具有绝对的权威，骨干成员具有相对固定性，一般成员也有相对明确的分工。例如，吉林省长春市马殿军等人涉黑案中，被告人马殿军利用其父马长龙担任长春市西新经济技术开发区前程村书记、村长的身份，以其家庭经营的采石厂为依托，通过纠集刑满释放人员、社会闲散人员，以赌博、敲诈勒索等手段敛财，获取非法经济利益，逐步形成了以马殿军为组织者、领导者，人数较多的黑社会性质组织。该组织成员均服从马殿军的领导，马殿军将部分组织成员安排到采石厂工作，并配备车辆、支付工资；在该组织成员实施违法犯罪行为后论功行赏，帮助其手下逃避法律制裁，甚至给予免费毒品等奖励，笼络组织成员为其积极效力。该组织在前程村及周边地区实施故意杀人、故意伤害、寻衅滋事、敲诈勒索、赌博等多种违法犯罪行为，称霸一方，欺压群众，在村民中形成威慑力，严重破坏了当地的经济、生活秩序。在这个组织中，具有组织者、领导者、骨干成员和一般成员的层级划分，在成员和犯罪的具体分工上也有明确性，但这种结构并非呈现严格的金字塔形状，组织内部虽有众所周知的活动规约，但达不到“帮规戒律”的严厉程度。

松散型结构仍然具有明确的组织者、领导者，骨干成员也相对固定性，但其他成员在等级上基本不作区分，有时仅仅是针对实施某种犯罪的需要，由骨干成员临时召集多人组合起来进行犯罪活动。例如，吉林省长春市于长江等人黑社会性质组织案，于长江、于长海勾结黄国明等人，利用掌握公交线路经营权和管理权的便利条件，采用暴力、威胁等手段强行垄断公交线路、聚敛钱财。于长江、于长海是黑社会性质组织的组织者、领导者，黄国明等人是该组织相对固定的骨干成员，当需要执行具体“任务”时，组织者、领导者或者骨干成员往往会临时召集、网罗社会闲散人员组合起来进行违法犯罪活动，实施完毕后随即散去。这些人并不参加该组织日常运营或者分工，也不完全受组织规则的约束，并不属于组织的内部成员。

紧密型结构、半紧密型结构、松散型结构，是实践中黑社会性质组织组织特征的三种表现形式。实践中，有些黑社会性质组织的结构是松散型，具有很大的迷惑性，审判过程中被告人往往会以组织结构松散、没有“严格的等级、帮规”等为由提出不构成黑社会性质组织的辩解，这就要求审判者必须把握黑社会性质组织的本质，严格依据法律规定来判断组织特征是否存在、是否达到法定标准。笔者认为，这个标准就是要形成较稳定的、具有一定规模犯罪组织，有明确的组织者、领导者，骨干成员基本固定。至于一般成员与组织者、领导者，一般成员与骨干成员的组合形式及紧密程度并不足以对组织特征的认定产生决定性的影响。

三、黑社会性质组织组织特征的司法认定

实践中，对于黑社会性质组织组织特征的把握往往存在较大争议，有些案件虽然涉案人数较多，但是组织结构、层级关系并不明显，骨干成员和一般参加者之间的界限并不清晰；还有些案件组织内部成员较为固定，成员之间也具有较为密切的联系甚至具有一定的组织架构，但是这种联系是基于亲属间的固有关系或者基于公司、企业等合法形式下的组织架构而形成的。这些情形在具体认定时存在争议，要区分情况，既不能一概认定，也不能一概不予认定。在司法实践中，认定黑社会性质组织的组织特征，至少要从以下几个方面把握。

（一）坚持法定标准

如前所述，在判断是否具有黑社会性质组织的组织特征时，要紧紧围绕人数是否较多，组织是否稳定，组织者、领导者是否明确，骨干成员是否基本固定这几个法定要素。组织的稳定性，最为重要的衡量标准就是黑社会性质组织形成、发展时间的长短。实践中，有些黑社会性质组织存在长达十余年，但目前对于黑社会性质组织的形成、发展时间并没有法定的认定标准，鉴于黑社会性质组织并不是松散的临时聚合体，而是较长时间在一定地域或者行业内从事犯罪活动的稳定组织，笔者认为，考虑到刑法等未对黑社会性质组织的存续时间提出明确要求，实践中不宜简单作“一刀切”的规定。但考虑到黑社会性质组织是一种较为固定的犯罪组织，犯罪组织存续时间明显过短的，通常也不具备该组织特征。在组织的构成上，黑社会性质组织的成员包括了组织者、领导者和积极参加者、一般参加者（其他参加者）等三类，积极参加者之中又有一部分属于直接听命于组织者、领导者的骨干成员。审判时只要“组织者、领导者明确，骨干成员固定”即可，对于一般参加者是否固定则没有法定要求，因为在松散型组织结构中，一般参加者流动性较大，且往往只是负责从事黑社会性质组织的某一类犯罪（如开设赌场、组织卖淫等），或者为组织活动提供某种支持，而其他许多具体的违法犯罪则要依靠临时纠集或者临时雇佣社会人员来实施。这种看似外围成员松散的结构并不一定会减损违法犯罪的组织化程度或犯罪能力，只要组织者、领导者明确，骨干成员基本固定，人数较多（一般不少于10人）等法定要素具备，且组织者、领导者与骨干成员之间联系紧密，并具有足够的召集、调动、指挥能力，就不能因为仅仅因为一般成员（其他参加者）时进时出而否定组织特征的存在。至于黑社会性质组织的“组织纪律和活动规约”，即传统意义上理解的“帮规”，在司法实践中应当对其作适当的扩大解释。从本质上看，所谓的“帮规”就是组织成员日常遵循的组织纪律或者活动规约，不一定是成文的，也不一定是十分明确的，只要是用以明确组织内部人员管理、职责分工、行为规范、利益分配、行动准则等事项的成文或不成文的规定、约定，均可认定为黑社会性质组织的组织纪律、活动规约。

实践中，有些犯罪团伙虽然也披有“组织”的外衣，却不符合黑社会性质组织的组织特征。例如，王某甲等人“涉黑”案，检察机关指控及一审法院审理后认定：王某甲等人为从大学城的基建、土方、沙石工程中牟取非法利益，在利用不法手段当选当地村支书、主任后，纠集相关人员实施了一系列违法犯罪活动，形成了一个以王某甲及其弟弟王某乙为组织者、领导者，以李某、张某等人为骨干成员和积极参加者的黑社会性质组织。二审法院经审理后查明，该案虽然涉案人数较多，相关被告人也确实共同实施了多起违法犯罪行为，但该案被告人之间尚未形成严密的、行动统一的帮派组织，各被告人之间缺乏紧密的联系。无论是承包工程，还是实施违法犯罪活动，并不是基于统一的组织目标，涉案人员往往各为其利、各行其是。该案中的许多违法犯罪活动系临时纠集社会人员实施，团伙成员之间不具有紧密稳定的组织结构和明显的管理与被管理关系。检察机关指控及一审法院认定王某甲在竞选村委会主任时指使两名同案被告人威胁原村支书，并利用涉案的部分团伙成员进行拉票；经二审审理查明，王某甲与被其利用来拉票的人员之间并没有形成一种长期的、相对稳定的关系。检察机关指控及一审法院认定王某甲担任村主任后，承包挖土山工程的李某打伤村民，王某甲出面调解并垫付部分医疗费，这种行为系利用村委会主任、支部书记身份为组织成员违法犯罪提供保护；经二审审理查明，李某打伤人后，被害人向公安机关报案并到村委会要求解决，王某甲等村干部进行调解后双方达成和解，被害人亦把王某甲垫付的医疗费返还，王某甲作为村干部有调处本村纠纷之责，其调处行为不能定性为利用村干部身份为组织成员违法犯罪提供保护。另查明，李某、张某虽各自纠集人员实施了违法犯罪活动，但并无证据证实李某、张某是固定听命于王某甲、王某乙的骨干成员，也无证据证明王某甲、王某乙长期居于幕后操纵、指挥李某、张某等人实施违法犯罪活动，因此，二审法院对王某甲等人组织、领导、参加黑社会性质组织罪未予认定。综上，不能简单地因为涉案被告人数较多、被告人之间曾经多次共同实施违法犯罪活动或有其他合作，就认为已具备黑社会性质组织的组织特征，在审理过程中要紧紧把握立法原意及具体规定，既不能“拔高”认定，又不能放纵对黑社会性质组织犯罪的打击。

(二)司法认定中的证据运用:组织特征的证据收集与认定

在实践中认定黑社会性质组织犯罪"组织特征"相关证据时,往往存在以下问题:第一,黑社会性质组织犯罪案件在审理过程中经常出现补强相关证据的情况,一些案件在侦查环节该收集的证据没有收集固定,在审判阶段再要补查时已经时过境迁,证据无法再补充上来,导致案件最终带伤认定或者难以认定。第二,在收集黑社会性质组织的相关证据时,除了具体犯罪行为的证据需要收集固定,还要收集认定构成黑社会性质组织的相关证据,即该组织具有"组织性、经济性、暴力性、危害性"四个法定特征的证据,避免顾此失彼。实践中,侦查机关往往对收集个罪证据比较重视,但在固定构成黑社会性质组织的证据上有所忽略,导致在审理过程中对黑社会性质组织犯罪罪名认定困难,甚至最终只能作为故意伤害、绑架、非法经营等普通刑事案件处理,这无疑不利于打击黑社会性质组织及相关犯罪。第三,黑社会性质组织犯罪案件的被告人、涉案事实以及证据数量往往较多,取证难度大、工作量大,侦查机关在收集证据时往往只重口供而忽视其他证据种类,导致认定黑社会性质组织特征时的证据主要建立在口供的基础上,有的被告人对作案事实始终供述,却否认其行为与黑社会性质组织的关系。若仅通过口供来判断组织关系和结构,证据相对薄弱,降低整个案件的证明标准,增加了认定和打击黑社会性质组织犯罪的难度。

之所以出现前述证据收集与固定上的问题,一方面是一些侦查人员、审判人员对"组织特征"的理解有误区,往往认为组织性就是黑社会性质组织的结构,是静态的,而没有充分考虑具体犯罪活动和组织结构之间的辩证关系;另一方面黑社会性质组织犯罪往往涉案人员众多,取证难度本身就大,加之现在黑社会性质组织犯罪集团的反侦查能力日益增强,组织者、领导者往往不直接实施具体犯罪行为,黑社会性质组织的涉案成员乃至骨干成员往往不是同时到案,这就给"组织特征"相关证据的收集造成了巨大的障碍。除了这些因素外,侦查阶段、起诉阶段以及审判阶段证明标准的不同也给最终固定与认定黑社会性质组织的证据带来问题。

认定黑社会性质组织的组织特征,一是要从组织本身的结构去认定,这主要包括了组织成员的人数、成员内部的层级、成员日常遵循的纪律、规约等事实；二是要从犯罪的组织性去认定，认定犯罪的组织性，就离不开对反应“经济性、暴力性、危害性”特征的证据收集与认定。第一个层面的证据相对容易固定，主要是确定组织内部的领导者、组织者、积极参加者和一般参加者，在犯罪活动中谁直接领导了犯罪的实施、谁是具体实施者。第二个层面的证据则需要综合判断，首先要收集黑社会性质组织实施具体犯罪行为的证据；其次要收集不同成员在具体犯罪中具有何种地位、发挥何种作用的证据，用来进一步固定黑社会性质组织的结构及相关组织特征。

在具体证据种类的收集与认定上，对于黑社会性质组织的领导者、组织者，首先要看其关于该组织实施具体犯罪行为前关于策划、组织、领导该犯罪行为的言词证据，然后和具体犯罪实施者及组织其他成员之间的言词证据对照审查。对于具体实施犯罪的组织成员言辞证据的审查，则重点在其关于具体犯罪的手段和方式上，如在具体行为过程中是否有犯罪的故意，是否使用暴力、威胁手段，该行为构成何种犯罪，以确定组织者和具体实施者之间的罪责刑分配。黑社会性质组织犯罪的相关证据中，言词证据是非常重要的一种，因为在黑社会性质组织经常实施的几类具体犯罪（如故意伤害、寻衅滋事、敲诈勒索等）中，被害人往往能够作证，只要被告人作出相应供述，在认定这个犯罪事实时其他证据形式的证据固定就显得不那么重要了。这就导致实践中往往出现笔者前段所述的问题，即在认定黑社会性质组织特征时证据形式过于单一，往往是靠被告人口供认定，而相关被告人一旦翻供，整个证据链条都被破坏。因此，在收集或者补查相关证据时，除了言词证据之外，还要综合其他证据形式，包括：物证，如组织实施具体犯罪的工具、报酬；书证，如关于组织成员内部分工的记录、组织日常运营的账单、财物登记单、组织日常管理记录等；相关言词证据，如群众控告、目击证人的证言，被害人的陈述等；当然影像资料等视频形式的证据在证明力上往往更强。在具体案件中要加强对被告人供述以外的证据的收集和固定，从而得以全面、准确地认定黑社会性质组织的组织特征。

（三）司法认定中的刑事政策：区别对待组织的不同成员

黑社会性质组织成员往往人数众多，在司法处理过程中区别对待不仅仅是罪刑法定原则的要求，也是刑事政策和司法处理技巧的要求，即对黑社会性质组织在严厉打击的同时要注重区别对待，分化瓦解黑社会性质组织。

首先，要严格把握黑社会性质组织的立法特征。如前所述，在具体认定时，要防止将一般共同犯罪认定为黑社会性质组织犯罪，防止将普通犯罪集团或者一般恶势力犯罪按照黑社会性质组织犯罪认定，防止将与黑社会性质组织有关的人员都认定为组织成员，防止将黑社会性质组织成员的单独犯罪认定为该组织的犯罪。其次，依法从重处罚的同时要区别对待不同参加者。众所周知，黑社会性质组织犯罪不同于一般的犯罪，具有更大的社会危害性，对其从重处罚是首要的刑事政策，不论在个罪处罚时、数罪并罚时都要体现从重处罚，在主刑及附加刑的适用上亦要体现从重处罚。审理过程中对于黑社会性质组织的组织者、领导者和积极参加者以酌定情节从轻处罚应非常严格，对罪恶深重的不予考虑，对于因自首和重大立功而减轻处罚的首要分子在从宽处理时幅度亦不宜过大，一般不适用缓刑。当然，为了分化瓦解黑社会性质组织，在处理过程中要区分开组织者、领导者和一般参加者。对于那些在组织中地位低下、所起作用较小、犯罪情节较轻的一般参加者，要适当予以从宽，对于符合缓刑或免于刑事处罚适用条件的仍然可以适用缓刑或者免于刑事处罚，这样处理能够使一般参加者的从轻处罚和黑社会性质组织的组织者、领导者及积极参加者的从重处罚形成鲜明对比，既有利于挽救犯罪人，促使其悔过自新、早日回归社会，又有利于分化瓦解黑社会性质组织。

在实践中，对于黑社会性质组织的组织者、领导者的认定比较容易把握，但在司法处理中对于组织的骨干、积极参加者和一般参加者的区分有时比较模糊。积极参加者并非在所有具体犯罪中都直接参加并发挥主要作用，在区分这些成员作用的时候不仅要看其在具体犯罪中的作用，更要放在整个黑社会性质组织的架构中，结合其加入组织时间的长短、在组织中的地位、和其他组织成员关系的紧密程度、参加具体犯罪活动的次数、在具体犯罪中的作用等综合因素来考量、综合判断。司法实践中，有时将被临时网罗来的、仅仅在个别犯罪活动中表现得比较积极的一般参加者定性为黑社会性质组织的积极参加者，将仅仅参加了一两次犯罪活动、在犯罪活动中发挥主要作用的参加者定性为黑社会性质组织的骨干，这样就直接导致对被告人的量刑不当。在准确界定各成员在组织中的地位的前提下，要将组织者、领导者、骨干成员、积极参加者和一般参加者的量刑科学区分，对于该从重处罚的领导者、组织者要一律从重，而对于该从轻处罚的一般参加者要依法适用从轻处罚情节，在审理黑社会性质组织犯罪时真正实现法律效果和社会效果的有机统一。

黑社会性质组织危害性特征的司法认定

陈佳佳[*] 刘邦明[**] 胡渡渝[***]

黑社会性质组织是普通共同犯罪、集团犯罪在市场经济条件下演变、发展而生成的更高层次的共同犯罪形态。当前,黑社会性质组织犯罪活跃、多发,已成为严重威胁国家政权稳定、危害人民群众生命财产安全的严重刑事犯罪,其社会危害性远远超过故意杀人、放火、绑架、强奸等普通暴力犯罪。不断深化"打黑除恶"专项斗争,是当前及今后相当长的时间内我国刑事政策的重点方向。危害性特征是黑社会性质组织的本质特征,准确把握这一特征,是正确认定黑社会性质组织,依法惩治黑社会性质组织犯罪的关键。本文拟根据法律和司法解释的规定,结合审判实践,对黑社会性质组织危害性特征的认定作粗浅论述。

一、黑社会性质组织的"四个特征"及其逻辑关系

(一)黑社会性质组织的"四个特征"

根据刑法第二百九十四条的规定,黑社会性质组织必须具备四个特征:

一是组织特征。黑社会性质组织应具备人数较多,有较稳定的组织结构和相对明确的组织层级、组织分工的特征。例如,有的黑社会性质组织为了非法控制特定区域内的特定行业,以利益诱惑、江湖义气等方式纠集多人从事违法犯罪活动。为加强对组织成员的领导、管理和控制,组织者、领导者"任命"一部分积极参加者对其他组织成员进行指挥、调度,按管理级别发放工资、奖金,甚至制定层层请示汇报、下级必须听从上级、听从命令、不

* 重庆市高级人民法院刑事审判第一庭法官。
** 西南政法大学"最高人民法院应用法学研究基地"研究人员,法学博士。
*** 重庆市高级人民法院研究室法官。

得迟到旷工、违反纪律扣工资或开除等纪律。

二是经济特征。黑社会性质组织通过有组织地从事合法或非法活动获取经济利益，用以豢养组织成员、维护组织稳定或壮大组织势力。黑社会性质组织形成之初大多通过抢劫、抢夺、寻衅滋事、敲诈勒索等暴力特征明显的违法犯罪活动获取非法利益，但随着黑社会性质组织的成熟壮大，其获利方式也随之向组织卖淫、开设赌场、非法干预民间纠纷、经济纠纷等违法犯罪活动转变。但无论以何种方式获取的非法利益，均为组织所用，而非单纯在组织成员间进行分配。

三是行为特征。黑社会性质组织通常会以暴力或以暴力相威胁为手段，多次实施多种不同性质的违法犯罪活动，维护组织利益、扩大组织实力。没有违法犯罪行为，就没有黑社会性质组织。审判实践中，黑社会性质组织的行为特征既可以表现为寻衅滋事、强迫交易、故意伤害等直接使用暴力或以暴力相威胁的违法犯罪活动，也可以表现为利用组织业已形成的强势地位非法介入工程招投标、任意插手民间纠纷、强行染指高利润行业等行为，或者煽动、组织群体性活动，扰乱社会秩序、交通秩序甚至冲击国家机关等行为。

四是危害性特征。黑社会性质组织通过违法犯罪活动，对一定区域或行业形成非法控制或重大影响，严重破坏经济、社会生活秩序。例如，犯罪组织以暴力、威胁或者其他手段，阻断同类产品进入流通领域或强迫消费者购买其提供的产品、服务，打压同类生产、经营活动中的竞争者，迫使竞争对手退出市场，从而对特定行业形成非法控制。

（二）黑社会性质组织“四个特征”之间的逻辑关系

黑社会性质组织本就是有机统一的整体，各个特征之间、各特征与黑社会性质组织这个整体之间都具有不可分割的紧密联系。根据系统论的基本观点，任何系统是由各要素组成的有机整体，而非各要素机械组合或简单相加而成，系统整体具有各要素在孤立状态下所没有的性质、功能，正所谓“整体大于部分之和”。系统各要素之间相互依存、相互关联，构成不可分割的整体。要素一旦脱离整体，就失去作为要素的功能。组织特征、经济特征、行为特征及危害性特征与黑社会性质组织之间是要素与整体之间的关系，四个特征相辅相成，缺一不可。

1.组织特征、经济特征和行为特征是黑社会性质组织的基本特征

首先，人是黑社会性质组织最基本的元素，组织特征是将相当数量的组织成员按照一定的组织结构联系起来，进行分工合作，使独立的个人行为得以整合为黑社会性质组织的行为对外发生作用，以获取经济利益，从事违法犯罪活动，故黑社会性质组织不能欠缺组织特征。

其次，攫取经济利益、具备经济实力，不仅是黑社会性质组织实施具体违法犯罪行为的主要目的，也是其维持组织日常开销、从事违法犯罪活动，进而非法控制社会的物质基础。因此，经济特征是黑社会性质组织的基本特征。

再次，没有犯罪行为，就不可能形成黑社会性质组织，使用暴力、威胁或者其他手段，有组织地多次实施违法犯罪行为是黑社会性质组织的应有之义。行为特征之于黑社会性质组织，犹如树木之于森林，二者之间的关系不证自明，行为特征也是黑社会性质组织的基本特征。

最后，组织特征、经济特征与行为特征，相互依存、共生共荣，共同构成黑社会性质组织的基本特征，三者中“你中有我，我中有你”相互交织、相互作用。多次有组织的违法犯罪行为能够增强组织的犯罪能力、扩大组织的影响、增强非法控制能力，以便更多地攫取包括合法利益在内的经济利益；而扩充经济实力反过来又能够使组织招募、纠集更多组织成员，扩大组织规模，巩固组织结构，为组织实施的违法犯罪行为提供经济支持，强化组织的行为特征。

2.危害性特征是黑社会性质组织其他三个特征相互影响，相互作用，共同促生的本质特征

组织特征、经济特征及行为特征在相互交织、相互作用中，逐渐融合、发展，“迸发”出新的能量与破坏力，逐渐具备与合法社会相对抗的能力，形成危害性特征。可见，危害性特征是其他特征相互作用时逐渐生成的“新元素”。然而，危害性特征不是其他特征的简单累加或机械组合，其他特征相互融合时逐渐内化于危害性特征，成为危害性特征的有机组成部分。同时，根据辩证法的基本原理，整体主导、统率部分，部分服从、服务于整体，危害

性特征居于支配地位，对其他特征具有制约作用。无论其组织的结构如何复杂、严密，无论其经济实力如何雄厚，亦无论其实施了多么严重的犯罪，若该组织未能对特定区域或行业形成非法控制或重大影响，就绝不能认定为黑社会性质组织。因此，危害性特征是黑社会性质组织区别于普通犯罪集团和其他犯罪组织的唯一特征，是黑社会性质组织的本质特征。

二、危害性特征的司法认定

（一）欠缺组织特征、经济特征或行为特征均不能认定具备危害性特征

1.组织特征是危害性特征的物质载体

参与犯罪的人数直接决定犯罪行为危害性的深度与广度，寥寥三五人共同实施犯罪虽然可能造成严重后果，或者形成轰动效应，但显然无力与合法社会相对抗；较稳定的组织结构、对明确的层级和组织分工能够将分散的组织成员及其违法犯罪行为整合为统一协调的有组织犯罪，从而增强犯罪能力，加大犯罪行为的社会危害性。没有组织特征，就没有承载危害性特征的物质载体。有个别判例虽然认定的黑社会性质组织成员多达数十人，但是各行为人之间实际并未形成组织层级、组织分工等结构性特征，行为人之间也不存在稳定的支配或领导关系，仅仅为追求短期利益，临时纠合起来实施犯罪活动，犯罪目的一旦实现，各行为人之间便无实质性联系。我们认为，出现这类案件的根本原因在于没有充分认识危害性特征的生成、存在须以组织特征为物质载体，需要相当数量的行为人在一定的组织结构下分工合作实施违法犯罪行为。

2.经济特征是危害性特征的保障条件

危害性特征的本质就是公开或半公开地与合法社会相对抗，而在与合法社会较量、争夺控制权的过程中，需要笼络、招募组织成员，扩大组织规模，提升组织实力，增强违法犯罪能力，这些都离不开经济上的支持。因此，经济特征是形成危害性特征的物质基础，经济利益也是黑社会性质组织必然追求的目标之一。没有相应的经济实力作为基础，就不可能形成危害性特征。在某些基层政权组织或群众自治性组织较涣散的地区，行为人以架空具有公共管理职能的组织的方式，非法行使治安、卫生、市政管理等行政

管理权，对普通群众滥施罚款；伪造文件，用集体或国家财产为组织者、领导者、主要成员发放奖金，侵占集体资产；利用组织成员在各级党政机关及其职能部门、基层群众自治组织中担任领导职务等便利，直接侵吞国家划拨的专项资金等，虽然违法犯罪行为以村委会等基层群众自治组织的名义实施，但其实质仍然是犯罪组织有组织地攫取经济利益的具体表现。司法实践中，此类黑社会性质组织的经济特征具有较强的隐蔽性，并不十分典型，但只要其将非法所得用于犯罪组织或组织犯罪活动，均应当认定为具备经济特征。

3.行为特征是危害性特征的行为基础

危害性特征中对特定区域或行业的非法控制、重大影响正是借助一系列多样化的有组织的违法犯罪活动才得以实现，否则非法控制将与合法控制混为一谈。而社会公众也正是借由具体违法犯罪行为这“一角”，才逐渐认识黑社会性质组织的危害性特征这座“冰山”。行为特征是危害性特征的外在表现形式，没有行为特征，就不存在所谓危害性特征。司法实践中，有的犯罪组织专门从事盗窃、抢夺或抢劫等侵财性犯罪，虽然该类犯罪组织也可能造成严重后果，但其行为表现形式较单一，触犯的罪名较少，对法律所保护的社会关系的侵害面较窄，不足以对社会形成非法控制，因而不能认定其具备黑社会性质组织的行为特征。

（二）同时具备组织特征、经济特征和行为特征，仍不足以直接认定具备危害性特征

当犯罪组织同时具备组织特征、经济特征及行为特征后，是否必然会催生危害性特征呢？我们认为，答案应当是否定的。这是因为，组织特征等其他特征在犯罪组织中相互发生作用时，可能因为作用力方向不同或者其他主客观原因，彼此间没有相互融合，没有形成对社会的非法控制或者带有控制性色彩的重大影响，从而无法生成危害性特征。以传销犯罪集团为例，传销组织以控制“下线”的方式获取非法利益，获利多少与“下线”人数成正比例关系，因此其成员人数、组织结构较之于黑社会性质组织往往有过之而无不及，涉案犯罪数额亦特别巨大，在实施传销犯罪的同时也伴随有非法拘禁、敲诈勒索、诈骗等暴力或非暴力性的违法犯罪活动。但传销组织实施犯

罪的直接目的与最终目的都是攫取非法经济利益，并不追求对经济、社会生活秩序的非法控制，故完备的组织结构与伴生的其他犯罪只是为攫取非法利益服务，其组织结构、非法获利与违法犯罪行为之间并没有发生相互融合，没有生成危害性特征，不能称其为黑社会性质组织。再以恐怖组织为例，其组织结构、经济实力、行为方式与黑社会性质组织极为相似，但是恐怖组织利用严密的内部组织结构、强大的经济实力实施严重暴力犯罪的根本目的是制造社会恐怖，实现某些特定的政治意图或宗教目的，与黑社会性质组织旨在对特定区域或行业进行非法控制，从中攫取非法利益，以对抗合法社会管理制度的主观目的相去甚远。

（三）组织特征、经济特征与行为特征之间相互渗透、相互融合，才共同催生出危害性特征

犯罪组织招募、纠集多人，形成较稳定的组织层次和组织分工，共同实施违法犯罪行为的根本目的不局限于实现组织成员的个人利益，更是为维护组织稳定、发展，最终实现对特定区域或行业的非法控制；犯罪组织攫取经济利益、扩充经济实力，以及实施违法犯罪行为的终极目标都是非法控制社会。可见，组织特征、经济特征与行为特征在基层政权组织涣散甚至异化、公共管理机制缺位以及封建帮会等亚文化泛滥的客观环境中，以“非法控制社会”这一最终目的为导向，相互作用、相互融合，才能生成危害性特征。实践中，某些犯罪组织以家族血缘关系为纽带，组建企业从事生产经营活动。虽然企业成立之初合法经营，但随着企业的发展壮大，其逐渐认识到通过垄断市场的方式可以更容易地获取巨额经济利益，于是陆续纠集、雇佣多人采用暴力、威胁等手段强买强卖、强迫交易，不断扩大其垄断经营范围。在这一过程中，企业经营者多借助原有的企业管理形式将众多被纠集者、被雇佣者分层管理，按照被纠集者、被雇佣者的个体特点对其进行分工，并制定了相应的组织纪律以约束这些人员的行为，组织特征逐渐形成，出现了以合法企业管理模式“掩护”非法组织特征的情形；而犯罪组织在以垄断、控制市场为目的实施的违法犯罪活动中聚敛巨额利益，用于支付违法犯罪成本、贿赂相关具有行政、司法权力的国家工作人员，帮助组织及其成员逃避法律打击，进一步巩固了其在行业内的垄断、控制地位，逐渐形成黑社会性

质组织。

（四）危害性特征直接表现为“在一定区域或者行业内，形成非法控制或者重大影响”

1.“一定区域”的司法认定

我们认为，“一定区域”是一定的空间范围和一定的社会功能的结合体。空间范围是社会功能的自然物质载体，社会功能是空间范围的社会精神属性。这样的区域既包括一定数量的自然人共同居住、生活的区域，如乡镇、街道、较大的村庄等，也包括承载一定生产、经营或社会公共服务功能的区域，如矿山、工地、市场、车站、码头等。在具体司法认定中，应当根据一定空间范围内的人口数量、流量、经济规模等综合评判，认定“一定区域”要符合社会公众的一般认识和理解，不能仅从字面上机械解读。如果涉案犯罪组织控制和影响仅限于一座酒店、一处娱乐会所等空间范围有限的场所或者人口数量、流量、经济规模较小的其他区域，一般不能认定为对“一定区域”的控制和影响。以市场为例，在我国现有的经济状况下，市场的大小、经济规模、影响的人口数量等各项因素可能存在巨大差异。例如，为某小区提供日常生活需要的小型农贸市场中的“菜霸”虽然对该市场形成了非法控制，但因其承载的社会功能单一，涉及的人口数量有限，且经济规模较小，故不能认定为黑社会性质组织；而对常住人口规模较大的居民社区，或者各类企事业单位较多，经济发展水平较高的乡镇、街道而言，涉案犯罪组织如果通过有组织地对肉类经营户或其他事关民生的生活物资经营者实施强迫交易、故意伤害等违法犯罪活动，逐渐对该区肉类或其他生活物资交易市场形成非法控制与垄断，因这类犯罪组织非法控制的区域内的人口数量、流量、经济规模较大，应当认定为黑社会性质组织非法控制的“区域”。

2.“一定行业”的司法认定

牟取非法利益是黑社会性质组织的重要犯罪目的，因此有相当一部分黑社会性质组织形成于一定的行业之中，大多是在以非法手段打击同业竞争对手过程中逐渐对特定行业形成非法控制或重大影响的。

我们认为，“一定行业”是指一定区域内存在的同类生产、经营活动，突出行业的同类性，重在强调经营者之间相互存在竞争关系的生产、经营活动。例如，在某些矿产资源丰富的地区，个人私自违法采煤的情况比较突出，相互之间难免存在竞争与冲突，某些犯罪组织为了垄断或控制该地区内的小煤窑行业，便采用暴力、威胁等手段低价强行收购、合并或者吞并该地区的小煤窑企业，从而对当地小煤窑的煤炭销售形成非法控制，严重破坏当地经济、社会生活秩序。在这种情况下，就可以认定该地区的小煤窑行业属于黑社会性质组织犯罪危害性特征所要求的“一定行业”。在社会生活中，黄、赌、毒等非法行业同样涉及生产、流通、交换、消费等一个或多个市场环节。以色情业为例，卖淫者与嫖娼者之间本质上是一种消费与服务行为，会产生金钱的交易与流通，在一定程度上也受市场规律的支配，而组织卖淫者则以收取“管理费”的形式获取非法利益。从查获的具体案件来看，组织卖淫者可以从中获取上千万的非法利润，因此为了攫取巨额经济利益，非法的色情行业、赌博行业以及制贩毒品行业也可以为黑社会性质组织所控制。

3. 非法控制或重大影响的具体表现形式

在审判实践经验及理论研究成果的基础上，我们认为，黑社会性质组织犯罪的危害性特征主要表现为以下几种情形：

（1）涉案犯罪组织对在一定区域内生活或者在一定行业内从事生产、经营的群众形成心理强制、威慑，致使多名合法利益遭受犯罪或者严重违法活动侵害的群众不敢通过正当途经维护权益。例如，涉案犯罪组织针对特定乡镇的普通居民，实施了一系列故意伤害、强迫交易或者敲诈勒索等违法犯罪行为，严重侵犯了人民群众的合法利益，但由于该犯罪组织已经在该区域内确立了其强势地位，树立起了淫威，致使合法权益遭受侵犯的群众不敢通过报警、诉讼等合法手段维护自己的合法权益。

（2）涉案犯罪组织对一定行业的生产、经营形成垄断，或者对涉及一定行业的准入、退出、经营、竞争等经济活动形成重要影响，可以操控、左右、决定与一定行业相关的准入、退出、经营、竞争等经济活动；对与一定行业相关的准入、经营、竞争等经营活动具有较大的干预和影响能力，或者具有在该行业内占有较大市场份额、通过违法犯罪活动或以其他不正当手段在该行业敛财数额巨大，或者给该行业内从事生产、经营活动的其他单位、组织、个人造成巨额经济损失。根据司法实践的具体情况，我们认为，“敛财数额巨大”可以掌握在20万元至50万元之间，而“造成巨额经济损失”则可以掌握在100万元以上。例如，有的涉案犯罪组织以非法手段垄断或控制特定的客货营运线路，作为其聚敛非法经济利益的主要手段。在这一过程中，黑社会性质组织以暴力为后盾，不容许其他合法经营者从事该特定线路客货运输业务，若其他合法经营者不听“劝阻”，黑社会性质组织便以暴力、威胁或滋扰等方式妨害他人的合法经营活动，最终形成由黑社会性质组织决定谁能参与该特定线路营运活动的结果。

（3）涉案犯罪组织插手民间纠纷、经济纠纷，在插手过程中致人重伤或致多人轻伤，或者通过违法犯罪活动或以其他不正当手段敛财数额巨大、造成巨额经济损失、多次引发群体性事件或引发大规模群体性事件等。以插手民间纠纷、经济纠纷为例，有的黑社会性质组织随着自身经济实力增强，在一定的区域或者行业内逐步确立强势地位，使用暴力的频率也随之降低，于是便以“第三人”的身份“居中”对他人因土地使用权、水源使用权发生的民间纠纷，或者在日常经营活动中发生的经济纠纷进行所谓“调停”或“调解”，但其调解往往是以从中牟利为目的，不具有公正性，大多偏袒其中一方，而致使另一方蒙受损失。为了维护非法权威，涉案犯罪组织一旦调解、调停不成，就会露出本来面目，暴力相向，甚至引发恶性刑事案件，造成致人重伤或者致多人轻伤的结果。

（4）涉案犯罪组织多次干扰、破坏国家机关、行业管理部门以及村委会、居委会等基层群众自治组织的工作秩序，或者致使上述单位、组织的职能不能正常行使。其具体行为方式多种多样，包括以拉拢、收买、威胁等手段多次得到国家工作人员包庇或纵容，或者多次对前述单位、组织中正常履行职务的工作人员进行打击、报复等情形。我们认为，随着黑社会性质组织的组织结构日臻严密、经济实力日益壮大、违法犯罪能力不断增强，必然向公权力提出挑战。例如，有的黑社会性质组织以公司结构形式为掩护，对一定的行业进行垄断经营，在相关行业管理部门正常履行管理职责时，便以行业管理部门侵犯其合法经营权、侵害公司员工利益为借口，组织多人围堵行业管理部门的办公地点，严重扰乱工作秩序。

（5）涉案犯罪组织利用组织的势力、影响，使组织成员获取政治地位，如当选各级人大代表、政协委员、在各级党政机关及其职能部门、基层群众自治组织中担任具有组织、领导、监督、管理职权的职务。黑社会性质组织成熟、壮大到一定程度后，为了更好地维护其非法利益，便会寻求政治地位上的突破，往往以合法的政治外衣庇护、扩充非法获利，从而严重危及正常的社会秩序。这也是危害性特征的常见表现。

三、正确处理危害性特征与“打早打小”的关系

（一）“打准打实”是惩治黑社会性质组织犯罪的法律标准

1. “打准打实”是罪刑法定原则的基本要求

罪刑法定是我国刑法的基本原则。在惩治黑社会性质组织犯罪中坚持罪刑法定原则，就是要坚持“打准打实”，严格按照黑社会性质组织犯罪的构成要件认定罪与非罪，这既是刑事司法的底线，也是公平正义的底线。最高人民法院一贯强调，认定黑社会性质组织应当坚持“打准打实”的法律适用标准，本着实事求是的态度，根据查明的犯罪事实认定犯罪，判处刑罚。只有在齐备黑社会性质组织“四个特征”的情况下，才能认定为黑社会性质组织犯罪；对不符合黑社会性质组织认定标准的，应当根据案件事实依照刑法中的相关条款处理，从而把法律规定落到实处，严格坚持依法办案原则。

2. “打准打实”的审判标准

在审判实践当中，必须严格黑社会性质组织犯罪的认定标准，逐一审查公诉机关指控的犯罪组织的组织特征、经济特征、行为特征、危害性特征，坚持个别判断与综合认定相结合的工作方法。所谓个别判断，就是要分别判断是否具备组织特征、经济特征、行为特征，只有在同时具备这三个基本特征的前提下，被指控的犯罪组织才有可能认定为黑社会性质组织。所谓综合认定，就是在指控的犯罪组织同时具备组织特征、经济特征、行为特征的前提下，还要进一步考察这些特征之间的关系，各个特征是孤立存在、互不关联，还是相互影响、相互支持、相互渗透，从而滋生出危害性特征，在一定区域或者行业形成非法控制或者重大影响。这种非法控制或者重大影响仍需充分的证据、事实予以支撑。只有在同

时具备“四个特征”，尤其是具备危害性特征的情形下，才能认定构成黑社会性质组织犯罪。

（二）“打早打小”是惩治黑社会性质组织犯罪的政策要求

1.“打早打小”的基本含义

“打早打小”，是指在黑社会性质组织的形成、发展过程中，应当依照法律规定对有可能发展为黑社会性质组织但尚未齐备“四个特征”的犯罪集团、“恶势力”团伙及早打击，绝不能允许其坐大成势。这里的及早打击，是指根据犯罪集团、恶势力团伙的具体行为的性质、事实和社会危害程度依法打击，构成什么罪，就以什么罪名定罪处刑，而不能理解为对尚处于低级形态的犯罪组织不加区分地一律按照黑社会性质组织处理。

2.“打早打小”的实践要求

“打早打小”的核心要义在于，对于可能坐大成势发展为黑社会性质组织的犯罪集团、“恶势力”团伙不能因为其尚不具备黑社会性质组织的全部构成要件而瞻前顾后、畏首畏尾，而应当将防线前移，果断出手，坚决打击，将黑社会性质组织消灭在萌芽状态，最大限度维护社会稳定，保护人民群众生命财产安全和生产、生活环境。例如，审判实践中，一些以黄、赌、毒等非法行业为主要活动领域的犯罪集团，通过长期开设赌场、组织卖淫等活动聚敛了巨额违法所得，并将违法所得用于支付员工工资、扩大经营规模，看似经济特征非常典型，然而其并未排挤竞争对手的经营活动，也未对相关的非法行业进行非法控制或形成重大影响，虽然不能以该组织违法所得数额巨大、经济特征突出为由，将其认定为黑社会性质组织，但仍应透过具体违法犯罪活动，深刻认识这类犯罪集团的社会危害性，对其从事的涉黄、涉赌或涉毒犯罪以组织卖淫、强迫卖淫、介绍卖淫、容留卖淫、聚众赌博、开设赌场、贩卖毒品、运输毒品、非法持有毒品、强迫他人吸毒、容留他人吸毒或者非法经营等罪名予以惩治。

（三）惩治黑社会性质组织犯罪既要坚持“打准打实”，又要坚持“打早打小”

1.“打准打实”与“打早打小”的关系

依法惩治黑社会性质组织犯罪，“打准打实”是法律标准，“打早打小”

是政策要求，二者相互配合、相互补充，共同构筑严密的刑事法网，既治标，又治本。“打准打实”强调坚持罪刑法定原则，认定黑社会性质组织犯罪要严格标准，对于未齐备“四个特征”的犯罪集团不能拔高认定为黑社会性质组织。“打早打小”强调对黑社会性质组织要防线前移，不能坐等带有黑社会性质组织的某些基本要素，但严格按照法律标准尚不能认定为黑社会性质组织的犯罪集团坐大成势，要敢于果断出手，充分运用刑法武器，依法予以惩治。

2. 正确贯彻“打准打实”和“打早打小”

首先，要坚持法律标准，准确认定黑社会性质组织犯罪。只有对齐备“四个特征”的犯罪集团才能认定为黑社会性质组织。不能以涉案犯罪组织的组织特征、经济特征或行为特征突出、典型为由，忽略对其他特征的考察判断，直接认定为黑社会性质组织，尤其是不能忽略对危害性特征的考察判断。例如，有些涉案犯罪组织自立“名号”，有明确的组织者、领导者，组织成员稳定，组织纪律严格，通过实施敲诈勒索等违法犯罪活动获取了经济利益，但在案证据显示，该犯罪组织经济实力薄弱，犯罪能力有限，对经济、社会生活秩序的破坏力甚小，根本不具备认定黑社会性质组织必需的危害性特征，故不能以其组织特征突出为由，将其认定为黑社会性质组织。

其次，要正确适用政策，对于可能发展为黑社会性质组织的犯罪集团在萌芽阶段就要及时惩治，防患于未然。对于虽然并不齐备黑社会性质组织的全部要件，但具备一些基本特征，呈现出向黑社会性质组织发展趋势的犯罪集团，应当旗帜鲜明地依法惩治，虽然不构成黑社会性质组织犯罪，但这些犯罪集团的具体行为构成其他犯罪的，要用好用足刑法武器，依法惩治。

陈垚东等组织、领导、参加黑社会性质组织案

广东省深圳市中级人民法院
刑事附带民事判决书

（2012）深中法刑一初字第227号

公诉机关广东省深圳市人民检察院。

（附带民事诉讼原告人基本情况略）

被告人陈垚东（曾用名陈细东，绰号“龙仔”“龙哥”），男，1971年7月16日出生，汉族，小学文化，住址深圳市宝安区沙井街道××路××号。因本案于2011年12月30日被刑事拘留，2012年1月29日被逮捕。现羁押于深圳市第一看守所。

辩护人陈伟强、耿丽萍，广东深天正律师事务所律师。

（其他被告人、被告单位基本情况略）

广东省深圳市人民检察院以深检公一刑诉〔2012〕235号起诉书指控被告人陈垚东犯组织、领导黑社会性质组织罪，故意伤害罪，绑架罪，非法拘禁罪，抢劫罪，赌博罪，聚众斗殴罪，强迫交易罪，容留他人吸毒罪，行贿罪，非法倒卖土地使用权罪，虚报注册资本罪，敲诈勒索罪，寻衅滋事罪；被告人文稳权犯领导黑社会性质组织罪、容留他人吸毒罪、寻衅滋事罪；被告人伍健东犯领导黑社会性质组织罪、故意伤害罪、故意杀人罪、组织卖淫罪、容留他人吸毒罪；被告人陈锦田犯领导黑社会性质组织罪、强迫交易罪、开

设赌场罪、容留他人吸毒罪、行贿罪；被告人赖庆棠犯领导黑社会性质组织罪、强迫交易罪、容留他人吸毒罪、敲诈勒索罪、寻衅滋事罪；被告人王文明犯组织、领导黑社会性质组织罪，聚众斗殴罪，故意伤害罪，开设赌场罪，贩卖毒品罪，寻衅滋事罪；被告人陈诺强犯参加黑社会性质组织罪、抢劫罪、强迫交易罪、敲诈勒索罪；被告人陈伟明犯参加黑社会性质组织罪、故意伤害罪；被告人曾庆发犯参加黑社会性质组织罪、故意伤害罪、敲诈勒索罪、寻衅滋事罪；被告人曾鸿辉犯参加黑社会性质组织罪、故意伤害罪、寻衅滋事罪；被告人易亚胡犯参加黑社会性质组织罪、非法拘禁罪、赌博罪、敲诈勒索罪；被告人潘永钊犯参加黑社会性质组织罪、故意伤害罪、交通肇事罪；被告人宁注作犯参加黑社会性质组织罪、虚报注册资本罪、敲诈勒索罪、寻衅滋事罪；被告人林波、岳彪犯参加黑社会性质组织罪、贩卖毒品罪；被告人曾玉新犯参加黑社会性质组织罪、故意伤害罪、组织卖淫罪；被告人曾细苳犯参加黑社会性质组织罪、聚众斗殴罪；被告人刘志清犯参加黑社会性质组织罪、敲诈勒索罪；被告人谢春山犯参加黑社会性质组织罪、抢劫罪、强迫交易罪、敲诈勒索罪；被告人陈惠芳犯参加黑社会性质组织罪、抢劫罪、强迫交易罪；被告单位深圳市万丰（集团）股份有限公司犯单位行贿罪；被告人潘泽勇犯参加黑社会性质组织罪、行贿罪；被告人陈嘉祺、陈卓峰、陈展斌犯参加黑社会性质组织罪、强迫交易罪、开设赌场罪、容留他人吸毒罪；被告人应春秋犯参加黑社会性质组织罪、强迫交易罪；被告人文迎新犯参加黑社会性质组织罪、敲诈勒索罪；被告人陈伟洪犯参加黑社会性质组织罪、聚众扰乱社会秩序罪；被告人曾柏球犯参加黑社会性质组织罪、故意伤害罪；被告人周梁、李朝阳犯参加黑社会性质组织罪、故意伤害罪；被告人曾庆华、江沛华、黎进成、江锦平、陈法军、陈平右犯参加黑社会性质组织罪；被告人刘少雄犯受贿罪、纵容黑社会性质组织罪；被告人文永峰、郑剑宏犯故意伤害罪；被告人曾炯贤犯提供伪造的出入境证件罪，于 2012 年 11 月 15 日向本院提起公诉。在诉讼过程中，附带民事诉讼原告人罗淡芬、罗阳、罗夏阳、罗文汉、纪映装，附带民事诉讼原告人钟子仟、曾金蓉，附带民事诉讼原告人黎志强向本院提起附带民事诉讼。本院依法组成合议庭，公开开庭进行了合并审理。深圳市人民检察院指派检察员付正权、余宏文、王静波、崔术方、张孟东出庭支持公诉，附带民事诉讼原告人罗淡芬、罗阳、罗夏阳、罗文汉、纪映装的诉讼代理人赵燚，附带民事诉讼原告人钟子仟、曾金蓉的诉讼代理人李燕芬，附带民事诉讼原告人黎志强的诉讼代理人李毅，各被告人及其辩护人、附带民事诉讼代理人，被告单位的诉讼代表人，证人黄存根、伍观福、范伟光、葛俊峰、郑隆兴均到庭参加诉讼。公诉机关因补充侦查，建议本院延期审理一次。在审理过程中，因过追诉时效期限，并且不是必须追诉，对公诉机关指控被告人文稳权犯容留他人吸毒罪、指控被告人曾柏球犯故意伤害罪，本院已另行裁定终止审理。现已审理终结。

广东省深圳市人民检察院指控：

一、组织、领导、参加黑社会性质组织罪

被告人陈垚东自20世纪80年代末开始，利用其叔叔陈锡波（另案处理）香港新义安黑社会组织成员的背景，纠集“沙皮狗”（身份情况不详，已亡）、“契仔”（身份情况不详，已亡）、“屎坑仔”（身份情况不详，已亡）等社会闲杂人员，在本市宝安县沙井镇（现宝安区沙井街道，以下简称沙井街道）一带争勇斗狠，为非作恶，成为当地颇具声名的恶势力。

自1994年以来，在陈锡波与黄炳球（又名曾榜贤，另案处理）的扶持下，被告人陈垚东通过笼络乡邻、招纳小弟、聘用员工、纠集同道等途径，逐步建立起以其本人为组织、领导者，以被告人文稳权、伍健东、陈锦田、赖庆棠、王文明等人为领导者，以被告人陈诺强、陈伟明、曾庆发、曾鸿辉、易亚胡、潘永钊、宁注作等人为积极参加者，包括被告人林波、岳彪、曾玉新、曾细苓、刘志清、谢春山、陈惠芳、潘泽勇、陈嘉祺、陈卓峰、陈展斌、陈伟洪、应春秋、文迎新、曾柏球、周梁、李朝阳、曾庆华、江沛华、黎进成、江锦平、陈法军、陈平右以及江启林、江庆儒、王亚升、夏平波、朱海波、张建新、夏小兵、黄军、陈卓坚、李金旋、陈四季、周军建、汤冲冲、刘俊洲、田成均、谢小聪、李泽剑、袁小明、覃享兵、王生明、王小明、陈旭、江桃英、王延三、艾科、符林洪、甘伟、徐中奎、徐小勇、文渠峰、赵齐龙、叶明金、李丹、黄海涛、曾丽坚、蔡志锋、陈伟飞、陈允球、黄代春（以上39人均另案处理）等人的骨干成员固定、层级结构明确、人数众多、势力庞大、在沙井街道经济、社会生活中具有重大影响的“沙井新义安”黑社会性质组织。该组织按照江湖规矩和香港新义安黑社会组织的部分规则管理组织成员，维系组织架构。

以被告人陈垚东为首的“沙井新义安”黑社会性质组织，盘踞沙井街道一带，长期通过非法手段经营废品收购、码头运输、房地产等行业，实施了故意伤害、绑架、非法拘禁、抢劫、敲诈勒索、开设赌场、赌博、聚众斗殴、寻衅滋事、强迫交易、容留他人吸毒、贩卖毒品、贿赂国家工作人员、非法倒卖土地使用权等大量违法犯罪活动，攫取了巨额非法财富，严重破坏了当地的经济秩序。

（指控的具体犯罪事实略）

深圳市人民检察院当庭出示了物证、书证，证人证言，被害人陈述，被告人供述和辩解，鉴定结论，现场勘查笔录和照片，视听资料等证据材料。

公诉机关认为，被告人陈垚东无视国家法律，组织、领导黑社会性质组织，故意伤害他人身体致一人死亡、一人重伤、一人轻伤，绑架他人作为人质，为索取债务非法拘禁并多次殴打他人，多次抢劫他人财物且数额巨大，以营利为目的聚众赌博，持械聚众斗殴且人数众多，强迫他人交易且情节特别严重，容留他人吸食毒品，为谋取不正当利益贿赂国家工作人员且情节特别严重，非法倒卖土地使用权牟利且情节特别严重，采取欺诈手段虚报公司注册资本且虚报数额巨大，敲诈勒索他人财物且数额巨大，寻衅滋事且情节严重，其行为已触犯《中华人民共和国刑法》第二百九十四条第一款、第四款，第二百三十四条第二款，第二百三十九条第一款，第二百三十八条第一款，第三款，第二百六十三条第四项，第三百零三条第一款，第二百九十二条第一款第二项、第四项，第二百二十六条第一项、第五项，第三百五十四条，第三百八十九条第一款，第三百九十条第一款，第二百二十八条，第一百五十八条第一款及1997年修订的《中华人民共和国刑法》第二百七十四条、第二百九十三条第一项、第二项、第三项、第四项，应当以组织、领导黑社会性质组织罪、故意伤害罪、绑架罪、非法拘禁罪、抢劫罪、赌博罪、聚众斗殴罪、强迫交易罪、容留他人吸毒罪、行贿罪、非法倒卖土地使用权罪、虚报注册资本罪、敲诈勒索罪、寻衅滋事罪追究其刑事责任。

（对其他被告人、被告单位的指控意见及各附带民事诉讼原告人的诉讼请求略）

各被告人、被告单位的辩解、辩护意见，各辩护人的辩护意见，相关被告人关于附带民事部分的答辩意见如下：

（一）关于组织、领导、参加黑社会性质组织事实

被告人陈垚东不认罪，其辩称：1.其没有组织、领导黑社会性质组织，其与其他被告人的生意是各做各的，其他人做什么他并不知道。2.其没有听说过“沙井新义安”，是被抓后才知道的。3.“BOSS”和“大哥”只是一种尊重的称谓，含义不能被曲解。

被告人陈垚东的辩护人的辩护意见是：指控陈垚东犯组织、领导黑社会性质组织罪的证据不足。理由是：1.关于组织特征。（1）“沙井新义安”黑社会性质组织的名称来源无法确认。“沙井新义安”名称来源不明，存在诸多说法，相互矛盾；无证据证明陈锡波、黄炳球是“香港新义安”黑社会组织成员；即使陈锡波、黄炳球确是“香港新义安”黑社会组织成员，也无证据证明二人扶持陈垚东等人建立“沙井新义安”黑社会性质组织，无证据证明“沙井新义安”与“香港新义安”有何联系；本案组织犯罪案件中无被告人承认系打着“沙井新义安”的旗号行事。（2）证明“沙井新义安”黑社会性质组织存在的证人证言及被告人供述的证明效力均存在诸多缺陷。证人证言都是传来证据，证言内容之间存在矛盾，且明显带有主观判断和猜测的语言，可信度不高；证人中有超过半数以上的证人属于指控的“沙井新义安”黑社会性质组织成员，检察机关对这些人分案起诉不能改变他们被告人的身份；被告人供述之间存在诸多矛盾，且与当庭陈述不一致。（3）指控陈垚东是黑社会性质组织的“组织、领导者”证据不足。各被告人之间仅仅是依托同乡、同学、朋友等关系的小圈子，没有组织上的职务分工，出于对个人的尊敬、佩服，陈垚东被人称为“大哥”，这种关系只是世俗人际关系。（4）指控“沙井新义安”黑社会性质组织“按照江湖规矩和香港新义安黑社会组织的部分规则管理组织成员，维系组织架构”缺乏证据支持。（5）即使存在个别人“拜大哥”的现象，也不能当然视为就是参加黑社会性质组织。（6）指控“沙井新义安”黑社会性质组织呈五层金字塔形状组织架构的证据不足。被告人供述和证人证言明显带有主观臆断。2.关于经济特征。（1）无证据证明陈垚东等人为了共同的组织而设立企业或对分散的企业进行统一的经

营管理，或设立组织的经营机构。（2）指控的犯罪事实中涉及的企业之间在人、财、物上均无关联，都是独立经营，自负盈亏。（3）陈垚东虽为曾启安家庭及陈伟明提供过经济帮助，但陈垚东提供帮助的钱系其个人的而非组织的，也并非组织对成员的抚慰。3. 关于行为特征。（1）本案指控的22宗黑社会性质组织犯罪事实，均无证据证明系陈垚东带领或指使其他被告人以“沙井新义安”的名义有组织地实施犯罪，也无证据证明陈垚东或其他被告人的犯罪行为是为了组织或组织的利益而为之，无证据证明犯罪所得利益交归组织。（2）陈垚东受人之托调解纠纷不是黑社会性质组织犯罪行为。4. 关于危害性特征。陈垚东等人不具备黑社会性质组织的经济特征，没有黑社会性质组织经营的企业，非法控制一定区域或行业无从谈起。（1）废品收购方面。陈垚东参股新发废品收购站本身并不违法；各收购站只在各村范围内收购有历史原因；新发废品收购站及陈垚东本人均不具备控制沙井范围废品收购秩序的能力；新发废品收购站想扩大规模、扩大市场占有率是企业的正常追求；新发废品收购站设立巡场员的目的是为了依靠私力维权，其意图并非对抗公权；无证据证明陈垚东对新发废品收购站巡场员进行管理，无证据证明陈垚东指使巡场员实施犯罪行为；陈垚东不参加新发废品收购站的经营管理；景昌废品收购站不存在直接和厂家谈废品收购的事，经营模式不存在非法控制的情形。（2）码头运输方面。八号码头纯属曾丽坚、赖庆棠家庭独立经营企业，没有反映出任何组织的经济利益，其收益也没有交给任何组织；陈垚东与八号码头的经营行为无任何关联。（3）房地产方面。陈垚东在土地流转过程中不存在任何威胁、恐吓或其他违法行为；沙井的房地产开发市场没有表现出陈垚东或某个组织控制或垄断。

（被告人陈垚东的其他辩解、辩护意见以及其他被告人、被告单位的辩解、辩护意见略）

经审理查明，被告人陈垚东自20世纪80年代末开始，纠集“沙皮狗”等社会闲杂人员，在宝安县沙井镇（现深圳市宝安区沙井街道，以下简称沙井街道）一带逞勇斗狠，为非作恶，成为当地颇具声名的恶势力。

自1994年以来，被告人陈垚东通过笼络乡邻、招纳小弟、聘用员工、纠集同道等途径，逐步建立起以其本人为组织、领导者，以被告人伍健东、陈锦田、赖庆棠、王文明、陈诺强、曾庆发、曾鸿辉、易亚胡、潘永钊、宁注作等人为积极参加者，包括被告人陈伟明、林波、岳彪、曾玉新、曾细苓、刘志清、谢春山、陈惠芳、潘泽勇、陈嘉祺、陈卓峰、陈展斌、陈伟洪、文迎新、曾柏球、周梁、李朝阳、曾庆华、江沛华、黎进成、江锦平、陈法军、陈平右以及另案处理的数十人组成的骨干成员固定、层级结构明确、人数众多、势力庞大，在沙井街道经济、社会生活中具有重大影响的黑社会性质组织。该组织按照江湖规矩管理组织成员，维系组织架构。

以被告人陈垚东为首的黑社会性质组织，盘踞沙井街道一带，长期通过非法手段经营废品收购、码头运输、房地产等行业，实施了故意伤害、绑架、非法拘禁、抢劫、敲诈勒索、开设赌场、赌博、聚众斗殴、寻衅滋事、强迫交易、容留他人吸毒、贿赂国家工作人员、非法倒卖土地使用权等大量违法犯罪活动，攫取了巨额非法财富，严重破坏了当地的经济、社会生活秩序。

上述事实，有经庭审质证的下列证据予以证实：

（一）黑社会性质组织的组织特征证据

1. 证人陈小军（外号“叉仔”）的证言及辨认笔录：沙井以前的社会环境相当恶劣，我们沙井本地的“70后”（指1970年至1980年出生的），大部分都不读书的，都像我一样初中还没毕业就出来社会上打拼。我们那时候的社会青年大部分人都有跟“大哥”，有些人就吸毒或偷或抢。我记得当时沙井社会上最出名的两个帮派就是“飞鹰帮”和“飞鸿帮”，我与几个朋友跟了香港的一个老大属于“广胜帮”，“龙仔”就跟了“天哥”（当时的真名叫曾泰，男，50多岁，沙井新桥村人）。大概是1989年时“龙仔”与几个人砍了“飞鸿帮”的老大“飞鸿”（现在因为吸毒已经死了），“飞鹰帮”的老大“炮哥”（男，50多岁，沙井本地人）被抓了。所以从那时开始，“龙仔”他们这伙人就开始在沙井树立了地位，再加上“龙仔”的亲叔外号叫“猪仔波”（男，60岁左右，原沙井蚝三村人）的是香港新义安帮的一个老大。有他的帮助，“龙仔”在沙井的黑社会地位更加巩固了，并且吸收了很多马仔。我知道最早期跟“龙仔”的马仔有“沙皮狗”（因血癌去世了）、“金刚仔”“盲谦”（男，40岁左右，沙井壆岗村人），后期大概是90年代末跟“龙仔”的就是“矮仔”（男，40多岁，沙井步涌村人）、“牛成”（男，40多岁，沙井蚝一村人）、“陈真”

（男，40多岁，湖南人）、“霹雳仔”（男，40多岁，松岗人）、“盲华仔”（男，40多岁，沙井大王村人）、“盲黑仔”（男，40多岁，沙井沙三村人）、“允仔”（真名叫陈允球，男，40岁左右，沙井沙一村人）、“万发”（男，40多岁，沙井上星村人）。还有几个是2000年以后才跟“龙仔”的，分别是“马骝”（男，30多岁，沙井新二村人）、“水鱼”“犀牛仔”（男，30多岁，沙井黄埔村人）、“烂田”（真名叫陈锦田，男，30多岁，沙井壆岗村人）、“朱古力”（真名叫陈浩添，男，40多岁，沙井蚝三村人）、“力苏”（男，30多岁，沙井辛养村人，他是“金刚仔”的弟弟）、“潇洒”（男，30岁左右，沙井蚝三村人）等，“龙仔”的这些马仔手下还带有好多人，但是我叫不出名字了。“龙仔”前期收的马仔都是一些社会上打打杀杀出名的人，例如“金刚仔”与“盲华仔”“马周坚”这些人在沙井打架是出名的，因为“龙仔”90年代前期要稳固自己在沙井的黑社会势力，所以主要招了这些打手。

2000年以后“龙仔”基本都从事正当行业了，所以后期跟“龙仔”的手下大部分都是有头有脸的人，要么是有钱，要么是在本村里有地位。“犀牛仔”“烂田”这些人都是他们村里最有钱的人，而且与村委的关系又好，“龙仔”通过这些马仔，可以打通各条村的关系，收编这些本村人做马仔，既可以在背后控制村里的生意，又不至于引起民愤，以此来达到在沙井为所欲为的目的，控制了许多条村的经济命脉。

经辨认，证人陈小军辨认出陈锡波（“猪仔波”），称系沙井的大佬，有香港新义安黑社会组织背景；“天哥”，称系沙井的大佬，也是香港新义安的人，他手下马仔有“龙仔”和“鸭乸”等人；陈垚东（“龙仔”），他手下的马仔都是沙井的大佬，主要有“飘马”“烂田”“马骝”“万发”“犀牛仔”“地主”“牛成”“东方红”“陈真”“高佬”等人；文稳权（“文强”），称和“龙仔”的关系很好，在一起做生意；赖庆棠（“飘马”），称系沙井的大佬，是跟“龙仔”的，“飘马”手下有很多马仔“胡须仔”“胡须佬”和“光头仔”等人；刘志清（“陈真”）；易亚胡（“高佬”），称系“龙仔”手下的贴身马仔，他手下有很多马仔；曾鸿辉（“马骝”）；“叉哥”，称系沙井的和“龙仔”平级的黑社会大佬；陈锦田（“烂田”）；陈泰谦（“盲谦”）；陈诺强（“傻炮”），蚝四村人，称系沙井的“大佬”；曾细苓（“犀牛仔”）；曾庆发（“万发”）；曾庆华（“老野”），称系“龙仔”的马仔；钟少宇（“乌之”），称系“龙仔”的马仔；江启林（“矮仔”）；陈浩添（“朱古力”）；曾玉新（“B仔新”），称系“龙仔”的马仔，做酒店生意；陈达成（“牛成”）；陈伟明（“斧头”），称系“龙仔”的马仔；王文明，四川人，称其手下有一帮四川仔，是沙井的黑社会；陈伟良（“力苏”），称其系放高利贷“管数”的；伍健东（“东方红”），称其系“龙仔”的马仔；陈志坚（“马周坚”），称其帮“龙仔”垄断沙井废品；“胡须仔”，称其系沙井的大佬，是金晖皇酒店的老板，是跟“飘马”的，他手下的马仔我认识；“大烂财”，称其系跟“飘马”的，他是搞矿的；“胡须佬”，称其和“胡须仔”都是沙井的大佬，是金晖皇酒店的老板，他们都是“飘马”的马仔；“水鱼”，称其系沙井的黑社会大佬，他在沙井有废品生意；陈允球（“允仔”）；文迎新（“霹雳仔”）；陈建平（“西哥”），称其系“龙仔”的马仔；潘永钊（“盲超”），福永人，称其系跟“龙仔”的；“潇洒”；曾柏球（“老秋”），称其系跟“龙仔”的；曾允忠（“盲忠”），称其系“水鱼”的马仔；宁注作（“光头仔”），称其系“飘马”的马仔。

2. 证人李金旋的证言及辨认笔录：在2004年的时候，我的好兄弟“胡须仔”说想做生意不要被人欺负，想找个靠山，我和“胡须仔”在金晖酒店请“飘马”吃饭，当天晚上我分一成“利润分成”给“飘马”，让他关照我金晖酒店，不要别人搞事。后来我叫“飘马”为“飘马哥”，因为也认识“飘马”的老婆“坚姐”，所以有时也叫“飘马”为姐夫。因为我听社会上的人说“飘马”是本地人，在社会上混，有头有面，而且我的金晖酒店经常有人不给钱，喝酒闹事等，所以就分一成“利润分成”给“飘马”，好让“飘马”关照我的酒店，不让人搞事。在吃饭的时候，“飘马”跟我说：“在外面可以跟人说是跟飘马的”，如果有人搞事让“胡须仔”打电话跟他说，他会安排人解决。

经辨认，证人李金旋辨认出“飘马”系赖庆棠，“坚姐”系曾丽坚。

3. 证人陈四季的证言及辨认笔录：“飘马”是松岗本地人，在沙井共和一带混，手下有很多马仔 。我知道的有我、李金旋、“西门子”、“光头仔”、“大烂财”、“阿伟”、“黑仔”，“飘马”是跟沙井黑社会新义安老大“龙哥”的。“飘马”的马仔还有收马仔的。我手下有“阿牛”、“老鬼”、李宁；李金旋手下有王文明、“阿剑”、“高富”；“西门子”手下有一帮湖南仔；“光头仔”手下有“阿峰”，还有一些湖南仔；“大烂财”手下是一帮广西仔，现在已经转跟“龙仔”的马仔“牛成”了。

我和李金旋跟“飘马”的时候就是请“飘马”吃饭并向他敬酒，敬酒时说些请大哥关照小弟之类的话，“飘马”同意后，我们就一起把各自的酒喝了，拜大哥的仪式就算成了，我听说很多人是通过包36元、360元或3 600元的红包拜的大哥，我们拜大哥一般都会提前说好才会有这些请吃饭、敬茶、包红包的过程。“龙哥”收马仔我听说也是这样。据我所知出来社会混加入黑社会都是要通过拜大哥才能跟社团里的人混在一起，才能融入这个组织，当然这个拜大哥的过程就有很多种，认得大哥级别越高地位也就越高，比如我当初要是直接拜“龙仔”做大哥，那我就与“飘马”是平辈。

“飘马”跟我们讲跟他就要听话，不要在外面惹是生非，自己兄弟们（指我们这些马仔）之间不要窝里斗，自己人不能打自己人，要团结，要是被人欺负就要跟老大讲，绝不能被别人欺负，要是真被人欺负了他会帮出头，教训对方。我们要是不守规矩，轻的“飘马”就会骂，重的“飘马”就会动手打，一般都是扇几巴掌，我印象中“西门子”有一次不听“飘马”的话与外面的人（不知道具体什么情况）打架，“飘马”在金晖皇酒店吃饭时当着我们其他马仔（不记得都有哪些人了）的面骂了“西门子”一顿还动手打他了两巴掌，“飘马”当时还指着我们其他人破口大骂，让我们都学乖点别像“西门子”一样不听话，不然下场就跟他一样。还说打骂算是轻的，要是再严重的话就给我滚，以后在外面别再说是跟我“飘马”的话。我们在场的其他人都不敢出声，只能老老实实地站在那听“飘马”教训。“飘马”的火发完了我们大家才敢出声，你一句我一句说些讨好“飘马”的话。经过这件事我知道“飘马”的火气很大，心里也有些怕他，心想以后要老实听他话别像“西门子”一样被打，更不能被赶走，不然就没靠山了。

“飘马”的老大我们都叫“龙哥”，但社会上的人都叫他“龙仔”，姓陈，沙井本地人，是沙井黑社会“新义安”的老大，手下有很多马仔，遍布整个沙井，我知道的有：“飘马”“马骝”“万发”“烂田”“虎头”“允仔”“陈真”“矮仔”“犀牛仔”“牛成”。李金旋手下有王文明、“阿剑”“高富”；“西门子”手下的是一帮湖南仔，我叫不出名字；“光头仔”手下有“阿峰”（真名不详），还有一些湖南仔我叫不出名字；“大烂财”手下的是一帮广西仔，我叫不出名字；两三年前“大烂财”已经转跟了“龙仔”的马仔“牛成”了，现在不跟“飘马”了。

“龙哥”这些年在沙井搞房地产生意，他是跟一个叫“天哥”（真名不详）的人。“天哥”是位老大级的人物，我没见过他也就是听过他的名字，知道“龙哥”年轻时是跟“天哥”混的。“龙哥”还有一个叔叔叫“猪仔波”（真名不详）是有香港黑社会新义安背景的老大级人物，是跟香港黑社会“新义安”老大向华胜的，“龙哥”能在沙井混到今天这个位置与“猪仔波”“天哥”有很大的关系。以前沙井除“新义安”外还有香港“14K”老大“阿灿”发展起来的沙井“14K”和沙井本地发展起来的“飞鹰帮”。沙井“14K”在90年代和我们沙井“新义安”发生过大的冲突，互相砍杀和打斗好多次，“龙哥”年轻时就把他们其中一个老大“飞鸿”砍伤过，他们后来被公安机关打击过就散掉。沙井“14K”的好几个人都过档到了沙井新义安，烂田手下的“麻雀头”就是从“14K”过来投靠“烂田”的。“飞鹰帮”老大就是“傻炮”，“飞鹰帮”被公安机关打击过，老大“傻炮”坐牢出来后就到“龙哥”手下的新发废品站负责替“龙哥”管理。

7年前的一个晚上，王文明拜“胡须佬”为大哥，“胡须佬”把我也叫上。我们在金晖皇酒店的一个包房里，王文明要进行一个简单的拜大哥的仪式，我和“胡须佬”并排坐在一起，王文明给我们各倒了一杯酒，然后分别敬了我们两人，他称呼我和“胡须佬”都是叫“大哥”的。王文明下面有约八九十个马仔，主要是以四川人为主，在沙井上南一带活动，在上南一带打架、摆场、私藏枪支（王文明的马仔文峰），其余的我不很清楚。但是他们都不是做正行的。他们在上南很有名气，一般人都不敢惹他们。近几年王文明都是替“烂田”做事的。王文明这个人不行，虽说是挂着我们小弟的名，实际上是看谁有钱就跟谁。

经辨认，证人陈四季辨认出：陈锡波（“猪仔波”），称其系“龙仔”的叔叔，是跟香港黑社会新义安大哥向华胜的；陈垚东（“龙仔”），称其系沙井黑社会“新义安”的大哥，也是我们最大的大哥，在沙井做废品、房地产生意；赖庆棠（“飘马”）；陈锦田（“烂田”）；刘志清（“陈真”）；曾鸿辉（“马骝”）；曾细苓（“犀牛仔”）；曾庆发（“万发”）；李金旋（“胡须佬”“肥佬”），称其系“飘马”的马仔，与我一起开金晖皇酒店；宁注作（“光头仔”），称其系“飘马”的马仔；王文明（“文明”）；并辨认出易亚胡（“高佬”）、江沛华（“道士”）、陈伟明（“虎头”）、潘永钊（“盲超”）是“龙仔”的马仔。

4. 证人陈伟光（金晖皇公司法人代表，董事长）的证言：“龙仔”是沙井最大的黑社会老大。“龙仔”以前是由他叔叔“猪仔波”带他出道，刚开始“龙仔”是跟“天哥”（全名不知道）的，“天哥”是跟“猪仔波”的。我所知道的跟“龙仔”的人有“万周坚”、“盲黑仔”、“飘马”、“飘马”的老婆曾丽坚、“水鱼”、“麻雀头”、“烂田”、“高佬”、“傻炮”，还有一些我不知道叫什么名字，但见到面我一定认识。我知道“飘马”手下的人有“胡须佬”李金旋和“胡须仔”陈四季、“西门子”（湖南人）、“光头仔”（湖南人）、“大烂财”。“胡须佬”李金旋和“胡须仔”陈四季手下有王文明（四川人），“小勇”（四川人）等人。

5. 证人陈伟强的证言：我听别人讲李金旋是个混黑社会的，他的老大是沙井的一个本地人叫“飘马”，“飘马”的老大是沙井最厉害的“龙哥”。“龙哥”是“沙井新义安”的老大。“龙哥”他们的势力很大，有好多马仔，基本上整个沙井都是他们说了算，因为外面的人都知道我们酒店老板李金旋和陈四季都是跟“飘马”的，所以我们酒店经营这么多年都没有外人敢在酒店闹事。陈四季是金晖皇酒店的股东之一。他也是和李金旋一样都是混黑社会的，也是跟“飘马”混的，属于和李金旋同级别的，我们都称呼他叫“四哥”。

我知道李金旋直接的手下马仔有王文明（四川人）、“大灯”（真名不清楚，广东高州人）、“金毛”（真名不清楚，广东高州人）、“小勇”（真名不清楚，四川人）、李宁（河南人）等人，还有很多人我见到但不知道他们的姓名和情况。因为陈四季和李金旋两个人是好兄弟，又是一起跟“飘马”的同级大佬，所以这些人也都听陈四季的话。王文明手下有很多马仔，都是四川人，我见过几个，但不清楚他们的名字。

6. 证人文建春的证言：李金旋是沙井黑社会老大“龙仔”的手下“飘马”的马仔。李金旋、“飘马”和“龙仔”在沙井一带是出了名的黑社会、黑势力，我们都怕他。金晖皇酒店内有一伙人负责看场，主要是四川人为主，他们的老大叫王文明，是李金旋的马仔，在金晖皇酒店有人来闹事都是这伙人来处理和摆平的。

7. 证人曾丽坚(绰号"坚姐",系被告人赖庆棠的妻子)的证言及辨认笔录:"龙仔",叫陈垚东,他是沙井最大的黑社会老大。"龙仔"最早是他亲叔叔陈锡波带他入行的,他叔叔陈锡波外号"猪仔波"是沙井早期很出名的大哥。1990年,"龙仔"因为砍了新桥的一个大哥"飞鸿"开始上位。开始他开赌,开麻将馆,因为比较凶狠,为人讲义气,所以不少小弟跟着他。他早期最出名的马仔是"沙皮狗""马周坚""牛成""盲超""斧头""盲发""马骝"等,最能打就是"沙皮狗"和"牛成",可以说初期江山是他们打回来的。

"壆岗五虎"都是沙井壆岗人,分别是"烂田"陈锦田、"牛斌"陈展斌、"嘉祺"陈嘉祺、"麻雀头"陈卓峰、还有一个叫陈敏。"烂田"现在是"龙仔"的头马,他和"龙仔"关系很亲密,很得"龙仔"喜欢。他是2006年左右才跟"龙仔"的,关系真正密切是从2007年开始。

"阿柴"是"龙哥"的马仔,全名叫伍健东,沙井本地人,他以前最早叫"阿柴",后来叫"东方红",最后来叫"麻烦",现在已经逃跑了,因为在1996年左右在沙井的上星市场指使他人砍死人后就逃到宝安县城,后来又指使他人砍死了一个姓钟的惠东人。

我老公赖庆棠身边的马仔有"胡须佬"(李金旋,广东云浮人,现在是沙井金晖酒店的大老板)、"胡须仔"(陈四季,沙井酒店的小老板,在福永有一间石料城)、"西门子"(罗如山,湖南邵阳人,现在好像在湖南发展,详细是什么业务就不知道了)、"大烂才""细军"(我的亲弟弟,曾韶军,帮我老公跑跑腿)、"阿伟"(胡伟,四川人,在我们富居楼下开一间担保公司)。上述人员就是跟我老公赖庆棠比较近一点。

按辈分来说,王文明很低,他是跟"胡须佬"李金旋的,但是王文明是个"有奶便是娘"的人。谁有钱,他就跟谁,谁势力大他就跟谁。天源丽江酒店的"大鼻"郑剑宏有钱,他便帮"大鼻"干活,说"大鼻"是他老板,金至尊酒店的"B仔新"曾玉新有钱,也是他老板,"壆岗五虎"的"烂田"陈锦田有钱,他也和"烂田"走在一起,说"烂田"是他老板。他知道"龙仔"在沙井势力大,便一直想跟"龙仔"。"龙仔"以前做事都是用"斧头""沙皮狗”“牛成”等从小跟他的兄弟。但随着年龄与身家的增长，危险的事情他都不会让自己的兄弟干了。加上王文明那帮四川人比较凶狠，所以近几年“龙仔”很多事情都交给“烂田”吩咐王文明的“四川帮”做了。

我认识陈伟洪，他也是跟“龙仔”的，外号“盲洪仔”，他是沙井第一个买奔驰汽车的，所以也有人叫他“宾士洪”。

应春秋也是沙井的黑社会，他在1999年创世纪KTV时候就开始跟“猪仔波”了，在创世纪里面当经理。应春秋就是“猪仔波”的代言人，不光是创世纪，全沙井的酒吧夜总会都要买应春秋的酒。我们接手创世纪后，应春秋和“力苏”“高佬”也来过我们的场，要求酒水由他供应。我们虽然不愿意但是知道他们是“猪仔波”的人，所以最终我们场子的酒水还是给了他供应。如果不答应，他会故意找人来“扫场”，就像那次在我们创世纪捣乱一样，故意打烂东西，和我们服务员吵架，和我们客人吵架，让我们客人离开。他帮“猪仔波”这么多年，是他的心腹，他赚了很多钱，也知道很多关于“猪仔波”“龙仔”的事情。

经辨认，证人曾丽坚辨认出“光仔”、蔡志锋、曾韶军、陈展斌（“牛斌”）、陈锦田（“烂田”）、刘志清（“陈真”）、赖庆棠（“飘马”）。

8. 证人曾韶军（被告人赖庆棠的内弟）的证言及辨认笔录：我姐夫“飘马”跟了“龙哥”，意思就是他是“龙哥”的马仔，跟着“龙哥”在社会上混。能够跟到“龙哥”，也算是在沙井混得不错了，至少算是一个“小老大”，没有人敢惹他的。跟“龙哥”的对外统一称跟“龙哥”的，别人一听到就明白了，都不敢惹他们。还有我听说在外面谈到“龙哥”的话都要统一称为“BOSS”，要不然被“龙哥”的马仔知道的话会被打一顿的。他们跟了“龙哥”后，在自己的村里面肯定是最大的老大了，除非本村同时有几个人跟“龙哥”，但他们都不会有纠纷，应该是内部商量好的吧。

经辨认，证人曾韶军辨认出陈垚东（“龙哥”），称系沙井最大的黑社会头目；曾鸿辉（“马骝”）是跟“龙哥”的；赖庆棠（“飘马”）是跟“龙哥”的，开码头专营沙。

9. 证人蔡志锋的证言：我是听我的好朋友，也就是“飘马”和“坚姐”的几个干儿子（黎志明、陈伟飞、陈伟亮、王志强）跟我讲，“飘马”是跟“龙仔”

的，而“龙仔”是我们沙井本地人基本都知道的黑社会老大，在我们沙井很有影响力，“飘马”跟了“龙仔”后在我们沙井也很有面子，没有人敢惹他，也算是一个黑社会大哥。我听“坚姐”讲过“飘马”有几个小弟，其中一个外号叫“胡须佬”，一个叫“胡须仔”，一个胖一个瘦，是沙井金晖酒店的老板。

10. 证人陈伟飞的证言：赖庆棠是沙井的一个比较有名望的黑道大哥，他是跟着沙井最大的黑道大哥“龙哥”的。赖庆棠的马仔很多，我认识的有周明佳（绰号“阿叉”，势力范围在共和村）、“大烂才”（沙井本地人）、“西门子”（湖南人，势力范围在新二村）、湖南“光头仔”（听说他垄断水泥）、“胡须佬”、“胡须仔”（他们两个在沙井经营金晖酒店）、“姑爷伟”（四川人，它主要贩卖毒品和组织卖淫）、还有一个东北人“东北健”（具体情况不详）。他们都叫赖庆棠为老大，对外叫作“飘马公司”的。

曾丽坚也是混黑道的，基本上赖庆棠的马仔也都要听曾丽坚的话。另外曾丽坚还有收了几个干儿子，有我、蔡志锋、梁卫权、黄志强、黎志明、周明佳等一些“共和仔”。我们这些干儿子都要听赖庆棠、曾丽坚的话，不敢违背他们。我们叫曾丽坚为“坚姐”，叫赖庆棠为老大，对外也叫“飘马公司”的。

赖庆棠、曾丽坚夫妇是靠跟了“龙哥”，并跟着“龙哥”打打杀杀上的位，然后靠走私红油、开赌档赚了钱，并开始靠暴力垄断赚了大笔钱，赖庆棠夫妇的势力也就越来越大了。“龙哥”是沙井最大的黑道大哥，我只见过他一两次，我知道的他的马仔有：赖庆棠、“万发”、“万周坚”、“黑仔”、“烂田”等“壆岗五虎”等很多人，我和“龙哥”他们辈分差的比较大，他的马仔我都不熟，他们对外叫作跟“龙哥”的。

11. 证人黄志强的证言：我初中刚毕业的时候，没有事情做，就跟着周明佳搞走私红油，我没有正式拜过周明佳做过大哥，但是他给我发工资，带我出去玩，跟着他也不被人欺负，所以就跟着他做事了，后来到了八号码头。我知道周明佳是“飘马”的马仔，曾丽坚是“飘马”的老婆，所以曾丽坚指挥我们，我也听她的话。曾丽坚自己对我们六个“共和仔”（我和黎志明、陈伟飞、陈伟良、梁卫权、蔡志峰）讲，认我们做干弟弟，我们也就同意了，后来曾丽坚对外面人又说我们六个是她干儿子，我们六个也不否认。我个人认为

“飘马”和曾丽坚在黑白道上有名气（“飘马”是沙井最大的黑社会大哥“龙哥”的小弟），有钱有势力，有很多马仔，我又在她那里打工，而且我想有他们照顾，在外面也免得被人欺负，所以我就没有否认这件事情，但是我没有正式敬茶或者封红包给曾丽坚。

“飘马”姓赖，松岗人，是跟沙井最大黑社会大哥“龙哥”的，他的小弟有周明佳（势力范围在共和村）、“湖南光头仔”（做建材生意的）、“大烂财”（沙井本地人）、“姑爷伟”（四川人）、“胡须佬”、“胡须仔”（他们两个是金晖的老板）、“五华光头仔”（做油的时候就赶走了），他们这些人都有自己的马仔，都是跟飘马混的。

12. 证人梁卫权的证言：我最初给周明佳打工（走私红油），后来在八号码头打工。“飘马”叫赖庆棠，他是跟着沙井最大的黑道大哥“龙哥”的。赖庆棠的小弟有周明佳、“大烂才”、“西门子”、湖南“光头仔”“胡须佬”“胡须仔”“姑爷伟”，他们这些人都有自己的马仔，都是跟“飘马”混的。

13. 证人谢小聪的证言及辨认笔录：“四川帮”老大是王文明，马仔有胡小勇、张健、高富、戴斌（代兵）、文渠峰、谢春宇、田军（田成均）、赵齐龙、李泽剑、袁小明、谢小聪、张眼镜（张瑞海）、吴波、小风（小丰）、段小松、李三、张眼睛、林波、“阿豪”、覃享兵、杜成伦（“二六”）等人。王文明和“胡须佬”、陈四季是跟“飘马”的，“飘马”是跟“龙仔”的。加入组织的方式，就是包红包给老大，一般是包 36 元，同时把家庭住址写好跟钱一起包在红包里面给老大。意思是小弟以后在外面出了事，可以通知家里；如果背叛大哥或者做了对不起兄弟的事，可以报复家人。平时老大要求我们手机要开机、要听话，如果老大叫你去做事，你不愿意去就要挨打；惩罚的事有很多，基本下面人都被王文明打过，我见过田成均、张健、文渠峰、谢春林都被打过。

外人称“四川帮”，主要在上南和黄埔一带从事故意伤害、寻衅滋事、敲诈勒索、制贩枪支、贩卖毒品、抢劫、组织妇女卖淫、开设赌场、垄断煤气等违法犯罪活动。平时打架或收数等，一般要老大同意，但有时也没有告诉他。2004 年 9 月，谢小聪、张健、田军、李泽剑、袁小明、谢春宇、小松、文渠峰在王文明福永的家中给王文明包了 36 元的红包，拜他做大哥，当时胡小勇也在场，后来赵齐龙、张眼镜、“阿豪”等人也给王文明包红包拜老大。

经辨认，证人谢小聪辨认出王文明是老大；陈锦田为废品站老板；郑剑宏（“大鼻子”）是天源丽江酒店老板；李金旋、陈四季是沙井黑社会老大“飘马”的马仔；岳彪是跟林波的。

14. 证人田成均的证言及辨认笔录：“龙仔”是沙井最大的黑社会老大，下面的马仔有“高佬”“大狼才”“飘马”“烂田”“万发”“陈真”“犀牛仔”；“飘马”下面的马仔有“胡须佬”；“胡须佬”下面的马仔有王文明、“金毛”“拉登”“小义”（河南人）、“小勇”（四川人）；王文明下面的马仔有谢小聪、李泽剑、袁小明（负责替王文明管厂管煤气站的）、张建。

经辨认，证人田成均辨认出王文明是沙井“四川帮”老大；林波是跟王文明的。

15. 证人李泽剑的证言及辨认笔录：“龙仔”是沙井黑社会大哥，手下马仔有“犀牛仔”（曾细苓）、“飘马”等人。“飘马”的势力范围在沙井码头一带，手下有“胡须佬”（李金旋）、“西门子”、陈四季等人。李金旋是金晖皇酒店、金晖石材市场老板，手下马仔有王文明、邹高富、蔡旭等。王文明是四川人在沙井的黑老大，手下马仔数百人。小弟要向老大包红包，2004年我包了36元红包给王文明，由张健转交。进“四川帮”要给老大王文明送红包，不听老大的话或摆场不到要被老大骂，打架受伤老大出医药费，去外面做事如打架等要告诉王文明。王文明亲口跟我说过，他就是跟“胡须佬”的。以前王文明起家的时候，很多事情要听“胡须佬”和“龙仔”的，这几年他势力越来越大，有些事情就自己做决定了，但不管怎么说，我觉得很多事情，他都需要经过“胡须佬”和“龙仔”同意才去做的。

经辨认，证人李泽剑辨认出王文明是老大；陈锦田为废品站老板；林波是王文明马仔；李金旋、陈四季是沙井黑社会老大“飘马”的马仔；岳彪是跟林波的。

16. 证人徐中奎（别名徐飞）的证言及辨认笔录：2007年年初，我从四川老家来到深圳沙井，买了一辆男装太子摩托车在上南黄埔一带拉客，四川的谢小聪带小弟来敲诈我要我交保护费，我不愿意，谢小聪还带马仔砸我的摩托车。我实在是混不下去了，和我一起拉客的湖南人外号“老九”劝我找个在上南混得好的大哥，我听了以后就找人打听，知道在上南混得好的老乡有胡小勇、谢小聪和林波等人。我先去找胡小勇说要封红包给他做他的小弟，胡小勇觉得我不行，看不上我不收我。后来我就找到林波，对他说“波哥，我带两个小孩在这边也不容易，你照顾我一下收我做小弟，我虽然没有钱，我一定鞍前马后的听你的话”。林波见我说得很诚心，答应收我做小弟，于是在林波家里，我就封了 38 元 8 角的红包给他正式做他的小弟。

林波是“四川帮”老大王文明的手下，林波是沙井有名的大毒枭，林波的手下很多。我知道他的手下有“彪娃”（真实姓名不知道，男，30 岁左右，四川南充人）等人。林波对我说主要是听话，有什么事打电话给我去做我必须去，打电话不管是什么时候，只要是林波吩咐的事三更半夜也要去。另外就是要对他忠心不能背叛他做“二五仔”。兄弟之间不能打架否则要受惩罚。

王文明是上南混的四川人的老大，林波是王文明的马仔。王文明的马仔还有胡小勇、张健、享兵、李泽剑、田军、谢小聪、“文峰”、“小明”、“老三”、戴斌等。胡小勇等人手下都收有马仔，总共有大约一百多人，我间接也是王文明的马仔，林波告诉我的规矩实际上是王文明的规矩，所以王文明也直接惩罚我。

王文明和高富都是跟金晖酒店“胡须佬”的，“胡须佬”是跟黑社会老大“飘马”的，所以我们对外叫“飘马公司”。

我们主要在上南、黄埔从事收保护费、打架斗殴、贩毒、开赌场、组织妇女卖淫等违法行为。

经辨认，证人徐中奎辨认出赖庆棠（“飘马”）是李金旋（“胡须佬”）的老大；李金旋（“胡须佬”），是王文明的老大，在沙井开金晖皇酒店；王文明，是我们团伙的老大，指使我们到洪田墓园下面的废品站摆场打架；岳彪（“彪娃”）是林波的马仔。

17. 证人王生明（被告人王文明之兄）的证言及辨认笔录：我是王文明的哥哥，王文明在沙井上南一带的黑道上名声很大，下面有张建、谢小聪、袁小明、覃享兵等马仔，他的一些马仔见了我也会叫我大哥，但我很少理会他在社会上的事情。

经辨认，证人王生明辨认出王文明。

18. 证人王小明(被告人王文明之兄)的证言及辨认笔录:我开过两间发廊,第一间是2009年12月至2011年4月在沙井上南金太阳休闲城一楼一平价旅馆开的,第二间是2011年9月至11月在沙井黄埔球场附近一出租屋一楼小店,我总共获利四五万元。选择在以上地点开发廊时因为我弟弟王文明在这一带混得不错。王文明是在沙井混黑道,是跟"胡须佬"的,沙井上南的四川人都认识他,他手下带了好多小弟,李泽剑、覃享兵、袁小明、王涛、谢小聪等这些人都是他的小弟。

经辨认,证人王小明辨认出王文明,称系沙井黄埔一带混的小老大,袁小明、谢小聪是跟王文明混的;李泽剑是帮王文明管理水店的。

19. 证人王延三的证言及辨认笔录:我于2011年9月开始在沙井街道黄埔老村里的某幢出租屋参与开设"三公"赌场。王文明是沙井"四川帮"的老大,我们都怕他,反正他说了算,他平时很少去赌场,都是他安排他的马仔袁小明来管理。王文明手下有很多马仔,有覃享兵、田勇、谢小聪、袁小明、胡小勇,还有一个帮他开桶装水店的叫李泽剑的,一个帮他贩毒的叫林波的,还有一个叫邹高富的,邹高富跟王文明的地位差不多,他的下面也有很多马仔,这些人都是四川人。林波从事贩毒活动,他下面还有马仔,有一个叫"龙娃",他帮林波贩毒。

经辨认,证人王延三辨认出王文明、林波,并辨认出"胡须佬"系李金旋。

20. 证人李丹的证言及辨认笔录:王文明是沙井一带"四川帮"的老大,他手下的马仔估计有将近100人,做过很多坏事,包括收债、摆场、打架等。王文明的老大叫"胡须佬",手下有林波、赵齐龙、"小聪"(四川人)、"文峰"、"四川小范"、"强国"(达州人)、"享兵"、"袁大头"(袁小明)、高富、胡小勇、代兵、田均等好多人。这些马仔又另外收很多小弟。马仔拜大哥,要给大哥红包,数目不确定,一般是168元,或者388元、888元等,看个人选择。拜了老大,就要听老大的话,老大有事叫就一定到场,不到场的话就要挨揍。

经辨认,证人李丹辨认出王文明;陈锦田("烂田")是跟"龙仔"的;李金旋("胡须佬")是王文明的老大;"四哥",跟"飘马"的;胡小勇,听说跟"胡须佬"的;林波是跟王文明的;"彪儿"是跟林波的。

21. 证人艾科的证言及辨认笔录：王文明是沙井“四川帮”的老大，高富在“四川帮”里排名老二或老三，王文明和高富都跟“胡须佬”。

经辨认，证人艾科辨认出王文明、李金旋（“胡须佬”）。

22. 证人叶明金的证言及辨认笔录：我知道王文明是在外面混的“大哥”，有些料，听到有人说起，他是跟“飘马”的。王文明的手下有“王老大”（王生明）、王小明、林波、高富、覃享兵、袁小明、张建、胡小勇、“三哥”、谢小聪、李泽剑、田成均、文渠峰、赵齐龙等人。王文明有一个马仔叫“文峰”，被判刑了，也是我的老乡，很出名的，也是为王文明做事的。

23. 证人宁明周的证言及辨认笔录：我检举一个黑社会团伙，很多我都认识，他们有层级之分，而且相互都有联系。其中和我一起关进来的李滨江（“阿浪”）、罗蓖怀（“阿畅”）他们都是黑社会团伙成员，他们的老板是宁畅（“湖南阿峰”），黄志奇（“豹子”）是跟宁军山（男，30岁左右，湖南安怀人），其中宁军山、宁畅又是跟宁注作（“光头仔”），宁注作跟着“飘马”，“飘马”的老板就是“龙哥”。其中宁畅和宁军山关系很好，和兄弟一样，在团伙里面级别一样，都是跟宁注作的，他们的马仔可以相互叫，如果有事可以相互支援。虽然黄志奇是跟着宁军山，但是宁畅叫他的时候他也要去，但是他有没有跟着宁畅我就不知道了。

他们都称自己的组织为“公司”。干什么都说我是“公司”的。这些事情他们几个人都和我说过，而且“阿峰”、宁军山都封过360元红包给“光头仔”，他们也经常在一起活动，所以我可以确定以上我说的。黄志奇也封了360元的红包给宁军山。此外，“阿峰”那一级别的还有一个叫作宁正安的人，他有几个马仔，但是我忘记叫什么名字了。这些事情我和他们公司的人吃饭的时候听他们说起过这个事情。所以我记得比较清楚。宁注作和宁畅都是一个“公司”的，他们“公司”有条规定就是，每个人原则上只能叫自己的马仔，但是如果人手不够叫别人的马仔的话必须通过他们上面的老大才行。他们出去做事都要经过老大的批准，比方说出去打人出去收数都要经过老大的同意，所以砸宁根明的建材店肯定也要经过他们老大的同意才行，这么大的事情没有宁注作的批准他们肯定不会去干的。如果不经过同意出去干事回来都是要被老大骂，还有可能被打。

宁注作手下的马仔主要有宁畅、宁军山、“老四”、“小宝”、宁正安，还有一个外地人等六个，这六个人都拜宁注作为大哥。每个人手下又有四个以上的小马仔。他们六个人具体情况及分工是：宁畅（音），男，20多岁，外号“湖南疯”，安化县大福镇伯杨村人，他主要负责安排武力方面事宜，管理枪支、刀具等工具，是宁注作最得力的助手；宁军山，男，外号“三哥”，30岁左右，安化县大福镇东江村人，负责帮“光头仔”管理沙井一带建材水泥店以及开地下赌档（包括放高利贷）的生意；另一个马仔是一个外地人，男，外号和全名不知道，20多岁，北方口音，负责帮宁注作去收数和在黑道上打打杀杀。以上的三个马仔都是直接跟在宁注作身边的人，与“光头仔”关系最近。“老四”，姓易，全名不知道，男，20多岁，安化县大福镇新桥村人，负责在福永一带收取水泥车的保护费，开地下赌档，走私海鲜和电子产品，另外帮宁注作去收数和解决黑道上的难题，是宁注作手下最有钱的一个马仔；“小宝”，姓宁，全名不知道，男，20多岁，安化县大福镇建和村人，曾经帮宁注作做过毒品生意，另外帮宁注作去收数和解决黑道上的难题；宁正安，外号“宁辉”，30岁左右，安化县大福镇建和村人，负责在蛇口一带开地下赌档，走私海鲜和电子产品，另外帮宁注作去收数和解决黑道上的难题。这三个人与“光头仔”是相互利用关系，也就是都拜了“光头仔”为大哥，平时各自做“生意”，但如果“光头仔”需要可以随时调他们三个人的资源。

经辨认，证人宁明周辨认出黄志奇（“豹子”）、龙勇林、宁正安、宁畅（“湖南阿峰”）。

24. 证人黄志奇的证言：听说宁注作拜了沙井“飘马”做大哥，手下的马仔有宁畅、宁军山、“阿兵”、“易老四”、宁正安，这些人都封过红包给宁注作，一般都是以36元开头。宁畅是宁注作的“头马”，主要负责安排武力。宁军山负责经营水泥建材生意。“阿兵”、“易老四”、宁正安都是帮助宁注作开赌场、走私。其中“易老四”、宁正安虽然拜了宁注作当大哥，但是平时都有自己的生意，是万一有事宁注作可以调用他们的资源。我知道李滨江、罗蓖怀是宁畅的马仔，这些他们都和我说过。

25. 证人陈卓坚的证言及辨认笔录：“龙仔”是我的小学同班同学，原叫陈细东，后改名为陈垚东。1990年前后，我听说“龙仔”他们一帮人把“飞鸿”砍了，慢慢地在沙井社会上的名气就起来了。他还收了好多马仔，我知道的有“飘马”“盲发”“马骝”等人。

经辨认，证人陈卓坚辨认出陈垚东，并辨认出江锦平系陈垚东的马仔。

26. 证人曾广新的证言及辨认笔录：“创世纪”是“龙仔”开的，他是黑社会老大。“龙仔”手下的马仔我知道的有“斧头”（男，30多岁，沙井辛养村人）、“盲发”（男，40多岁，沙井上星村人）、“马骝”（男，30多岁，沙井新二村人）、“盲国泰”（真名叫黄国泰，男，40岁左右，沙井上寮村人）、“马周坚”（男，40多岁，沙井人）、“水鱼”（真名陈卓坚，男，30多岁，沙井蚝三村人，我就是跟他的，他是我老大）、“烂田”（男，30多岁，沙井壆岗村人）、“犀牛仔”（男，30多岁，沙井黄埔村人）、“B仔新”（男，40多岁，沙井新二村人）。我知道还有好多人是跟“龙仔”的，因为“龙仔”在我们沙井这边势力很大。组织内的规矩：一是要听大哥的话，守规矩，不能没大没小；二是兄弟内部不能争斗；三是不要被外人欺负，但也不准在外惹是生非；四是做事时要随叫随到。

经辨认，证人曾广新辨认出陈垚东（“龙仔”）；文稳权（“文强”）是沙井客运站的老板，以前和“龙仔”合伙开创世纪，他跟“龙仔”关系非常好；陈锦田（“烂田”）是景昌废品收购站的老板；刘志清（“陈真”）以前是“龙仔”的司机，他是拜“龙仔”做大哥的；赖庆棠（“飘马”）是跟“龙仔”的，在沙井做码头生意；曾庆发（“盲发”）；曾鸿辉（“马骝”）；陈卓坚（“水鱼”）；曾细苓（“犀牛仔”）；陈伟明（“斧头”）；陈志坚（“马周坚”）；陈伟良（“力苏”）是跟“龙仔”的；曾玉新（“B仔新”）；陈达成（“牛成”）也是拜“龙仔”做大哥的；黄国泰（“盲国泰”）。

27. 证人曾允忠的证言及辨认笔录：我和“肥文”都是跟一个大佬“水鱼”的，我们平时的关系就和兄弟一样，有事情当然要相互帮忙，这样才不会被外人欺负，这些规矩是我们在跟大哥出来混社会就知道的。“水鱼”最早是跟“东莱”的，“东莱”的辈分很高，江湖传闻是跟“猪仔波”的。“猪仔波”原先是沙井人，拿到香港身份后在香港加入香港黑社会新义安，后来回沙井成立了“沙井新义安”。后来“猪仔波”年纪大了，就退位给他侄子“龙哥”（我听说他真名叫陈细东）。因为“东莱”是吸白粉的，没什么势力，“龙哥”这伙人在沙井是黑社会，“水鱼”就跟了“龙哥”。

“猪仔波”刚成立“沙井新义安”的时候，沙井龙蛇混杂有很多帮派，比较有势力的是“飞鹰帮”“飞鸿帮”“沙井14K”等，还有各种外地人的小帮派。自从“龙哥”带着他的兄弟“沙皮狗”几个砍杀“飞鸿帮”大佬“飞鸿”后，就从一个没什么名气的小大佬迅速上位了。经过多年的火拼经营，“沙井新义安”在他的带领下称霸沙井。

“龙哥”陈垚东的手下有“妈指”、曾鸿辉（“马骝”）、“矮仔”、曾劲云（“大头云”）、“水鱼”、“万发”、“老野”、“犀牛仔”、“虎头”、“马周坚”、“力苏”、“牛成”、“草包”、“东方红”（又叫“阿柴”）、黄国泰（“盲国泰”）、“老秋”、“大超”、“飘马”、“烂田”、“黑仔”、“允仔”、“犀牛仔”、“陈真”等人。“斧头”一开始是叫“金刚仔”的，“阿柴”之前叫“东方红”，是有一回他们打死人逃跑后回来就把外号给改了，不改怕别人认出来。这些人都是称霸一方的大佬，他们的马仔下面还带马仔。

经辨认，证人曾允忠辨认出陈垚东（“龙仔”）、曾鸿辉（“马骝”）、曾劲云（“大头云”）、曾庆发（“万发”）、曾庆华（“老野”）、曾细苓（“犀牛仔”）、陈伟明（“斧头”）、陈志坚（“马周坚”）、江启林（“矮仔”）、陈庆培（“地主”）、“妈指哥”；并辨认出陈卓坚（“水鱼”），称系其老大，陈卓坚的手下有陈满祥、林智君、曾广新等人。

28. 证人黄再兴的证言及辨认笔录：我知道在沙井“龙仔”是最大的黑社会大佬，“水鱼”是跟龙仔的，“水鱼”下面有“肥文”等马仔。“龙仔”手下还有“金刚仔”“沙皮狗”“马骝”等马仔。我知道他们拜大哥要封36元红包，老大收了红包后才算是正式收了小弟，平时要听大哥的话，兄弟有事要互相帮忙。

经辨认，证人黄再兴辨认出陈垚东（“龙仔”）、陈卓坚（“水鱼”）。

29. 证人曾汉斌的证言及辨认笔录：我在1997年的时候就开始跟了“马骝”做大哥。一次，他说要包红包才算正式拜他做大哥，于是我就按照他的意思包了一个36元的红包给他，就这样我正式开始跟“马骝”做他小弟了。当时我知道“马骝”是跟着“沙皮狗”的，不久“沙皮狗”得癌症死了，之后我才知道“马骝”和“沙皮狗”都是跟着“龙仔”的，我们对外都说是“龙哥”

的人就可以了。

我加入的黑社会的名称应该叫“老新”，也就是“新义安”，我知道我们沙井的老大“龙哥”是“新义安”的人，而我的老大曾鸿辉又是跟“龙哥”的，所以我想我也是新义安的人。“新义安”是香港的一个黑社会社团，而“波哥”是这个社团下面的一个老大，是他回沙井发展我们沙井的“新义安”。我们沙井的老大就是“波哥”的侄子“龙哥”。加入“新义安”后，老大没有跟我明说帮规，但我知道的，加入黑社会最大的规定就是不可以勾二嫂，兄弟之间不可以打架。如果违反的话就会受到家法，比如被老大打骂之类的。我们在社团里面按辈分有称呼的。像“龙哥”是我老大的老大，比我高两级，他就是我们的“阿公”。跟我老大平级的，我们称他为“义叔”。跟我平辈的话，我们就以“老表”相称。比自己辈分低的，就直接叫名字。

“龙哥”下面有一帮马仔，有“马骝”、“盲发”、“烂田”、“万发”、“虎头”、“大超”(新桥人)、“犀牛仔”、曾庆华、“陈真”、“矮仔”、“老野”、“霹雳仔”、“万周坚”、“水鱼”、“道士”等一批人。在这些人的手下都各有马仔，比如在“马骝”的手下就有“超人”“阿轩”和我等人。在我们这批人下面又各有马仔，比如“阿轩”手下就有“小周”“阿喜”“肥仔”等一些马仔，这些年“马骝”一直也让我收过小弟，但我一直没有收。总之我们这伙人最起码有好几百人。

“马骝”(“辉哥”)跟我说过跟了他以后要守一些规矩，比如兄弟之间不能互相打架、辱骂，不能勾引二嫂，要听大哥的话等，如果不遵守的话会被大哥打的。早些年，我跟同样跟着“辉哥”的一个小弟“肥敏”吵架，我为了报复他半夜在“肥敏”的家里放鞭炮，因为此事我被“辉哥”打过几拳以示教训。要进入这个团伙大部分都是要包 36 元红包的，具体为什么我就不知道了。像“辉哥”平时管理我们小弟都是通过电话联系的，有事情做就打电话，打了电话就要随叫随到，平时“辉哥”会不定时叫我们小弟吃饭喝酒唱歌通过这种聚会从而笼络我们小弟的人心，其他大哥大体应该也是这样。

经辨认，证人曾汉斌辨认出曾鸿辉(“马骝”)。

30. 证人陈允球的证言及辨认笔录：上世纪 90 年代在社会上出来混的人那时都有各自的名号，“龙仔”在沙井形成了自己的一股势力，由于他叔叔有香港“新义安”社团的背景，并且一直在背后给予他支持，也就开始叫出了以他为老大的“新义安”团伙。陈垚东以前的名叫陈细东，外号“龙仔”，沙井沙三村人。他是沙井黑道上的大哥，手下有很多马仔。“龙仔”真正成为“沙井新义安”的大哥年代应该是他开创世纪酒吧的时候，当时创世纪是沙井甚至是宝安最大的“嗨场”，有很多人在里面“嗨”摇头丸，关内都有人到创世纪去玩，“龙仔”是创世纪的股东，所以慢慢出名了。“猪仔波”在创世纪开业一周年的时候从香港将向华胜请过来创世纪帮“龙仔”捧场。

拜大哥一般要封36元红包，具体含义我也不了解，其说法是从香港那边学过来的，香港那边的什么“新义安”“14K”“水房”等社团的入会仪式都是封36元红包的。“飘马”告诉我也是要包36元的红包，所以我们也就照香港那边传过来的方式在这边拜大哥。1994年年底在沙井万丰公园里的一间西餐厅内，我包了个36元的红包给陈垚东，就算正式拜入以“龙仔”为大哥的沙井“新义安”团伙。没有什么特别的仪式，就是“龙仔”坐在中间，我就是双手将红包递给“龙仔”，并跟他说：“阿哥，以后要你多罩着小弟我了。”“龙仔”就说：“没问题，以后我们就是兄弟了。”

我知道的有赖庆棠、“烂田”、“万发”、“马骝”、“斧头”、“矮仔”、“高佬”、陈志坚、“陈真”、“犀牛仔”、“B仔新”、“盲华仔”、“水鱼”都是跟陈垚东的马仔。“胡须佬”“胡须仔”“西门子”这三个人是赖庆棠的马仔，“胡须佬”下面还有很多马仔。

在1995年或是1996年，“沙皮狗”给人砍伤感染住医院，“龙仔”当时就组织他手下的所有马仔进行捐款，我当时因为自己没什么钱，所以只捐了300元。2005年以后，“龙仔”基本每年都会在年底的时候把他手下一些关系比较好的马仔“烂田”“虎头”“犀牛仔”“东方红”“万发”“马骝”等人聚起来吃年饭。

经辨认，证人陈允球辨认出陈垚东（“龙仔”）、赖庆棠（“飘马”）、刘志清、曾鸿辉（“马骝”）、易亚胡（“高佬”）、陈锦田（“烂田”）、江启林（“矮仔”）、陈卓坚（“水鱼”）、曾庆发（“万发”）、曾细苓（“犀牛仔”）、陈伟明（“斧头”）、曾玉新（“B仔新”）、伍健东（“东方红”）都是陈垚东的马仔。

（其他证人证言内容略）

66. 被告人陈垚东的供述和辩解及辨认笔录：我以前的名字叫陈细东，外号“盲细仔”；90年代改成陈垚东，现在外号叫“龙仔”“龙哥”“BOSS ”。年长辈分高的就叫我“龙仔”，跟我一起玩的和外面社会上的有叫“龙哥”，也有叫我“BOSS”的。

“新义安”是香港的一个黑社会的称号，网上有人说我叔叔陈锡波是香港“新义安”的代言人，那时我们在沙井一带社会上混得比较好，名声比较大，就有人说我们是“沙井新义安”社团，长期下来以后外面就有了我们是沙井新义安团伙的说法。可能社会上的人觉得“沙井新义安”团伙指的是我、陈锦田（“烂田”）、文稳权（“文强”）、陈庆培（“地主”）、潘军波（“军波”）、曾庆发（“万发”）、陈伟明（“斧头”）、赖庆棠（“飘马”）、江启林（“矮仔”）、曾细苓（“犀牛仔”）、陈嘉祺、陈卓峰（“麻雀头”）这些人。其实我们都是一群关系比较好的本地人，只是我那时混得比较好，比较会做人做事，所以我在中间地位比较高，大家都会给我面子，其他人相互之间都差不多的地位。

我没有打过“沙井新义安”的旗号，其他人有没有打过这个旗号我就不清楚了。“其他人”是指“马骝”、“万发”、“文强”、“飘马”、“陈真”、“烂田”、“乌之”、“犀牛仔”、“老野”、“木义”、“斧头”、陈志坚、“草包”、“盲国泰”、“馒头”、“老秋”等人。

我没有马仔，不清楚其他人下面有无马仔。我只知道陈伟明（“斧头”）跟本地外号叫“矮仔”“彭仔”的玩得比较多，赖庆棠（“飘马”）跟“胡须佬”“胡须仔”“大烂才”他们玩得比较多。

我听说在沙井，安徽和四川籍的人有当大哥收马仔的情况。四川籍的“文明”有收小弟的情况。我听说“文明”是跟“胡须佬”的。

我不认同我现在是组织、领导黑社会。我曾经叫一些马仔去绑过人，也叫过一些马仔去跟别人打过架，伤过人，也曾经以朋友的身份去解决一些朋友之间的纠纷，也曾经经常跟一些朋友一起玩，所以我认为我以前是黑社会，但我觉得我不是组织、领导黑社会。后来我没有再做上面这些违法犯罪的事情了，改为做正当生意。

经辨认，被告人陈垚东辨认出陈锦田（“烂田”）、文稳权（“文强”）、赖庆棠（“飘马”）、陈伟明（“斧头”）、曾鸿辉（“马骝”）、曾细苓（“犀牛仔”）、曾庆发（“万发”）、陈嘉祺、陈卓峰（“麻雀头”）、刘志清（“陈真”）、江启林（“矮仔”）、陈庆培（“地主”）、李金旋（“胡须佬”）、陈四季（“胡须仔”）、陈振才（“大烂才”）等人。

67. 被告人文稳权的供述和辩解及辨认笔录：“龙仔”真实姓名叫陈垚东，是沙井最大的黑社会头子。“龙仔”很早期就出来混的了，但那时没什么钱。2005年左右“龙仔”势力开始迅速发展，到2008年“龙仔”的势力达到最盛期，几乎沙井每条村都是他马仔的地盘，称霸沙井，甚至整个宝安区混社会的人都以能和“龙仔”攀上关系为荣。“龙仔”的马仔有“飘马”（下面的马仔有“胡须佬”等人）、“万发”（在90年代早期就跟“龙仔”了）、“马骝”、“马周坚”、“烂田”、“乌之”、“B仔新”（曾玉新）、“陈真”，还有一些我不知道的或叫不出名字的。“龙仔”团伙对外称呼“跟龙仔的”。

我和“龙仔”很早就认识了，他是我小舅子陈浩添的同学，当时在沙井已经是黑社会老大了，为人仗义，做事心狠手辣，名气很大，在沙井混社会的都要给他面子。我们又都是沙井本地人，所以很早就熟了。我在1999年和“龙仔”等人合股开过创世纪酒吧，从那时候开始和他们接触，到后来我退出酒吧经营，我和他们就没怎么来往了。这几年，我和“龙仔”偶尔会坐在一起打麻将、斗地主、吃饭，但是我和“龙仔”下面的马仔根本就不来往。

经辨认，被告人文稳权辨认出陈垚东（“龙仔”）、赖庆棠（“飘马”）、曾鸿辉（“马骝”）、陈锦田（“烂田”）、刘志清（“陈真”）、钟少宇（“乌之”）；辨认出曾庆发（“盲发”）、陈浩添（“朱古力”）、陈伟良（“力苏”）系跟陈垚东（“龙仔”）的；辨认出陈志坚（“马周坚”），系跟陈垚东（“龙仔”）的，与其合股开过创世纪酒吧；辨认出陈诺强（“傻炮”）、钟志东（“阿叉”），与其合股开过创世纪酒吧；辨认出陈惠芳（“阿芳”）系跟陈垚东（“龙仔”）工作的。

68. 被告人伍健东的供述和辩解及辨认笔录：“龙哥”全名叫陈垚东，外号“龙哥”“BOSS”，以前外号叫“聋仔”，是沙井最有名气的黑社会老大。他的叔叔叫陈锡波，外号“猪仔波”，是香港很出名的黑社会新义安的成员。“龙哥”在沙井之所以能够上位，能够成为老大，就是他叔叔“猪仔波”帮他的。很早以前，我知道“猪仔波”的手下有“东莱”（萧东莱，已经去世）与“天哥”这两个。“猪仔波”早期80年代的时候就是靠“东莱”与“天哥”这两个马仔在沙井扩大势力。我还没跟“龙哥”的时候，在社会上就听说“猪仔波”的名字，后来连“龙哥”都跟了“天哥”，但是由于“猪仔波”与“天哥”年纪都比较大，所以大概从90年代开始，都是“龙哥”的天下，“龙哥”的名气一天比一天大，后来马仔也多了起来。这个在沙井的新义安具体的关系是“猪仔波”是最大的老大，手下有“东莱”与“天哥”，“天哥”的手下就是“龙哥”，我们沙井当时真的很多人都是跟“龙哥”的。我记得最早期，跟我差不多时间跟“龙哥”的就有“马周坚”（陈志坚）、“虎头”、“盲谦”、“沙皮狗”（因血癌去世了）、“盲黑仔”等。后来又有很多人跟了“龙哥”，分别是“万发”、“马骝”、“飘马”、“矮仔”、“霹雳仔”、“高佬”、“陈真”、“B仔新”、“烂田”（陈锦田）、“犀牛仔”、“道士”、“水鱼”（陈卓坚）、“盲钊”（潘永钊）、“盲国泰”、“牛成”，还有好多人都是跟“龙哥”的，但是我一时想不起来。我还知道“飘马”的手下有一个外号叫“胡须佬”的马仔。

我大概是1994年左右开始跟“龙哥”的。那时我天天在外面混，经常跟沙井的一些人赌钱，刚好“龙哥”那时也喜欢赌博，而且“龙哥”在几年前还砍了沙井的一个黑社会老大“飞鸿”，他在沙井已经比较有名气了，所以我就天天跟着“龙哥”，慢慢地就做了“龙哥”的马仔。1993年、1994年的时候，我还帮“龙哥”管钱，也就是说“龙哥”的钱都是放在我这里由我来负责管理的，我帮“龙哥”管钱大概管到1995年。我跟“龙哥”没有举行仪式，既没有封红包给“龙哥”也没有给他敬茶，那时候很多人都是像我一样天天跟着“龙哥”，帮他做事，这样时间长了，我们早期跟“龙哥”混的人大家都已经形成了一种默契，“龙哥”就是我们的老大，大家都是跟“龙哥”的，后来还陆续有很多我们沙井的本地人也跟拜了“龙哥”做大哥。

我的马仔有谭超、“糯米鸡”（罗伟明）、黄海涛、“大头军”（外号也叫“前进”，真名叫黄少均）、“金水”等人，他们都是叫我“大哥”，我们很早就认识的，他们平常都是听我的，但是他们没有给我封红包，也没有给我敬茶。

跟了“龙哥”后，肯定有规定要遵守的。但是时间过去太久了，“龙哥”具体怎么说的我真不知道，大概的内容有三个：大家同是跟“龙哥”的，兄弟之间不能内斗，不能自己人打自己人；兄弟之间能帮忙就一定要帮忙；另外还有一点就是要听老大的话，“龙哥”叫干什么就干什么等。例如，我们这些跟“龙哥”的兄弟里面,“万发”与“飘马”的关系不好,两个人经常吵架。大概2002年的时候,我知道有一次“万发”与“飘马”吵架很厉害,就是“龙哥”出面解决他们之间的矛盾。还有一次,“马周坚”与“陈真”也是因为一些事情吵了起来,“龙哥”也是出面去调解了这个事情。这两件事是我在沙井玩的时候听我们在外面混的人说的,我们这些兄弟之间有什么事就要“龙哥”来解决才行。因为跟“龙哥”的人实在是太多了,这么多人经常都会有矛盾的,“龙哥”是我们的老大,只有他才能解决。还有就是我和“虎头”的外号,原来我叫“阿柴”,“虎头”原来叫“金刚仔”,由于我与“虎头”都涉及1997年砍死潮州仔的案件,我们一直在外逃跑,后来“龙哥”就跟我和“虎头”说,我们俩原来的外号都有案件在身,而且很不吉利,“龙哥”就帮我把外号由“阿柴”改为现在的这个“东方红”,“虎头”就由“金刚仔”改成“虎头”了。

经辨认,被告人伍健东辨认出陈锡波(“猪仔波”)、黄炳球(“天哥”“肋骨仔”)、陈垚东(“龙哥”)、赖庆棠(“飘马”)、刘志清(“陈真”)、易亚胡(“高佬”)、曾鸿辉(“马骝”)、陈锦田(“烂田”)、曾细苓(“犀牛仔”)、曾庆发(“万发”)、曾玉新(“B仔新”)、陈伟明(“虎头”、“金刚仔”)、江沛华(“道士”)、文迎新(“霹雳仔”)、潘永钊(“盲超”)、江启林(“矮仔”)、陈志坚(“马周坚”)、黄国泰(“盲国泰”)、陈达成(“牛成”)、陈泰谦(“盲谦”)、黄海涛;辨认出曾庆华(“老野”)、黎进成(“草包”)、江锦平(“平佬”)、陈卓坚(“水鱼”)、钟志东(“叉哥”)、陈浩添(“朱古力”)、陈伟良(“力苏”)、钟少宇(“乌之”),称均是跟陈垚东(“龙哥”)的;辨认出李金旋(“胡须佬”)、陈四季(“胡须仔”)、陈振才(“大烂才”),称均是跟赖庆棠(“飘马”)的;辨认出王文明,称系李金旋(“胡须佬”)的马仔。

69. 被告人陈锦田的供述和辩解及辨认笔录:“波哥”即陈锡波,外号“猪仔波”,是香港黑社会新义安级别比较高的老大,“天哥”、“叉哥”(钟志东)、“阿佬”(陈永森)、“加料”与“龙哥”都是跟“猪仔波”的。“龙哥”真名叫陈垚东,外号“龙哥”或“龙仔”,我们跟他的这伙人都叫他“BOSS”,他是我们沙井一带最大的黑社会老大,在沙井很有势力,手下还有很多马仔,我知道的有“飘马”、“马骝”、“盲发”、“斧头”(陈伟明)、“马周坚”“盲黑仔”“盲华”“犀牛仔”(曾细苓)、“木鱼”、“牛成”、“草包”、“B仔新”、“力苏”。另外我还知道“飘马”的手下有“胡须佬”“胡须仔”“西门子”。“盲发”的手下我知道的有“阿四”。“胡须佬”的手下有王文明,王文明下面还带着一帮四川籍的马仔,在沙井这边也很有势力,经常打打杀杀,做事比较狠。沙井人都叫我们“沙井新义安”。“龙哥”的马仔或他马仔手下的小弟加起来基本上是遍及了整个沙井的每一个村,通过这些马仔,“龙哥”可以说是控制了沙井的大部分区域。

大概在2006年,那时候我经常去沙井的金至尊酒店玩,酒店里的经理跟我介绍说沙井的大哥“龙哥”也经常在这里玩。我知道“龙哥”是沙井一带势力最大的黑社会老大,所以我也想认识一下,就在金至尊酒店经理的介绍下认识了“龙哥”,从那时候开始,我就经常与“龙哥”在金至尊酒店里玩。一天晚上,我与“龙哥”在金至尊酒店里喝完酒,我负责开车送“龙哥”回家,我在车上就跟“龙哥”说,想拜他做大哥。“龙哥”就说,现在这个年代,大家又是本地人,不用像以前一样举行一些拜大哥的仪式,以后“龙哥”就会照顾我的了。从那时候开始,我就算正式跟了他。因为我平时爱好赌博,输赢很大,所以很多人会向我追债,拜了他做大哥后,他就会关照我,这样追债的人就不敢追我钱。另外跟了“龙哥”后,我在沙井一带也算是个小老大,在外面有头有脸,我经营的生意就没有人敢捣乱。我跟了龙哥以后,在我与别人争夺废品收购的时候,与别人僵持不下,找到“龙哥”出面协调,一般都能比较满意地解决。我们这些人跟了“龙哥”以后,在各自的村里就是老大了,没有人敢欺负我们,我们自己的村就相当于自己的地盘了,但是如果我们与别的兄弟(就是跟“龙哥”的兄弟)关系好,别人同意的话,也可以在别人的村里发展。同门之间(也就是说我们这伙跟“龙哥”的人)有什么事情解决不了的话,要找“龙哥”出头帮忙解决。还有,同门之间不能窝里斗,要是被“龙哥”发现这种情况的话,就要挨打;对外要称“跟龙哥”的,大概就是这些了。

经辨认,被告人陈锦田辨认出陈垚东(“龙哥”)、陈伟明(“斧头”)。

70. 被告人赖庆棠的供述和辩解及辨认笔录:大约在1996年、1997年,我一个叫“稳仔”的好朋友找我,他跟我说要介绍“龙仔”给我做大哥。当时“龙仔”的名字在沙井还是挺响的，混得算比较好的了，于是我和“稳仔”去到沙井上南星光酒店开了间客房等“龙仔”。“龙仔”过来后“稳仔”叫我封个红包给“龙仔”，我因身上没红包还跑到总台那跟服务员要了个空红包，在红包内封了36元回到房间内，然后拿给“龙仔”并叫了声“龙哥”。因当时“龙哥”有事还要在房间内等别人，我和“稳仔”就先走了，从那时起就正式叫“龙仔”做“龙哥”了，并正式做“龙哥”的小弟并一直到现在。

“龙仔”收的与我同一级别的马仔有：“斧头”（“金刚仔”），是“龙仔”的打手，他的手下有本地马仔十几个；“烂田”，帮“龙仔”打理地产生意、塱岗废品站，他手下马仔有杨云、王文明等人；陈志坚（“万周坚”），听人说手下马仔有十几二十个；陈达成（“牛成”），手下马仔有易亚胡（“高佬”）；“盲超”，姓潘，福永人；“钢帽”，手下马仔大概十几个；“万发”，手下马仔万富、“阿勇”“独眼龙”；“马骝”，姓曾，沙井新二村人；“B仔新”，金至尊酒店老板；“陈真”，好像是湖南人；“鸭乸”，手下马仔有高州人十几个；“犀牛仔”，姓曾，沙井人；“水鱼”，姓陈，手下马仔有“阿新”；“矮仔”，姓江，沙井步涌人，帮“龙仔”管账，在赌档做和官；“道士”，姓江，沙井步涌人；“老野”，姓曾，沙井新二村人；“草包”，沙井新二村人；伍健东（“阿柴”、“东方红”），沙井人；“霹雳仔”，姓文，松岗人；“力苏”，姓陈，沙井人；“华哥”（“万华仔”），姓陈，沙井大王山人；陈允球（“允仔”）、“平老”、“黑仔”、“大头云”、“万国泰”、“西哥”、“大超”、“盲谦”、“万广”、“盲寿”等。“龙哥”的这些手下在沙井都挺有势力而且都各自有自己的手下。

我们跟“龙哥”做小弟，外面的人叫我们“沙井新义安”。因为“龙哥”的亲叔叔“猪仔波”是香港新义安黑社会的，同时也是在沙井混的。“龙哥”和松岗江边的萧东莱关系也很好的。“猪仔波”和萧东莱都是“龙哥”的前辈。萧东莱以前跟“猪仔波”的，因为有了香港新义安黑社会背景，所以我们跟“龙哥”的一帮人被称为“沙井新义安”。

1997年至2000年间，因为我是跟“龙哥”的，所以在沙井也是小有名气，为了壮大我的势力，我在沙井收了“西门子”、周明（“阿叉”），“光头仔”（广东五华人），“大烂才”做我的小弟。当时“西门子”“光头仔”“大烂才”这三个人跟我时问我要包多少钱的红包给我，我想起我跟“龙哥”时包了36

元给“龙哥”就跟他们说包36元就可以了，然后他们都包了36元的红包给我。从这以后这四个人就是跟我的了，我就是他们的大哥。我知道他们都自己有收小弟，但他们收了谁，收了多少个我就不清楚了。

我手下马仔有陈四季（“胡须仔”）；“胡须佬”，沙井金辉酒店股东，曾收过王文明，现在不知道；“西门子”、陈振才（“大烂才”），五六年前两人想一起去跟“牛成”，我气愤，就各退了36元给他们，断绝大哥与小弟关系。“胡须仔”“胡须佬”拜我做大哥时都封了360元红包。

大概是2000年的时候，跟“龙哥”的人多了，我就听到“同门的兄弟”（意思是一起跟“龙哥”的兄弟）说，现在跟“龙哥”的人太多了，“龙哥”就定下了几条规定：一是“同门兄弟”间不能互相残杀，如果有发现的，打一拳，赔三千元，砍一刀，赔三万元，谁先动手的，就谁把这个钱赔给对方；二是都是跟“龙哥”的，要听“龙哥”的话，不听话的就要挨打；三是对外要说跟“龙哥”的；四是自己做生意的，最多只能与“同门兄弟”合伙，绝不能抢自己人的生意或地盘，就是自己做自己的，不可以“捞过界”。大概就这些了，也许还有，但我记不清楚了。

我们跟“龙哥”做他的小弟要听“龙哥”的话，不听的话就要被“龙哥”打的。当然，跟我的小弟也要听我的话，要不然也要给我打的，这是江湖规矩。如果说被打了的小弟还是不听话，那就要被大哥除名。2004年的时候，王文明和“龙哥”的小弟“万发”吵架，后来王文明的手下把“万发”的兄弟砍伤了，这件事还是我处理的。当时王文明和“龙哥”的小弟“万发”在沙井创世纪吵架，王文明的手下把“万发”的兄弟“鸭乸”的手砍伤了，“万发”就带着人和枪到“胡须佬”开的金晖酒店找“胡须佬”，找不到“胡须佬”后就在金晖酒店门口开了几枪。后来“龙哥”打电话问我是怎么回事，我马上打电话给“胡须佬”问清楚情况后跟“龙哥”说是王文明和“万发”打架的事。过了一段时间后“龙哥”打电话约我和“万发”到创世纪的一间包间内谈怎么解决这件事。我当时就叫了“胡须佬”，“万发”叫了“鸭乸”，我们在创世纪的包间内谈。谈的时候我和“万发”吵了起来，“龙哥”就过来打了我和“万发”一人两巴掌，说双方都有做错的地方，“万发”这边开枪了，但最终是我们这边错了，因为我们这用刀砍伤人了，好像还说了一句什么话，当时我们就走了。后来我和“胡须佬”“万发”“鸭乸”坐在一起谈这件事，最后“胡须佬”赔给“万发”“鸭乸”两人 20 万元做了结。

“文强”和“龙哥”在我们心目中的地位都是一样，“文强”在外做生意时，如与其他人发生“纠纷”就会找我们帮会的人来解决问题，如摆场、打架。我听说过“文强”因为公交运营的事情与罗田村的“罗田发”摆过场。他们说当天“文强”叫了我们帮会很多人过去。

经辨认，被告人赖庆棠辨认出陈垚东（“龙仔”“龙哥”）、文稳权（“文强”）、黄炳球（“天哥”“肋骨仔”）、陈锡波（“猪仔波”）、陈锦田（“烂田”）、曾庆发（“万发”“万发”）、曾鸿辉（“马骝”）、刘志清（“陈真”）、江启林（“矮仔”）、陈达成（“牛成”）、伍健东（“阿柴”“东方红”）、陈伟明（“斧头”）、曾玉新（“B 仔新”）、江沛华（“道士”）、陈卓坚（“水鱼”）、易亚胡（“高佬”）、黎进成（“草包”）、曾细苓（“犀牛仔”）、文迎新（“霹雳仔”）、潘永钊（“盲超”）、李金旋（“胡须佬”）、陈四季（“胡须仔”）、王文明等人，并称陈垚东的小弟还有潘泽勇，外号“肥勇”。

71. 被告人王文明的供述和辩解及辨认笔录：2003 年的一个晚上，在沙井金晖皇酒店二楼的卡拉 OK 包房里面，在场的有“胡须佬”李金旋、“胡须仔”陈四季、胡小勇和我。“胡须佬”对我说：“你干脆过来跟我好了（意思就是做他的小弟）。”我听“胡须佬”这么说了，不好意思拒绝，就答应说：“好啊，好啊。”“胡须佬”接着就说：“那你要封一个 36 元的红包过来。”我就在他的酒店里面找了个红包封了 36 元。当时我们在包房里面没有喝酒，我就顺手拿起了一杯茶敬他。“胡须佬”见我敬他茶水也就顺手拿起了自己面前的茶杯，跟我手里的茶杯碰了一下就喝掉了，我见他喝了茶水也将自己手里的茶水喝掉了。胡小勇见我拜了“胡须佬”，也主动地要拜“胡须仔”陈四季做大哥，也是封了一个 36 元的红包，并且也照着我的样子敬了“胡须仔”一杯茶水。“胡须佬”和“胡须仔”喝光了自己手中的茶水之后也就是收了我和胡小勇做小弟。“胡须佬”和“胡须仔”两个人是很要好的拍档，差不多就是穿一条裤子的人，认了他们两个其中一个做大哥另外一个也就是大哥。当天我和胡小勇就是同时拜了他们两个做大哥。拜大哥就是封一个红包，敬一杯茶。我和胡小勇当天说是拜大哥，其实并没有真正地鞠躬或者叩拜大哥的，就是封了一个红包敬了一杯茶，敬茶也就是和平时生活中敬茶敬酒时一样的。“胡须佬”和“胡须仔”两人还同时拜了“飘马”做大哥。

“飘马”是宝安松岗的本地人，在沙井经营八号码头，好像还有个“飘马车队”。“飘马”的手下马仔有“胡须佬”“胡须仔”“阿叉”“胡尾巴”。“飘马”的大佬是沙井最大的黑社会老大“龙仔”。我知道“龙仔”在做废品生意，在沙井基本上所有的黑社会大佬级人物都是他的马仔，我知道的有“飘马”“烂田”“马骝”“万发”“牛成”“斧头”“文强”“陈真”“高佬”“矮仔”“东方红”等，还有谁我就不记得了，这些都是沙井的大佬级人物，他们的手下都还有一帮马仔。

也就是在创世纪的士高玩的这段时间，我逐渐开始有了名气，我自己也开始收了几个马仔。我收的马仔有王小明（男，四川大竹人，30 岁左右，花名“小明”）、谢小聪（男，四川西充人，30 岁左右，花名“小聪”）、田成均（男，四川大竹人，35 岁左右）、文渠峰（男，四川渠县，32 岁左右，花名“文峰”）、“江儿”（男，四川开县人、30 岁左右），这五个人都是给我封了红包的正式马仔，其他还有几个就只是经常跟我在一起玩，并没有正式的封红包拜大哥。给我封红包的正式马仔后来也都收了自己的马仔，他们的名字我不知道，就连具体有多少马仔我也不知道。其他马仔如李泽剑、邹高富、张永成、覃享兵、胡小勇、谢春林、林波、王延三、赵齐龙等在江湖上人家认为是我马仔，所以下面具体有多少马仔说不清。

我要求手下的马仔每个人都不能出去乱搞事，自己“公司”里面的人不要发生争吵，我平日里待他们都是和亲兄弟一样。这都是当初拜“胡须佬”做大佬的时候，他跟我说的规矩，我收小弟的时候再讲给他们，我也不知道这几个马仔收马仔的时候有没有把这些规矩交代下去。我教他们这些就是要他们都知道“逢善不欺，逢恶不怕”，我们都是出来混的，但我们团结起来也是为了生存，并不是为了欺负别人。我是明确给他们说了这样的要求，但实际情况是我下面的小弟做得不好，有的敲诈勒索，有的打架斗殴，有的开设赌场甚至还有的私藏、贩卖枪支。“胡须佬”是讲，不要跟自己“公司”的人内斗。教手下马仔不要出去做坏事，是我自己这样说的，我也将大哥“胡须佬”规定的不要自己人搞自己人通通都告诉了我的手下。我也反复和他们说，要把这些都跟他们自己的小弟去说，要他们都看好自己的小弟不要出去搞事，不要自己人搞自己人。

2003年我拜“胡须佬”之后，在外面就是跟“胡须佬”的，“胡须佬”是跟“飘马”的，“飘马”又是跟“龙仔”的，我所说的“公司”就是所有跟“龙仔”的人。直接跟着“龙仔”的都是大佬级人物，他们在外面就会报名号说自己是跟“龙仔”的，下面的人一般都是报自己大佬的名号。我给下面的人讲自己“公司”的人不要内斗或者吵架，意思是说所有跟“龙仔”的都是自己“公司”的人，自己人就不能搞自己人。

经辨认，被告人王文明辨认出陈垚东（“龙仔”）、赖庆棠（“飘马”）、陈锦田（“烂田”）、曾鸿辉（“马骝”）、曾庆发（“万发”）、陈伟明（“斧头”）、文稳权（“文强”）、刘志清（“陈真”）、易亚胡（“高佬”）、伍健东（“东方红”）、林波、李金旋（“胡须佬”）、陈四季（“胡须仔”）、陈达成（“牛成”）、袁小明、田成均、谢小聪等人；辨认出曾玉新（“B仔新”），称系“龙仔”的手下；辨认出曾细苓（“犀牛仔”）、曾庆华（“老野”）、黎进成（“草包”），称系“龙仔”的马仔；辨认出宁注作（“光头仔”），称系“飘马”的马仔；辨认出应春秋（“阿秋”），称系帮“猪仔波”垄断沙井的啤酒生意；辨认出陈展斌（“牛奔”）、陈嘉祺、陈卓峰（“麻雀头”）、陈敏，称系陈锦田（“烂田”）的马仔，五人并称“壆岗五虎”。

72. 被告人陈诺强的供述和辩解及辨认笔录：“龙仔”是沙井一带最大的黑社会大佬，号称“沙井新义安”，有很多马仔，我知道的有“阿柴”、“虎头”、“烂田”、“飘马”梁木义、“潇洒”、“平佬”、“万发”、“马骝”、“牛成”、“盲超”、“道士”、“盲允仔”、“水鱼”、“犀牛仔”、陈海星、“力苏”、“乌之”、“高佬”、“肥勇”、“矮仔”、“沙皮狗”（已死亡）、“马周坚”、“鸭乸”等。这些人大部分是沙井各条村的大佬，自己手下也有一些马仔。

“猪仔波”是蚝四村人。上世纪60年代去了香港，加入了香港黑社会“新义安”，到了80年代，经常回沙井活动，真正在沙井有影响力就是从90年代开始，“飞鹰帮”被公安机关处理后，他的侄子“龙仔”在沙井一带混出了名堂。“龙仔”有时搞出事情，“猪仔波”就出面保护“龙仔”，大家都会给“猪仔波”面子，因为大家都知道“猪仔波”是香港新义安的大佬，这样“猪仔波”就开始在沙井一带出名了。创世纪开张，“猪仔波”请了香港新义安大佬向华胜到场祝贺，还带了香港的一些明星过来捧场。创世纪生意很旺，每晚都有上千人在喝酒、“嗨”（吸毒）。有香港新义安撑腰，又有这样的生意，这样“龙仔”的声望越来越高，“猪仔波”的影响力也越来越大。

经辨认，被告人陈诺强辨认出陈垚东（“龙仔”）、伍健东（“阿柴”）、陈锦田（“烂田”）、易亚胡（“高佬”）、赖庆棠（“飘马”）、曾鸿辉（“马骝”）、江沛华（“道士”）、曾细苓（“犀牛仔”）、陈锦田（“虎头”）、潘永钊（“盲超”）、陈锡波（“猪仔波”）、梁木义、钟少宇（“乌之”）、江启林（“矮仔”）、陈伟良（“力苏”）、陈卓坚（“水鱼”）、陈志坚（“马周坚”）、陈达成（“牛成”）；辨认出刘志清（“陈真”）、曾庆发（“盲发”）、曾玉新（“B 仔新”），称系跟陈垚东（“龙仔”）的；辨认出王文明，称系“四川帮”老大。

73. 被告人陈伟明的供述和辩解及辨认笔录：我 1992 年读书到初二就辍学了。当时沙井最有名气的两个黑社会帮派就是“飞鹰帮”和“飞鸿帮”。“飞鹰帮”的老大是“炮哥”，后来被抓去坐牢了，然后近几年出来以后就帮“龙仔”管理新发废品收购站。“飞鸿帮”的老大就是“飞鸿”，“飞鸿”在 90 年代初期又被“龙仔”等人打掉。所以从 90 年代初期“龙仔”在沙井的黑社会里面就很有名气了。那时他还跟了沙井另外一个黑社会老大“天哥”（外号又叫“肋骨仔”），他们这伙人的实力在沙井可以说是最大的了。所以我大概在 1995 年的时候通过“马周坚”（真名陈志坚）认识了“龙仔”，并且跟了“龙仔”，拜“龙仔”为大哥了。

1994 年还是 1995 年，时间记不清楚了，我跟陈志坚（外号“盲周坚”）说想拜陈垚东做大哥，叫陈志坚介绍，陈志坚就答应我会跟陈垚东讲。后来陈志坚跟我说，陈垚东答应收我做小弟，就带我去找陈垚东。我们三人见面后，陈志坚就介绍我们认识，然后我就开口对陈垚东（当时我是叫“龙哥”）讲我想跟他，做他小弟，希望“龙哥”以后多照顾我之类的话，陈垚东就点头答应了，说以后大家做兄弟要相互帮助之类的话，就这样我就开始跟陈垚东混了。

我拜陈垚东做大哥时大家还比较年轻，没有什么仪式，就是跟陈垚东明说要做他小弟，他答应就算拜了大哥。后来我知道拜他为大哥就有些人包

36元、360元、3600元的红包，还有些就请他喝酒或者敬酒、敬茶之类的。我们做小弟时，陈垚东当面跟我说，以后做了他小弟有什么事都要跟他说，不准在社会上惹事，但是要是被人欺负就一定跟他讲，他会帮我出头。还有就是有事叫到就一定要去，不能找借口不到。

那时候“龙仔”的马仔，我知道的有我、“阿柴”(真名伍健东，外号又叫“东方红”)、“马周坚”“沙皮狗”等人。我们这些马仔平常都只是对“龙仔”负责，有什么事情直接跟“龙仔”汇报或者是“龙仔”直接安排我们做事。“沙皮狗”与“马周坚”比我跟“龙仔”要早，“东方红”与我差不多都是那时候跟“龙仔”的。我因为故意伤害“潮州仔”的事情逃跑了七八年，在这期间我有时候也会找“龙仔”出来吃饭，然后“龙仔”会给我几千或几万元生活费，一直照顾着我。大概在2004年，他帮我改为现在的外号“虎头”，以前我叫“金刚仔”，“龙仔”说我以前涉及命案，现在改个外号以后做事比较方便、安全。

“龙仔”的马仔还有“飘马”、“阿超”、“马骝”、“万发”、“烂田”(陈锦田)、“阿新”、“道士”、“矮仔”、陈志坚、“陈真”、“丁力”、“高佬”(香港人)、“地主”等。“烂田”真名陈锦田，和陈敏、陈嘉祺、陈卓峰、陈展斌号称“壆岗五虎”。因为他们五人在沙井废品收购行业名声大，又是跟“龙仔”的，很多人也托他们名声出来混，所以慢慢地大家就这样喊了。“飘马”手下马仔有“胡须佬”、“光头仔”、“西门子”、“小胡子”(也有人叫他“胡须仔”)等人。“胡须佬”外号也叫“大胡须”，是金晖皇酒店、金晖石材市场老板。他的手下马仔有王文明等人。

“龙哥”在我们心目中都算个好大哥，有钱有面子，做事公道，讲义气，为人豪爽，兄弟间有什么事找他帮忙他都会帮，不过“龙哥”有时脾气也挺大的，骂起人来也是不留情的。社会上的人都知道陈垚东一直都是沙井一带的老大，为人狠，有钱，而且手下马仔多，并且跟在“龙仔”身边的人个个都属于沙井的风云人物(指这些人有钱有势，如“飘马”“烂田”“B仔新”等人)。我知道平时有一些外地籍的“古惑仔”都会挂着“龙仔”的名在社会上收保护费或敲诈勒索等。因为“龙仔”在成名的过程中也不乏打打杀杀的事情，以做事狠、恶出名，并且最后做到了沙井黑道大哥的位置，接着又开始做生意，而且越做越大，赚了很多钱，手下的马仔也越来越多，在沙井只要是听到是跟“龙仔”的，人家都会给三分面子。所以是还是不是“龙仔”的人都喜欢在外面说自己是跟“龙仔”的，这样能在社会上显示自己的地位跟面子。

在90年代的时候，时间忘记了，“龙仔”的马仔“沙皮狗”病得很严重住院时，“龙仔”曾组织我们去沙井人民医院探望他，并且根据自己的实际情况捐钱给他治疗。我跑路回来之后我还听说“飘马”跟“万发”打架，后来双方都给“龙仔”骂了一顿，没有偏袒任何一个人，兄弟们对“龙仔”的处事都比较信服。

我在跑路期间“龙仔”及其他的兄弟还是会偶尔来找我玩，叫我一起去唱歌喝酒，而且在知道我手头比较紧的时候“龙仔”也会给些钱给我用，跑路回来以后，生活上要出现手头紧的时候跟“龙仔”开口借钱他都会借给我。事业上奇宏电子厂的废品生意也算是沾了“龙仔”的光才能让我在这几年赚了不少钱。因为基本上沙井每条村都有跟“龙仔”的马仔，“龙仔”为了下面马仔的利益也一再强调大家不准踩过界，各自做各自村的生意，就算是过村做生意，也要跟村里自己的兄弟打招呼，刚好奇宏厂从万丰村搬到我们辛养村，“烂田”就算想做奇宏厂的废品也必须分我一份，否则的话就是不讲江湖道义，会遭大家的排斥。

经辨认，被告人陈伟明辨认出陈垚东（“龙哥”“龙仔”）、伍健东（“阿柴”）、陈诺强（“傻炮”）、赖庆棠（“飘马”）、陈锦田（“烂田”）、曾鸿辉（“马骝”）、易亚胡（“高佬”）、陈卓峰（“麻雀头”）、陈嘉祺、曾庆发（“万发”）、刘志清（“陈真”）、陈伟洪（“洪仔”）、陈展斌、陈敏、曾玉新（“B仔新”）、文迎新（“霹雳仔”）、江启林（“矮仔”）。

（其他被告人的供述内容略）

（二）黑社会性质组织的经济特征证据

1. 证人陈小军（外号“叉仔”）的证言：我知道很多人都在自己的村里借着“龙仔”的名声从事废品收购或煤气生意。其中“霹雳仔”很早以前是帮“龙仔”管数的，就是放高利贷或管理“龙仔”的账目，他那时候跟“龙仔”走得很近，关系很好。后来不知道怎么回事，这个工作后来就交给了“矮仔”与“力苏”共同管理,“矮仔”在2009年因一宗命案逃跑后就交给了“潇洒”做。2000年前后,“龙仔”与别人合伙开了创世纪,在全沙井乃至全宝安都是出名的“嗨”场(就是供客人吸食毒品的场所)。

2. 证人陈四季的证言及辨认笔录:我跟了“飘马”后,金晖酒店的生意好了很多,一是没有小混混再来闹事了,二是多了很多“龙哥”“飘马”下面的弟兄过来捧场,我们老大“飘马”在沙井“很有料”,又是直接跟“龙哥”的,自从跟了“飘马哥”有了靠山后我底气足了很多,感觉在沙井做什么都很顺利,说话也大声了,出门走路都把腰挺的比以前直了。

现在沙井基本上已经就是我们“沙井新义安”的天下。沙井基本上所有的废品、煤气、酒店、夜总会都是我们“沙井新义安”的人在做,外人根本不可能插手进来。我知道的“龙哥”的新发废品站就控制了沙井的大部分废品,“烂田”的景昌废品站控制了壆岗村的废品。煤气我知道“龙哥”的马仔“允仔”在做。沙井最大的酒店夜总会金至尊酒店是“龙哥”马仔“B仔新”的、西岸花园酒店是“阿佬”马仔“军波”管理的、天源丽江酒店王文明有入股、我们金晖皇酒店我和李金旋都是股东。

经辨认,证人陈四季辨认出陈垚东(“龙仔”)、赖庆棠(“飘马”)、陈锦田(“烂田”)、李金旋(“胡须佬”、“肥佬”)。

3. 证人陈伟光(金晖皇公司法人代表,董事长)的证言:外界人都知道金晖皇是“胡须佬”李金旋的酒店,李金旋又是跟“飘马”,“飘马”又是跟“龙仔”的,在沙井都是他们这帮人说了算,所以没有人来捣乱。他们这些人在沙井这么多年都是欺横霸世,臭名远播。以“龙仔”为首的黑社会组织在沙井垄断废品行业,垄断每条村的统建楼,基建工程,煤气行业,房地产行业,村委选举,低价收购地皮。金晖皇公司是李金旋在2003年接手牵头成立的,李金旋让我担任公司的法人代表及董事长,李金旋是实际的大股东,李金旋安排老婆纪卫珍掌管公司财务,也是在公司代表李金旋处理公司事务,公司的重大事情都是由李金旋、纪卫珍夫妇商量决策的。如果公司的客房、KTV等改变收费标准时,肯定是由李金旋夫妇决定的。去年客房部的客房装修后,房价提高了,我听说是李金旋交代陈伟强到附近酒店客房打听价格,相互比较后定的新价格。KTV的总监何通明曾经跟我提过要提高在KTV的坐台小姐的收费标准，具体日期我记不清楚。何通明是直接听从李金旋的，提高收费这种事情只有李金旋才能决定。后来是提高了收费，具体是从多少提高到多少我不清楚。

4. 证人文义臣的证言：我知道李金旋和陈四季是沙井黑社会大佬的，是跟沙井黑社会大佬“龙哥”一起的。听说李金旋在沙井黑道名声很大，地位很高，是金晖皇酒店的实际控制人，他不具体管理酒店，但是酒店的大事情、经营政策都要他同意。沙井这个地方本身很乱，很多酒店都被收过保护费，都被闹过事，很多酒店都有人看场。我从2009年在金晖皇酒店上班开始就没有见过或听说过有人敢来金晖皇闹事，因为我们酒店老板李金旋和陈四季本身就是沙井黑道大佬，身份、地位比较高，一般不敢来闹事。我还听说内保在收酒店门口拉客佬的保护费，但不知是谁在收。

5. 证人曾丽坚的证言：“龙仔”涉及生意有废品收购、煤气、酒店、KTV、赌档、工地的土方、打桩、房地产等。壆岗一带的锦昌废品收购站是以“烂田”为首的“壆岗五虎”打理；沙一村的废品收购是“牛成”陈达成打理；福永的废品收购是“盲超”潘永钊打理；步涌、后亭附近的新发废品收购站由“炮叔”陈诺强打理。

整个壆岗景昌废品站是“烂田”陈锦田负责，里面的“八号公馆”也是他在打理。以前景昌废品站9个股东，但“烂田”很好赌，把景昌废品站公司赚的钱输了很多，“烂田”担心被人说他亏空，才千方百计讨好“龙仔”。后来景昌废品站的其他人就像是帮“烂田”打工，连原本属于废品站公司的三栋产业都记在他父亲名下。“八号公馆”总共是分三栋楼，一栋一楼的外面是“牛斌”做废品回收的，是用铁皮房做的，进去后就是第二栋用围墙围起来的另一栋楼，这里的一楼就有鱼池、游泳池、夜总会、赌档，二楼就是“嗨场”还有10间左右的房间，是供人玩乐的地方，陈嘉祺是专门负责“拉皮条”的，夜总会所有女的都由陈嘉祺负责搞定。“嗨场”最主要是吸“K”粉和“开心水”，第三栋就是像健身、训练场一样的，供人健身或玩的地方。

6. 证人陈伟飞的证言：赖庆棠、曾丽坚夫妇是靠跟了“龙哥”，并跟着“龙哥”打打杀杀上的位，然后靠走私红油、开赌档赚了钱，并开始靠暴力垄断赚了大笔钱，赖庆棠夫妇的势力也就越来越大了。

7. 证人王生明(被告人王文明之兄)的证言:我2010年6月开始在沙井黄埔村美宜佳便利店后面的一小店开了一间卖淫嫖娼的发廊,我弟弟王小明在沙井上南沙穗酒店附近也开了一家类似的发廊。我和王小明的发廊因由王文明罩着,没人敢来闹事。2011年9月我和徐小勇、覃享兵、杜二娃、王延三在黄埔村篮球场旁开了一间赌档,我共从该赌场获利13 000元左右。

8. 证人王小明(被告人王文明之兄)的证言及辨认笔录:王文明在沙井开有水店、煤气店、还和别人合开酒店,但具体是如何经营的我不清楚。听说他在老家还在拉河沙。王文明知道他做的不是什么好事平时很少和我们说这些事,怕连累我们。王文明以前曾帮人看赌场、看老虎机,从中获利,他以前还开过卖桶装水、卖瓶装煤气的店。曾因为想垄断附近的生意,把别人开的店赶跑。2011年9月的时候,我大哥王生明叫我入股赌档,据我所知赌档是由覃享兵开起来的,股东有覃享兵、王生明、王延山(外号“三哥”)、“杜二哥”和我。赌档开在沙井黄埔球场后面的小店里。一般从晚上六七点钟开到十一二点钟结束,赌档里赌钱的每天大约有二十多人。

经辨认,证人王小明辨认出王文明,是在沙井黄埔一带混的小老大;王生明是其大哥。

9. 证人曾汉斌的证言及辨认笔录:“龙哥”(陈垚东)在废品、房地产、码头等方面都能一手遮天。我知道的“龙哥”他们有废品收入、码头收入、房地产收入、看场收入、垄断煤气收入等方面的收入,其他方面的我就不知道了。“辉哥”(曾鸿辉)的收入来源我知道的有他在金至尊酒店看场(当保安队长)、开煤气站。

我知道的“龙哥”跟其他人一起垄断废品和搞房地产生意。而他的马仔很多都是以垄断废品、煤气为主。反正在沙井基本上每条村都有一个老大,他们几乎都是我们“新义安”的人,他们都会在本村做废品或煤气生意。

经辨认,证人曾汉斌辨认出“马骝”(“辉哥”)即曾鸿辉。

10. 证人张建新的证言:江启林是跟黑社会老大“龙仔”的,在“龙仔”的公司打理财务,还从事开赌档、非法经营煤气站、收废品、放高利贷、收保护费。江庆儒也是江启林的马仔,帮江启林管理煤气站。

11. 证人黄远雄的证言:最近几年“龙仔”即陈垚东在沙井与陈财明合

作开发房地产。我是2008年5月左右从新西兰回来后，这几年就在沙井帮“龙仔”管理房地产生意，“龙仔”派我到鸿兴达花园和鸿兴盛花园这两个地产项目作为他的代表，任项目经理，负责与监理公司沟通和工地的保安管理。

12.证人钟伟军的证言及辨认笔录：陈垚东（“龙仔”）是在沙井做房地产生意的，还听说做过新发废品收购站的生意，开骏东投资有限公司。90年代时“龙哥”在沙井上南开过一间创世纪酒吧（有股东“文强”），是当时沙井最大的娱乐场所，也是最大的“嗨场”，去里面消费的人大多都会吃摇头丸。我知道“龙哥”这个人并非一个正正当当的生意人，我也不止一次听说他是出来社会上混的，后来“龙哥”开过骏东投资有限公司、新发废品站，还有些房地产生意。

“龙仔”他是沙井的黑社会老大，他很有钱，在沙井有很多项目，手下有一大帮马仔，他还开了一家新发废品站，垄断了一些地方的废品行业。“龙仔”的经济来源，我知道的有他创办的“创世纪娱乐城”，那是专门给人提供吸毒的场所，新发废品站垄断废品行业，在他的901办公室开设赌场、买卖土地、搞房地产生意，还有赌博赢回来钱等。“龙仔”在垦岗水库旁有个叫“静雅庐”会所，是打的沙井文化站的旗号来建的。“龙哥”有开赌博档口，他有股份，是在银通大厦903房。

“龙哥”的主要犯罪行为就是靠他的马仔垄断废品收购行业，以及通过和每个村里村长、书记拿地建房卖房赚钱。我听“龙哥”说过他2011年要开发40万平方米的土地，现在已经有四个楼盘正在启动，可以赚20亿元至30亿元。

我知道“龙哥”的经济来源是垄断统治废品站和与村里的干部勾结拿地建房赚钱。

陈垚东等人的团伙组织主要在沙井垄断沙井的废品和沙井的房地产，沙井的土地很多都是通过买通村委和街道办后被低价买下，还有“龙仔”在自己骏东投资公司903房办公室开了一个大赌档。

经辨认，证人钟伟军辨认出陈垚东（“龙仔”），是沙井黑社会老大；文稳权（“文强”），曾和陈垚东一起合伙开创世纪娱乐城；陈诺强（“傻炮”）；潘泽勇（“阿勇”），是沙井万丰村村委书记，其称陈垚东为“BOSS”，陈垚东在办公室曾骂过潘泽勇，我认为潘泽勇是陈垚东的马仔。

13. 证人王智君（新发废品站出纳）的证言：新发废品站有两个老板，大老板是陈诺强（外号“傻炮”“炮哥”，沙井本地人），另外一个老板是谢春山（外号“谢仔”，河源人），谢春山是2008年（具体时间不记得）才做的老板，但是入了多少股份我就不知道了，是陈诺强跟我们说以后要叫他老板，也要听他的话的，他们两个老板负责废品站的管理工作，办公室工作人员有经理陈惠芳（女，外号“芳姐”“肥芳”，沙井本地人），她很少到废品站来的，废品站的什么事情她都管，但是就很少来上班。我们新发废品收购站的老板表面上是我认的干爸爸陈诺强和谢春山，但我听说我们新发废品收购站真正的老板是“龙仔”“佬哥”“波哥”，这三个人是我们沙井外面混黑社会的老大。

（其他证人证言内容略）

21. 被告人陈垚东的供述和辩解及辨认笔录：我主要在沙井一带活动，跟人合伙开了名仁盛典当行、禾兴隆实业有限公司、田园农庄、骏东投资有限公司；陈卓峰、陈锦田主要在塱岗一带活动，跟塱岗村委合伙做废品生意；文稳权主要在新桥一带活动，跟他弟弟合作经营新桥客运站；曾庆发主要在上星村一带活动，他的经济来源不清楚；陈伟明主要在沙井一带活动，开了间科技公司；赖庆棠主要在沙井码头一带活动，做沙石生意；江启林主要在步涌村一带活动，在沙井东星汉永酒店后面开了间桌球城；陈庆培主要在蚝四村活动，主要经济来源靠厂房收租；潘军波主要在万丰一带活动，跟人合伙开了间西岸酒店，他是大股东。

经辨认，被告人陈垚东辨认出陈卓峰、陈锦田、文稳权、曾庆发、陈伟明、赖庆棠、江启林、陈庆培、潘军波等人。

22. 被告人文稳权的供述和辩解及辨认笔录：创世纪酒吧是1999年12月23日开业的，股东有我、钟志东、陈志坚、“傻炮”，我们4人各出资35万元，共140万元，各占25%的股份。陈垚东（“龙仔”）其实也是创世纪酒吧的股东，他的股份在陈志坚名下。陈志坚出资35万元入股，后来我们另外3个股东才知道，这35万元里面一半是陈垚东的。酒吧开业后，陈垚东就找了七八个外地人过来酒吧做“内保”，酒吧营业3个月后聘请了20多个保安公司的保安，就让这伙“内保”走了。平时酒吧内有打架的事情，一般由保安出面处理，处理不了就让“龙仔”出面处理。大家都知道这个酒吧是“龙仔”看的，这个酒吧的气氛好（吸毒的人多，人多才好玩），是“嗨场”（吸毒场），周末的时候酒吧就会满座。除了开支，我们每个股东每个月都能分到5万元左右。经营了四年，每个股东大概盈利150万元。

经辨认，被告人文稳权辨认出陈垚东（“龙仔”）、陈志坚、陈诺强（“傻炮”）、钟志东。

23. 被告人陈锦田的供述和辩解及辨认笔录：新发废品收购站是沙井最大的废品收购点，他们想收的废品基本上都能收到，他们不想收的也可以通过各种方式、手段占有干股。在沙井的其他村里面要收购废品，就必须经新发废品收购站或“龙哥”的同意。新发废品收购站的股东有“龙哥”“阿佬”“猪仔波”“木鱼”4个人，但是主要的经管和管理者就是“炮哥”（真名叫陈诺强）与陈惠芳（“斧头”的亲姐），“炮哥”负责新发废品收购站日常的运营和管理，陈惠芳就负责管理废品站的账目或协助“炮哥”，有些被新发废品收购站占有干股的废品站，陈惠芳就会到这些废品站里查阅他们的账本，了解一下经营情况，然后把新发废品收购站应得的那一些利润计算出来，以免他们这些收购站虚报利润。

我的景昌废品收购站一共有9个股东，分别是我、陈嘉祺、陈敏、“麻雀头”“牛奔”、陈志、陈伟昌、陈均池、陈谊，其中我是负责景昌废品收购站的账目管理，“牛奔”与陈嘉祺负责废品收购站的日常运营，“麻雀头”协助我对外应酬与打点各种关系，废品站里最大的老板就是我与“麻雀头”。景昌废品收购站刚开始的时候大概只有2 000多平方米，到大概2009年的时候到达了鼎盛时期，加上景昌废品收购站旁边的一个池塘，这是一块政府用地，大概有1 000多平方米，景昌废品收购站实际使用面积达到了7 000多平方米，我在里面还建了两栋楼，一栋三层半作为办公室用，另外一栋四层半的设有卡拉OK厅、健身房、餐厅等娱乐设施，在池塘的旁边还有一个游泳池。

经辨认，被告人陈锦田辨认出陈垚东（“龙哥”）、文稳权、陈伟明（“斧头”)、陈嘉祺、陈卓峰(“麻雀头”)、陈展斌(“牛奔”)。

24. 被告人赖庆棠的供述和辩解:“龙哥”的这些手下在沙井都挺有势力而且都各自有自己的手下,他们成立了一间叫新发废品公司,“烂田”负责壆岗村的废品,“万发”负责上星村的废品,“牛成”和“钢拇”负责蚝一村的废品,“金刚仔”负责沙井的废水回收,“稳仔”负责大王山石油气,“马骝”负责新二村的石油气,其他具体的就不知道了。

25. 被告人陈诺强的供述和辩解:新发废品站是2000年成立的,地点在沙井步涌村。当时的股东有梁木羲、“波哥”、“龙仔”、“阿佬”等人,而我就是在新发里管理车辆的,陈敬棠是总经理。到了2006年,我就负责管理新发,我叫了谢春山来当新发的法人代表,而“龙仔”这边就叫来陈惠芳做新发的总经理。2006年之前,我只是每月在新发领取2万元的工资,有时没有钱花,也会在新发拿钱,大概每年拿五六十万元。其他股东分了多少钱我不知道。到了2006年后,“波哥”每年可以拿到500多万元;“龙仔”、“阿佬”、梁木羲三人每人每年可以拿到400多万元;我每年可以拿到100多万元。

26. 被告人陈伟明的供述和辩解:我们有规矩,在自己村怎样做生意都不用和别人打招呼。但是如果生意是在别的村就必须要通过那个村的“话事人”才行。所谓的“话事人”就是那个村的“龙哥”的马仔。这个规矩是“龙哥”定的,其实“龙哥”就是为了避免我们这些跟他的人因为利益发生摩擦和争斗。叫我们自己做自己村的生意,不要到别人的村里做生意。即使要做也要事先沟通,等沟通好了以后再做,这样也可以减少争斗和摩擦。陈锦田是壆岗村的,我是辛养村的,他想在我们村里做生意就必须要通过我。如果不通过我,他直接就去做,第一这样做不符合我们的做事规矩;第二也容易产生摩擦,发生打架的情况。我是辛养村跟“龙哥”的,而且我俩又是好朋友所以他来找我。因为有个厂的废品收购是我谈的,我每年在新发废品收购站可以拿到300万元的分红。

27. 被告人曾庆发的供述和辩解:“龙哥”下面这些马仔又有各自的帮派组织和势力范围,涉及的行业有废品收购、煤气、控制妇女卖淫、开设赌档、房地产、建筑材料等。各个帮派之间相互照应,他们这伙人已经涉足沙井的每一个行业，每一个角落。

“虎头”真名叫陈伟明，在沙井国美大厦开了一家律师事务所。“虎头”本人没有律师牌，只是初中文化程度。“烂田”真名叫陈锦田，现在在搞房地产开发。他还经营了一间景昌废品收购站，股东为“烂田”“麻雀头”等人。还有西岸花园酒店他也有股份。这两个地方也是我们跟“龙哥”这伙兄弟的聚会地点。景昌废品收购站里面建有私人会所，私人会所里面提供小姐、毒品，还开有一个赌场。新二村是“马骝”的势力范围，“马骝”垄断了新二村的煤气及废品收购，还收新二村大小娱乐场所的保护费。例如沙井金至尊酒店是他负责看场。另外他开有一间担保公司，其实就是放高利贷的。“B 仔新”真名叫曾玉新，很早就跟了“龙哥”，他开有金至尊酒店，厂房出租等很多产业。“飘马”自己有个“飘马车队”，他车队的车都挂有“飘马”标志。他在沙井有个八号码头，主要经营建筑材料及船运。王文明，号称是“四川帮”的老大，在沙井坐台的四川籍卖淫女都要交两三百元给他的。“盲国泰”真名叫黄国泰，30 多岁，沙井上寮村人，在自己村里做建筑土方生意。

（其他被告人供述内容略）

（三）黑社会性质组织的行为特征证据

（详见本判决下列该黑社会性质组织实施的具体犯罪事实的证据）

（四）黑社会性质组织的危害性特征证据

1. 证人陈小军的证言及辨认笔录：2000 年前后，“龙仔”与别人合伙开了创世纪，由于创世纪在全沙井乃至全宝安都是出名的“嗨”场（就是供客人吸食毒品的场所），所以“龙仔”的名声一下就壮大起来，沙井很多的老百姓都觉得不可思议，如此猖狂地在场所里供客人“嗨”都没有被查封，所以那时候“龙仔”的名声达到了一个顶峰，创世纪还邀请了香港新义安帮的龙头老大向华强过来搞活动，这样全沙井的老百姓或政府官员都知道“龙仔”的黑社会势力已经得到了香港黑帮的支持，大家就更加害怕“龙仔”，“龙仔”与沙井的很多政府官员勾结在一起，达到了黑白通吃的局面，所以在沙井“龙仔”可以说是撑起了半边天。

“龙仔”给他的马仔都划分了地盘，也就是势力范围，主要是以自己的本村为地盘,谁跟了“龙仔”,谁就是村里面的老大,沙井各条村的村民都默认了这一点,这是“龙仔”多年来在沙井盘踞、发展势力的结果,导致外面还有很多人想冒充是跟“龙仔”的,以此来欺负别人,或者是垄断某一行业。直到现在,我们沙井很多本地人都从新闻媒体上得知“龙仔”这伙人被抓了,但反应比较沉默,包括我在内,现在还是很害怕,沙井被“龙仔”这伙人控制了差不多二十年了,这种长时间的无形的压力使得沙井人民喘不了气。

经辨认,证人陈小军辨认出陈垚东(“龙仔”)。

2. 证人陈伟光(金晖皇公司法人代表,董事长)的证言:“龙仔”是沙井最大的黑社会老大,他在沙井呼风唤雨,基本上沙井的所有村子有钱赚的生意他都垄断。整个沙井的人都知道“龙仔”为人比较凶狠,手下弟兄多,基本上沙井所有村子里的村长和书记都是听“龙仔”的,他要谁当村长就谁当,要谁当书记就谁当,就连沙井街道党工委书记刘少雄也是听他的话。他们这些人在沙井这么多年都是欺行霸市,臭名远播,沙井人都知道这帮人。我知道以“龙仔”为首的黑社会组织在沙井垄断废品行业,垄断每条村的统建楼、基建工程、煤气行业、房地产行业、村委选举,低价收购地皮。“龙仔”的这些违法事情是沙井所有村子村民家喻户晓的。例如民主村的村民还因为“龙仔”建田园风光时占了很多民主村村民的地,当时政府答应给民主村的村民赔偿,但没有兑现,民主村的村民因为害怕“龙仔”的势力,怕被报复,一直不敢向政府部门投诉,直到“龙仔”被抓之后他们才敢到市政府去上访。

3. 证人王小明(被告人王文明之兄)的证言及辨认笔录:王文明以前开过卖桶装水、卖煤气的店,因为想垄断附近的生意,曾经把别人开的店赶跑。我开了个“鸡店”,2011年4月被警察查处了,当晚在我店里被带走的一共是五女一男。被抓以后我听隔壁一家“鸡店”的老板“眼镜”讲,是“上面的人”来抓的。我有些害怕了,马上给我弟弟王文明打电话,让他帮忙打听一下。“上面的人”也就是不是派出所抓的,而是宝安公安分局来抓的。因为我弟弟王文明在外面混的,认识的人多一点,人脉广一点,所以我就给他打电话了。这件事的处理结果是:有一个女孩被治安拘留了,其他的人第二天就被放了。我不清楚其他的人为什么没有被处理,也不清楚王文明是怎么样帮我打听的。

经辨认，证人王小明辨认出王文明。

4. 证人宁明周的证言及辨认笔录：在沙井有一个以宁注作为首的黑社会团伙，在宝安区沙井、南山区蛇口两地开设地下赌档，以及控制沙井建材水泥行业。宁注作现在在宝安区沙井田园风光附近开了一家水泥加工厂（具体名字想不起来了），沙井附近安化、宁乡籍水泥建材店都必须从宁注作的加工厂进水泥，否则宁注作手下会刁难店主和司机，有时会砸店和打人。我听龙勇林说，他的一个“同年”，在沙井开间水泥建材店，“光头仔”就指示宁军山安排人去砸店（后面有没有砸我不清楚），类似这样的事情应该不少。2007 年，一名安化籍老乡（外号“全师公”，男，安化县大福镇东山村人，40 岁左右）低价供应一家建筑工地的水泥，宁注作以抢了他生意为由，带人赶走了这名安化老乡，并敲诈了 6 万元作为赔偿。2009 年，宁注作以买车为由，向易建胜（男，40 多岁，长沙宁乡县为山区巷子口镇人，宝安区三围华润水泥厂老板）“借”20 万元用于买保时捷小车，至今未还；宁注作还向易建胜免费“要过”一个价值 3 万元的水泥罐自己用，至今未还。2009 年宁注作以买车为由，向宁云华（男，40 岁左右，安化县大福镇建和村人，做水泥生意的）“借”10 万元用于买保时捷小车，至今未还；向宁根明（男，40 岁左右，安化县大福镇建和村人，做水泥生意的）“借”50 万元用于买保时捷小车，至今未还。2010 年 11 月左右，我听宁畅手下的马仔讲“豹子”在宝安区沙井北环路兄弟建材店所用的枪和 2009 年长沙宁乡持枪抢金铺案的枪是同一把枪，而枪支都是宁注作的。

经辨认，证人宁明周辨认出黄志奇（“豹子”），龙勇林，宁畅（“湖南阿峰”）。

5. 证人曾允忠的证言及辨认笔录：“龙哥”是沙井这边的一个黑社会“新义安”社团的老大，开了一家废品收购站，一家担保公司，近期还在搞房地产。在沙井出来混的和做生意的，没有不认识他的，也基本没有谁不买他的账。“龙哥”这伙人在沙井是最厉害的了，大家都怕他们，很多生意都是给他们垄断掉的，他们想做什么就做什么，在沙井为所欲为。

经辨认，证人曾允忠辨认出陈垚东（“龙哥”）。

6. 证人曾汉斌的证言及辨认笔录："龙哥"在废品、房地产、码头等方面都能一手遮天，只要听到"龙哥"的名字，别人都会给面子的。基本上很多行业都是他说了算的，所以我们跟着"龙哥"也很有面子。"龙哥"的势力范围包含了整个沙井，其中他下面的大马仔每个人都各有势力范围，比如"马骝"的新二村等。

我知道的"龙哥"跟其他人一起垄断废品，和搞房地产生意。而他的马仔很多都是以垄断废品、煤气为主。反正在沙井基本上每条村都有一个老大，他们几乎都是我们新义安的人，他们都会在本村做废品或煤气生意。

经辨认，证人曾汉斌辨认出曾鸿辉（"马骝""辉哥"）。

7. 证人刘创钦的证言及辨认笔录：1998年在沙井做煤气生意至今。2003年年底开始在沙井大王山村工业区2号店铺进行经营。我50%股份，陈允球、陈勇波他们各25%。2009年12月陈允球拿40万元退出，"马骝""盲华仔"加入。"马骝""盲华仔"也入股了煤气站，因为他们在沙井一带名气大，而且又是跟"龙仔"的，让他们入股后，就可以靠他们逼迫其他煤气站退出，从而垄断大王山一带的煤气生意。"马骝""华仔"我知道他们都是跟沙井黑社会老大"龙仔"的，如果让他们进来后，可以使其他煤气供应商退出和我们的竞争，另外也保护了我们的正常经营不受他们的侵害。

陈允球、"马骝""盲华仔"都是跟沙井黑社会老大"龙仔"的，他们对外号称是"沙井新义安"或者说是"跟龙仔的"。在沙井出来混黑社会，如果不是"龙仔"的人，那就根本没有立足的地方。只要是赚钱的生意，"龙仔"和他下面的人都要插手进来，可以说，整个沙井都是"龙仔"的天下。

经辨认，证人刘创钦辨认出曾鸿辉（"马骝"）、陈才喜（"盲华仔"）；陈四季（"陈四"也叫"四哥""胡须仔"）是跟在沙井混黑社会的赖庆棠（"飘马"）的。

8. 证人王亚升的证言及辨认笔录：新发废品站是沙井最大的废品站，老板是沙井势力最大的黑社会大佬，其中"龙哥"更是大家公认的大哥，其他废品站的人不敢得罪"龙哥"，不敢和新发争生意。我是2008年年初到年底在新发废品站上班。新发废品站把它控制的几条村分成几块在管理，每一块都有一帮人在巡查。我在新发废品站是负责巡厂的，发现有工厂私自向外卖废品的，就把拉废品的车拦下，打电话回废品站，等废品站的人过来处理。必要的话把车拉回去，由“炮哥”（陈诺强）或“芳姐”（陈惠芳）处理。“炮哥”说所有步涌村的废品都要卖给新发，不能私自向外卖。如果工厂不把废品卖给新发，“炮哥”就会派人一直守在门口，不让废品拉出工厂，也没有其他废品站的人敢来拉，最后工厂的废品就会堆积越来越多，工厂就会妥协。

经辨认，证人王亚升辨认出陈诺强（“炮哥”），陈惠芳（“芳姐”），易亚胡（“高佬”）。

9. 证人朱海波的证言及辨认笔录：全沙井的人都知道新发废品站有黑社会背景，是黑社会大佬“龙哥”开的。他是大老板，下面有很多马仔，在废品站养了很多打手，还有专门巡厂的几十人，垄断了步涌村等工业区的废品，是沙井生意最大的废品站。听人说新发还有一个老板是“炮哥”，“炮哥”也是出来混的、资格比较老的大哥。“龙哥”我只见过他一次，但全沙井的人都知道“龙哥”这人，因为他是黑社会老大，下面有很多马仔打打杀杀，沙井人都怕他，他在沙井做废品、开创世纪 KTV 的生意。“炮哥”在新发管理全面工作，在沙井经常可以在路上看到新发废品站拉货的货车，因为货车前面的挡风玻璃有一块贴“新发炮哥车队”几个字的塑料板，路人一看就知道这是新发的车，大家都知道新发是“龙哥”“炮哥”的背景，都会让着点。我是在步涌废品站巡场，如发现有外人来拉废品，就拦车让拉废品的卖给我们。新发废品站巡厂的跟我们也一样，但他们人更多，“山西”也是负责管理新发巡厂的，经常拦车后不配合的就打，他们很霸道。

经辨认，证人朱海波辨认出王亚升（“山西”），称其系新发、步涌废品站巡厂的负责人；陈诺强（“傻炮”），称其管理新发的全面工作。

10. 证人刘少雄的证言：我在 2003 年 9 月去沙井工作以后，才知道“龙仔”是沙井的话事人，在沙井很有势力，是黑社会老大。2004 年许，在拍卖一个五星级酒店的用地时，与沙井的一些政府官员一起吃饭时，经人介绍才认识了“龙仔”。因为我在跟“龙仔”认识之前，是跟陈财明接触较多。陈财明跟“龙仔”很熟。有一次，我去香港，陈财明叫“龙仔”派车派司机送我一个人去香港。陈财明也陪我去过三次，而“龙仔”直接陪我去香港只有一次。我认识“龙仔”身边的一个人叫“阿叉”，男，沙井沙头人，40多岁，具体做什么的我不清楚。“阿叉”进入了沙井商会，他好像是一个副会长，我是在沙井商会的会务上认识他。他的腰好像有点弯，走路很特别。他经常跟“龙仔”在一起，不是经过“龙仔”介绍认识的。我听社会上的人传言说，“阿叉”是做外围赌马赌博的。我沙井街道办的城建科科长陈俊炜跟“龙仔”比较熟。另外，我还知道陈财明跟“龙仔”的关系很密切。在沙井，很多人都知道陈财明与“龙仔”是生意上的合伙人，即发生了什么事情，陈财明自己搞不定的，都是“龙仔”出面帮他摆平。陈财明自己有收购废品，跟黄埔的废品收购站有冲突，公安民警鸣枪制止都搞不定。陈财明找到“龙仔”出面给摆平。我想起来了，是“大犀牛”的弟弟与陈财明发生了冲突，然后陈财明让“龙仔”出面摆平的。我听说在沙井北环路和中心路交界的路段，是2009年或是2010年某日的19时许，步涌的一个混黑社会的人刚喝完喜酒回家，半路上被“龙仔”的一个马仔雇人把他给干掉了。我知道这事，是因为死者是步涌人，姓江，他的家属纠集了上访，到街道、区、市、省上访。陈财明与“龙仔”向新桥村、万丰、沙民股份公司拿过土地。陈财明与“龙仔”两人合作土地开发，跟村里面搞合作，他们两人自己也有可能拉上其他人组成公司，跟村里的地合作开发土地。收购旧的工业区，开始时自己租赁，然后过一段时间看到价格高了就自己转让出去，他们搞小产权房，有发展潜力的土地就他们二人自己或拉上其他一伙人一起开发，没有开发潜力的土地就转卖出去。2007年万丰村换届选举的时候，村里面的“军波”是一个“烂仔头”带头闹，让村委书记潘泽勇下台。一些原来在村里当过生产队长的老干部到街道办来上访。我后来听说是潘泽勇和他的老爸找到了陈财明求助平息此事。听说“军波”是“龙仔”的马仔，陈财明应当是找到了“龙仔”，让“龙仔”出面摆平了“军波”。我也认为陈财明在接受求助时，双方达成了协议，即让潘泽勇当上书记后，把万丰村的地拿出来给陈财明和“龙仔”开发。故在潘泽勇成功当选万丰村书记后，半年左右，就将万丰村最好的最有价值的一块地，即万丰派出所背后的那块地给了陈财明和“龙仔”搞房地产开发。潘泽勇当上书记后，陈财明和“龙仔”把中心路一个九八工业城旁边的一块3万平方米的土地，还假借万丰村的名义，卖给了一帮外地人建统建楼。大岗头，是万丰的地，面积是 5 000 平方米至 6 000 平方米，也是陈财明和“龙仔”把地卖给了外地人。潘泽勇在当选村委书记后，把地给了陈财明和“龙仔”，他们的关系相当密切。沙民股份公司的工业用地被征收，沙民股份公司要求把地置换成商业用地。而商业用地在中心区，我认为不能按照一比一的比例进行置换，于是把沙民股份公司的被征收的 3 万多平方米的土地按照 2 ：1 的比例置换成了 15 000 平方米左右的商业用地。后来，“龙仔”找到我让我快点办沙民股份公司的土地置换事宜。我也搁置没有办。然后我的一些同事时不时告诉我在沙井得罪谁都可以，但是千万不能得罪“龙仔”。得罪了“龙仔”到哪儿都不行。后来，我就上会讨论研究沙民股份公司置换地的事情。上会讨论决定同意置换后，“龙仔”给了我港币一千万元。

陈财明有自己的废品收购站，“龙仔”也有自己的新发废品收购站。沙井的废品收购站绝大部分都给新发废品收购站给收购了。强买强卖也听说过。比如说向厂里收购的时候，本来市值 5 万元，但是却被压低到 4 万元就给收购了。这种事情，也没有听到厂里的人来街道办来投诉过。他们是敢怒不敢言，是基于“龙仔”他们这帮人在沙井的地位和势力，而多一事不如少一事就忍气吞声了。

11. 证人钟伟军的证言及辨认笔录：我知道陈垚东的马仔有这么几个，“黄飞鸿”、钟少宇（“乌之”）、“阿荣”，像“烂田”、陈敏这样的我就不知道他们与“龙哥”的关系了。“壆岗五虎”垄断壆岗的废品收购，称霸壆岗，把外面来收废品的人赶出去，只准他们“壆岗五虎”自己收壆岗的废品。

陈垚东等人的团伙组织主要在沙井垄断沙井的废品和沙井的房地产，沙井的土地很多都是通过买通村委和街道办后被低价买下。

我听说“龙哥”垄断统治废品收购站都是靠前期打打杀杀拼杀出来的势力。

经辨认，证人钟伟军辨认出陈垚东（“龙仔”），是沙井黑社会老大；文稳权（“文强”），称其曾和陈垚东一起合伙开创世纪娱乐城；陈诺强（“傻炮”）；钟志东（“叉哥”）；易亚胡（“高佬”）是“龙仔”的马仔；钟少宇（“乌之”）是“龙仔”的马仔；陈锦田（“烂田”）是“龙仔”的马仔；江启林（“矮仔”）；陈伟明（"斧头""虎头"）是"龙仔"的马仔；伍健东（"阿柴""东方红"）；陈建忠（"阿忠"）是沙井蚝四村的书记；陈伟峰；曾景新；陈财明（"明叔"）；刘少雄；黎映现（"黎鸣"）；谭少华，新安湖工作站站长；陈俊炜（"伟哥"）沙井城建办主任；潘泽勇（"阿勇"），是沙井万丰村村委书记，其称陈垚东为"BOSS"，陈垚东在办公室曾骂过潘泽勇，我认为潘泽勇是陈垚东的马仔；文迎新（"霹雳仔"）是"龙仔"的马仔。

12. 证人陈少施（新发废品站开票员）的证言：我是沙井人，当然知道"龙仔"是全沙井最大的黑社会老大。我觉得新发废品站是有黑社会性质的公司，因为老板"龙仔"、"佬哥"、"猪仔波"、梁木义、"炮哥"都是沙井黑社会的大佬，在沙井有头有面，下面很多马仔，这是全沙井的人都知道的，都很怕他们。"龙仔"利用自己的势力，垄断了步涌、衙边、后亭、沙三村、蚝四、上下围、林波坑、大王山、沙民、工业等村400多家厂的废品收购，养了很多巡厂人员，就是打手，控制废品不给其他人收，如果发现外人来收就派打手去打人，所以沙井没有一家废品站敢与新发争生意，而且新发收购废品的价格会比外面的市场价要低。新发废品站还与地磅联合骗秤，靠这些新发废品站的生意做得很大。新发废品站有40多个巡厂员，巡厂就是指新发废品站的巡厂员在与新发废品站有口头协议或者签了废品站收购合同的厂家企业周围巡逻，防止这些厂家偷偷地将原本是我们新发废品站收的废品卖给别人。如果发现有人偷卖废品的话，那些巡厂员就会将对方拉废品的车拦下来，然后电话通知巡厂的队长，然后会将废品拉回新发废品站。如果对方有关系或者是一些大厂的关系户，我们就会过磅称量那些废品的重量，然后按照我们新发公司自己定的价格向他们收购。如果对方是没有关系，或者连续被我们发现，多次偷拉废品的就直接将人赶走，将废品扣下来。如果遇到反抗的，有时候还会打人。谢春山以前经常打人，有时候打得很厉害。

13. 证人易永松的证言及辨认笔录：2007年9月，我叔叔易亚胡介绍我到新发废品站打工，刚到的时候做巡厂，巡厂就是废品站给我们每人配一台电动自行车，让我们4个人看一个村的工厂，看他们工厂有没有将自己工厂的废品卖给其他废品站，我们总共看沙井下面的步涌村、沙三村、衙边村、后亭村和丽晶酒店所在村的工厂。如果发现有，我们就给谢春山报告，他去和工厂沟通，让工厂只把废品卖给新发废品站。因为谢春山是废品站负责管理保安和“巡厂”的，所以工厂不听的话，谢春山就要我们在工厂门口堵住拉废品的车，不让工厂把废品拉出去。我们听谢春山指挥，他叫我们打司机或是来拉废品的人，我们就动手打，要我们放人我们就放。因为我们巡厂的地方都是我们废品站的地盘，别人来这里收废品就是抢我们的生意，老板叫我们打他们就是不准他们到这里来收废品。一般打完后，下次他们就不敢过来拉废品了。动手打架的是负责看其他村的巡厂的人，我们因为本地村民都认识，动手的话容易被公安打击。我亲眼看见的有四五次。我们新发废品站有自己的规矩的，一般是负责巡哪个村工厂的人负责堵住拉废品的车，然后叫负责看其他村的同时动手打人。我记得有一次是同富裕工业区的泰成厂被我们拦过，当时我们拦住了，对方就打电话给他们老板，我们后来就把他们拉下车了，不让他们走。然后我们给谢春山打了电话，谢春山和“芳姐”都过去了，他们同厂里谈，我们站在旁边，后来这个厂的废纸皮就给我们新发废品收购站了。如果发现有外面的人拉废品，一般就是把人和车带到我们新发废品收购站，带回新发废品收购站后，我们就会将大门关住，将车上的废品卸下来，然后“炮哥”就会和拉废品的人谈，就是要他们把车上的废品卖给我们，并叫他们以后不要到这里来拉废品。安排巡厂工作的是谢春山，阿祥只是监督我们巡厂，打人都是阿祥带的队。我只记得里面有一个叫雷振的，他们两个下手比较狠。但是我在新发这么久，从来没有看过新发公司被公安机关处理过，最厉害的那次打人，连警察都开枪了，新发公司还是正常营业。新发废品站是有黑社会背景的，老板“傻炮”是沙井一带混的黑社会大哥，听说是跟“龙哥”的，我们听说“龙哥”才是新发废品站的幕后老板。当时新发干巡厂的有 40 多个。干了巡厂四个月后，我开始在新发废品站做保安，做保安差不多做了三年。后来，在新发废品站开叉车至今。

经辨认，证人易永松辨认出陈诺强（“傻炮”），沙井本地人，称系新发废品站的老板；陈惠芳（“芳姐”），沙井本地人，称系新发废品站的经理；辨认出谢春山是新发废品站的法人，负责废品站保安和“巡厂”的管理；辨认出张永祥（“阿祥”），是新发废品站负责巡厂的监督员，曾多次带队打架；辨认出王亚升（“山西”）；辨认出易亚胡（“高佬”）。

14. 证人陈福来的证言及辨认笔录：我是沙井本地人，从小在沙井长大，与“龙仔”这伙人有些还是同龄人，所以对他们特别了解。“龙仔”是沙井新义安帮的老大，是沙井最大的黑社会头目，他在沙井有钱、有地位、有势力、有影响力，全沙井的人都怕他的。我知道自从90年代开始，我们沙井各条村里历届的村干部都与“龙仔”这伙人的关系都非常好，可以说“龙仔”不想谁当选，那人肯定选不上，想谁当选，那人被选上的概率非常大，“龙仔”这伙人就有这样的能力和势力。沙井这么多年的变化很大，社会上打打杀杀的事情绝大部分都与“龙仔”或他的马仔有关。“龙仔”给他们的马仔划分的地盘就是以本村为自己的势力范围，总之“龙仔”的手下基本上每条村都有，谁跟了“龙仔”，谁就是本村的老大，谁在村里就有地位。“龙仔”通过他众多的这些手下，对沙井各条村的经济、政治实行控制，村里面的煤气或废品收购生意都是被“龙仔”的这些马仔垄断的。我知道壆岗是被“烂田”开的废品收购站垄断经营的，步涌村是被“矮仔”开的废品收购站垄断的，“马周坚”就垄断蚝三村的废品收购。另外“龙哥”还与“炮哥”等人经营了新发废品站，是沙井最大的废品站，也是垄断性经营的。“龙仔”这伙人在沙井无恶不作，沙井好多比较大的命案都是“龙仔”的手下做的。我知道的有2000年在创世纪门口“水鱼”的马仔把后亭村的一个青年杀了，2005年我姐夫的弟弟外号叫“朱仔文”（真名不知道，男，40多岁，福永人）的在深圳市罗湖区被“水鱼”的马仔杀害了，2009年步涌村本地人“盲南”（个人情况不清楚）被“矮仔”的马仔杀死等。沙井的老百姓一提起“龙仔”就毛骨悚然，从90年代初期就是他们的天下，在沙井可以说为所欲为，他们控制整个沙井，各条村的经济、政治甚至街道办等很多政府部门都被他们玩弄于股掌之中。这些政府部门颠倒是非黑白，与“龙仔”这些黑社会人员狼狈为奸，官匪勾结，大家都知道这种情况，但却无可奈何。这次把“龙仔”抓了，大家都很震惊，认为政府动了真格，现在我们的日常生活平静多了，很多沙井的本地人都拍手称快。

经辨认，证人陈福来辨认出陈垚东（“龙仔”“龙哥”）、陈诺强（“傻炮”）、陈锦田（“烂田”）、江启林（“矮仔”）、陈卓坚（“水鱼”）。

15. 证人潘某某（某党支部书记）的证言：听说“龙仔”开了一家很大的废品站，附近工厂的废品都要卖给他们，赚了很多钱。这些年涉足房地产，和村里的官员相互勾结，村里的地都几乎被他拿光了。“龙仔”他们没有被抓的时候，我们村的村民根本不敢说话。前几年我家旁边开了一家洗衣店，每天 24 小时营业，脏水横流，噪声很大，严重影响了我的生活。我屡次向村委、镇政府投诉，但是一直没有得到回复、解决。后来我听我朋友说，这家洗衣店是香港黑社会大佬“猪仔波”的马仔开的，当时我就不敢再去投诉了，还害怕了好几天，生怕半夜家里的玻璃被人砸。因为在两三年前我们村里选举的时候，有一个人不听话，第二天一起来，汽车都被砸了。整个沙井都笼罩在一个很恐怖的气氛里，老百姓吃亏也不敢吭声，害怕被人报复，连学校都受影响，对打掉他们老百姓都拍手称快。尤其是万丰村的地都被“龙仔”他们买去了，其他村的村民还可以有廉价房买，唯独我们万丰村的地都被人买去了，不但没有廉价房买而且分红也比别的村少很多。那个时候，村里面村长、书记包括各小组组长的选举都是这帮黑社会大佬说了算。听说在选举的时候都是这帮黑社会大佬说选谁都选谁，连刘少雄说了都不算。我当时感觉这个社会都不是共产党的天下，而是这帮黑大佬的天下。我觉得这帮黑社会对小学还是没有多少影响的，影响主要在中学。沙井中学有很多孩子都被这帮黑社会组织影响坏了，经常有一些学生打架的事情发生。

16. 证人廖某某（某安全主管）的证言：对打掉“龙仔”为首的黑社会团伙，老百姓都拍手称快。我们这些外来打工的，也明显感觉到治安好转。在打掉他们之前，我经常看到或者听到别人说经常有烂仔强收小店保护费、强买强卖等情况。我们员工下班以后也有被他们抢过。

17. 证人马某某（某治安队组长）的证言：听说“龙仔”有很多小弟，例如“飘马”“军波”“肥辉”等，沙井是他的势力范围，没人敢跟他作对。平时工作中遇到这样的人，他们都报上名来，说自己是跟谁的，我们工作上无形的压力很大，因为他们跟了老人，就有了靠山，这些靠山是有钱有势的人，得罪这些人就会被报复，别说我们外地人，就算是本地人也是惧怕三分。最初听说是整个沙井的垃圾都被他们一帮人控制了，不准其他人来收。我上班就遇到一次，是在沙井万丰商业街，有一个居民将垃圾卖给了一个收垃圾的人，钱已经付了，垃圾已经装上车了，突然就来了四个男子，将收垃圾的人拦住，我上去了解情况，这四个男子说他们是跟"龙仔"、陈财明的，说这个地方不准其他人来收垃圾。这个时候我还不在治安队上班，所以问了一下就走了，后来据说收垃圾的车和垃圾都被他们推走了。

18. 证人孙某某（某配送部店主）的证言："龙哥"这个黑社会垄断了沙井的很多生意。比如说废品、煤气，包括送纯净水都是被垄断的。工作、生活在这里的人只能按照这帮黑社会制定的规矩、价格进行买卖废品、煤气、纯净水及其他东西，没有选择的余地。我们这些做小生意的根本没法跟他们竞争，我只会给这些在本地租房子的外来务工人员送少量的水，赚些钱，而且每天都提心吊胆，生怕得罪"龙哥"被报复。不时都会听说某某店被砸、某人车被砸等消息，而这些砸店的人都是"龙哥"的人或者"龙哥"马仔的人。因为五六年以前我认识的一个人（真名不知道）在给"龙哥"的一栋房子（位于上南南洞村转盘附近）看门，经常给我们这些人讲有关"龙哥"的一些事，说他有很多马仔，在沙井谁都要给"龙哥"面子，"龙哥"是沙井的"土皇帝"等一些话。过年的时候，还经常有些"烂仔"到小店送春联，每个店都要封几百元红包才行，否则分分钟被"龙哥"他们下面的人报复。

19. 证人万某某（某购物广场店长）的证言：我听说"龙仔"是沙井的黑社会老大，在沙井是一个名声很响的人物，几乎所有的人都知道他。还听说他人比较斯文，但是做事心狠手辣，很多人包括他的马仔只要听说"龙哥"要来了，都会很恐惧，脸色都会变。"龙仔"在沙井威望很高，有很多事被传得神乎其神。我听过朋友讲过一个事，几年前有一个人带了100多人到一个工厂强收废品（这个工厂的废品是"龙仔"的马仔收的），工厂的老板让"龙哥"过去，"龙哥"说："我没来之前，这件收废品的事是你和这个老板之间的事，现在我来了，就是咱俩之间的事。"那个老板一听"龙哥"说这两句话，马上就灰溜溜地走了。"龙仔"在沙井有很多马仔，几乎控制了整个沙井可以赚钱的生意。比如说废品回收等几乎都被垄断了。我负责的店也受过"龙仔"这帮黑社会的不法侵害，其中比较有代表性的有两次，都是"龙仔"的马仔王文明做的。第一次是在2009年的时候，王文明的小老婆到我们商场买东西，不知什么原因与营业员发生了口角，过了一会王文明带了100多个马仔过来把我们的商场围了，还扬言要把商场砸了。我们当时赶紧报了警，后经多方协商，他们围了一个多小时才散去。第二次是2010年5月，王文明的一个马仔要到我们商场下面的银行取钱，他直接把一辆奔驰停在商场门口，严重影响了其他车辆的通行及商场的经营，我们保安员去去劝解疏导，但是被他骂得狗血喷头，还打电话叫了很多人要砸店。我们赶紧报警，后来警察来之后那帮人也散去了。我听社会上的人都说王文明是"龙仔"的马仔，算是个很小的马仔。但王文明这帮人在上南这里基本上就是很厉害的。我们这些做生意的就求个和气生财，也知道这帮黑社会的人惹不起，也不敢惹，所以很多事只能忍气吞声，能过去就过去，生怕不小心得罪了这帮黑社会组织的成员，会被报复。因为经常听说一些做生意的店、车被这帮人砸坏。

20. 证人曾某某（某治保主任）的证言："龙仔"真名叫陈垚东，是我们沙井人，他是我们沙井最大的"黑老大"，没人敢惹他。他的叔叔叫"猪仔波"，听说是香港黑社会的人，也在沙井。"龙仔"年龄比我大一点，他主要是做废品起家的，我们沙井西边片区的废品都是他在做，没有人敢和他争，后来又听说他做地产生意。他下面有一大批马仔，遍布整个沙井。松岗人外号"飘马"是"龙仔"的一个大马仔，"飘马"手下有一帮四川人。头日王文明。王文明这帮人主要在上南、黄埔一带活动，好多人投诉这帮人在"搞事"，主要是敲诈勒索，收保护费。还有，只要四川人有什么事情王文明就叫一大帮人敲诈人家。我还知道，外号"水鱼"的人也是"龙仔"一帮的，也是"黑社会"，听说他在沙井原来的创世纪娱乐城犯过一单命案，具体情况不知道。2008年10月左右，我们村里盗窃通信电缆线的情况比较严重，我们村巡逻队员在巡逻时，抓了一帮偷电缆的广西人。事后，一帮广西人报复我们巡逻队员，有30多个广西人将我们三个队员砍伤或者打成骨折。有人反映这帮砍伤队员的人就是上星村一个叫"万发"的本地人的马仔。"万发"这个人听说就是"龙仔"的马仔。后来上南派出所抓了3个人。我们上星村废品是由一个潮州人在做，听说和"龙仔"有关系。在"龙仔"这帮人没抓之前，沙井社会治安有点乱。就说我们村，村里比较乱，治安不好，村里的物业就不好出租。"龙仔" 这帮人被抓之后，治安好了，像那些偷啊、抢啊就少多了，村里的物业也好租了。以前总是听说沙井这个地方或那个地方很复杂，意思是有黑帮控制。"龙仔" 被抓之后，现在感觉社会平稳很多了。尤其是我们这一片，王文明这帮四川人被抓以后，再也没有四川人搞事了，社会治安好多了。

21. 证人吴某某（某杂货店店主）的证言：我之前听说 "龙仔" 这个人，说他是社会大佬，就是说像香港电视一样的黑社会老大。在沙井一般的人都知道，就像一个山头有几只鸟大家都知道一样。他具体做什么我不太清楚。我有听说 "龙仔" 带有马仔，但具体哪些我没有去打听。大王山以前有个溜冰场，经常有人打架，当时听说是 "龙仔" 的小弟争夺溜冰场的看场费而引起的，到底是哪一帮人，哪个小弟的人我就不清楚了。我还知道以前经常有人到摆有老虎机的小店抢老虎机，也听说是 "龙仔" 的小弟干的。还有听老乡说起他开车时没有撞到人却被人说撞到了而被敲诈，对方报上名说是跟 "龙仔" 的。还有很多这种小店被敲诈的事情，如饭店吃坏肚子、理发搞坏头、买假烟等要赔钱。"龙仔" 和他的一些小弟被公安机关抓了后，沙井的社会治安比以前好多了，社会平静多了，以前敲诈各种小店、搞点事的情况没有听说了。

22. 证人陈某某（某治保主任）的证言：我在沙井土生土长，对沙井的社会治安很了解。在上世纪 80 年代到 90 年代初期，我还在学校上学，当时沙井社会治安很乱，有三个帮派相互争斗，争地盘。一个 "飞鸿帮"，"飞鸿" 是沙井人，人在前几年已经死了；另一个是 "飞鹰帮"，老大是 "锁（音）炮"（"炮哥"）；还有一个是 "龙仔" 一帮人。这三帮人经常在沙井争地盘，打打杀杀，经常是他们相互砍杀。他们在学校也收有小弟，在学校里也打打杀杀，学校很乱，很多人都没有心思读书。感觉当时沙井的社会就像香港电影里演的黑社会那样 "龙争虎斗"。后来 "龙仔" 一帮人打垮了 "飞鸿帮"，"飞鹰帮" 也跟了 "龙仔"，"龙仔" 降服了他们，在沙井也就统一天下了，沙井也就是他一个老大了，也没有人敢和他争地盘了，尤其是本地人没有人敢和他打打杀杀。表面上看沙井治安平稳一些，我们感觉 "龙仔" 统一了沙井黑社会，也就不会打打杀杀死那么多人。"龙仔" 统一沙井，肯定就垄断了沙井的废品和房地产，把废品和房地产变成了欺行霸市。

我认识“龙仔”，叫陈细东，后面有没有改名不清楚。他下面马仔有“虎头”“地主”等一帮本地人，有很多人，反正沙井出来混社会的都是跟他的，也有一帮外地人是跟他混得，湖南、四川、广西的都是跟他的。这帮外地人在沙井搞一些违法犯罪的事，如果他们不跟“龙仔”混，在沙井就混不下去。这帮外地人打着“龙仔”的旗号就没有人敢欺负他们，而且他们在沙井收地摊的“保护费”，开赌档，在“夜场”（娱乐场所）看场，卖K粉，卖摇头丸等，只要是跟“龙仔”的，别人都会给他面子。我还知道“龙仔”的叔叔“猪仔波”，别人叫他“波叔”。听说“猪仔波”是“老新”的人。“老新”在我们沙井人说的就是香港新义安黑社会。听说“龙仔”也是“老新”的人。“龙仔”在我们沙井是说话算数的人，很讲义气，在沙井，只要发生双方打架，只要找到“龙仔”，“龙仔”出面说话，大家都会听他的，因为“龙仔”是沙井的黑老大，他也很公道，像一个判官。基层有一些事情，政府和法院都解决不了的，只要“龙仔”一出面就能解决，这是一个事实。这方面的事我听说很多，但具体的事情我也说不上来，时间很长，这类的事也多。在十几年前，“龙仔”搞一个废品牌，是新发废品站的牌，当时沙井各村的废品收购是招投标的，“龙仔”也参与投标。因为“龙仔”是沙井黑社会老大，基本上没人敢和他争，所以各村的废品也就给他收，他也就垄断了沙井的废品收购。我们这里的废品也是属于“龙仔”的，在上世纪90年代就给“龙仔”他们做了，具体怎么给他的我也不清楚，当时我也不在村委工作。但我听说是“龙仔”承包的，然后交给两个潮州人在做。“龙仔”垄断房地产是最近几年的事，听说是和潮州人陈财明一起搞房地产，具体情况不清楚。“龙仔”这帮黑社会一直在统治沙井，他们被打掉后，现在沙井社会治安好多了。

23. 证人周某（某公司部长）的证言：我听说过“龙仔”这个人，和朋友一起聊天，经常说到这个人。“龙仔”是沙井的黑老大，在沙井“黑白两道”通吃。比如说，五年前，我公司的货用电梯不符合安全规范，沙井街道办安全监督部门来检查，限我们一个月内要拆除。一个月到的时候，我们公司没拆除，安监部门来人要现场拆除，后来我们公司的人打电话找到听说是“龙仔”的人，不到15分钟，“龙仔”那边就来人了。听说来的人向政府安监办的人说，我们东洋公司的业务是他们来做。政府的人知道是“龙仔”的人，就延长两个月让我们整改。我从这个事就知道“龙仔”他们和政府关系比较密切。还有，我们厂里的员工在外面被打或厂里的东西被偷，我们就反映给“龙仔”他们，“龙仔”他们就会帮我们查一查，只要跟“龙仔”他们说了这些，在一段时间内，我们厂就会平静很多。我们知道沙井很多酒店都是“龙仔”一帮人在控制。我和朋友一起聊天，谈起“龙仔”都很害怕。尤其是我们外来投资做企业的，都希望有一个好的工作环境，对“龙仔”这帮黑社会我们都不敢惹他们。我们公司的废品由新发公司来收购。一个月有两次来收，价格是双方协商，没有暴力强迫来收。有时候，外面别的物资回收公司传真报价，价格会高一些，曾经电话约对方来看一下。有时候对方来看一下，也就走了。还有些听说我们厂的地点，就没再来。我曾经问过收我们厂废品的新发公司是不是垄断了整个沙井的废品收购，为什么别的回收公司过不来。新发废品站的人对我讲，没有搞垄断。现在，我们感觉，事实上别的废品收购公司就是进不来沙井。“龙仔”这帮人被公安打掉后，现在沙井社会治安好多了。我们员工在外面被打、被抢的事很少发生，尤其是今年春节以来，我们员工在外面就没有受过侵害。

24. 证人赵某某（某杂货店店主）的证言：我以前在上南打工时听说过“文明”，知道他是一个黑老大，他们一伙人人数众多，经常打架，在上南那里有什么恶性的打架斗殴事件基本上都是他们一伙人干的。我和我的同事在上南打工，都怕惹上他们这些兄弟，我们在外面吃夜宵时听说谁是“文明”的小弟我们都会躲远点，就怕惹上他们。我还听说过“龙仔”“烂田”，听说他们是混黑社会的老大，但是具体情况和关系我就不知道了。

25. 证人王某某（某摊贩）的证言：我听说“龙仔”是黑社会老大，还听说去年在壆岗抓了个大赌档，也跟“龙仔”这些人有关系，壆岗村的“麻雀头”“烂田”跟“龙仔”是一伙的，也是混社会的，他们有一个废品站。我听说“龙仔”的人在沙井做煤气、废品生意，他是否还做其他生意我也不知道。“龙仔”这人我没见过，反正在沙井大家议论“龙仔”时都说他是黑社会老大，还说沙井混社会的几乎都是他的人。

26. 证人左某某（某治安联防队员）的证言：我从进入村治安联防队起就

听说沙井有个黑道老大“龙仔”在沙井很有势力。刚上班时就有老队员提醒我，说如果在工作中遇到“龙仔”手下的小混混，尽量不要与对方纠缠或发生冲突。我所知道他们这伙人在沙井主要收入来源是依靠保护费，以及垄断沙井的废品收购。比如说我所在的步涌村的废品收购就是由新发公司控制和垄断，我平时基本上每天都能看到有新发公司的人驾驶摩托车在村里巡查，他们一般出来有四五个人，驾驶两辆摩托车，主要目的就是查看村里的各家工厂是否有把废品卖给其他公司，是否有其他公司的车进村里运废品出去，如果有他们就会把对方的车辆拦住甚至砸车。我听说新发公司的老板就是“龙仔”，其他不知道。我工作中还受过“龙仔”团伙的影响，比如说我们配合派出所在路面查扣摩托车时，有时我们拦下摩托车后，驾驶摩托车的人就自称是跟“龙哥”的，有时甚至强行驾车逃跑逃避查处。总之，这伙人在沙井气焰嚣张，我们做治安联防队员的都尽量不去招惹他们。

27. 证人胡某某（某管理处主任）的证言：我不愿意作证，因为我一家人还要在沙井工作生活，小孩子上学，我对此有很大顾虑，怕被打击报复。所以我只能简单说说。我们工业园里有30多家工厂，从2005年我到此工作至今，这些工厂的废品收购一直被新发公司垄断，他们以低于市场的价格收购废品，同时不准这些工厂将废品卖给其他公司，他们采用各种手段，主要是打击其他来收购废品的其他公司，让别的公司都不敢进我们工业园收废品。新发公司在我们工业园里安排专人驾驶摩托车巡查。有的工厂甚至被迫搬走。具体他们是使用什么手段进行垄断的我不敢说，但是我可以告诉你们，自从这伙犯罪分子被抓获后，我们工业园的情况好多了，废品可以自由交易了。我听说过“龙仔”“炮哥”“飘马”，其他不知道，也不想说。

28. 证人江某某（某社区治保主任）的证言：我知道这个黑社会是以“龙仔”为首的团伙。因为我自小在沙井长大，所以对这个团伙还是有所了解的。我知道“龙仔”是蚝四村的人，自小在沙井长大，靠暴力垄断沙井的废品起家，后来他还和人开办了宝安最大的“嗨场”创世纪。最近几年“龙仔”又在搞房地产生意，建了很多小产权房，赚了很多钱。

我知道这个黑社会团伙对我们步涌村人民群众的工作和生活影响最大的就是废品收购。我们步涌村有一个“新发废品收购站”，是“龙仔”参股的。这个废品收购站垄断了步涌村所有工厂企业的废品收购，就是说所有工厂企业的废品都必须要卖给新发废品收购站，而价钱都是新发废品收购站定，废品收购价格比外面要低很多。不过因为该废品收购站雇佣了很多巡厂人员，如若不卖给新发废品收购站，就会被打或报复，所以这些工厂企业的人不得不把废品卖给这个收购站。前几年的时候，工厂企业的负责人经常与新发废品收购站的巡厂人员发生矛盾纠纷，我们村治安队还经常过去。最近两年就很少了，因为这些工厂企业的负责人都习惯了，明知道这些废品必须低价卖给新发废品站，也就不想其他办法卖给别人了。平时的工作中要说完全不考虑有这帮黑社会的存在也是不可能的，但是他们垄断废品什么的，我们村委也束手无策。

在政府打掉以“龙仔”为首的黑社会团伙以后，我们村民的确感受到社会治安环境有很大的改变，首先是作为本地村民来说，这个黑社会打掉以后，心里轻松了很多，言论方面也自由了很多，没有了以前那种压抑的感觉，以前谈论事情怕黑社会听到报复。另外，整个沙井的社会治安环境也改善了很多，那些滋事的“烂仔”也都跑路了。步涌村废品收购站也全部开放了，现在谁都可以过来收购，在自由竞争的条件下价钱也比以前高了不少，工厂企业的负责人也很高兴。

29. 证人刘某某（某工业区安全巡逻员）的证言：我1998年来沙井蚝四村担任治安队的时候，我就知道在沙井有个黑社会老大“龙仔”，还有一个废品收购大王陈财明。那个时候“龙仔”手下已经有很多马仔了，其一边经营创世纪娱乐城（“嗨场”），一边垄断各村的废品。陈财明是潮州人，手下有一帮心狠手辣的“潮州帮”，也是做废品收购生意。“龙仔”、陈财明这几年的势力也逐渐增大，并开始做房地产生意，在沙井除了万科这些大开发商的楼盘，其他的在建房子基本都是他们的，这个生活在沙井的人基本都清楚。我虽然远远见过“龙仔”几次面，但是他在我们这些生活在沙井的外地人来说就是“土皇帝”，是高高在上的。他手下的马仔经常做一些伤天害理的事情，给生活在沙井当地的人造成了很大影响。比如在上南，有一帮跟着“文明”的四川人，经常有事没事就骑着电动车和别人擦碰一下，然后过来一堆人说是跟着“龙哥”“飘马”“文明”这些人的，借此敲诈别人一大笔钱。在新桥，则是有一大帮人跟着曾鸿飞（音）的，主要垄断新桥的煤气生意，经常有马仔到处看是否有别的煤气站来他们的地头送气，如果有就没收、恐吓等。另外在废品方面，几乎所有人都知道沙井的废品是“龙仔”和陈财明的，其他人是拉不出去的，因为他们有很多人在巡逻，如果看到其他人来收，就打一顿或者直接把废品没收。我还听说在万丰村，那些推着三轮车收废纸废塑料瓶的50多岁老人家每个月要向这个黑社会的成员交500元的保护费才能收废品。

现在在沙井工作和生活的一些人心里还是有阴影的。以前曾听一个朋友无意间说起有些工厂企业的老板还是有所顾忌，他们的废品还是卖给原来的废品收购站而不敢卖给其他人，因为他们怕虽然这些黑社会老大被抓了，但是下面还有很多不知名的马仔，怕还没有打击处理彻底而被报复。

30. 证人曾某某（某社区治安联防队长）的证言：我认为“龙仔”他们都是混黑道的，就像电视里的黑社会、“古惑仔”。他们一伙人在沙井势力很大，在各条村都有他的马仔，我们在沙井生活的人走出去经常听说谁是他的马仔，感觉好多人都是跟他的。我知道他叫陈什么东，以前我在沙井中学读书的时候常常可以看见他们一帮“古惑仔”在学校外。据我所知他身材矮小，但是打架很厉害，经常打打杀杀，后来他当了老大，又开了创世纪夜总会，做废品、房地产赚了很多钱，在沙井出门都带着保镖。他们这伙人给我们群众的感觉是他们就是涉黑的帮派，而且组织庞大，垄断的行业包括废品、码头、黑煤气、桶装水、运输车队，等等。简单地说就是普通老百姓听到他们的名字就会害怕，不敢惹他们。在我平时治安联防工作中也受到这个团伙的影响或干扰，比如有时我们抓到一些打架或抢劫、盗窃的小混混，他们为了逃避打击，他们就自称是跟“龙哥”或是“龙哥”下面某个马仔，当然也有假冒的。他们有时还会以“龙仔”马仔的名义威胁我们的队员。因为“龙仔”势力极大，我们的队员在治安联防工作中心理上有负担。

31. 证人曾某某（某社区治保主任）的证言：我听说“龙仔”是沙井的黑社会老大，有很多本地人、外地人跟他。像“马骝”、曾子轩，其他村的是哪些人我就不知道了。但我听说沙井在以前还有“拜辉”（外号，音同，学名不知道）、“军波”（外号，音同，学名不知道）、“阿佬”（外号，音同，学名不知道）

等各派，他们和“龙仔”的关系我不太清楚。“马骝”等人对我村的工作多多少少有点影响，可能书记、村长感受最多。有的人觉得在此前沙井的天像有一股乌云笼罩在上面，现在公安打掉了这些人，好比吹散了乌云，天亮了。我估计外地人也说好，没有强买强卖就好了。

32. 证人陈某某（某社区主任）的证言：我知道“龙仔”这个人，他是沙井蚝四村的村民。到了90年代后期的时候，“龙仔”自己出来做废品生意，慢慢做大，并收了很多马仔，他的马仔又收了很多小马仔。因为他的马仔做事情都是挂着“龙仔”的名，所以他的名气就逐渐大了起来。他以前叫“聋仔”，名气大了之后很多人都尊称他为“龙哥”或“龙仔”。到了2004年的时候，他开办了一个创世纪的娱乐城，赚了一些钱。到后来的时候就又在沙井很多村拿下土地建小产权房，名气就更大了。“龙仔”手下的马仔比较出名的有壆岗村的“烂田”等人，他是帮着“龙仔”做废品生意的。“龙仔”手下的马仔，尤其是那些小马仔经常做些敲诈勒索、收保护费等违法犯罪的事，给沙井的人民群众带来了很多不便。“龙仔”和陈财明对沙井土地的控制也导致了很多村（如万丰村）土地被贱卖，本地村民都怨声载道，经常做些堵路、上访等过激的事情。

33. 证人杜某某（某小店店主）的证言：我知道沙井有一个以四川人王文明为首的黑社会团伙。这个黑社会团伙平时主要靠开设赌场、收保护费、敲诈勒索、制毒贩毒等赚钱。我之前是在沙井开摩的的，当时王文明规定每个摩的司机必须要交500元保护费给谢小聪，如果不交，他们就会想办法敲诈你，比如会让一个人坐你的摩托车，然后故意摔到，摔到后敲诈勒索一大笔钱，所以知道的人都会交钱给他们，我就曾经给谢小聪交了5 000元。王文明下面有个大马仔叫林波，主要靠制毒贩毒赚钱。他有个潮州老婆（第二个老婆），所以听说他制毒贩毒都是在潮州，然后再运到深圳来卖。林波手下的马仔有“涛儿”“龙儿”“彪儿”等人，这几个人都是帮助林波贩毒的。王文明下面有个马仔叫张建，平时带了一帮小弟收保护费、开设赌场，后来王文明被抓后，张建就跟林波在一起了。

在公安机关打击之前，这帮人经常敲砸勒索我们这些拉摩的的、开蓝牌车的，比如之前我到金至尊拉客，如果正好碰到他们这帮人，他们就会上好几个人到我车上，然后让我拉他们到东莞等地，他们也不会给钱。还有的时候他们去别的地方需要车，打电话叫我去接他们，如果不去拉，他们就会以砸车相威胁。现在打掉之后，我自己感觉沙井的小混混基本上没有了，半夜我们也可以出去开摩的拉客了。不用再担心被敲诈勒索等事情发生了。

34. 被告人文稳权的供述和辩解及辨认笔录：2005 年左右，陈垚东（“龙仔”）势力开始迅速发展，到 2008 年“龙仔”的势力达到最盛期，几乎沙井每条村都是他马仔的地盘，称霸沙井，甚至整个宝安区混社会的人都以能和“龙仔”攀上关系为荣。

经辨认，被告人文稳权辨认出陈垚东（“龙仔”）。

35. 被告人陈锦田的供述和辩解及辨认笔录：由于“龙哥”在沙井的势力很大，全沙井的人都公认的，都知道他是黑社会老大，没有人敢不给他面子。所以“龙哥”利用他的这个影响力，使新发废品收购站越做越大，表面上是一个正规的废品收购站，其实只要新发废品收购站想收的废品，其他人是没办法收的。新发废品收购站要么就是自己把废品拉回来自己收，要么就是在别人的废品站里占有干股，就这样达到垄断沙井废品收购市场的目的。沙井蚝三村、蚝四村、步涌村、沙三村、衙门边村这几条村的废品收购生意大部分都是新发废品收购站在做。另外我还知道黄埔村与新桥这两个村的废品收购，新发废品收购站是占有干股的。我是直接跟“龙仔”的，站在我的角度来看，新发废品收购站就等同于“龙哥”，所以除了我自己村的废品收购生意是默认给我做的外，在沙井的其他村里面要收购废品，就必须得经过新发废品收购站或是“龙哥”的同意了。我到别人的村里拉废品要经“龙哥”同意。这主要有两个原因：第一是得到“龙哥”同意后，我拉的废品别人就不敢来抢，就算有人来抢，“龙哥”也会站在我这边帮我，有什么事情“龙哥”可以出面帮忙解决；第二是“龙哥”开有新发废品收购站，他自己就是做废品收购生意的，我必须先问一下他，防止出现跟新发废品收购站抢生意的情况。

经辨认，被告人陈锦田辨认出陈垚东（“龙仔”“龙哥”）

36. 被告人赖庆棠的供述和辩解：“猪仔波”是垄断了沙井的青岛啤酒的供货，他在沙井万丰开了一家专卖青岛啤酒的公司，请了个叫“盲秋”的四川人在那间公司负责，每家酒店都要跟他拿货。如果说哪家酒店不跟他拿货，“猪仔波”就会叫他的小弟去那家不拿货的公司找事，一般酒店都怕“猪仔波”，都会去跟他拿货。

37. 被告人陈诺强的供述和辩解：通过马仔，“龙仔”在沙井一代的影响力很大，在沙井一带连收购潲水都要跟“龙哥”，否则就做不到生意，因为很多生意都是给“龙仔”的马仔控制了的。

38. 被告人曾庆发的供述和辩解：我们跟“龙仔”以后统一由“龙仔”根据我们的实际情况来划分势力范围，我们只能在自己的地盘看场、收保护费绝对不能踩过界。具体的划分如下：上星村是我的势力范围，万丰村是“军波”的势力范围，壆岗是“烂田”的势力范围，新二村是“马骝”的势力范围，松岗罗田村是“飘马”的势力范围，沙井村是“乌女玉”的势力范围、黄埔村是“光辉龙”的势力范围，南沙村是“沙头鸡”的势力范围等。几乎沙井的每条村都是我们的人，这些马仔又有各自的帮派组织和势力范围，涉及的行业有废品收购、煤气、控制妇女卖淫、开设赌档、房地产、建筑材料等，各个帮派之间相互照应，已经涉足沙井的每一个行业，每一个角落。所以“龙哥”下面的这些马仔各自有自己的势力范围，控制了本村的各行各业，“龙哥”通过他们从而控制了整个沙井。

我的小弟本地人有蔡德红、钟建元、陈国富、陈德元、“上星肥仔”“上寮肥仔”“沙井肥仔”等，外地人有“阿西”“阿平”等，一共有五六十个马仔。我通过本地人马仔管理自己的一些生意，我会给他们一些相应的股份，要打架、争地盘的时候就通过外地的马仔带着众多的小弟去做。一般来说，只要我看中的生意，竞争对手害怕遭到报复都不敢和我抢。我会把从上星村各个场所收取的保护费给他们的老大，由他们各自的老大分配管理，发放给他们做生活费。他们会打着我的旗号去做一些其他的事情，有些时候我就睁只眼闭只眼不去管，他们出去做事惹了祸、犯了事被公安机关抓获不要供出自己的老大和同伴。如果违反了这些规定，都要受到惩罚，轻则打一顿，重则打一顿赶出沙井。

几乎所有上星的场子都是我看的，大一点的有沙都酒店（老板是陈喜明），每个月要给我 1 万多元的看场费，有时候我们去喝酒就签单，到时候就在看场费中减掉，新城洗脚城（老板是一个吴川佬）每个月要给我1万多元的看场费，新明珠酒店（老板是香港人）每个月要给我2万元的看场费。这些场至今我还在收钱，每个月到时间我都会叫小弟去拿，有时候小弟去了没有收到，那些场的老板会亲自给我打电话，要我不要去搞他，他会及时地把钱拿来。这些场所的老板都知道我们是沙井新义安的人，如果不给我们看场费，我们会叫人去搞事，让他们无法做生意。如果交钱给我们，我们会罩着他们的场所，外面的小混混听到是我们在看场就不敢到他们的场子里面搞事。

我知道新发废品收购站是"龙仔"开的，由"傻炮"平时在管理，他们垄断了辛养村、步涌村里面所有工厂的废品，我知道当时因为争废品与外面的人打过很多次架。

"文强"他在沙井主要从事客运生意，沙井所有的绿色的士都是"文强"控制的，"飘马"他也有股份在里面。在整个沙井镇无论是红的还是其他公司的绿的，都不能在那里载客，如果被"文强"或"飘马"的人发现，轻则砸车，重则伤人，发展到后面，除了他们的车，所有的的士都不敢在沙井上下客。

39. 被告人易亚胡的供述和辩解："龙仔"一统沙井的黑道势力后，通过暴力、金钱操纵村民选举，在沙井各条村安插马仔、亲信的人充当村书记、村长，利用手中敛聚的大量财富买通了政府各个部门官员，真正做到"黑白"通吃，势力达到巅峰。沙井老百姓虽然不敢公开说，但都知道"龙仔"的发家史就是一部"沙井黑道史"，沙井多年的江湖腥风血雨无不与"龙仔"有莫大的关系。谁都知道，在沙井，"龙仔"的人是不能得罪的。

（其他被告人供述内容略）

对上述证据的证明效力，针对辩护人的相关辩护意见，依照相关法律规定，本院综合评析如下：

（一）关于被告人和证人的身份。有辩护人提出，另案处理的组织成员的言词证据不应作为证人证言，而应作为被告人供述，在仅有被告人供述的情况下依法不能认定被告人有罪和处以刑罚。经查：第一，被告人是指被公诉机关指控犯罪的人员。证人是指知道案件情况并提供证言的人。被告人、证人均为独立的诉讼参与人,但是其身份固定于一个案件中,换为他案其身份则可能变化。如某人在此案中可为被告人,而在彼案中亦可为证人。本案中,被公诉机关指控犯罪的陈垚东等40人为被告人,此外的其他任何人均不属于本案被告人。即便是涉嫌、已经被起诉抑或已经被生效判决确认为组织成员的人员,均不属于本案被告人,其提供的言词证据不属于被告人供述,而应属于证人证言。第二,《中华人民共和国刑事诉讼法》第五十三条规定的"只有被告人供述,没有其他证据的,不能认定被告人有罪和处以刑罚"是指只有被告人本人的供述,没有其他证据,并非将所有被告人供述排除在外。即便全案只有各被告人的供述,而各被告人的供述在细节上能够相互印证,依法达到证据确实、充分标准的,亦可认定被告人有罪和处以刑罚。况且公诉机关提供的证据并非仅有能够相互印证的各被告人供述、作为组织成员而另案处理的证人的证言,还有并非组织成员的证人的证言。辩护人的相关辩护意见不能成立,不予采纳。

(二)关于被告人审判前供述与当庭供述的采信。有辩护人提出,多名被告人当庭供述的内容与其审判前供述的内容不一致,应采信被告人的当庭供述而不应采信其审判前供述。经查:第一,被告人审判前供述与当庭供述均系被告人供述,都具有证明效力。被告人当庭供述与其审判前供述不一致的,即被告人当庭翻供的,对其供述的采信应首先着重审查被告人审判前供述的合法性。之后须审慎审查其合理性及与其他证据相印证的情况。第二,在本案庭前准备程序和庭审法庭调查阶段,被告人伍健东、刘志清、林波、岳彪提出其审判前供述系非法取得,本院依照《最高人民法院、最高人民检察院、公安部、国家安全部、司法部关于办理刑事案件排除非法证据若干问题的规定》的要求,在公诉机关出示相关审判前供述之前,即启动非法证据排除程序,由控辩双方当庭提交证据材料,并传相关讯问民警和证人出庭作证,法庭已当庭确认:对被告人伍健东审判前供述的合法性不存在疑问;被告人刘志清及其辩护人申请非法证据排除的内容与本案无关,对其关于本案以外的审判前供述是否合法不予确认;对被告人林波、岳彪申请非法证据排除的相应审判前供述的合法性存在疑问,已当庭要求公诉机关不得将其相应审判前供述作为证据当庭宣读和出示。第三,其他辩护人提出被告人审判前供述与当庭供述不一致，但并未提出被告人审判前供述系刑讯逼供等非法途径取得，未提出非法证据排除申请，亦未提供任何证据证实被告人审判前供述系非法取得，依法不能否定被告人审判前供述的合法性，故被告人当庭翻供无事实和法律依据，对被告人的审判前供述应结合在案其他相关证据采信其合乎情理的部分。被告人林波、岳彪及其辩护人的相关辩解辩护意见的合理部分予以采信，其他被告人及其辩护人的相关辩解和辩护意见不能成立，不予采信。

（三）关于传来证据的效力。有辩护人提出本案多名被告人、证人的言词证据系传来证据，不应采信。经查：第一，《中华人民共和国刑事诉讼法》第四十八条第一款明确规定："可以用于证明案件事实的材料，都是证据。"部分被告人、证人的言词证据确系传来证据，但是不能因此绝对否认其证明效力。第二，各传来证据相互之间虽然难免存在个别出入，但是在大量细节上能够相互印证，对本案其他证据的采信和事实的认定仍然会起到补强作用。第三，本案言词证据中除传来证据外亦有原始证据，多名被告人和作为证人的另案处理的组织成员，对其本人加入组织的时间、地点、方式，他人加入组织时其在现场见证的情况，以及其亲历的该组织及其成员的违法犯罪活动等内容的言词证据，均系原始证据，且系直接证据。在原始证据确实，传来证据对其予以补强和印证的情况下，不能否认传来证据的证明效力。辩护人的相关辩护意见不能成立，不予采纳。

（四）关于言词证据的效力。有辩护人提出关于各被告人组织、领导、参加黑社会性质组织事实的证据均为言词证据，而且绝大多数言词证据系作为被告人和同为组织成员而另案处理的证人所述，证明效力薄弱。经查：第一，黑社会性质组织并非光明正大的社会团体，其组织成员名单、加入组织的仪式、帮规戒律等一般不会堂而皇之地存于书面材料、照片、电子证据等档案材料备查。因此，言词证据在认定黑社会性质组织的形成、组织的架构、组织的成员、组织成员之间的层级关系等组织特征的认定中起着至关重要的证明作用。第二，黑社会性质组织的危害性特征是指"通过实施违法犯罪活动，或者利用国家工作人员的包庇或者纵容，称霸一方，在一定区域或者行业内，形成非法控制或者重大影响，严重破坏经济、社会生活秩序"。

这一特征的认定不仅离不开在当地生活的群众的证言，且这些言词证据本就应当成为证明相应事实的重要依据。第三，黑社会性质组织的行为特征和经济特征，需要该组织及其成员的具体违法犯罪事实的确认。这一事实的认定，需要相应的物证，书证，证人证言，被害人陈述，被告人供述，鉴定结论，辨认、侦查实验、现场勘查笔录及电子证据等各种类证据的印证与支持。其中证人证言、被害人陈述、被告人供述三类言词证据是重要的证据种类，法律赋予其不容忽视的证明效力。综上所述，不仅是因为刑事诉讼普遍适用的一般证据规则的要求，更是因为黑社会性质组织犯罪事实认定的特殊性证据规则的要求，言词证据的证明效力在黑社会性质组织犯罪案件中不可或缺，而确认言词证据在本案中的证明效力之关键，在于各项言词证据能否在细节上相互印证；需要客观性证据支持的事实是否具有相应的客观性证据；各项证据能否形成完整的证据锁链等。故辩护人把言词证据割裂开来，认为证明力薄弱甚至无效的相关辩护意见不能成立，不予采纳。

对上述证据证明的事实，针对被告人和辩护人的相关辩解辩护意见，依照相关法律规定，综合评析如下：

（一）关于黑社会性质组织的认定。有被告人和辩护人提出，以陈垚东为首的犯罪组织不能认定为黑社会性质组织。经查，根据《中华人民共和国刑法》第二百九十四条第五款的规定，黑社会性质组织应当同时具备组织特征、经济特征、行为特征、危害性特征四个特征。

1. 组织特征，即“形成较稳定的犯罪组织，人数较多，有明确的组织者、领导者，骨干成员基本固定”。经查：

第一，该犯罪组织形成以陈垚东为首的、较稳定的黑社会性质组织结构。多名证人的证言和各被告人的供述在细节上相互印证，明确证实了陈垚东砍伤原“飞鸿帮”领导者“飞鸿”后在黑恶势力中树立地位，通过笼络乡邻、招纳小弟、聘用员工、纠集同道等途径，由恶势力发展坐大为黑社会性质组织的过程。多名证人和各被告人明确指认了该组织的众多成员，作为该组织成员的被告人和另案处理的证人对其本人和组织其他成员拜老大、参与实施组织的违法犯罪活动等加入组织的方式，以及组织成员之间的上下级关系予以明确供认，证实了该组织的层级结构和较为稳定的组织形式。

第二，该犯罪组织的成员加入该组织具有一定形式。绝大部分被告人和作为黑社会性质组织成员而另案处理的证人对其本人和组织其他成员加入组织的形式均有供认。证人证言和被告人供述证实，该组织成员加入组织一般有向一定层级的老大敬茶、敬酒、封红包等形式，并有多名被告人供述封红包的数额一般为36元、360元等。部分被告人供认其加入组织并未履行一定仪式，而是口头拜老大并得到上一层级老大的认可。虽然形式并不完全一致，但是各种方式的种类基本固定，加入组织的方式十分明确。而部分成员虽然并未履行一定仪式，但是其参与组织实施的具体违法犯罪行为，与组织和组织成员形成紧密联系，根据其主客观表现，依照法规法理，亦应认定为加入组织的一种表现形式。

第三，该犯罪组织具有一定的组织纪律和活动规约。具有一定的组织纪律和活动规约是认定黑社会性质组织组织特征的重要参考依据。多名被告人和作为黑社会性质组织成员而另案处理的证人确认了该组织的组织纪律和活动规约，如“要听大哥的话”“大哥让干啥就干啥”“要讲义气，兄弟有事能帮忙的一定要帮忙”“自己在外面做事必须请示大哥，大哥同意才能做”“不能捞过界”“不能内斗”“打一拳罚三千，砍一刀罚三万”“平时电话要保持通畅，出去做事惹了祸、犯了事被公安机关抓获不要供出自己的老大和同伴”“马仔过生日可找大哥安排吃饭、喝酒”等。亦有被告人如王文明明确供述，收小弟时即要向小弟交代组织的纪律。虽然上述内容均系言词证据，且各人言词内容有的少有的多，有的详细有的粗略，有的还有一定出入，但也正是因此更为合理可信，且言词证据数量众多，在细节上能够相互印证，依法应予认定该犯罪组织具有一定的组织纪律和活动规约。

第四，该犯罪组织较为明确地划定势力范围。多名被告人和作为黑社会性质组织成员而另案处理的证人明确供认，陈垚东及以其为首的该犯罪组织根据各组织成员的实际情况划分了一定势力范围，尤其是为从事废品收购的组织成员划分了势力范围，一般以其本人户籍所在地的村（社区）为势力范围，并明确要求“不准踩过界”。

2. 经济特征，即“有组织地通过违法犯罪活动或者其他手段获取经济利益，具有一定的经济实力，以支持该组织的活动”。经查：

第一，该犯罪组织通过违法犯罪活动或者其他手段获取经济利益，具有一定的经济实力。已查明的事实显示，该犯罪组织及其成员通过开办娱乐场所、废品收购站、码头、酒店等公司、企业等方式，依仗组织的威慑力和强制地位，有组织地实施容留他人吸毒、赌博、敲诈勒索、强迫交易、抢劫、非法倒卖土地使用权等犯罪行为，垄断废品收购、沙石运输等行业，大肆攫取经济利益，具有较强的经济实力。虽然该犯罪组织及其成员开办的公司、企业获得的财产中确有部分属于合法经营所得，但其“以商养黑”“以黑护商”，无论其财产是通过非法手段聚敛，还是通过合法的方式获取，只要将其中部分或全部用于违法犯罪活动或者维系犯罪组织的生存、发展即符合黑社会性质组织的经济特征的又一种表现形式。

第二，该犯罪组织以经济实力支持该组织的活动。多名被告人的供述和作为组织成员而另案处理的证人的证言证实，陈垚东及该组织的骨干成员为组织成员及其家属提供生活费用，如曾启安、伍健东、陈伟明等人故意伤害被害人罗亿希致死后，在曾启安服刑和陈伟明潜逃期间，陈垚东多次与曾启安的亲属、陈伟明见面，为他们提供金钱资助和精神支持。已查明的事实显示，陈垚东为寻求非法保护，拉拢国家工作人员，向原沙井街道党工委书记、办事处主任刘少雄及原沙井街道办事处经济发展办公室主任、城市建设办公室主任、城市建设科科长陈俊炜行贿。

3.行为特征，即“以暴力、威胁或者其他手段，有组织地多次进行违法犯罪活动，为非作恶，欺压、残害群众”。经查，以陈垚东为首的犯罪组织及其成员利用组织势力和影响，有组织地实施故意伤害、绑架、非法拘禁、聚众斗殴、寻衅滋事、抢劫、敲诈勒索、强迫交易、容留他人吸毒等违法犯罪活动，为非作恶，欺压、残害群众。上述违法犯罪活动中，既有由组织、领导者陈垚东直接组织、策划、参与实施的违法犯罪活动；也有由组织成员以组织名义实施，并得到组织、领导者陈垚东认可或者默许的违法犯罪活动；还有多名组织成员为逞强争霸、插手纠纷、报复他人、替人行凶、非法敛财而共同实施，并得到组织、领导者陈垚东认可或者默许的违法犯罪活动；更有组织成员为组织争夺势力范围、排除竞争对手、确立强势地位、谋取经济利益、维护非法权威或者按照组织的纪律、惯例、共同遵守的约定而实施的违法犯罪活动。该犯罪组织实施的各单犯罪活动已经审理查明，并有相关证据予以证实，应予认定。

4.危害性特征，即“通过实施违法犯罪活动，或者利用国家工作人员的包庇或者纵容，称霸一方，在一定区域或者行业内，形成非法控制或者重大影响，严重破坏经济、社会生活秩序”。经查，在案证据证实，以陈垚东为首的犯罪组织通过实施一系列违法犯罪活动，为非作恶，欺压、残害群众，造成群众心理恐慌，安全感下降；拉拢国家工作人员，称霸沙井街道一带；以暴力、威胁为基础，利用组织势力和影响，为组织成员划分势力范围，垄断沙井街道一带的大宗废品收购、沙石运输等行业，在一定区域和行业内均形成了非法控制和重大影响，严重破坏了沙井街道一带经济、社会生活秩序。

综上所述，以陈垚东为首的犯罪组织具备黑社会性质组织的四个特征，依法应当认定为黑社会性质组织。被告人的相关辩解及其辩护人的相关辩护意见不能成立，不予采纳。

（对其他辩解、辩护意见以及对其他被告人辩解、辩护意见的评判内容略）

另查明，以被告人陈垚东为首的黑社会性质组织实施了以下犯罪事实：

（具体犯罪事实及对相关辩解、辩护意见的评判内容略）

本院认为，被告人陈垚东作为黑社会性质组织的组织、领导者，不仅应当对其直接参与实施的犯罪行为承担刑事责任，依法还应当按照其所组织、领导的黑社会性质组织所犯的全部罪行处罚。被告人陈垚东组织、领导黑社会性质组织，其行为已构成组织、领导黑社会性质组织罪；故意伤害他人致一人死亡、一人重伤、一人轻伤，其行为已构成故意伤害罪；绑架他人作为人质，其行为已构成绑架罪；非法剥夺他人人身自由，其行为已构成非法拘禁罪；抢劫他人财物，数额巨大，其行为已构成抢劫罪；敲诈勒索他人财物，数额巨大，其行为已构成敲诈勒索罪；以营利为目的聚众赌博，其行为已构成赌博罪；持械聚众斗殴且人数多，其行为已构成聚众斗殴罪；任意损毁他人财物，情节严重，其行为已构成寻衅滋事罪；以暴力、威胁手段强买强卖商品，情节特别严重，其行为已构成强迫交易罪；容留他人吸食毒品，其行为已构成容留他人吸毒罪；为谋取不正当利益贿赂国家工作人员，情节特别严重，其行为已构成行贿罪；非法倒卖土地使用权牟利，情节特别严重，其行为已构成非法倒卖土地使用权罪；采取欺诈手段虚报注册资本，欺骗公司登记主管部门，取得公司登记，虚报注册资本数额巨大，其行为已构成虚报注册资本罪，依法应当数罪并罚。公诉机关指控的罪名成立。但指控被告人陈垚东、陈诺强、谢春山、陈惠芳共同实施抢劫、强迫交易事实中，认定陈垚东直接参与实施该两单犯罪，事实不清，证据不足，但该两单犯罪均系黑社会性质组织实施的犯罪，被告人陈垚东作为组织、领导者，依法应当承担刑事责任；指控被告人陈垚东、刘志清敲诈勒索郭文等人，事实不清，证据不足，不予支持；指控被告人陈垚东非法拘禁麦重熙犯罪中，殴打被害人麦重熙的证据不足，不予支持；指控被告人文稳权寻衅滋事事实，依法不能认定为黑社会性质组织实施的犯罪，被告人陈垚东无须对该单犯罪承担刑事责任……依照《中华人民共和国刑法》第二百九十四条第一款、第三款、第四款、第五款，第一百三十三条，第二百三十四条，第一百五十八条第一款，第二百二十六条第一项，第二百二十八条，第二百三十二条，第二百三十八条第一款、第三款，第二百三十九条第一款，第二百六十三条第四项，第二百九十条第一款，第二百九十二条第一款第二项、第四项，第三百一十九条第一款，第三百五十四条，第三百零三条，第三百五十九条第一款，第三百八十五条第一款，第三百八十六条，第三百八十三条第一款第一项、第二款，第三百九十条第一款，第三百八十九条第一款，第三百九十三条，第十二条第一款，第九十七条，第三十条，第三十一条，第二十三条，第二十五条第一款，第二十六条，第二十七条，第六十五条，第六十七条第二款、第三款，第六十一条，第四十八条，第五十七条第一款，第五十六条第一款，第五十二条，第五十九条，第六十九条，第七十条，第七十七条第一款，第七十二条第一款、第三款，第七十三条，第三十七条，第八十七条，第六十四条，第三十六条第一款；1997年修订的《中华人民共和国刑法》第二百七十四条，第二百九十三条第一项、第二项、第三项；《中华人民共和国民法通则》第一百一十九条、第一百三十条;《中华人民共和国刑事诉讼法》第九十九条第一款、第一百零二条;《中华人民共和国民事诉讼法》第六十四条、第二百五十三条;《全国人民代表大会常务委员会关于〈中华人民共和国刑法〉第二百二十八条、第三百四十二条、第四百一十条的解释》;《最高人民法院关于审理黑社会性质组织犯罪的案件具体应用法律若干问题的解释》第三条第一款、第五条第二款、第六条第四项;《最高人民法院、最高人民检察院关于办理行贿刑事案件具体应用法律若干问题的解释》第一条、第四条第一项、第五条;《最高人民法院关于审理破坏土地资源刑事案件具体应用法律若干问题的解释》第二条第三项、第四项;《最高人民法院关于审理交通肇事刑事案件具体应用法律若干问题的解释》第一条、第二条、第三条;《最高人民法院关于处理自首和立功具体应用法律若干问题的解释》第二条、第三条、第四条;《最高人民法院关于审理人身损害赔偿案件适用法律若干问题的解释》第三条第一款、第十九条、第二十条、第二十一条、第二十二条、第二十三条、第二十四条、第二十六条、第二十七条、第二十八条、第三十五条;《最高人民法院关于适用〈中华人民共和国刑事诉讼法〉的解释》第一百三十八条,第一百四十三条第一款第一项,第一百五十五条第一款、第二款,第一百五十七条的规定,判决如下:

(被告人、被告单位判决情况略)

如不服本判决,可在接到判决书的第二日起十日内,通过本院或者直接向广东省高级人民法院提出上诉。书面上诉的,应当提交上诉状正本一份,副本二份。

审 判 长　涂俊峰
审 判 员　李 辉
代理审判员　李生荣

二〇一三年一月二十五日

书 记 员　丘国栋(兼)
书 记 员　黄超荣(兼)

广东省高级人民法院
刑事附带民事判决书

(2013)粤高法刑四终字第175号

原公诉机关广东省深圳市人民检察院。

[上诉人(原审附带民事诉讼原告人)基本情况略]

上诉人(原审被告人)陈垚东(曾用名陈细东,绰号“龙仔”“龙哥”),男,1971年7月16日出生,汉族,小学文化,住址深圳市宝安区沙井街道××路××号。因本案于2011年12月30日被刑事拘留,2012年1月29日被逮捕。现羁押于深圳市第一看守所。

辩护人陈伟强、耿丽萍,广东深天正律师事务所律师。

[其他上诉人(原审被告人、原审被告单位)基本情况略]

广东省深圳市中级人民法院审理深圳市人民检察院指控被告人陈垚东犯组织、领导黑社会性质组织罪,故意伤害罪,绑架罪,非法拘禁罪,抢劫罪,赌博罪,聚众斗殴罪,强迫交易罪,容留他人吸毒罪,行贿罪,非法倒卖土地使用权罪,虚报注册资本罪,敲诈勒索罪,寻衅滋事罪;被告人文稳权犯领导黑社会性质组织罪、容留他人吸毒罪、寻衅滋事罪;被告人伍健东犯领导黑社会性质组织罪、故意伤害罪、故意杀人罪、组织卖淫罪、容留他人吸毒罪;被告人陈锦田犯领导黑社会性质组织罪、强迫交易罪、开设赌场罪、容留他人吸毒罪、行贿罪;被告人赖庆棠犯领导黑社会性质组织罪、强迫交易罪、容留他人吸毒罪、敲诈勒索罪、寻衅滋事罪;被告人王文明犯组织、领导黑社会性质组织罪,聚众斗殴罪,故意伤害罪,开设赌场罪,贩卖毒品罪,寻衅滋事罪;被告人陈诺强犯参加黑社会性质组织罪、抢劫罪、强迫交易罪、敲诈勒索罪;被告人陈伟明犯参加黑社会性质组织罪、故意伤害罪;被告人曾庆发犯参加黑社会性质组织罪、故意伤害罪、敲诈勒索罪、寻衅滋事罪；被告人曾鸿辉犯参加黑社会性质组织罪、故意伤害罪、寻衅滋事罪；被告人易亚胡犯参加黑社会性质组织罪、非法拘禁罪、赌博罪、敲诈勒索罪；被告人潘永钊犯参加黑社会性质组织罪、故意伤害罪、交通肇事罪；被告人宁注作犯参加黑社会性质组织罪、虚报注册资本罪、敲诈勒索罪、寻衅滋事罪；被告人林波、岳彪犯参加黑社会性质组织罪、贩卖毒品罪；被告人曾玉新犯参加黑社会性质组织罪、故意伤害罪、组织卖淫罪；被告人曾细苓犯参加黑社会性质组织罪、聚众斗殴罪；被告人刘志清犯参加黑社会性质组织罪、敲诈勒索罪；被告人谢春山犯参加黑社会性质组织罪、抢劫罪、强迫交易罪、敲诈勒索罪；被告人陈惠芳犯参加黑社会性质组织罪、抢劫罪、强迫交易罪；被告单位深圳市万丰（集团）股份有限公司犯单位行贿罪；被告人潘泽勇犯参加黑社会性质组织罪、行贿罪；被告人陈嘉祺、陈卓峰、陈展斌犯参加黑社会性质组织罪、强迫交易罪、开设赌场罪、容留他人吸毒罪；被告人应春秋犯参加黑社会性质组织罪、强迫交易罪；被告人文迎新犯参加黑社会性质组织罪、敲诈勒索罪；被告人陈伟洪犯参加黑社会性质组织罪、聚众扰乱社会秩序罪；被告人曾柏球犯参加黑社会性质组织罪、故意伤害罪；被告人周梁、李朝阳犯参加黑社会性质组织罪、故意伤害罪；被告人曾庆华、江沛华、黎进成、江锦平、陈法军、陈平右犯参加黑社会性质组织罪；被告人刘少雄犯受贿罪、纵容黑社会性质组织罪；被告人文永峰、郑剑宏犯故意伤害罪；被告人曾炯贤犯提供伪造的出入境证件罪、附带民事诉讼原告人罗淡芬、罗阳、罗夏阳、罗文汉、纪映装，附带民事诉讼原告人钟子仟、曾金蓉，附带民事诉讼原告人黎志强提起附带民事诉讼一案，于2013年1月25日作出（2012）深中法刑一初字第227号刑事附带民事判决书。宣判后，被告人陈垚东、伍健东、陈诺强、陈伟明、谢春山、赖庆棠、陈惠芳、陈锦田、曾鸿辉、文永峰、易亚胡、曾玉新、周梁、潘泽勇、潘永钊、陈平右、陈伟洪、李朝阳、陈嘉祺、陈卓峰、文迎峰、郑剑宏、江沛华、刘少雄及附带民事诉讼原告人罗淡芬、罗阳、罗夏阳、罗文汉、纪映装不服，提出上诉。本院依法组成合议庭，于2013年6月25日至27日在深圳市中级人民法院公开开庭对刑事上诉部分进行了审理，广东省人民检察院检察员李景平、卢瑶瑶、王晖、余健明出庭履行职务，上诉人陈垚东、伍健东、陈诺强、陈伟明、谢春山、赖庆棠、陈惠芳、陈锦田、曾鸿辉、文永峰、易亚胡、曾玉新、周梁、潘泽勇、潘永钊、陈平右、陈伟洪、李朝阳、陈嘉祺、陈卓峰、文迎峰、郑剑宏、江沛华、刘少雄及上列辩护人均到庭参加诉讼。本案的刑事未上诉部分及附带民事部分以不开庭方式进行了审理。现已审理终结。

原判认定，被告人陈垚东自20世纪80年代末开始，纠集“沙皮狗”等社会闲杂人员，在宝安县沙井镇（现深圳市宝安区沙井街道）一带逞勇斗狠，为非作恶，成为当地颇具声名的恶势力。自1994年以来，被告人陈垚东通过笼络乡邻、招纳小弟、聘用员工、纠集同道等途径，逐步建立起以其本人为组织、领导者，以被告人伍健东、陈锦田、赖庆棠、王文明、陈诺强、曾庆发、曾鸿辉、易亚胡、潘永钊、宁注作等人为积极参加者，包括被告人陈伟明、林波、岳彪、曾玉新、曾细苓、刘志清、谢春山、陈惠芳、潘泽勇、陈嘉祺、陈卓峰、陈展斌、陈伟洪、文迎新、曾柏球、周梁、李朝阳、曾庆华、江沛华、黎进成、江锦平、陈法军、陈平右以及另案处理的数十人组成的骨干成员固定、层级结构明确、人数众多、势力庞大，在沙井街道经济、社会生活中具有重大影响的黑社会性质组织。该组织按照江湖规矩管理组织成员，维系组织架构。盘踞沙井街道一带，长期通过非法手段经营废品收购、码头运输、房地产等行业，实施了故意伤害、绑架、非法拘禁、抢劫、敲诈勒索、开设赌场、赌博、聚众斗殴、寻衅滋事、强迫交易、容留他人吸毒、贿赂国家工作人员、非法倒卖土地使用权等大量违法犯罪活动，攫取了巨额非法财富，严重破坏了当地的经济、社会生活秩序。以陈垚东为首的黑社会性质组织具备了法律规定的组织特征、经济特征、行为特征和危害特征。

另查明，以被告人陈垚东为首的黑社会性质组织实施了以下犯罪事实：

（具体犯罪事实略）

原判认为，被告人陈垚东作为黑社会性质组织的组织、领导者，不仅应当对其直接参与实施的犯罪行为承担刑事责任，依法还应当按照其所组织、领导的黑社会性质组织所犯的全部罪行处罚。被告人陈垚东组织、领导黑社会性质组织，其行为已构成组织、领导黑社会性质组织罪；故意伤害他人身体致一人死亡、一人重伤、一人轻伤，其行为已构成故意伤害罪；

绑架他人作为人质，其行为已构成绑架罪；非法剥夺他人人身自由，其行为已构成非法拘禁罪；抢劫他人财物，数额巨大，其行为已构成抢劫罪；敲诈勒索他人财物，数额巨大，其行为已构成敲诈勒索罪；以营利为目的聚众赌博，其行为已构成赌博罪；持械聚众斗殴且人数多，其行为已构成聚众斗殴罪；任意损毁他人财物，情节严重，其行为已构成寻衅滋事罪；以暴力、威胁手段强买强卖商品，情节特别严重，其行为已构成强迫交易罪；容留他人吸食毒品，其行为已构成容留他人吸毒罪；为谋取不正当利益贿赂国家工作人员，情节特别严重，其行为已构成行贿罪；非法倒卖土地使用权牟利，情节特别严重，其行为已构成非法倒卖土地使用权罪；采取欺诈手段虚报注册资本，欺骗公司登记主管部门，取得公司登记，虚报注册资本数额巨大，其行为已构成虚报注册资本罪，依法应当数罪并罚……依照《中华人民共和国刑法》第二百九十四条第一款、第三款、第四款、第五款，第一百三十三条，第二百三十四条，第一百五十八条第一款，第二百二十六条第一项，第二百二十八条，第二百三十二条，第二百三十八条第一款、第三款，第二百三十九条第一款，第二百六十三条第四项，第二百九十条第一款，第二百九十二条第一款第二项、第四项，第三百一十九条第一款，第三百五十四条，第三百零三条，第三百五十九条第一款，第三百八十五条第一款，第三百八十六条，第三百八十三条第一款第一项、第二款，第三百九十条第一款，第三百八十九条第一款，第三百九十三条，第十二条第一款，第九十七条，第三十条，第三十一条，第二十三条，第二十五条第一款，第二十六条，第二十七条，第六十五条，第六十七条第二款、第三款，第六十一条，第四十八条，第五十七条第一款，第五十六条第一款，第五十二条，第五十九条，第六十九条，第七十条，第七十七条第一款，第七十二条第一款、第三款，第七十三条，第三十七条，第八十七条，第六十四条，第三十六条第一款；1997 年修订的《中华人民共和国刑法》第二百七十四条，第二百九十三条第一项、第三项；《中华人民共和国民法通则》第一百一十九条、第一百三十条；《中华人民共和国侵权责任法》第二条、第四条、第六条第一款、第八条；《中华人民共和国刑事诉讼法》第九十九条第一款、第一百零二条；《中华人民共和国民事诉讼法》第六十四条、第二百五十三条;《全国人民代表大会常务委员会关于〈中华人民共和国刑法〉第二百二十八条、第三百四十二条、第四百一十条的解释》;《最高人民法院关于审理黑社会性质组织犯罪的案件具体应用法律若干问题的解释》第三条第一款、第五条第二款、第六条第四项;《最高人民法院、最高人民检察院关于办理行贿刑事案件具体应用法律若干问题的解释》第一条、第四条第一项、第五条;《最高人民法院关于审理破坏土地资源刑事案件具体应用法律若干问题的解释》第二条第三项、第四项;《最高人民法院关于审理交通肇事刑事案件具体应用法律若干问题的解释》第一条、第二条、第三条;《最高人民法院关于处理自首和立功具体应用法律若干问题的解释》第二条、第三条、第四条;《最高人民法院关于审理人身损害赔偿案件适用法律若干问题的解释》第三条第一款、第十九条、第二十条、第二十一条、第二十二条、第二十三条、第二十四条、第二十六条、第二十七条、第二十八条、第三十五条;《最高人民法院关于适用〈中华人民共和国刑事诉讼法〉的解释》第一百三十八条,第一百四十三条第一款第一项,第一百五十五条第一款、第二款,第一百五十七条的规定,作出如下判决:

……

二、被告人陈垚东犯组织、领导黑社会性质组织罪,判处有期徒刑十五年,并处没收个人全部财产;犯故意伤害罪,判处无期徒刑,剥夺政治权利终身;犯绑架罪,判处有期徒刑十年,并处罚金人民币三百万元;犯非法拘禁罪,判处有期徒刑一年;犯抢劫罪,判处有期徒刑十年,剥夺政治权利三年,并处罚金人民币二十万元;犯敲诈勒索罪,判处有期徒刑十年;犯赌博罪,判处有期徒刑二年,并处罚金人民币一百八十万元;犯聚众斗殴罪,判处有期徒刑三年;犯寻衅滋事罪,判处有期徒刑二年;犯强迫交易罪,判处有期徒刑六年,并处罚金人民币九千万元;犯容留他人吸毒罪,判处有期徒刑二年,并处罚金人民币一百五十万元;犯行贿罪,判处无期徒刑,剥夺政治权利终身,并处没收个人全部财产;犯非法倒卖土地使用权罪,判处有期徒刑七年,并处罚金人民币三千万元;犯虚报注册资本罪,判处有期徒刑六个月,并处罚金人民币五十万元。数罪并罚,决定执行无期徒刑,剥夺政治权利终身,并处没收个人全部财产,罚金人民币一亿二千七百万元。

（其他原审被告人、被告单位判决情况略）

上诉理由、辩护意见和检察员出庭意见

（一）关于原判“经审理查明”犯罪事实（“组织、领导、参加黑社会性质组织犯罪”）部分

上诉人陈垚东上诉提出：陈垚东的行为不构成组织、领导黑社会性质组织罪。（1）不符合黑社会性质的组织特征。一审无法认定“沙井新义安”名称的存在；用以证明黑社会性质组织存在的证人证言即是被告人供述，绝大多数被告人否认是涉黑组织的成员，达不到证据效力，存在诸多漏洞；没有组织上的分工，没有所谓“帮规”或“纪律”。（2）不符合经济特征。本案无证据证明涉黑组织有固定收入或资金归涉黑组织所有，也无证据证明资金主要用于组织的发展及活动经费。上诉人虽然为曾启安家庭及陈伟明提供过经济帮助，但诸多原因可说明该行为不能认定为为涉黑组织成员及其家庭提供资助。（3）不符合行为特征及非法控制特征。

陈垚东的辩护人辩护提出：一审认定陈垚东犯“组织、领导黑社会性质组织罪”证据不足。第一，关于组织特征：一审引用的用以证明黑社会性质组织存在的证人证言及被告人供述作为证据的证明效力均存在诸多缺陷：用以证明陈垚东等人是黑社会性质组织的多份证人证言全部是传来证据，许多证人证言中使用“听说”“据说”“应该”等明显带有主观判断和猜测的语言，证言内容彼此间存在矛盾。多数的证人属于公诉方指控的“沙井新义安”黑社会性质组织成员，既是被告人又是证人，不能让被告人相互指证其有罪。一审未安排证人出庭作证。一审法院认定陈垚东是黑社会性质组织的“组织、领导者”证据不足。一审法院认定陈垚东自20世纪80年代末开始“为非作恶”，成为当地有名的恶势力，但并没有相关证据加以证明。一审认定“该组织按照江湖规矩管理组织成员，维系组织架构”缺乏证据支持。第二，关于经济特征：该案现有证据材料中无证据证明陈垚东等人为了他们共同的组织而设立企业或对分散的企业进行统一的经营，或设立组织的经营机构。现有证据只能证明他们各自独立经营自己的企业，企业间彼此人、财、物独立，自主经营，盈亏自理，不存在财务上的统一管理，或按期或不定期地向组织上缴一定数额的款项，用以维护组织的运转；也不存在按

级别、功劳由组织进行分配，更没有设置组织发展基金。他们各自经营的企业不存在任何组织痕迹，根本谈不上组织存在和具有固定收入。陈垚东偶尔给过伍健东、陈伟明少量金钱也不是所谓的组织成员提供帮助。第三，关于行为特征，就一审认定的18宗黑社会性质组织犯罪案件而言，没有证据证明陈垚东带领或指使其他被告人以组织的名义有组织地去实施犯罪，一审认定的多起犯罪事实，是各个被告人自己或其他几个人因为个人恩怨而引起的事件，陈垚东既没有组织、领导，也没有认可或默许。第四，关于非法控制特征（危害性特征）。陈垚东等人不具备黑社会性质组织的经济特征，没有黑社会性质组织经营的企业，因此，黑社会性质组织非法控制一定区域或行业就无从谈起。陈垚东参股新发废品收购站本身并不违法。本案没有证据证明陈垚东对新发废品收购站巡场员进行管理。景昌废品收购站没有向陈垚东交过任何费用。八号码头属曾丽坚、赖庆棠家庭独立经营企业，与陈垚东无任何关联。陈垚东搞房地产开发是按照当地正常的商业路子走的。一些人开办酒店、娱乐场所，也是各自为政，自主经营，没有体现出组织的参与和组织的意志。综上，一审认定陈垚东犯组织、领导黑社会性质组织罪证据不足。

（上诉人陈垚东的其他上诉理由、辩护意见以及其他上诉人的上诉理由、辩护意见略）

广东省人民检察院出庭检察员当庭提出：一审判决认定以陈垚东为首的黑社会性质组织犯罪事实清楚，证据确实、充分，该组织完全具备黑社会性质组织罪的四个特征，认定陈垚东为该组织的组织、领导者依据充分。一审判决判处伍建东等33名被告人参加黑社会性质组织罪，其中，伍建东、陈诺强、陈伟明、谢春山、陈惠芳、陈锦田、潘泽勇、潘永钊、陈伟洪、李朝阳、陈嘉祺、陈卓峰、文迎新、江沛华等14人提出上诉，经审查认为，除个别被告人定此罪的证据相对单薄，其余被告人的定罪基本证据确实、充分……建议广东省高级人民法院充分考虑检察院的出庭意见，根据本案的事实、证据，依法作出公正的裁判。

（检察员当庭提出的其他意见略）

经审理查明：

（一）组织、领导、参加黑社会性质组织及纵容黑社会性质组织事实

上诉人陈垚东自20世纪90年代以来，通过利诱、笼络、招纳等手段，纠集同乡、社会闲散人员，发展组织成员，在广东省深圳市宝安区沙井街道，逐步建立起以其本人为组织、领导者，以上诉人伍健东、陈锦田、赖庆棠、陈诺强、曾鸿辉、易亚胡、潘永钊、宁注作、原审被告人王文明、曾庆发等人为积极参加者，以上诉人陈伟明、谢春山、陈惠芳、潘泽勇、陈嘉祺、陈卓峰、曾玉新、陈伟洪、文迎新、周梁、李朝阳、陈平右、江沛华、原审被告人林波、岳彪、曾细苓、刘志清、陈展斌、曾柏球、曾庆华、黎进成、江锦平、陈法军以及另案处理的数十人参加的黑社会性质组织。

陈垚东手下有陈锦田、伍健东、赖庆棠、陈诺强、曾鸿辉、易亚胡等若干骨干成员，骨干成员手下又各有一批成员。该组织成员以拜老大、“包红包”、敬茶敬酒等形式入伙，入伙时写下家庭地址给老大，按陈垚东划定的势力范围经营，按一定帮规进行管理。要求成员之间要团结，不能内斗；要听老大的话，出事后向老大报告，逃跑、躲藏费用由老大出；对违反规定的给予体罚和内部经济惩罚，多次违规的予以开除。

陈垚东及其黑社会性质组织在发展初期，通过抢劫、绑架、故意伤害、非法拘禁、敲诈勒索、聚众斗殴、寻衅滋事等犯罪手段，巩固地盘，树立威望。在发展后期，通过非法经营、强迫交易、欺行霸市、排除异己、收保护费、容留他人吸毒贩毒、非法倒卖土地使用权以及贿赂国家工作人员寻求非法保护等犯罪手段，攫取巨额经济利益。在一定程度上垄断当地废品收购、煤气、夜总会、酒店等经营，严重破坏了当地的社会和经济秩序。

上诉人刘少雄自2003年9月担任沙井街道党政主要领导职务后，即得知沙井存在一个以陈垚东为首的黑社会性质组织。刘少雄不仅不依法履行职责，组织、协调打击黑恶势力，还与陈垚东、潘泽勇等人长期交往，纵容该黑社会性质组织在沙井街道辖区内从事强购废品、倒卖土地、违章建楼等违法犯罪活动，并借助陈垚东黑社会性质组织领导身份平息村民上访等群体性事件。在刘少雄的长期纵容下，以陈垚东为首的黑社会性质组织得以发展壮大，逐步成为严重影响当地经济、社会、生活秩序的犯罪组织。

上述事实，有经庭审质证的下列证据予以证实：

1. 证人证言

(1)证人陈小军(外号“叉仔”)的证言及辨认笔录:证明了以陈垚东黑为首的社会性质组织的发展壮大过程,陈垚东为大哥,陈锦田、文迎新等主要成员都要听他的。

其证实:沙井以前的社会环境相当恶劣,我们沙井本地的“70后”(指1970年至1980年出生的),大部分都不读书的,初中还没毕业就出来社会上打拼。社会青年大部分都有跟大哥,有些人就吸毒或偷或抢。当时沙井社会上最出名的两个帮派就是“飞鹰帮”和“飞鸿帮”,大概是1989年时“龙仔”与几个人砍了“飞鸿帮”的老大“飞鸿”,“飞鹰帮”的老大“炮哥”被抓了。“龙仔”他们这伙人就开始在沙井树立了地位。早期跟“龙仔”的马仔有“沙皮狗”“金刚仔”“盲谦”,后期大概是90年代末期跟“龙仔”的就是“矮仔”“牛成”“陈真”“霹雳仔”等人,“龙仔”的这些马仔手下还带有好多人。“龙仔”前期收的马仔都是一些社会上打打杀杀出名的人,因为“龙仔”90年代前期要稳固自己在沙井的黑社会势力,所以主要招了这些打手。2000年以后“龙仔”基本都从事正当行业了,所以后期跟“龙仔”的手下大部分都是有头有脸的人,要么是有钱,要么是在村里有地位。“犀牛仔”“烂田”这些人都是他们村里最有钱的人,而且与村委的关系又好,“龙仔”通过这些马仔,可以打通各条村的关系,既可以在背后控制村里的生意,又不至于引起民愤,以此来达到在沙井为所欲为的目的,控制了许多条村的经济命脉。“龙仔”给他的马仔都划分了地盘,也就是势力范围,主要是以本村为主,谁跟了“龙仔”,谁就是村里面的老大,这是“龙仔”多年来在沙井盘踞、发展势力的结果。很多人都在自己的村里借着“龙仔”的名声从事废品收购或煤气生意。其中“霹雳仔”很早以前是帮“龙仔”管数的。2000年前后,“龙仔”与别人合伙开了创世纪,在全沙井乃至全宝安都是出名的“嗨”场(就是供客人吸食毒品的场所)。沙井很多的老百姓都觉得不可思议,如此猖狂地在场所里供客人“嗨”都没有被查封,所以那时候“龙仔”的名声达到了一个顶峰,创世纪还邀请了香港新义安帮的龙头老大向华强过来搞活动,这样全沙井的老百姓或政府官员都知道“龙仔”的黑社会势力已经得到了香港黑帮的支持,“龙仔”与沙井的很多政府官员勾结在一起,达到了黑白通吃的局面，所以在沙井“龙仔”可以说是撑起了半边天。

现在，我们沙井很多本地人得知“龙仔”这伙人被抓了，反应比较沉默，还是很害怕，沙井被“龙仔”这伙人控制了差不多20年了，这种长时间无形的压力使沙井人民喘不了气。

经辨认，证人陈小军辨认出陈锡波（“猪仔波”）、陈垚东（“龙仔”）、文稳权（“文强”）、赖庆棠（“飘马”）、刘志清（“陈真”）、易亚胡（“高佬”）、曾鸿辉（“马骝”）、陈锦田（“烂田”）、“盲谦”、陈诺强（“傻炮”）、曾细苓（“犀牛仔”）、曾庆发（“万发”）、“老野”、“乌之”、江启林（“矮仔”）、陈浩添（“朱古力”）、曾玉新（“B仔新”）、“牛成”、“斧头”、王文明、陈伟良（“力苏”）、伍健东（“东方红”）、陈志坚（“马周坚”）、“胡须仔”、“大烂财”、“胡须佬”、“水鱼”、陈允球（“允仔”）、文迎新（“霹雳仔”）、陈建平“西哥”、潘永钊（“盲超”）、“潇洒”、曾柏球（“老秋”）、曾允忠（“盲忠”）、宁注作（“光头仔”）。

（2）证人陈伟光（金辉皇公司法人代表，董事长）的证言：证明了陈垚东黑社会性质组织，核心成员有易亚胡、陈锦田、陈诺强、赖庆棠等，垄断沙井废品行业，垄断每条村的统建楼、基建工程、煤气行业、房地产行业、村委选举，低价收购地皮，为人比较凶狠，手下弟兄多，沙井街道党工委书记刘少雄也是听他的话，陈垚东是沙井最大的黑社会。

其证实：“龙仔”以前是由他叔叔“猪仔波”带他出道，跟龙仔的人有“万周坚”、“盲黑仔”、“飘马”、“飘马”的老婆曾丽坚、“水鱼”、“麻雀头”、“烂田”、“高佬”、“傻炮”等一些人。外界人都知道金晖皇是“胡须佬”李金旋的酒店，李金旋又是跟“飘马”、“飘马”又是跟“龙仔”的，他们这些人在沙井这么多年都是欺行霸市，臭名远播。“龙仔”在沙井呼风唤雨，基本上沙井的所有村子有钱赚的生意他都垄断。整个沙井的人都知道“龙仔”为人比较凶狠，手下弟兄多，基本上沙井所有村子里的村长和书记都是听“龙仔”的，他要谁当村长、书记就谁当，就连沙井街道党工委书记刘少雄也是听他的话。以“龙仔”为首的黑社会组织在沙井垄断废品行业，垄断每条村的统建楼、基建工程、煤气行业、房地产行业、村委选举，低价收购地皮。例如，民主村的村民还因为“龙仔”建田园风光时占了很多民主村村民的地，当时政府答应给村民赔偿，但没有兑现，村民因为害怕“龙仔”的势力，一直不敢向政府部门投诉,直到"龙仔"被抓之后他们才敢到市政府去上访。

(3)证人陈四季的证言及辨认笔录:主要证明了陈垚东黑社会性质组织的组织架构,陈垚东为大哥,赖庆棠为马仔,陈四季本人、李金旋为赖庆棠的马仔,其手下又收有王文明等马仔,加入形式是收红包,组织纪律是成员要团结,违反纪律要处罚,并证实陈垚东黑社会性质组织参与当地经济领域的事实,沙井基本上所有的废品、煤气、酒店、夜总会都是我们的人在做,外人根本不可能插手进来。

其证实:我、李金旋、"西门子"、"光头仔"、"大烂财"、"阿伟"、"黑仔"、"飘马"是跟沙井黑社会新义安老大"龙哥"的。我手下有"阿牛""老鬼"、李宁;李金旋手下有王文明、"阿剑"、"高富";"西门子"手下有一帮湖南仔;"光头仔"手下有"阿峰",还有一些湖南仔;"大烂财"手下是一帮广西仔,现在已经转跟"龙仔"的马仔"牛成"了。

我和李金旋跟"飘马"的时候就是请"飘马"吃饭并向他敬酒,敬酒时说些请大哥关照小弟之类的话,"飘马"同意后,我们就一起把各自的酒喝了,拜大哥的仪式就算成了,我听说很多人是通过包36元、360元或3 600元的红包拜的大哥。"龙哥"收马仔我听说也是这样。出来社会混,加入黑社会都是要通过拜大哥才能跟社团里的人混在一起,才能融入这个组织,当然这个拜大哥的过程就有很多种,认得大哥级别越高地位也就越高。

"飘马"跟我们讲要听话,不要在外面惹是生非,自己兄弟们(指我们这些马仔)之间不要窝里斗,要团结,要是被人欺负就要跟老大讲,他会帮出头,教训对方。我们要是不守规矩,轻的"飘马"就会骂,重的"飘马"就会动手打,要是再严重的话就除名。

在7年前的一个晚上,王文明要拜"胡须佬"为大哥,"胡须佬"把我也叫上。我和"胡须佬"并排坐在一起,王文明给我们各倒了一杯酒,然后分别敬了我们两人,他称呼我和"胡须佬"都是叫"大哥"的。王文明下面有约八九十个马仔,主要是以四川人为主,在沙井上南一带活动,打架、摆场、私藏枪支,他们都不是做正行的。他们在上南很有名气,一般人都不敢惹他们。

"飘马"的老大我们都叫"龙哥",是沙井黑社会新义安的老大,手下有很多马仔，遍布整个沙井，我知道的有："飘马""马骝""万法""烂田""虎头""允仔""陈真""矮仔""犀牛仔""牛成"。现在沙井基本上已经就是我们沙井新义安的天下。沙井基本上所有的废品、煤气、酒店、夜总会都是我们的人在做，外人根本不可能插手进来。我知道的"龙哥"的新发废品站就控制了沙井的大部分废品，"烂田"的景昌废品站控制了垦岗村的废品。煤气是"允仔"在做。沙井最大的酒店夜总会金至尊酒店是"龙哥"马仔"B仔新"的、西岸花园酒店是"阿佬"马仔"军波"管理的，天源丽江酒店王文明有入股、我们金晖皇酒店我和李金旋都是股东。

我跟了"飘马"后，金晖酒店的生意好了很多，没有小混混来闹事了，又多了很多"龙哥""飘马"下面的弟兄过来捧场，我们老大"飘马"在沙井很有料，又是直接跟"龙哥"的，自从跟了"飘马哥"有了靠山后我底气足了很多，感觉在沙井做什么都很顺利，说话也大声了，出门走路都把腰挺的比以前直了。

陈四季也证实了陈垚东黑社会组织的发展过程，同陈小军的证言一致。

经辨认，证人陈四季辨认出：陈垚东（"龙仔"）、赖庆棠（"飘马"）、陈锦田（"烂田"）、刘志清（"陈真"）、曾鸿辉（"马骝"）、曾细苓（"犀牛仔"）、曾庆发（"万法"）、李金旋（"胡须佬""肥佬"）、"光头仔"、王文明（"文明"），并辨认出易亚胡（"高佬"）、江沛华（"道士"）、陈伟明（"虎头"）、潘永钊（"盲超"）是"龙仔"的马仔。

（4）证人李金旋的证言及辨认笔录：证明了其加入陈垚东黑社会性质组织的过程，其证实在2004年的时候，我和"胡须仔"想找个靠山，在金晖酒店请"飘马"吃饭，当天晚上我给一成利润给"飘马"，让他关照我金晖酒店。因为我听社会上的人说"飘马"是本地人，在社会上混，有头有面。在吃饭的时候，"飘马"跟我说，在外面可以跟人说是跟"飘马"的，如果有人搞事跟他说，他会安排人解决。

经辨认，证人李金旋辨认出赖庆棠（飘马）、曾丽坚（坚姐）。

（5）证人陈伟强的证言：我听别人讲李金旋是个混黑社会的，他的老大叫"飘马"，"飘马"的老大是沙井最厉害的"龙哥"，是"沙井新义安"的老大。"龙哥"他们的势力很大，有好多马仔，基本上整个沙井都是他们说了算，因为外面的人都知道我们酒店老板李金旋和陈四季都是跟“飘马”的，所以我们酒店经营这么多年都没有外人敢在酒店闹事。陈四季是金晖皇酒店的股东之一。他也和李金旋一样都是混黑社会的，是跟“飘马”混的，属于和李金旋同级别的。

我知道李金旋直接的手下马仔有王文明、“大灯”“金毛”“小勇”等人。王文明手下有很多马仔，都是四川人。

（6）证人文义臣、文建春的证言，内容同陈伟强相同：我知道李金旋和陈四季是沙井黑社会大佬的，是跟沙井黑社会大佬“龙哥”一起的。

文建春还证实，金晖皇酒店内有一伙四川人负责看场，他们的老大叫王文明，是李金旋的马仔，在金晖皇酒店有人来闹事都是这伙人来处理和摆平的。

（7）证人曾丽坚（别号“坚姐”，系上诉人赖庆棠的妻子）的证言，详细证明了陈垚东组织的发展过程及组织成员有伍健东、陈锦田、陈嘉祺、陈卓峰、赖庆棠、陈伟洪等人，“龙仔”涉及生意有废品收购、煤气、酒店、KTV、赌档、工地的土方、房地产等。壆岗一带的景昌废品收购站是以“烂田”为首的壆岗五虎打理；沙一村的废品收购是“牛成”陈达成打理；福永的废品收购是“盲超”潘永钊打理；步涌、后亭附近的新发废品收购站由“炮叔”陈诺强打理。

其证实：“龙仔”，叫陈垚东，他是沙井最大的黑社会。“龙仔”最早是他亲叔叔陈锡波带他入行的，陈锡波外号“猪仔波”，是沙井早期很出名的大哥。1990 年，“龙仔”因为砍了新桥的一个大哥“飞鸿”开始上位。因为比较凶狠，为人讲义气，所以不少小弟跟着他。他早期最出名的马仔是“沙皮狗”“马州坚”“牛成”“盲超”“斧头”“盲发”“马骝”等，最能打就是“沙皮狗”和“牛成”，可以说初期江山是他们打回来的。

壆岗五虎都是沙井壆岗人，分别是“烂田”陈锦田、“牛斌”陈展斌、“嘉祺”陈嘉祺、“麻雀头”陈卓峰、还有一个叫陈敏。

“阿柴”是龙哥的马仔，全名叫伍健东，以前最早叫“阿柴”、后来叫东方红、最后来叫麻烦，在 1996 年左右在沙井的上星市场指使人砍死人后就逃到宝安县城，后来又指使人砍死了一个姓钟的惠东人。

我老公赖庆棠身边马仔，有李金旋（“胡须佬”）、陈四季（“胡须仔”）、罗如山（“西门子”）、“大烂才”、曾韶军（我的亲弟弟，“细军”）、胡伟（“阿伟”）。我认识陈伟洪，他也是跟龙仔的，外号盲洪仔。

应春秋也是沙井的黑社会。应春秋就是“猪仔波”的代言人，不光是创世纪，全沙井的酒吧夜总会都要买应春秋的酒。如果不答应，他会故意找人来“扫场”。

按辈分来说，王文明很低，他是跟“胡须佬”李金旋的，但是王文明是个有奶便是娘的人。谁有钱，谁势力大他就跟谁。和天源丽江酒店的“大鼻”郑剑宏，金至尊酒店的“B 仔新”曾玉新，壆岗五虎的“烂田”陈锦田走在一起，说是他老板。他知道“龙仔”在沙井势力大，便一直想跟“龙仔”。“龙仔”以前做事都是用“斧头”“沙皮狗”“牛成”等从小跟他的兄弟。但顺着年龄与身家的增长，他危险的事情都不会让自己兄弟干了。加上王文明那帮四川人人比较凶狠，所以近几年“龙仔”很多事情都交给“烂田”吩咐王文明的四川帮做了。

“龙仔”涉及生意有废品收购、煤气、酒店、KTV、赌档、工地的土方、房地产等。壆岗一带的景昌废品收购站是以“烂田”为首的壆岗五虎打理；沙一村的废品收购是“牛成”陈达成打理；福永的废品收购是“盲超”潘永钊打理；步涌、后亭附近的新发废品收购站由“炮叔”陈诺强打理。

整个壆岗景昌废品里面的“八号公馆”也是他在打理。有三栋楼，这里的一楼就有鱼池、游泳池、夜总会、赌档、二楼就是“嗨场”还有十间左右的房间，供人玩乐的地方，陈嘉祺是专门负责“拉皮条”的，夜总会所有女的都是陈嘉祺负责搞定。“嗨场”最主要是吸“K”粉和开心水，第三栋就是一个好像健身、训练场一样的，供人健身或玩的地方。

经辨认，证人曾丽坚辨认出光仔、蔡志锋、曾韶军、牛斌（陈展斌）、“烂田”（陈锦田）、“陈真”（刘志清）、飘马（赖庆棠）。

（8）证人曾韶军（上诉人赖庆棠的内弟）的证言及辨认笔录，其称：“飘马”是“龙哥”的马仔。跟“龙哥”的对外统一称跟“龙哥”的，别人都不敢惹他们。跟了“龙哥”后，在自己的村里面肯定是最大的老大了，除非本村同时有几个人跟“龙哥”，但他们都不会有纠纷，应该是内部商量好的吧。

经辨认，证人曾韶军辨认出陈垚东（“龙哥”）；“马骝”，他是跟“龙哥”

的；赖庆棠，外号“飘马”。

（9）证人蔡志锋的证言：“飘马”是跟“龙仔”的，“龙仔”是我们沙井本地黑社会老大，在我们沙井很有影响力，“飘马”跟了“龙仔”后在我们沙井也很有面子，也算是一个黑社会大哥。

（10）证人陈伟飞的证言，证明了赖庆棠团伙的情况，证实赖庆棠是沙井的一个比较有名望的黑道大哥，他是跟着沙井最大的黑道大哥“龙哥”的。赖庆棠的马仔很多，我认识的有周明佳（绰号阿叉）、“大烂才”、“西门子”、湖南“光头仔”、“胡须佬”“胡须仔”“姑爷伟”。他们都叫赖庆棠为老大，对外叫作“飘马公司”的。

赖庆棠、曾丽坚夫妇是靠跟了“龙哥”，并跟着“龙哥”打打杀杀上的位，然后靠走私红油、开赌档赚了钱，并开始靠暴力垄断赚了大笔钱，赖庆棠夫妇的势力也就越来越大了。“龙哥”是沙井最大的黑道大哥，他的马仔有：赖庆棠、“万发”、“万周坚”、“黑仔”、“烂田”（称为“壆岗五虎”）等人，我和“龙哥”他们辈分差的比较大，他的马仔我都不熟，他们对外叫作跟“龙哥”的。

（11）证人黄志强、梁卫权的证言：我跟着周明佳搞走私红油，周明佳是“飘马”的马仔，“飘马”和曾丽坚在黑白道上有名气，有钱有势力，有很多马仔，但是我没有正式敬茶或者封红包给曾丽坚。

“飘马”是跟沙井最大黑社会大哥“龙哥”的，他的小弟有周明佳、“湖南光头仔”、“大烂财”、“姑爷伟”、“胡须佬”、“胡须仔”、“五华光头仔”，他们这些人都有自己的马仔，都是跟飘马混的。

（12）证人谢小聪的证言及辨认笔录：证明了王文明团伙的情况及拜大哥的形式及规矩，加入组织的方式。

其证实：“四川帮”老大是王文明，马仔有胡小勇、张健、高富、戴斌（代兵）、文渠峰、谢春宇、田军（田成均）、赵齐龙、李泽剑、袁小明、谢小聪、林波等多人。王文明和“胡须佬”、陈四季是跟“飘马”的，“飘马”是跟龙仔的。加入组织的方式，就是包红包给老大，一般是包36元，同时把家庭住址写好跟钱一起包在红包里面给老大。意思是小弟以后在外面出了事，可以通知家里；如果背叛大哥或者做了对不起兄弟的事，可以报复家人。平时老大要求我们手机要开机，要听话，如果老大叫你去做事，你不愿意去就要挨打；惩罚的事有很多，基本下面人都被王文明打过，我见过田成均、张健、文渠峰都被打过。

“四川帮”主要在上南和黄埔一带从事故意伤害、寻衅滋事、敲诈勒索、制贩枪支、贩卖毒品、抢劫、组织妇女卖淫、开设赌场、垄断煤气等违法犯罪活动。平时打架或收数等，一般要老大同意。

经辨认，证人谢小聪辨认出王文明；陈锦田；郑剑宏；李金旋、陈四季；岳彪。

（13）证人田成均的证言，证明了陈垚东、赖庆棠黑社会组织成员及架构。证实“龙仔”是沙井最大的黑社会老大，下面的马仔有“高佬”“飘马”“烂田”“万法”“陈真”“犀牛仔”；“飘马”下面的马仔有“胡须佬”；“胡须佬”下面的马仔有王文明、“金毛”、“拉登”、“小义”、“小勇”；王文明下面的马仔有谢小聪、李泽剑、袁小明、张建。

经辨认，证人田成均辨出王文明是沙井四川帮老大；林波是跟王文明的。

（14）证人李泽剑的证言及辨认笔录，证明内容同谢小聪、田成均相符。证实“龙仔”是沙井黑社会大哥，手下马仔有“犀牛仔”（曾细苓）、“飘马”等人。“飘马”的势力范围在沙井码头一带，手下有“胡须佬”（李金旋）、“西门子”、陈四季等人。李金旋是金晖皇酒店、金晖石材市场老板，手下马仔有王文明、邹高富、蔡旭等。王文明是四川人在沙井的黑老大，手下马仔数百人。2004 年我包了 36 元红包给王文明，由张健转交。进“四川帮”要给老大王文明送红包，不听老大的话或摆场不到要被老大骂，打架受伤老大出医药费，去外面做事如打架等要告诉王文明。王文明亲口跟我说过，他就是跟“胡须佬”的。以前王文明起家的时候，很多事情要听“胡须佬”和“龙仔”的，这几年他势力越来越大，有些事情就自己做决定了，但不管怎么说，我觉得很多事情，他都需要经过“胡须佬”和“龙仔”同意才去做的。

经辨认，证人李泽剑辨认出王文明；陈锦田；林波是王文明马仔；李金旋、陈四季是沙井黑社会老大“飘马”的马仔；岳彪是跟林波的。

（15）证人徐中奎（别名徐飞）的证言及辨认笔录：证明了其加入王文明团伙的过程。

其证实：我在林波家里，封了38元8角的红包给林波，正式做他的小弟。林波是“四川帮”老大王文明的手下，是沙井有名的大毒枭，我知道他的手下有“彪娃”等人。林波对我说主要是听话，有什么事打电话给我去做，我必须去。另外就是要对他忠心，不能背叛他做“二五仔”。兄弟之间不能打架否则要受惩罚。

王文明是上南混的四川人的老大，王文明的马仔还有胡小勇、张健、李泽剑、田军、谢小聪、文峰等。胡小勇等人手下都收有马仔，总共有大约一百多人，我间接也是王文明的马仔，林波告诉我的规矩实际上是王文明的规矩。

王文明和高富都是跟金晖酒店“胡须佬”的，“胡须佬”是跟黑社会老大“飘马”的，所以我们对外叫“飘马公司”。我们主要在上南、黄埔从事收保护费、打架斗殴、贩毒、开赌场、组织妇女卖淫等违法行为。

经辨认，证人徐中奎辨认出“飘马”；“胡须佬”；王文明；“彪娃”。

(16)证人王生明(被告人王文明之兄)的证言及辨认笔录：王文明在沙井上南一带的黑道上名声很大，下面有张建、谢小聪、袁小明、覃享兵等马仔，他的一些马仔见了我也会叫我大哥。我2010年6月开始在沙井黄埔村美宜佳便利店后面的一小店开了一间卖淫嫖娼的发廊，我弟弟王小明在沙井上南沙穗酒店附近也开了一家类似的发廊。我和王小明的发廊因由王文明罩着，没人敢来闹事。

经辨认，证人王生明辨认出王文明。

(17)证人王小明(被告人王文明之兄)的证言及辨认笔录：王文明是在沙井混黑道，是跟“胡须佬”的，沙井上南的四川人都认识他，他手下带了好多小弟，李泽剑、覃享兵、袁小明、王涛、谢小聪等这些人都是他的小弟。王文明在沙井开有水店、煤气店，还和别人合开酒店。王文明以前曾帮人看赌场、看老虎机，从中获利，他以前还开过卖桶装水、卖瓶装煤气的店。曾因为想垄断附近的生意，把别人开的店赶跑。

经辨认，证人王小明辨认出王文明、王生明、袁小明、谢小聪、李泽剑。

(18)证人王延三的证言及辨认笔录：我于2011年9月开始在沙井街道黄埔老村里开设赌场。王文明是沙井“四川帮”的老大，他平时很少去赌场，都是他安排他的马仔袁小明来管理。王文明手下有很多马仔，有覃享兵、田勇、谢小聪、袁小明、胡小勇，还有一个帮他开桶装水店的叫李泽剑的，一个帮他贩毒的叫林波的。

经辨认，证人王延三辨认出王文明、林波，并辨认出“胡须佬”系李金旋。

(19)证人李丹的证言及辨认笔录：王文明是沙井一带“四川帮”的老大，他手下的马仔估计有将近100人，做过很多坏事，包括收债、摆场、打架等。这些马仔又另外收很多小弟。马仔拜大哥，要给大哥红包，数目不确定，看个人选择。拜了老大，就要听老大的话，老大有事叫就一定到场，不到场的话就要挨揍。

经辨认，证人李丹辨认出王文明、“烂田”、“胡须佬”、四哥、胡小勇、“彪儿”。

(20)证人艾科的证言及辨认笔录：王文明是沙井“四川帮”的老大，高富在“四川帮”里排名老二或老三，王文明和高富都跟“胡须佬”。

经辨认，证人艾科辨认出王文明，并辨认出“胡须佬”系李金旋。

(21)证人叶明金的证言及辨认笔录：王文明是在外面混的“大哥”，他是跟“飘马”的。王文明的手下有王生明、王小明、林波、高富、覃享兵、袁小明、张建、胡小勇、“三哥”、谢小聪、李泽剑、田成均、文渠峰、赵齐龙等人。

(22)证人宁明周的证言，证明了宁注作团伙的情况，宁注作跟赖庆棠，赖庆棠的老板就是陈垚东，宁军山、宁畅是跟宁注作，入组织是包红包，规定是，每个人只能叫自己的马仔，他们出去做事都要经过老大的批准，比方说出去打人、收数都要经过老大的同意。

其证实：宁军山、宁畅是跟宁注作（“光头仔”），宁注作跟“飘马”，“飘马”的老板就是“龙哥”。他们都称自己的组织为“公司”。“阿峰”、宁军山都封过360元红包给“光头仔”。宁注作和宁畅都是一个“公司”的，他们“公司”有条规定就是，每个人原则上只能叫自己的马仔，但是如果人手不够叫别人马仔的话必须通过他们上面的老大才行。他们出去做事都要经过老大的批准，比方说出去打人、收数都要经过老大的同意。

宁注作手下的马仔主要有宁畅、宁军山、“老四”、“小宝”、宁正安、还有一个外地人，共六个人。每个人手下又有四个以上的小马仔。他们六个人具体情况及分工是：宁畅（“湖南疯”），他主要负责安排武力方面事宜，管理枪支、刀具等工具，是宁注作最得力的助手；宁军山（“三哥”），负责帮“光头仔”管理沙井一带建材水泥店以及开地下赌档（包括放高利贷）的生意；另一个马仔是一个外地人，负责帮宁注作去收数和在黑道上打打杀杀。以上的三个马仔都是直接跟在宁注作身边的人。“老四”姓易，负责在福永一带收取水泥车的保护费，开地下赌档，走私海鲜和电子产品，是宁注作手下最有钱的一个马仔；“小宝”，姓宁，曾经帮宁注作做过毒品生意；宁正安（“宁辉”），负责在蛇口一带开地下赌档，走私海鲜和电子产品。这三个人与“光头仔”是相互利用关系，也就是都拜了“光头仔”为大哥，平时各自做“生意”，但如果“光头仔”需要可以随时调他们三个人的资源，帮宁注作去收数和解决黑道上的难题。

经辨认，证人宁明周辨认出黄志奇（“豹子”），龙勇林，宁正安，宁畅（“湖南阿峰”）。

（23）证人黄志奇的证言与宁明周的证言相符：其证实宁注作拜了沙井“飘马”做大哥，手下的马仔有宁畅、宁军山、阿兵、易老四、宁正安，这些人都封过红包给宁注作，一般都是以36元开头。

（24）证人陈卓坚的证言及辨认笔录：“龙仔”是我的小学同班同学，原叫陈细东，后改名为陈垚东。1990年前后，我听说“龙仔”他们一班人把“飞鸿”砍了，慢慢地在沙井社会上的名气就起来了。他还收了好多马仔，我知道的有“飘马”“盲发”“马骝”等人。

经辨认，证人陈卓坚辨认出陈垚东，并辨认出江锦平系陈垚东的马仔。

（25）证人曾广新的证言及辨认笔录：“创世纪”是“龙仔”开的，他是黑社会老大。“龙仔”手下的马仔有“斧头”、“盲发”、“马骝”、“盲国泰”（真名叫黄国泰）、“马周坚”、“水鱼”（真名陈卓坚）、“烂田”、“犀牛仔”、“B仔新”。我知道还有好多人是跟“龙仔”的，因为“龙仔”在我们沙井这边势力很大。组织内有规矩：一是要听大哥的话，守规矩，不能没大没小；二是兄弟内部不能争斗；三是不要被外人欺负，但也不准在外惹是生非；四是做事时要随叫随到。

经辨认，证人曾广新辨认出陈垚东（“龙仔”）、文稳权（“文强”）、陈锦田（“烂田”）、刘志清（“陈真”）、赖庆棠（“飘马”）、曾庆发（“盲发”）、曾鸿辉（“马骝”）、陈卓坚（“水鱼”）、曾细苓（“犀牛仔”）、陈伟明（“斧头”）、陈志坚（“马周坚”）、陈伟良（“力苏”）是跟“龙仔”的、曾玉新（“B仔新”）、陈达成（“牛成”）也是拜“龙仔”做大哥的、黄国泰（“盲国泰”）。

（26）证人曾允忠的证言及辨认笔录，证明了陈垚东组织人员有赖庆棠、伍健东、文迎新、陈伟明、曾鸿辉、曾庆发、黎进成、陈锦田。“龙哥”陈垚东是沙井这边的一个黑社会“新义安”社团的老大，开了一家废品收购站，一家担保公司，近期还在搞房地产，在沙井出来混的和做生意的，没有不认识他的，也基本没有谁不买他的账。大家都怕他们，很多生意都是给他们垄断掉的，他们想做什么就做什么，在沙井为所欲为。

其证实：我和“肥文”都是跟一个大佬“水鱼”的。“水鱼”最早是跟“东莱”的，因为“东莱”是吸白粉的，没什么势力，“龙哥”这伙人在沙井是黑社会，“水鱼”就跟了“龙哥”。

“龙哥”陈垚东的手下有“妈指”、曾鸿辉（“马骝”）、“矮仔”、曾劲云（“大头云”）、“水鱼”、“万发”、“老野”、“犀牛仔”、“虎头”、“马周坚”、“力苏”、“牛成”、“草包”、“东方红”（又叫“阿柴”）、黄国泰（“盲国泰”）、“老秋”、“大超”、“飘马”、“烂田”、“黑仔”、“允仔”、“犀牛仔”、“陈真”等人。“斧头”一开始是叫“金刚仔”的，“阿柴”之前叫“东方红”，是有一回他们打死人逃跑后回来就把外号给改了，不改怕别人认出来。这些人都是称霸一方的大佬，他们的马仔下面还带马仔。

1999年年底的时候“龙哥”在沙井开了间创世纪酒吧，是当时宝安最大最有名的“嗨场”（吸毒酒吧）。后来“龙哥”又做废品收购，赚了大钱，这几年还做起了房地产生意，就是开发小产权房，从村里很便宜拿到集体用地建房来卖。

经辨认，证人曾允忠辨认出陈垚东（“龙仔”）、曾鸿辉（“马骝”）、曾劲云（“大头云”）、曾庆发（“万发”）、曾庆华（“老野”）、曾细苓（“犀牛仔”）、陈伟明（“斧头”）、陈志坚（“马周坚”）、江启林（“矮仔”）、陈庆培（“地主”）、“妈指哥”；并辨认出陈卓坚（“水鱼”），称系其老大，陈卓坚的手下有陈满祥、林智君、曾广新等人。

（27）证人王亚升的证言及辨认笔录，证明了新发收购站靠陈垚东强卖强买的情况。

其证实：新发废品站是沙井最大的废品站，老板是沙井势力最大的黑社会大佬，其中“龙哥”更是大家公认的大哥，其他废品站的人不敢得罪“龙哥”。我是2008年年初到年底在新发废品站上班。新发废品站把它控制的几条村分成几块在管理，每一块都有一帮人在巡查。我在新发废品站是负责巡厂的，发现有工厂私自向外卖废品的，就把拉废品的车拦下，等废品站的人过来处理。必要的话把车拉回去，由“炮哥”（陈诺强）或“芳姐”（陈惠芳）处理。“炮哥”说所有步涌村的废品都要卖给新发，不能私自向外卖。如果工厂不把废品卖给新发，“炮哥”就会派人一直守在门口，不让废品拉出工厂，也没有其他废品站的人敢来拉，最后工厂的废品就会堆积的越来越多，工厂就会妥协。

经辨认，证人王亚升辨认出陈诺强（“炮哥”）、陈惠芳（“芳姐”）、易亚胡（“高佬”）。

（28）证人黄再兴的证言及辨认笔录：我知道在沙井“龙仔”是最大的黑社会大佬，“水鱼”是跟龙仔的，“水鱼”下面有“肥文”等马仔。我知道他们拜大哥要封36元红包，老大收了红包后才算是正式收了小弟，平时要听大哥的话，兄弟有事要互相帮忙。

经辨认，证人黄再兴辨认出陈垚东（“龙仔”）、陈卓坚（“水鱼”）。

（29）证人曾汉斌的证言及辨认笔录，证明了其加入曾鸿辉团伙的情况及该团伙的结构层次，我们在社团里面按辈分有称呼的，陈垚东在废品、房地产、码头等方面都能一手遮天。

其证实：我在1997年的时候就开始跟了“马骝”做大哥。我包了一个36元的红包给他。当时我知道“马骝”是跟着“沙皮狗”的，之后我才知道“马骝”和“沙皮狗”都是跟着“龙仔”的，我们对外都说是“龙哥”的人就可以了。

加入黑社会最大的规定就是不可以勾引二嫂，兄弟之间不可以打架。如果违反的话就会受到家法。我们在社团里面按辈分有称呼的。像“龙哥”

是我老大的老大，比我高两级，他就是我们的“阿公”，跟我老大平级的，我们称他为“义叔”，跟我平辈的话，我们就以“老表”相称，比自己辈分低的，就直接叫名字。“马骝”跟我说过跟了他以后要守一些规矩。像“马骝”平时管理我们小弟都是通过电话联系的，打了电话就要随叫随到，平时会不定时叫我们小弟吃饭喝酒唱歌通过这种聚会从而笼络我们小弟的人心。

“龙哥”下面有一帮马仔，有“马骝”、“盲发”、“烂田”、“万发”、“虎头”、“大超”、“犀牛仔”、曾庆华、“陈真”、“矮仔”、“老野”、“霹雳仔”、“万周坚”、“水鱼”、“道士”等一批人。在这些人的手下都各有马仔，比如在“马骝”的手下就有“超人”、“阿轩”和我等人。在我们这批人下面又各有马仔，比如“阿轩”手下就有“小周”、“阿喜”、“肥仔”等一些马仔。我们这伙人最起码有好几百人。

“龙哥”在废品、房地产、码头等方面都能一手遮天。我知道的“龙哥”他们有废品收入、码头收入、房地产收入、看场收入、垄断煤气等方面的收入。(曾鸿辉)“马骝”的收入来源我知道的有他在金至尊酒店看场(当保安队长)、开煤气站。

经辨认，证人曾汉斌辨认出曾鸿辉(“马骝”)。

(30)证人陈允球的证言及辨认笔录，证明了其拜陈垚东为大哥的过程及该组织的情况。

其证实：陈垚东以前的名叫陈细东，外号“龙仔”。他是沙井黑道上的大哥，手下有很多马仔。“龙仔”真正成为“沙井新义安”的大哥应该是他开创世纪酒吧的时候，当时创世纪是沙井甚至是宝安最大的“嗨场”，“龙仔”是创世纪的股东，所以慢慢出名了。

拜大哥一般要封36元红包，其说法是从香港那边学过来的。1994年年底在沙井万丰公园里的一间西餐厅内，我包了个36元的红包给陈垚东就算正式拜“龙仔”为大哥。没有什么特别的仪式，就是龙仔坐在中间，我就是双手将红包递给“龙仔”，并跟他说：“阿哥，以后要你多罩着小弟我了。”“龙仔”就说：“没问题，以后我们就是兄弟了。”

我知道的有赖庆棠、“烂田”、“万法”、“马骝”、“斧头”、“矮仔”、“高佬”、陈志坚、“陈真”、“犀牛仔”、“B仔新”、“盲华仔”、“水鱼”都是跟陈垚东的马仔。“胡须佬”、“胡须仔”、“西门子”这三个人是赖庆棠的马仔，“胡须佬”下面还有很多马仔。

在1995年或是1996年，“沙皮狗”给人砍伤感染住医院，“龙仔”当时就组织他手下的所有马仔进行捐款，我捐了300元。2005年以后，“龙仔”基本每年都会在年底的时候把他手下一些关系比较好的马仔“烂田”“虎头”“犀牛仔”“东方红”“万发”“马骝”等人聚起来吃年饭。

经辨认，证人陈允球辨认出陈垚东（“龙仔”）、赖庆棠（“飘马”）、刘志清、曾鸿辉（“马骝”）、易亚胡（“高佬”）、陈锦田（“烂田”）、江启林（“矮仔”）、陈卓坚（“水鱼”）、曾庆发（“万发”）、曾细苓（“犀牛仔”）、陈伟明（“斧头”）、曾玉新（“B仔新”）、伍健东（“东方红”）。

（31）证人陈勇波的证言及辨认笔录：很早以前就听说“龙仔”是我们沙井最大的黑社会老大了，我知道他手下有很多马仔，叫得出名字的有“盲华”、“马骝”、陈允球、“飘马”、“盲发”、“马周坚”、“盲黑仔”等。

经辨认，证人陈勇波辨认出陈垚东（“龙仔”）、赖庆棠（“飘马”）、曾鸿辉（“马骝”），并辨认出陈诺强、陈允球都是跟陈垚东的。

（32）证人刘创钦的证言及辨认笔录：证明了其为扩大生意而和陈垚东马仔“马骝”等人合作煤气站的事实。证实其从1998年在沙井做煤气生意。2009年12月“马骝”“盲华仔”加入。因为他们在沙井一带名气大，而且又是跟“龙仔”的，让他们入股后，就可以靠他们逼迫其他煤气站退出，从而垄断大王山一带的煤气生意。

经辨认，证人刘创钦辨认出曾鸿辉（“马骝”）、“盲华仔”“陈四”（也叫“四哥”）、“胡须仔”。

（33）证人陈桂才的证言，证明伍健东参加陈垚东黑社会性质组织的事实。

其证实：1998年的时候，“阿柴”在宝安区的名气很大，宝安区出来混的人都知道他是黑社会老大，跟沙井“龙仔”，属于“新义安”帮的，手下的马仔也很多，其中最有名气的马仔就是钟为、金水和谭超这几个人。由于我1998年案发后没多久就被抓去坐牢了，我觉得“阿柴”他们这伙黑社会人员太可怕了，大家都是打来打去，动不动就要拿刀砍人。我被抓住坐牢后，就决心要脱离他们，所以我被放出来后，就没有再回宝安区。以前年轻不懂事，以为跟大哥威风，现在回想起来感觉很恐怖。我想如果出来以后还跟“阿柴”他们混的话，可能我都被人砍死了。

（34）证人文永峰（本案上诉人）的证言及辨认笔录：“阿水”“建哥”等人都是混社会的人，就是我们老百姓口中的黑社会。“建哥”是他们这伙人的老大，平时我听他们说他们是香港黑帮“新义安”。“建哥”的外号是“阿柴”，“阿水”、谭超是建哥的马仔，“华仔”是“阿水”的马仔，“阿财”是谭超的马仔，“阿水”和谭超还有其他很多马仔。

经辨认，证人文永峰辨认出伍健东（“建哥”“阿柴”）。

（35）证人王婷（上诉人伍健东之妻）的证言及辨认笔录：我与伍宇峰结婚前只知道他是社会上混的江湖大佬，做偏门生意，手下有很多马仔，他有江湖外号叫“阿柴”“东方红”。我不知道我丈夫的真实名字是伍健东。“龙哥”（陈垚东）是宝安沙井新义安一带最大的黑社会头子，手下我比较熟的马仔有“虎头”（陈伟明）、“牛成”（陈达成）、“盲超”（潘永钊），还有一些我听说过和记得起的有“文强”“飘马”“万发”这些人。我丈夫拜“龙哥”做大哥，对“龙哥”很尊敬，平时都是称呼“龙哥”做“BOSS”或“老细”，春节的时候一定会上门给“龙哥”拜年。还有就是有什么红白事情，龙哥也会召集我丈夫和一些他们的兄弟在一起办事。我丈夫的手下有洪文盛、黄海涛、“大头”“糯米鸡”“大头军”、杨涛。

经辨认，证人王婷辨认出伍健东、陈垚东、潘永钊、陈伟明、黄海涛、钟德旺、陈达成、洪文盛等人。

（36）证人黄海涛的证言及辨认笔录：我很早以前就听说过“龙哥”这个名字了，知道他是“新义安帮”最大的黑社会老大。我知道“龙哥”的手下有好多马仔，有“阿柴”“飘马”“万发”“道士”“虎头”“马周坚”“牛成”“霹雳仔”等。

经辨认，证人黄海涛辨认出陈垚东（“龙哥”）、伍健东（“阿柴”）。

（37）证人陈建忠的证言及辨认笔录：“龙仔”是沙井黑社会老大，是我老板伍宇峰和梁木义的老板。平时我在伍宇峰的办公室都会听到他给“龙仔”打电话叫“BOSS”。伍宇峰的马仔有洪文盛、黄海涛、李封州、杨涛等人。

经辨认，证人陈建忠辨认出伍宇峰即伍健东。

(38)证人蒋威的证言及辨认笔录，证明了潘永钊团伙的情况，证实："超哥"是周梁的老大，是跟沙井的黑社会老大"龙哥"的。"超哥"的马仔有周梁、"大红"、周泉、陈星、"蕉皮"、"小伟"、"阿林"、"山鸡"、"阿东"等人。周梁的马仔就有我、"小坚"、陈威、"大学生"等；"蕉皮"的手下有"阿生"、"阿洗"、"阿涛"(陈伟涛)。周梁与"大红"更是超哥的"头马"，就是最得力的助手。金泰酒店是"超哥"看的场。

经辨认，证人蒋威辨认出陈垚东("龙哥")、潘永钊("超哥")、李朝阳("大红")、陈法军("蕉皮")。

(39)证人李坚(绰号"小坚")的证言及辨认笔录：我2001年左右跟了周梁，"超哥"是跟沙井那边一个非常有名的黑社会老大外号叫"龙哥"。"超哥"手下的直接马仔有周梁、"大红"、陈法军、"猴子"(侯志成)、陈星等人。"超哥"下面的这些马仔很多的手下又各自带有小马仔，我知道的周梁手下有蒋威、"大学生"(陈平元)、"右古"(陈平右)与我。陈法军手下有三个马仔，是"阿涛""阿生""阿洗"。"超哥"他还帮别人看场。

经辨认，证人李坚辨认出潘永钊("超哥")、周梁、陈法军、陈平右、陈平元、侯志成，并辨认出李朝阳、周泉、谢伟伟跟潘永钊的。

(40)证人雷成(化名王成)的证言及辨认笔录：证实内容同李坚一致。

经辨认，证人雷成辨认出潘永钊("超哥")、李朝阳("大红")、周梁。

(41)证人曹财林的证言及辨认笔录：2009年我认识"蕉皮"后，就知道陈威(陈平右)、"蕉皮"、陈星、"小坚"、周梁等他们在金泰酒店看场。周梁是2009年坐牢出来后在金泰酒店看场的。"蕉皮"、周梁、陈星跟福永黑社会老大"超哥"的，"超哥"又是跟沙井黑社会老大"龙哥"的。周梁手下又有几个马仔，我知道的有"小坚"、蒋威、陈威等。陈法军是跟"超哥"的，"超哥"安排陈法军和陈星他们看场。

经辨认，证人曹财林辨认出潘永钊("超哥")、陈平右(陈威)、陈法军("蕉皮")、李坚("小坚")，并辨认出谢伟伟、陈金伟、蒋威、陈星。

(42)证人江庆儒(外号"江老三")的证言：我知道"龙仔"为首的黑社会组织，江启林帮"龙仔"做事，张建新帮江启林做过事。"山西"(王亚升)

跟我关系非常好。2008年"山西"带着有"长毛""聋子""老朱"在新发废品站巡场。

(43)证人陈庭建的证言:我知道沙井有个很厉害的黑社会老大外号叫"龙哥",他的名声很大,沙井有一间创世纪迪斯高,很多人去哪里吸食毒品,而"龙哥"是创世纪的股东。他的手下有好多马仔。

(44)证人朱海波的证言及辨认笔录:我来沙井没多久就听说过"龙哥"了,他是沙井最大的黑社会老大,手下有好多马仔,我只知道"飘马""矮仔""陈真"这几个。全沙井的人都知道新发废品站有黑社会背景,是黑社会大佬"龙哥"开的。听人说新发还有一个老板"炮哥",也是出来混的资格比较老的大哥。

经辨认,证人朱海波辨认出陈诺强("炮哥")。

(45)证人夏小兵(绰号"阿南")的证言,证明了江启林团伙的情况。

其证实:"山西"王亚升是我们这伙的老大,是跟"江老三"的,"江老三"是跟"矮仔"的,"矮仔"又是跟沙井最大的黑社会老大"龙仔"的。我们拜"山西"为大哥,我还封了36元红包给他,"山西"安排我们这些小弟在废品站上班。只要平时我们这伙人谁被欺负了,都会一起去帮忙报复,把别人打回去。

(46)证人张建新的证言及辨认笔录:我是跟江启林的,他是沙井的黑社会大佬,是跟黑社会老大"龙仔"的,在"龙仔"的公司打理财务,还从事开赌档、非法经营煤气站、收废品、放高利贷、收保护费。"龙仔"的公司就是我们这个黑社会组织,"龙仔"是我们的大老板。我是通过端茶的方式拜江启林作大哥的,江庆儒也是江启林的马仔,帮江启林管理煤气站。

经辨认,证人张建新辨认出江启林。

(47)证人陈浩球的证言:陈垚东外号叫"龙仔",但是我们都叫他"龙哥"或者"BOSS",他是沙井黑社会大佬。刘少雄应该知道"龙仔"是沙井的黑社会老大,"龙仔"发展房地产生意,跟政府接街道办肯定是有接触的。

(48)证人曾炯贤的证言及辨认笔录:"龙仔"陈垚东是黑社会的,现在做废品、小产权房生意。他的叔叔"猪仔波"是香港黑社会新义安的大佬。"龙仔"手下有很多马仔,我知道的有陈伟明、"牛成"、"马周坚"、"草包"、

"马骝"、"飘马"、"矮仔"、"烂田"、"霹雳仔"等人。而且他手下的马仔在沙井靠他的名气混的都不错，不是有钱就是有地位，他的马仔都是以自己的村为势力范围，做地盘，垄断本村的煤气或者废品收购等生意。我们沙井很多本地人都怕"龙仔"这伙人的，不敢招惹他们。

陈伟洪是沙井沙二村人，我认识。他也是跟"龙仔"的，是"龙仔"在沙二村的得力手下，外号"盲洪仔"。在沙二村里我知道的就有"盲福来"、"叶子"、"单眼平"等人跟他，这些人也是"盲发"的小弟。

辨认笔录，辨认出陈伟明（虎头）、陈锦田（"烂田"）、陈垚东（"龙仔"）、赖庆棠（"飘马"）、曾鸿辉（"马骝"）、江启林（"矮仔"）、陈志坚（"马周坚"）、陈达成（"牛成"）、文迎新（"霹雳仔"）、陈伟洪（"盲洪仔"）、黎进成（"草包"）。

（49）证人黄远雄的证言：陈垚东外号"龙仔"，我叫他"龙哥"或者"BOSS"，他是沙井一带最大的黑社会老大，手下马仔很多。他手下的马仔有"飘马"、"烂田"、"马骝"、"高佬"江启林、"水鱼"、"万发"、"犀牛仔"、陈伟明、马周坚、"力苏"、"牛成"、"草包"、"东方红"、"盲超"、陈浩成（潇洒）、"就哥"。

（50）证人钟伟军的证言及辨认笔录，证明了陈垚东黑社会组织的详细情况，陈垚东是沙井的黑社会老大，在沙井有很多项目，手下有一大帮马仔，他还开了一家新发废品站，垄断了废品行业。陈垚东的经济来源，包括他创办的"创世纪娱乐城"的收入，那是专门给人提供吸毒的场所，在他的901办公室开设赌场、买卖土地、搞房地产生意，还有赌博赢回来钱等。通过和每个村里村长、书记拿地建房卖房赚钱。

其证实："龙哥"真名叫陈垚东，是在社会上混的大哥，有很多马仔。他的手下都叫他"BOSS"。"龙哥"的马仔有"烂田"、"高佬"、"黄飞鸿"、陈卓坚、"矮仔"、伍键东、"力苏"、陈浩成、陈伟明等人。另外陈永森、文稳权、钟志东、"军波"、陈财明、陈俊炜等和龙哥往来密切。

"龙哥"他是沙井的黑社会老大，他很有钱，在沙井有很多项目，手下有一大帮马仔，他还开了一家新发废品站。"龙哥"的经济来源，我知道的有他创办的"创世纪娱乐城"，那是专门给人提供吸毒的场所，新发废品站垄断废品行业，在他的901办公室开设赌场、买卖土地、搞房地产生意，还有赌博赢回来钱等。“龙哥”有开赌博档口，他有股份，是在银通大厦903房。

“龙哥”的主要犯罪行为就是靠他的马仔垄断废品收购行业，以及通过和每个村里村长、书记拿地建房卖房赚钱。我听“龙哥”说过他2011年要开发40万平方米的土地，现在已经有四个楼盘正在启动，可以赚20亿元至30亿元。“龙哥”的经济来源是垄断统治废品站和与村里的干部勾结拿地建房赚钱。

我在认识“龙哥”之前，沙井都有传闻说他是“黑社会老大”。在我上学的时候，听说过“傻炮”这个人，说他是“黑社会老大”。我认识“龙哥”后，发现“傻炮”居然帮“龙哥”做事，我就更加相信“龙哥”是“黑社会老大”了。

我认为潘泽勇是“龙仔”的马仔。因为我好几次在“龙仔”的901办公室见过潘泽勇上来见“龙仔”，对“龙仔”非常尊敬，有一两次潘泽勇拿一些文件材料上来向“龙仔”汇报，我在景昌废品站见过“龙仔”骂潘泽勇，潘泽勇呼唤“龙仔”为“BOSS”，这个称呼都是“龙仔”的马仔对“龙仔”的尊称，所以我认为潘泽勇是“龙仔”的马仔。

“壆岗五虎”是指“烂田”、嘉祺、“麻雀头”、陈敏、“牛斌”(音同)。“壆岗五虎”把“龙哥”当靠山。“烂田”建了会所，专门给“龙哥”提供了办公室、储藏室，“龙哥”喜欢游泳、桑拿，“烂田”提供给“龙哥”玩，也作为接待一些重要客人的地方。“烂田”、嘉祺、“麻雀头”他们经常都在会所里面赌博。

经辨认，证人钟伟军辨认出陈垚东(“龙仔”)、文稳权(“文强”)、陈诺强(“傻炮”)、易亚胡(“高佬”)、陈锦田(“烂田”)、陈伟明(“斧头”)、潘泽勇。

(51)证人易永松的证言及辨认笔录：我叔叔易亚胡帮沙井最大的黑社会大佬“龙仔”做事，是他身边的人。2007年9月，易亚胡介绍我到新发废品站做巡厂。新发废品站是有黑社会背景的，老板“傻炮”是沙井一带混的黑社会大哥，我们听说“龙哥”才是新发废品站的幕后老板。当时新发干巡厂的有40多个。

经辨认，证人易永松辨认出易亚胡(“高佬”)、陈诺强(“傻炮”)、陈惠芳(“芳姐”)。

（52）证人曾劲云的证言及辨认笔录：我是在2004年跟“龙哥”吃饭，认“龙仔”做大哥的。因为我在黄埔做废品生意，而当时“龙仔”的新发废品站要入股，我想着在沙井做废品生意，就要有个老大罩着。当时我准备了16 800元的红包给他，但他没要红包，说大家都是本地人，以后相互照顾就行，不用搞什么形式。

经辨认，证人曾劲云辨认出陈垚东（“龙仔”）、陈锦田（“烂田”）、刘志清（“陈真”）、赖庆棠（“飘马”）、易亚胡（“高佬”）、曾鸿辉（“马骝”）、曾庆发（“盲发”）、曾细苓（“犀牛仔”）、陈志坚（“马周坚”）、陈达成（“牛成”）。

（53）证人陈福来的证言及辨认笔录：证明了陈垚东黑社会性质组织的犯罪事实及社会危害性，沙井的老百姓一提起“龙仔”就毛骨悚然，在沙井可以说为所欲为。其控制整个沙井，各条村的经济、政治甚至街道办等很多政府部门都被他们玩弄于股掌之中。这些政府本门颠倒是非黑白，与“龙仔”这些黑社会人员狼狈为奸，官匪勾结，大家都知道这种情况，但却无可奈何。

其证实：“龙仔”是沙井新义安帮的老大，是沙井最大的黑社会头目。“龙仔”手下有好多马仔，可以说每条村都有“龙仔”的人，我知道“龙仔”的手下有“炮哥”“飘马”“烂田”“马骝”“高佬”“矮仔”“道士”“水鱼”“万发”“老野”“犀牛仔”“朱古力”“虎头”“B仔新”“马周坚”“力苏”“牛成”“霹雳仔”“东方红”等人。陈伟洪也是“龙仔”的马仔。

“龙仔”在沙井有钱、有地位、有势力、有影响力，全沙井的人都怕他的。我知道自从90年代开始，我们沙井各条村里历届的村干部都与“龙仔”这伙人的关系都非常好，可以说“龙仔”不想谁当选，那人肯定选不上，想谁当选，那人被选上的概率非常大，“龙仔”就有这样的能力和势力。沙井这么多年打打杀杀的事情绝大部分都与“龙仔”或他的马仔有关。“龙仔”给他们的马仔划分的地盘就是以本村为势力范围，谁跟了“龙仔”，谁就是本村的老大，谁在村里就有地位。“龙仔”通过他众多的手下，对沙井各条村的经济、政治实行控制，村里面的煤气或废品收购生意都是被“龙仔”的这些马仔垄断的。我知道壆岗是被“烂田”开的废品收购站垄断经营的，步涌村是被“矮仔”开的废品收购站垄断的，“马周坚”就垄断蚝三村的废品收购。

另外“龙哥”还与“炮哥”等人经营了新发废品站，是沙井最大的废品站，也是垄断性经营的。“龙仔”这伙人在沙井无恶不作，沙井好多比较大的命案都是龙仔的手下做的。我知道的有2000年在创世纪门口“水鱼”的马仔把后亭村的一个青年杀了，2005年我姐夫的弟弟外号叫“朱仔文”的在深圳市罗湖区被“水鱼”的马仔杀害了，2009年步涌村本地人“盲南”被“矮仔”的马仔杀死等。沙井的老百姓一提起“龙仔”就毛骨悚然，从90年代初期就是他们的天下，控制整个沙井，各条村的经济、政治甚至街道办等很多政府部门都被他们玩弄于股掌之中。这些政府本门颠倒是非黑白，与“龙仔”这些黑社会人员狼狈为奸，官匪勾结，大家都知道这种情况，但却无可奈何。这次把“龙仔”抓了，大家都很震惊，认为政府动了真格，现在我们的日常生活平静多了，很多沙井的本地人都拍手称快。

经辨认，证人陈福来辨认出陈垚东（“龙仔”“龙哥”）、曾玉新（“B仔新”）、陈志坚（“马周坚”）、陈庆培（“地主”）、陈伟良（“力苏”）、陈达成（“牛成”）、伍建东（“东方红”）、文迎新（“霹雳仔”）、陈诺强（“傻炮”）、赖庆棠（“飘马”）、陈锦田（“烂田”）、曾鸿辉（“马骝”）、易亚胡（“高佬”）、江启林（“矮仔”）、江沛华（“道士”）、陈卓坚（“水鱼”）、曾庆发（“万发”）、曾庆华（“老野”）、曾细苓（“犀牛仔”）、陈伟明（“斧头”）。

（54）证人蔡思宁的证言：“龙仔”是沙井的黑社会大哥，“文强”就是利用“龙仔”在沙井的地位一起合作，因为有了“龙仔”等人撑腰，“文强”在沙井的社会地位也很高。

（55）证人赖广伟的证言及辨认笔录：“文强”在沙井、松岗一带都非常有名，不管黑道还是白道，都要给他三分面子。他身边有“龙仔”为他撑腰，手下也有一大帮马仔，黑社会老大“龙仔”的马仔也随时听他使唤。他所做的生意也离不开黑社会。

经辨认，证人赖广伟辨认出文稳权（“文强”）。

（56）证人曾某忠（深圳市宝安区沙井街道上星社区党支部书记）的证言：“龙仔”江湖名气很大，势力也比较大，说话比较管用。

（57）证人廖某明（天虹商场沙井店安全主管）的证言，证明了陈垚东为首的黑社会组织对当地治安、群众心理的影响：证实对打掉“龙仔”为首的黑社会团伙，老百姓都拍手称快。我们这些外来打工的，也明显感觉到治安好转。

（58）证人马某飞（深圳市宝安区沙井街道万丰社区治安队组长）的证言：听说“龙仔”有很多小弟，如“飘马”“军波”“肥辉”等，沙井是他的势力范围，没人敢跟他作对。平时工作中遇到这样的人，他们都报上名来，我们工作上无形的压力很大，得罪了这些人就怕报复。

（59）证人孙某辉（深圳市宝安区沙井街道某纯净水配送部店主）的证言：“龙哥”这个黑社会垄断了沙井的很多生意。我们这些做小生意的根本没法跟他们竞争，而且每天都提心吊胆。不时听说某某店被砸、某人车被砸等消息，而这些砸店的人都是“龙哥”的人或者“龙哥”马仔的人。在过年的时候，还经常有些“烂仔”到小店送春联，每个店都要封几百元红包才行，否则被“龙哥”他们下面的人报复。

（60）证人万某维（深圳市宝安区沙井街道某购物广场店长）、吴某文（深圳市宝安区沙井街道大王山第一工业区某杂货店店主）、周某（沙井街道某公司总务人事部部长）、赵某民（深圳市宝安区沙井街道壆岗村某杂货店店主）、曾某军（深圳市宝安区沙井街道新二社区治保主任）、王某武（深圳市宝安区沙井街道壆岗村凉菜摊贩）、曾某辉（上寮村治保主任）的证言：“龙仔”是沙井黑社会老大。并证实公安打掉了这些人，好比吹散了乌云，治安好多了。

（61）证人胡某许（深圳市沙井街道步涌社区某工业园管理处主任）的证言：我们工业园里有三十多家工厂，这些工厂的废品收购一直被新发公司垄断，他们以低于市场的价格收购废品，同时不准这些工厂将废品卖给其他公司。自从这伙犯罪分子被抓获后，我们工业园的情况好多了，废品可以自由交易了。

（62）证人陈某光（深圳市宝安区沙井街道沙二社区主任）的证言：“龙仔”手下的马仔，尤其是那些小马仔经常做些敲诈勒索、收保护费等违法犯罪的事，给沙井的人民群众带来了很多不便。“龙仔”和陈财明对沙井土地的控制也导致了很多村（如万丰村）土地被贱卖，本地村民都怨声载道，经常做些堵路、上访等过激的事情。

(63)证人潘某良(深圳市万丰小学党支部书记)的证言:我知道沙井各个村的古惑仔都和“龙仔”在一起玩。“龙仔”以前在沙井做废品回收生意。最近这些年,“龙仔”这些人开始涉足房地产事业,通过与村里面的官员勾结,拿了很多地建房子,我知道我们万丰村的地都几乎被他拿光了。

“龙仔”他们没有被抓的时候,我们村的村民根本不敢说话。整个沙井都笼罩在一个很恐怖的气氛里,连学校都受影响。打掉了他们,老百姓都拍手称快。那个时候,村里面村长、书记包括各小组组长的选举都是这帮黑社会大佬说了算,我当时感觉这个社会都不是共产党的天下,而是这帮黑大佬的天下。我觉得这帮黑社会影响主要在中学。沙井中学有很多孩子都被这帮黑社会组织影响坏了。

(64)证人陈某祥(马安山村治保主任)的证言:在上世纪80年代到90年代初期,当时沙井社会治安很乱,有三个帮派相互争斗,争地盘。这三帮人经常在沙井争地盘,打打杀杀,经常是他们相互砍杀。感觉当时沙井的社会就像香港电影里演的黑社会那样“龙争虎斗”。后来“龙仔”一帮人打垮了“飞鸿帮”,“飞鹰帮”也跟了“龙仔”,沙井也就是他一个老大了。

“龙仔”下面马仔有“虎头”等一帮本地人,也有一帮外地人。这帮外地人在沙井搞一些违法犯罪的事,而且他们在沙井收地摊的“保护费”,开赌档,在娱乐场所看场,卖K粉,卖摇头丸等,只要是跟“龙仔”的,别人都会给他面子。“龙仔”在我们沙井是说话算数的人,很讲义气,在沙井,发生双方打架,只要找到“龙仔”出面说话,大家都会听他的,像一个判官。基层有一些事情,政府和法院都解决不了的,只要“龙仔”一出面就能解决。“龙仔”这帮黑社会一直在统治沙井,他们被打掉后,现在沙井社会治安好多了。

(65)证人江某年(沙井街道步涌村治保主任)的证言:我自小在沙井长大,所以对这个团伙还是有所了解的。“龙仔”靠暴力垄断沙井的废品起家,还和人开办了宝安最大的“嗨场”创世纪。最近几年“龙仔”在搞房地产生意,赚了很多钱。

在政府打掉以“龙仔”为首的黑社会团伙以后,我们村民的确感受到社会治安环境有很大的改变,心里轻松了很多,言论方面也自由了很多,没有了以前那种压抑的感觉。那些搞搞阵的“烂仔”也都跑路了。步涌村废品收购站也全部开放了，在自由竞争的条件下价钱也比以前高了不少，工厂企业的负责人也很高兴。

(66)证人刘某细(沙井街道某工业区安全巡逻员)的证言：证明了陈垚东黑社会性质组织暴力垄断法地经济以及对当地的危害性。

(67)证人曾某荣(新桥村治安联防队长)的证言：“龙仔”这伙人给我们群众的感觉是他们就是涉黑的帮派，而且组织庞大，垄断的行业包括废品、码头、黑煤气、桶装水、运输车队等。简单地说就是普通老百姓听到他们的名字就会害怕，不敢惹他们。

(68)证人杜某贵(沙井街道新桥村某麻将馆店主)的证言：证明了以四川人王文明为首的黑社会团伙对当地的危害性。在公安机关打击之前，这帮人经常敲砸勒索拉摩的的、开蓝牌车的。现在打掉之后，我自己感觉沙井的小混混基本上没有了，半夜也可以出去开摩的拉客，不用再担心被敲诈勒索等事情发生了。

(69)证人左某明(步涌村治安联防队员)的证言：我从进入村治安联防队起就听说沙井有个黑道老大“龙仔”在沙井很有势力。刚上班时就有老队员提醒我，说如果遇到“龙仔”手下的小混混，尽量不要与对方纠缠或发生冲突。这伙人在沙井气焰嚣张，我们做治安联防队员的都尽量不去招惹他们。

(70)证人王智君(新发废品站出纳)的证言：新发废品站有两个老板，大老板是陈诺强，另外一个老板是谢春山，但我听说真正的老板是“龙仔”“佬哥”“波哥”，这3个人是我们沙井外面混黑社会的老大。

(71)证人陈少施(新发废品站开票员)的证言：新发废品站的股东有“龙仔”、陈永森、陈诺强、梁木义、谢春山。“龙仔”下面有很多马仔，他可以靠新发废品站来养这帮人给他做事。

(72)证人陈俊炜的证言：刘少雄与“龙仔”关系比较密切，可以说是相互帮忙的关系。“龙仔”这几年发展得这么快，离不开以刘少雄为领导的沙井政府班子。“龙仔”所做的房地产开发都是非法的，没有合法手续，是政府纵容了他这么做。

景昌废品收费站里的游泳池和水塘共3 000多平方米的土地，本来是国有土地，“烂田”（陈垚东马仔）拿来占用了。我发现这个事后，找“烂田”把地让回来，他不肯。我就向刘少雄汇报，他开始的意见是要拆，我说“烂田”不让我们拆后，刘少雄就不表态了。

刘少雄不应纵容“龙仔”的房地产事业发展，不过他也没办法，大环境是这样。“龙仔”跟陈财明合作，在沙井势力实在是太大了，“龙仔”出事，刘少雄必然跟着出事。

2. 被告人供述

（1）上诉人陈垚东的供述和辩解及辨认笔录：其否认自己是黑社会组织，承认以前是黑社会，但觉得不是组织、领导黑社会。后来我没有再做违法犯罪的事情了，改为做正当生意。

其供述：我以前的名字叫陈细东，外号“盲细仔”。九几年改成陈垚东，现在外号叫“龙仔”“龙哥”“BOSS ”。年长辈分高的就叫我“龙仔”，跟我一起玩的和外面社会上的有叫“龙哥”，也有叫我“BOSS”的。

“新义安”是香港的一个黑社会的称号，有人说我叔叔陈锡波是香港新义安的代言人，就有人说我们是“沙井新义安”社团，长期下来以后外面就有了我们是“沙井新义安”团伙的说法，指的是我、陈锦田（“烂田”）、文稳权（“文强”）、陈庆培（“地主”）、潘军波（“军波”）、曾庆发（“万发”）、陈伟明（“斧头”）、赖庆棠（“飘马”）、江启林（“矮仔”）、曾细苓（“犀牛仔”）、陈嘉祺、陈卓峰（“麻雀头”）这些人。其实我们都是一群关系比较好的本地人，只是我那时混得比较好，比较会做人做事，在中间地位比较高，大家都会给我面子，其他人相互之间都差不多的地位。

我没有马仔，不清楚其他人下面有无马仔。我没有打过“沙井新义安”的旗号，其他人有没有打过这个旗号我就不清楚了。“其他人”是指“马骝”、“万发”、“文强”、“飘马”、“陈真”、“烂田”、“乌之”、“犀牛仔”、“老野”、“木义”、“斧头”、陈志坚、“草包”、“盲国泰”、“馒头”、“老秋”等人。在沙井，安徽和四川籍的人有当大哥收马仔的情况。四川籍的“文明”有收小弟的情况。我听说“文明”是跟“胡须佬”的。

我不认同我现在是组织、领导黑社会。我曾经叫一些马仔去绑过人，也叫过一些马仔去跟别人打过架，伤过人，也曾经以朋友的身份去解决一些朋友之间的纠纷，也曾经经常跟一些朋友一起玩，所以我认为我以前是黑社会，但我觉得我不是组织、领导黑社会。后来我没有再做上面这些违法犯罪的事情了，改为做正当生意。

我主要在沙井一带活动，跟人合伙开了名仁盛典当行、禾兴隆实业有限公司、田园农庄、骏东投资有限公司；陈卓峰、陈锦田主要在壆岗一带活动，跟壆岗村委合伙做废品生意；文稳权主要在新桥一带活动，跟他弟弟合作经营新桥客运站；曾庆发主要在上星村一带活动；陈伟明主要在沙井一带活动，开了间科技公司；赖庆棠主要在沙井码头一带活动，做沙石生意；江启林主要在步涌村一带活动，在沙井东星汉永酒店后面开了间桌球城；陈庆培主要在蚝四村活动，主要经济来源靠厂房收租；潘军波主要在万丰一带活动，跟人合伙开了间西岸酒店，他是大股东。

其供述了与刘少雄的关系，并且在许多项目上找刘少雄帮忙，事后送1 200万元给刘少雄的事实。

经辨认，上诉人陈垚东辨认出陈锦田（“烂田”）、文稳权（“文强”）、赖庆棠（“飘马”）、陈伟明（“斧头”）、曾鸿辉（“马骝”）、曾细苓（“犀牛仔”）、曾庆发（“万发”）、陈嘉祺、陈卓峰（“麻雀头”）、刘志清（“陈真”）、江启林（“矮仔”）、陈庆培（“地主”）、李金旋（“胡须佬”）、陈四季（“胡须仔”）、陈振才（“大烂才”）等人。

（2）上诉人伍健东的供述和辩解及辨认笔录，证明了陈垚东黑社会组织成员及活动规则等，跟了陈垚东后，有规定要遵守的。就是说大家同是跟“龙哥”的，兄弟之间不能内斗，不能自己人打自己人；兄弟之间能帮忙就一定要帮忙；另外还有一点就是要听老大的话等。自己发案后，陈垚东将其由“阿柴”改为“东方红”。

其供述：“龙哥”全名叫陈垚东，外号“龙哥”“BOSS”，是沙井最有名气的黑社会老大。他的叔叔叫陈锡波，外号“猪仔波”，是香港很出名的黑社会新义安的成员。“龙哥”在沙井之所以能够成为老大，就是他叔叔“猪仔波”帮他的。大概从90年代开始，都是“龙哥”的天下。跟我差不多时间跟“龙哥”的就有“马周坚”（陈志坚）、“虎头”、“盲谦”、“沙皮狗”、“盲黑仔”

等。后来又有很多人跟了“龙哥”，分别是“万发”、“马骝”、“飘马”、“矮仔”、“霹雳仔”、“高佬”、“陈真”、“B 仔新”、“烂田”（陈锦田）、“犀牛仔”、“道士”“水鱼”（陈卓坚）、“盲钊”（潘永钊）、“盲国泰”、“牛成”，还有好多人都是跟“龙哥”的，我还知道“飘马”的手下有一个外号叫“胡须佬”的马仔。

我跟“龙哥”没有举行仪式，我的马仔有谭超、“糯米鸡”（罗伟明）、黄海涛、等人，他们都是叫我“大哥”，他们平常都是听我的。

跟了“龙哥”后，肯定有规定要遵守的。大概的内容有三个，就是说大家同是跟“龙哥”的，兄弟之间不能内斗，不能自己人打自己人；兄弟之间能帮忙就一定要帮忙；另外还有一点就是要听老大的话，“龙哥”叫干什么就干什么等。例如我们这些跟“龙哥”的兄弟里面，“万发”与“飘马”的关系不好，两个人经常吵架的。就是“龙哥”出面解决他们之间的矛盾。还有一次，“马周坚”与“陈真”也是因为一些事情吵了起来，“龙哥”也是出面去调解了这个事情。因为跟“龙哥”的人实在是太多了，这么多人经常都会有矛盾的，“龙哥”是我们的老大，只有他才能解决。还有就是我和“虎头”的外号，原来我叫“阿柴”，“虎头”原来叫“金刚仔”，由于我与“虎头”都涉及 1997 年砍死潮州仔的案件，我们一直在外逃跑，后来“龙哥”说，我们俩原来的外号都有案件在身，很不吉利，“龙哥”就帮我把外号改为现在的这个“东方红”，“金刚仔”改成“虎头”了。

经辨认，上诉人伍健东辨认出陈锡波（“猪仔波”）、黄炳球（“天哥”、“肋骨仔”）、陈垚东（“龙哥”）及上述相关人员；辨认出王文明，称系李金旋的马仔。

（3）上诉人陈锦田的供述和辩解及辨认笔录，证明了其加入陈垚东黑社会组织及经营景昌废品站的情况：“龙哥”真名叫陈垚东，我们跟他的这伙人都叫他“BOSS”，他是我们沙井一带最大的黑社会老大，在沙井很有势力，手下还有很多马仔，“龙哥”的马仔或他马仔手下的小弟加起来是遍及了整个沙井的每一个村，通过这些马仔，“龙哥”控制了沙井的大部分区域。

其供述：跟了“龙哥”后，在沙井一带也是个小老大，在外面有头有脸，经营的生意就没有人敢捣乱。在我与别人争夺废品收购的时候，找到“龙哥”出面协调，一般都能比较满意地解决。我们这些人跟了“龙哥”以后，在各自的村里就是老大了，没有人敢欺负我们，我们自己的村就相当于自己的地盘了，但是如果我们与别的兄弟（就是跟“龙哥”的兄弟）关系好，别人同意的话，也可以在别人的村里发展。同门之间有什么事情解决不了的话，要找“龙哥”出头帮忙解决。还有，同门之间不能窝里斗，要是被“龙哥”发现这种情况的话，就要挨打；对外要称“跟龙哥”的。

“龙哥”在沙井的势力很大，都知道他是黑社会老大，没有人敢不给他面子，所以“龙哥”利用他的这个影响力，使得新发废品收购站越做越大，只要新发废品收购站想收的废品，其他人是没办法收的。景昌废品收购站一共有九个股东，分别是我、陈嘉祺、陈敏、“麻雀头”“牛奔”、陈志、陈伟昌、陈均池、陈谊。其中，我是负责景昌废品收购站的账目管理，“牛奔”与陈嘉祺负责废品收购站的日常运营，“麻雀头”协助我对外应酬与打点各种关系，废品站里最大的老板就是我与“麻雀头”。

经辨认，上诉人陈锦田辨认出陈垚东（“龙哥”）、文稳权、陈伟明（“斧头”）、陈嘉祺、陈卓峰（“麻雀头”）、陈展斌（“牛奔”）。

（4）上诉人赖庆棠的供述和辩解及辨认笔录，证明了其加入陈垚东黑社会组织，并证实了该组织活动规则。

其供述：大约 1996 年、1997 年的时候，我封了个红包给“龙仔”，成了“龙仔”马仔。1997 年至 2000 年间，我在沙井收了“西门子”、周明（“阿叉”）、“光头仔”、“大烂才”做我的小弟。当时“西门子”“光头仔”“大烂才”这 3 个人都包了 36 元的红包给我。我手下马仔有陈四季（“胡须仔”）；“胡须佬”，沙井金辉酒店股东，曾收过王文明。

大概是 2000 年的时候，“龙哥”就定下了几条规定：一是“同门兄弟”间不能互相残杀，如果有发现的，打一拳赔三千元，砍一刀赔三万元，谁先动手的，就谁把这个钱赔给对方；二是都是跟“龙哥”的，要听“龙哥”的话，不听话的就要挨打；三是对外要说跟“龙哥”的；四是自己做生意的，最多只能与“同门兄弟”合伙，不能抢自己人的生意或地盘，不可以“捞过界”。

我们跟“龙哥”做他的小弟要听“龙哥”的话，不听的话就要被“龙哥”打的。这是江湖规矩。如果说被打了的小弟还是不听话，那就要被大哥除名。2004年的时候，王文明和“龙哥”的小弟“万法”吵架，王文明的手下把“万法”的兄弟砍伤了，“龙哥”打电话约我和“万法”到创世纪的一间包间内谈怎么解决这件事。谈的时候我和“万法”吵了起来，“龙哥”就过来打了我和“万法”一人两巴掌，说双方都有做错的地方，“万法”这边开枪了，但最终是我们这边错了，因为我们这用刀砍伤人了。最后“胡须佬”赔给“万法”“鸭乸”两人20万元做了结。

“龙哥”的这些手下在沙井都挺有势力而且都各自有自己的手下，他们成立了一间叫新发废品公司，“烂田”负责壆岗村的废品，“万法”负责上星村的废品，“牛成”和“钢拇”负责蚝一村的废品，“金刚仔”负责沙井的废水回收，“稳仔”负责大王山石油气，“马骝”负责新二村的石油气，其他具体的就不知道了。

经辨认，上诉人赖庆棠辨认出陈垚东（“龙仔”“龙哥”）、文稳权（“文强”）、黄炳球（“天哥”“肋骨仔”）、陈锡波（“猪仔波”）、陈锦田（“烂田”）、曾庆发（“万发”“万法”）、曾鸿辉（“马骝”）、刘志清（“陈真”）、江启林（“矮仔”）、陈达成（“牛成”）、伍健东（“阿柴”“东方红”）、陈伟明（“斧头”）、曾玉新（“B仔新”）、江沛华（“道士”）、陈卓坚（“水鱼”）、易亚胡（“高佬”）、黎进成（“草包”）、曾细苓（“犀牛仔”）、文迎新（“霹雳仔”）、潘永钊（“盲超”）、李金旋（“胡须佬”）、陈四季（“胡须仔”）、王文明等人，并称陈垚东的小弟还有潘泽勇，外号“肥勇”。

（5）被告人王文明的供述和辩解及辨认笔录：其对拜“胡须佬”李金旋、“胡须仔”陈四季为大哥，并自己收马仔一事供认不讳。

经辨认，被告人王文明辨认出陈垚东（“龙仔”）、赖庆棠（“飘马”）、陈锦田（“烂田”）、曾鸿辉（“马骝”）、曾庆发（“万发”）、陈伟明（“斧头”）、文稳权（“文强”）、刘志清（“陈真”）、易亚胡（“高佬”）、伍健东（“东方红”）、林波、李金旋（“胡须佬”）、陈四季（“胡须仔”）、陈达成（“牛成”）、袁小明、田成均、谢小聪等人；辨认出曾玉新（“B仔新”），称系“龙仔”的手下；辨认出曾细苓（“犀牛仔”）、曾庆华（“老野”）、黎进成（“草包”），称系“龙仔”的马仔；辨认出宁注作（“光头仔”），称系“飘马”的马仔；辨认出应春秋（“阿秋”），称系帮“猪仔波”垄断沙井的啤酒生意；辨认出陈展斌（“牛奔”）、陈嘉祺、陈卓峰（“麻雀头”）、陈敏，称系陈锦田（“烂田”）的马仔，五人并称“壆岗五虎”。

（6）上诉人陈诺强的供述和辩解及辨认笔录，证明了陈垚东组织的详情及其经营新发收购站的情况。

其供述：“龙仔”是沙井一带最大的黑社会大佬，号称“沙井新义安”，有很多马仔，我知道的有“阿柴”、“虎头”、“烂田”、“飘马”、梁木义、“潇洒”、“平佬”、“万发”、“马骝”、“牛成”、“盲超”、“道士”、“盲允仔”、“水鱼”、“犀牛仔”、陈海星、“力苏”、“乌之”、“高佬”、“肥勇”、“矮仔”、“沙皮狗”（已死亡）、“马周坚”、“鸭乸”等。这些人大部分是沙井各条村的大佬，自己手下也有一些马仔。

“龙仔”在沙井一代的影响力很大，在沙井一带连收购潲水都要跟“龙哥”，否则就做不到生意，因为很多生意都是给“龙仔”的马仔控制了的。

新发废品站是2000年成立的，地点在沙井步涌村。到了2006年，我就负责管理新发，我叫了谢春山来当新发的法人代表，而“龙仔”这边就叫来陈惠芳做新发的总经理。2006年之前，我大概每年拿五六十万元左右。到了2006年以后，“波哥”每年可以拿到500多万元；“龙仔”“阿佬”、梁木羲三人每人每年可以拿到400多万元；我每年可以拿到100多万元。

经辨认，上诉人陈诺强辨认出陈垚东（“龙仔”）及上述相关人员，辨认出王文明，称系“四川帮”老大。

（7）上诉人陈伟明的供述和辩解及辨认笔录，证明了其追随陈垚东的情况。

其供述：当时沙井最有名气的两个黑社会帮派就是“飞鹰帮”和“飞鸿帮”。“飞鹰帮”的老大是“炮哥”，后来被抓去坐牢了，然后近几年出来以后就帮“龙仔”管理新发废品收购站。“飞鸿帮”的老大“飞鸿”在90年代初期又被“龙仔”等人打掉。所以从90年代初期“龙仔”在沙井的黑社会里面就很有名气了。我大概在1995年的时候拜“龙仔”为大哥。

那时候“龙仔”的马仔，我知道的有我、“阿柴”（真名伍健东）、“马周坚”“沙皮狗”等几个人。我们这些马仔平常都只是对“龙仔”负责，有什么事情直接跟“龙仔”汇报或者是“龙仔”直接安排我们做事。我因为故意伤害“潮州仔”的事情逃跑了七八年，在这期间我有时候也会找“龙仔”出来吃饭，然后“龙仔”会给我几千元或几万元生活费，一直照顾着我。在2004年左右，他帮我改为了现在的外号“虎头”，以前我叫“金刚仔”，“龙仔”说我以前涉及命案，现在改个外号以后做事比较方便、安全。事业上奇宏电子厂的废品生意也算是沾了“龙仔”的光才能让我在这几年赚了不少钱。

在90年代的时候，时间忘记了，“龙仔”的马仔“沙皮狗”病得很严重住院时，“龙仔”曾组织我们去沙井人民医院探望他，并且根据自己的实际情况捐钱给他治疗。

经辨认，上诉人陈伟明辨认出陈垚东（“龙哥”、“龙仔”）、伍健东（“阿柴”）、陈诺强（“傻炮”）、赖庆棠（“飘马”）、陈锦田（“烂田”）、曾鸿辉（“马骝”）、易亚胡（“高佬”）、陈卓峰（“麻雀头”）、陈嘉祺、曾庆发（“万法”）、刘志清（“陈真”）、陈伟洪（“洪仔”）、陈展斌、陈敏、曾玉新（“B仔新”）、文迎新（“霹雳仔”）、江启林（“矮仔”）。

（8）被告人曾庆发的供述和辩解及辨认笔录，详细证明了其加入陈垚东黑社会组织的情况及陈垚东通过手下马仔控制当地经济的情况。其供述：陈垚东从来都是收有实力的人做小弟，混得不好不会收。我们跟陈垚东以前都是在沙井各村属于混得很好的人，我们本身都有自己的势力范围。我们跟陈垚东以后统一由陈垚东根据他们的实际情况来划分势力范围，我们只能在自己的地盘看场、收保护费绝对不能踩过界。

我的外号叫“盲发”或“万发”。“龙仔”能成为沙井的老大，很大的一个原因是因为他肯帮人、讲义气，我们出来混的人都服他。另外，我们沙井跟着“龙仔”混的人是最多的，做的生意也很大，有钱就有面子，所以他理所当然成为我们沙井的黑社会老大了。

1993年的时候，我在沙井新幻酒吧玩的时候认识了“龙仔”。在“虎头”的见证下，正式拜他做大哥。“龙仔”从来都是收有实力的人做小弟，混得不好不会收。我们跟“龙仔”以前都是在沙井各村属于混得很好的人，我们本身都有自己的势力范围。我们跟“龙仔”以后统一由“龙仔”根据我们的实际情况来划分势力范围，我们只能在自己的地盘看场、收保护费绝对不能踩过界。具体的划分如下：上星村是我的势力范围，万丰村是“军波”的势力范围，壆岗是“烂田”的势力范围、新二村是“马骝”的势力范围，松岗罗田村是“飘马”的势力范围、沙井村是“乌女玉”的势力范围、黄埔村是“光辉龙”的势力范围、南沙村是“沙头鸡”的势力范围等，几乎沙井的每条村都是我们的人，这些马仔又有各自的帮派组织和势力范围，涉及的行业有废品收购、煤气、控制妇女卖淫、开设赌档、房地产、建筑材料等。各个帮派之间相互照应，已经涉足沙井的每一个行业，每一个角落，所以“龙哥”下面的这些马仔各自有自己的势力范围，控制了本村的各行各业，“龙哥”通过他们从而控制了整个沙井。

“烂田”真名叫陈锦田，现在在搞房地产开发，另外还经营了一间景昌废品收购站，他下面的马仔主要是壆岗五虎即“麻雀头”、陈嘉祺、陈敏、“牛奔”，“麻雀头”下面的马仔有杨云等人。景昌废品收购站里面建有私人会所，私人会所里面提供小姐、毒品、还开有一个赌场。曾玉新，他很早就跟了“龙哥”，他自己很有钱，“马骝”及其手下都会听从他的指挥。“飘马”是90年代初期就跟了“龙哥”的，他自己有个“飘马车队”，他车队的车都挂有“飘马”标志。他在沙井有个八号码头，主要经营建筑材料及船运。“飘马”的手下人数众多，主要的有“胡须佬”“胡须仔”“大烂才”等人，总人数有二百多人。“胡须佬”的主要马仔是王文明，是沙井一带出来混的“四川帮”的老大，手下的马仔很多。“犀牛仔”真名叫曾细苓。“盲国泰”真名叫黄国泰。“地主”真名叫陈庆培。“高佬”是“龙哥”的司机及贴身保镖。“陈真”早期跟“龙哥”的时候是帮“龙哥”开车的。“傻炮”帮“龙哥”管理新发废品收购站。“肥仔培”现在是万丰村的书记，他爸爸以前也是万丰村的书记。“盲超”在福永有个泥头车队。沙二村陈伟洪，也是跟“龙仔”的，外号“盲洪仔”，我叫他“斜头仔”。文迎新（“霹雳仔”）跟“龙哥”的事是他亲口跟我说的。

我的小弟本地人有蔡德红（“阿红”）、钟建元（“沙头元”）、陈国富（“盲富”）、陈德元（“万元”）、曾锦忠（“上星肥仔”）等，外地人有“阿西”、“阿平”、刘京等，一共有五六十个马仔。我们对外称为沙井新义安，帮规有：第一要讲义气，兄弟有事能帮忙的一定要帮忙；第二要听大哥的话；第三在外面做事要打出“沙井新义安”的名号；第四自己在外面做事必须请示大哥，大哥同意才能做；第五自己兄弟内部不准争斗。违反了帮规，会被惩罚。我自己就被“龙仔”打过,“飘马”因为跟我争斗也被“龙仔”打过,“马骝”因为做事情乱来不听“龙仔”的话挨打的次数最多。自从我和“飘马”被老大“龙仔”抽耳光教训了之后,这几年我和“飘马”再也没发生过正面冲突了。

经辨认,曾庆发辨认出陈垚东(“龙哥”“龙仔”)以及上述相关人员。

(9)上诉人曾鸿辉的供述和辩解及辨认笔录,证明了陈垚东黑社会性质组织的成员、规约等详细情况与前述证言一致。

其供述:我的绰号叫“马骝”。“龙哥”是我们沙井名头最响黑社会大佬。当时沙井有很多香港黑社会回来发展的帮派,都在互相抢地盘和生意,发生过很多次打斗,但其他帮派都被我们沙井新义安打散,沙井基本上就是我们沙井新义安说了算了。现在沙井的废品、煤气、高利贷、夜总会、房地产都基本上我们的人在经营或参股。

我大概在1997年和曾庆华(“老嘢”)一起做“外围马”生意,“沙皮狗”就收了我和“老嘢”做小弟。“沙皮狗”死后,我就开始跟“龙仔”,“龙哥”的马仔还有“沙皮狗”“虎头”“烂田”“飘马”“黑仔”“草包”“馒头”“乌女玉”“犀牛仔”“力苏”“盲国泰”“老秋”“高佬”“地主”“陈真”“万发”“阿东”“东方红”“乌之”“大头云”“道士”“矮仔”“B仔新”“马周坚”“牛成”“盲华仔”“允仔”“盲超”。这些人当中我只知道“万发”叫曾庆发。“龙仔”从来都是收有实力的人做小弟,我们跟“龙仔”以前都是在沙井各村属于混得很好的人,我们本身都有自己的势力范围。“龙哥”一直都支持他的马仔发展自己的地盘和生意,我们这些“龙哥”的马仔,打着“龙哥”的旗号出去做事也非常容易,也没有人敢欺负我们。

跟了“龙仔”后的规矩主要是:一是兄弟之间有事,要互相帮忙;二是要听“龙哥”的话,不准兄弟内部发生争斗;三是各做各的事,不能捞过界。违反了规矩,“龙仔”会根据不同情况处理,轻的会开口骂人,重的自己动手或者叫人动手打我们。我因为做事乱来,讲话没有分寸,被“龙仔”多次骂过,还被教训了一番。

经辨认,上诉人曾鸿辉辨认出陈垚东(“龙仔”)及上述相关人员。

(10)上诉人易亚胡的供述和辩解及辨认笔录,证明其系陈垚东的司机,并详细证明了陈垚东组织的成员、架构、活动规则、垄断经济的情况,同前述证言相符。陈垚东一统沙井的黑道势力后，通过暴力、金钱操纵村民选举，在沙井各条村安插马仔、亲信的人充当村书记、村长，利用手中敛聚的大量财富买通了政府各个部门官员，真正做到“黑白”通吃。沙井老百姓都知道陈垚东的发家史就是一部“沙井黑道史”，沙井多年的江湖腥风血雨无不与陈垚东有莫大的关系。陈垚东的人是不能得罪的。

其供述：我的外号叫“高佬”。先拜“牛成”为大哥。2004年6月“牛成”介绍我给他的老大“龙仔”开车做司机至今。

“龙仔”是沙井镇蚝四村人，是沙井镇最大的黑社会大哥，“龙仔”出道后就以心狠手辣出名，当年他带着他的手下“沙皮狗”“契仔”追砍“飞鸿帮”大佬“飞鸿”一役让他名扬沙井，从此确定了“龙仔”的江湖大佬身份，当年在沙井称霸一时的飞鹰帮大佬“炮哥”都在“BOSS”的新发废品站里管事。“龙仔”会挑一些有实力的人做他的小弟。“龙仔”的马仔有：“飘马”、陈锦田（“烂田”）、“虎头”（“斧头”）、“陈真”、“马骝”、钟少宇（“乌之”）、“大头云”“道士”“水鱼”“盲发”（“万发”）、“犀牛仔”“朱古力”“矮仔”、曾玉新（“B仔新”）、“马周坚”（“盲周坚”）、陈伟良（“力苏”）、陈达成（“牛成”）、“草包”“盲华仔”“黑仔”“东方红”（“阿凡”“阿柴”）、“盲国泰”“西哥”“允仔”“盲超”“馒头”“老秋”“潇洒”“肥球”“黄飞鸿”“盲谦”“老嘢”“妈指”“阿西”“黑仔”“陈真”“平佬”“大超”“霹雳仔”“乌哩玉”。“霹雳仔”很早期就是跟“龙仔”的。这些人在沙井都是很有实力的，本来就已经是“大哥”级人物，有的是下面马仔很多，有的就是自己做生意很有钱。如“飘马”下面的主要马仔有“胡须佬”、陈四季（“胡须仔”）、“西门子”“阿叉”“光头仔”等，这些人下面都各自带有很多小弟。其中“胡须佬”和“胡须仔”的马仔王文明是沙井“四川帮”的老大，以四川籍人员为主，专干贩毒、控制妇女卖淫、收保护费等的勾当。“BOSS”的亲信马仔“烂田”和他下面的马仔“麻雀头”“嘉祺”等人号称垦岗五虎，称霸沙井，“东方红”的马仔有杨涛、雷松等人。“马骝”的马仔有一个叫“阿轩”（“四眼仔”）的本地人，还有一大帮广东阳江人。我的马仔有易红增、黄曾超（“阿超”）、陈宇金（“阿金”）、陈良谋（“细谋”）等人。

“龙仔”一统沙井的黑道势力后，通过暴力、金钱操纵村民选举，在沙井各条村安插马仔、亲信的人充当村书记、村长，利用手中敛聚的大量财富买通了政府各个部门官员，真正做到“黑白”通吃。沙井老百姓虽然不敢公开说，但都知道“龙仔”的发家史就是一部“沙井黑道史”，沙井多年的江湖腥风血雨无不与“龙仔”有莫大的关系。在沙井，“龙仔”的人是不能得罪的。

“龙仔”给下面的马仔规定，自己做自己的生意，不要侵占自己人的地盘“捞过界”，自己兄弟发生冲突矛盾“龙仔”会出面解决、公道处理。如果有哪个兄弟违反了，老大就会执行家法，如果很严重的话，就会把这个人踢出我们的团伙。大凡是“BOSS”信任或者是取得“BOSS”欢心的马仔，“BOSS”都会关照他，甚至帮他出头要地盘。有一次“允仔”被“飘马”的马仔“光头仔”带几个马仔打伤了，“BOSS”听完“允仔”的哭诉后就打电话给“飘马”，没多久“飘马”就带着“光头仔”过来了。“光头仔”申诉说是“允仔”在他那里吃了几万元赖账不给钱。“BOSS”坐在“大班椅”对大家说：不管谁对谁错，都不能自己人打自己人，更何况“允仔”比“光头仔”的辈分要高，以下犯上的事这样的事传出去会被外人笑话我们“沙井新义安”没规矩。“BOSS”把“飘马”“允仔”都臭骂一顿后，就让“允仔”去打了“光头仔”几下。

在外面混都要有规矩，老大的话就是规矩，老大的权威就是通过规矩来确立的。像“BOSS”的马仔上星村的“万发”，是“BOSS”早期打打杀杀打江山时的得力干将，资历老，这几年做废品、网吧、建材生意也赚了很多钱，“万发”就是仗这他资历老、有钱，经常在沙井和自己兄弟打架。我记得三四年前“万发”和“黑仔”打架，“BOSS”知道后，就臭骂他们：“天天自己人打架，生怕别人不知道自己是黑社会吗？”“BOSS”还打了“万发”两耳光。“BOSS”就是这样，对手下的人“胡萝卜加大棒”，既施与恩惠，又时时确立权威，让沙井的各个大佬死心塌地效忠于他。只有“BOSS”看得起这些大佬，他们才能在沙井有立足的地方，否则他们的下场会很凄凉。所以在他们的心目中，“BOSS”就是沙井的皇帝，他们心中的神，“BOSS”的一句话就能决定他们的荣华富贵。

“沙井新义安”在“龙仔”的带领下，经过多年的打拼发展，敛聚了大量财富，像“BOSS”的新发废品站，通过强买工业废品，一年的暴利可以达到

3 000 万元。从 2005 年开始，“龙仔”看到房地产行业的暴利，于是就和房地产商陈财明勾结在一起，利用他在沙井的影响力，非法圈占了大量土地，发展房地产。“龙哥”以及手下把沙井所有暴利行业都给垄断了，如废品废水行业、煤气行业、放高利贷、毒品、赌场、房地产等，除非这个人是很有背景的人，要不然根本不可能在沙井做这些生意。2007 年“BOSS”就安排我去水果批发市场买些水果供应给沙井的一些酒店、娱乐场所，除了开支每个月能赚 2 万多元。沙井人都知道我是“BOSS”的司机，得罪我就是得罪“BOSS”。给“BOSS”做司机后，“BOSS”就告诉我在外面不要随便惹事，不要拿他“龙仔”的名头出去搞事得罪人，因为他现在“转型”做正行生意，要在沙井给自己塑造一个“好人”的形象，把自己的身份“漂白”。

经辨认，上诉人易亚胡辨认出陈垚东（“龙哥”“龙仔”“BOSS”）及上述的相关人员。

（其他上诉人、原审被告人供述内容略）

3. 书证

（1）立案决定书，证实公安机关在办理专案中，发现刘少雄有包庇、纵容陈垚东涉黑组织的违法犯罪行为，于 2012 年 8 月 2 日立案侦查，以及对陈垚东案件的立案情况。

（2）沙井街道建书 2010 年第 256 号土地置换协议、中心区政府储备地块调拨调配方案、沙民股份公司申请发展用地的请示、宝安区沙井街道工作委员会会议纪要第九项，深宝沙工委会纪〔2010〕16 号等文件，证实陈垚东的沙民股份公司因位于民主片区 33 845 平方米土地被收为国有，其向沙井街道办申请发展用地。沙井街道办提供位于蚝乡路南侧，永兴路西侧总面积 16 922.78 平方米的土地给沙民公司，置换其位于民主片区的 33 845.57 平方米的土地。

（3）宝安区沙井街道工作委员会会议纪要第三项，深宝沙工委会纪〔2008〕15 号、用地补偿合同书，证实：陈垚东与陈财明经营的禾兴隆公司通过刘少雄主持召开的会议得到了 10 004.22 平方米配套土地作为建设酒店配套设施用地。

（4）宝安区沙井街道工作委员会会议纪要第三项，深宝沙工委会纪

〔2007〕26号，证实刘少雄主持召开会议，将34 100平方米土地退还给新桥股份有限公司使用。与刘少雄供述一致（刘少雄称，该土地后被陈财明使用开发）。

（其他书证内容略）

对于上诉人及其辩护人所提关于黑社会性质组织的相关问题，结合检察院出庭所提意见，综合评判如下：

1. 关于本案的言词证据问题。大部分上诉人及辩护人均提出一审采信的证据不足，认为只有言词证据，没有其他证据证实犯罪事实，有的被告人当庭供述与侦查阶段供述不一致，有的证人又系另案的被告人，证人的身份存疑，证人证言内容多使用猜测性语言，证人未出庭作证等理由。经查，上述问题一审开庭时已有提出，对于非法证据，一审专门召开庭前会议，并且庭审中也予以公开质证，对一些证言予以排除，一审裁判也对庭审中证据问题分别予以详细评判，虽然上诉人再次提出上述问题，但未能提出新的证据与事实，一审评判内容符合法律及法理规定，二审予以支持，不再重复。

2. 关于在深圳市宝安区沙井是否存在以陈垚东为领导的黑社会性质组织。一审就相关事实和法律规定，从黑社会性质组织犯罪所具备的组织特征、经济特征、行为特征、危害性特征等四个方面做了详细的分析与评判，二审时相关上诉人与辩护人围绕黑社会组织犯罪所具备的以上四个特征提出了认定证据不足的理由，出庭检察员当庭提出事实清楚，证据确实。现就相关上诉理由及出庭意见补充评判如下：

第一，关于黑社会性质组织特征。一是该黑社会性质组织的成长明确，多名证人及被告人证实了以陈垚东为首的恶势力在深圳市宝安区沙井发展壮大的过程，并最终形成了以陈垚东为首的稳定的黑社会性质组织。在该组织的形成过程中，陈垚东砍伤原“飞鸿帮”大哥“飞鸿”后在沙井黑恶势力中树立地位，并通过拜老大、收马仔、招纳社会闲散人员等途径，由恶势力发展坐大为黑社会性质组织，陈垚东系该组织的发起、创建者并且因为在砍伤“飞鸿”而声名鹊起，树立了自己的地位。二是加入该组织一般具有一定仪式。作为该组织成员的被告人对其本人、甚至其他组织成员拜老大等加入组织的方式均有供认，一般是敬茶、敬酒、封红包等形式，也有个别未履行仪式，口头拜老大且得到老大的认可。虽然拜老大的形式不固定，但是目的都是增加组织力量，壮大组织声势，攫取更多利益。从本案的犯罪过程可以看出，参与拜老大的形式虽然不固定，但参与人员加入组织后，在参与组织实施的具体违法犯罪活动中，长期与组织成员形成密切联系，根据主客观表现，亦可以认定其加入了组织。三是该组织层级结构明确，不仅组织成员知道谁跟谁，上级是谁，而且沙井的很多群众也证实知道该组织的层级结构。在本案中，陈垚东的下一级马仔伍健东、陈伟明、赖庆棠等人明确供述陈垚东是其老大，对一些再低一级的马仔来说，虽然有人只能讲清自己上线老大是谁，对其他分支组织不是很了解，但是都能很明确地供述他们最高领导者就是陈垚东，其在沙井是最大黑社会老大。他们为获得陈垚东的非法保护，而拜陈垚东为老大，或者称作陈垚东的小弟。特别是陈垚东、赖庆棠的组织层次更具有典型性，赖庆棠拜陈垚东为老大后，自己又招收了陈四季、李金旋、宁注作等人为马仔，陈四季、李金旋又招收了王文明、胡小勇等人为马仔，而王文明更是招收了田成均、林波等上百名四川籍老乡为手下，号称“四川帮”老大。赖庆棠的另一马仔宁注作也招收了众多的湖南安化籍老乡为手下，由此可以看出，仅陈垚东、赖庆棠的分枝组织就形成了一个金字塔式的组织架构层次，而陈垚东就是金字塔尖的领导者。从组织成员的人数以及组织成员所实施的犯罪活动足以证实以陈垚东为首的黑社会组织的骨干成员基本固定，组织成员人数众多。本案后续所涉及的黑社会性质组织的其他犯罪均是由这些组织成员所为。四是该组织具备大家公认的活动规约。如“要听大哥的话”“不能捞过界”“不能内斗”以及后来陈垚东处理组织成员之间的争斗而声明规定成员之间“打一拳罚三千，砍一刀罚三万”。这些活动规约，不仅有组织成员供述，且与后来陈垚东处理组织成员之间矛盾的方式、方法以及组织成员经营的废品收购站的区域等相互印证。而且对违反组织规约的成员，也有相应的惩罚教训措施，轻的骂，重的体罚，更重的除名。这些规约与保障规约实施的措施，为陈垚东处理事端、树立威信、扩张势力，暴力垄断当地经济打下了基础。因此一审认定以陈垚东为首的黑社会性质组织具有较稳定的组织、人数众多，有明确的组织者、领导者，骨干成员基本固定有事实和法律依据，依法应予支持。

第二，关于黑社会性质组织的经济特征。有多名证人证实陈垚东通过其手下对沙井各村的经济、政治进行控制。一是该犯罪组织通过违法犯罪活动或者其他手段获取经济利益，具有较强的经济实力。陈垚东为了该组织能控制、垄断当地的暴利行业，对组织成员的势力控制范围作了划分，并且以老大的身份调解组织成员内部因经济竞争而产生的矛盾，明确规定不能捞过界；对于组织成员与外部竞争而产生的矛盾，则动用组织力量，通过寻衅滋事、摆场等方式，打击外部势力，大肆攫取经济利益。虽然该犯罪组织及其成员开办的公司、企业获得的财产中确有部分属于合法经营所得，但难以掩盖其“以商养黑”“以黑护商”的本质，符合黑社会性质组织的经济特征的表现形式。二是该犯罪组织以经济实力支持该组织的活动。首先该组织所获得的经济利益有部分用于支持该组织的活动以及用于组织主要成员奢侈享乐。多名组织成员的供述以及证人证言证实，部分组织成员的工资就是组织成员经营的经济体发放，如易亚胡等人的工资就由新发废品收购站发放；亦有证言证实组织成员之间过生日或有其他喜事，组织出面摆酒庆贺；很多组织成员所获得的经济利益离不开组织、领导者陈垚东安排，如在沙井设立废品收购站大多数是要经陈垚东同意，且其同意的一般都是下级组织成员，相当于其在给组织成员分配利益；多名被告人供述、所建的景田会所以及在该会所查获的赌博、吸毒工具等证实该组织所获的经济利益部分用于该组织成员聚集、享乐以及腐蚀国家工作人员的场所；其次陈垚东及该组织的骨干成员为犯罪的组织成员及其家属提供生活费用，如在故意伤害罗亿希致死后，曾启安服刑和陈伟明潜逃期间，陈垚东多次为他们提供金钱资助和精神支持。此外，该组织领导者陈垚东为寻求非法保护，拉拢腐蚀国家工作人员，向原沙井街道党工委书记、办事处主任刘少雄及原沙井街道办事处经济发展办公室主任、城市建设办公室主任、城市建设科科长陈俊炜行贿。陈垚东为首的犯罪集团利用违法犯罪获取经济，反之又通过经济实力为集团犯罪提供保障，完全符合黑社会性质组织犯罪的经济特征。

第三，该黑社会性质组织的行为特征。经一审法院查明，以陈垚东为首的犯罪组织及其成员利用组织势力和影响，实施了故意伤害、绑架、非法拘禁、聚众斗殴、寻衅滋事、抢劫、敲诈勒索、强迫交易、容留他人吸毒等违法犯罪活动，还有多名组织成员为逞强争霸、插手纠纷、报复他人、强收保护费、非法敛财而共同实施的违法犯罪活动；更有组织成员为组织争夺势力范围、排除竞争对手、确立强势地位、谋取经济利益、维护非法权威或者按照组织的纪律、惯例、共同遵守的约定而实施的违法犯罪活动。在上述违法犯罪活动中，有由组织、领导者陈垚东直接组织、策划、参与实施的违法犯罪活动；有些案件虽然不是陈垚东刻意或组织实施的，但这些案件或者是以陈垚东为首的组织谋利，或者是黑社会组织内部成员内讧，或者是为组织利益与外部势力争斗，最后得到组织、领导者陈垚东认可或者默许的违法犯罪活动；更进一步体现出陈垚东的组织领导地位，故其黑社会性质组织的行为特征明显。

第四，该黑社会性质组织的危害性特征。在案证据证实，以陈垚东为首的犯罪组织通过实施一系列违法犯罪活动，为非作恶，欺压、残害群众，收取保护费，造成群众心理恐慌，安全感下降；拉拢国家工作人员，称霸沙井街道一带；以暴力、威胁为基础，利用组织势力和影响，为组织成员划分势力范围，垄断沙井街道一带的废品收购、沙石运输、煤气等行业，在一定区域和行业内均形成了非法控制和重大影响。在该组织后期，陈垚东等人还腐蚀、拉拢国家工作人员，使国家工作人员为其获取非法利益大开方便之门。随着经济势力的加强，组织骨干成员的暴力性活动虽然有所减弱，但该组织依然利用对群众固有的威胁力，将触角伸向基层村委选举，削弱了政府的控制，又以此来取得土地使用权，谋取更大的暴利。如果遇到其他矛盾，该组织又会动用低层次的马仔，如王文明等人领导的“四川帮”使用暴力手段来解决问题，消除异己。

3.对于陈垚东上诉及其辩护人所提一审认定陈垚东处20世纪80年代末开始成为有名的恶势力的证据不足的理由，经查，现有证据确实反映出陈垚东是自20世纪90年代才开始形成恶势力并壮大成为黑社会性质组织，故此上诉理由予以采纳，但该犯罪时间的认定并不能减轻陈垚东及其犯罪组织的责任。

综上所述，一审认定以陈垚东为首的犯罪组织为黑社会性质组织事实清楚，证据确实、充分。陈垚东是该组织的发起人、创始人；从陈垚东在组织成员间的威信、从其协调、处理部分组织成员之间的矛盾、划分成员之间的势力范围以及该组织所实施的犯罪足以证实陈垚东在该组织中处于领导地位，是组织成员以及沙井大量群众公认的该组织的领导者，上诉人的相关上诉理由及其辩护人的相关辩护意见不能成立，不予采纳。

（对其他上诉理由、辩护意见的评判内容略）

第二部分，该黑社会性质组织实施的其他犯罪。

（具体犯罪事实略）

本院认为，上诉人陈垚东组织、领导黑社会性质组织，其行为已构成组织、领导黑社会性质组织罪；故意伤害他人致一人死亡、一人重伤、一人轻伤，其行为已构成故意伤害罪；绑架他人作为人质，其行为已构成绑架罪；非法剥夺他人人身自由，其行为已构成非法拘禁罪；抢劫他人财物，数额巨大，其行为已构成抢劫罪；敲诈勒索他人财物，数额巨大，其行为已构成敲诈勒索罪；以营利为目的聚众赌博，其行为已构成赌博罪；持械聚众斗殴且人数多，其行为已构成聚众斗殴罪；任意损毁他人财物，情节严重，其行为已构成寻衅滋事罪；以暴力、威胁手段强买强卖商品，情节特别严重，其行为已构成强迫交易罪；容留他人吸食毒品，其行为已构成容留他人吸毒罪；为谋取不正当利益贿赂国家工作人员，情节特别严重，其行为已构成行贿罪；非法倒卖土地使用权牟利，情节特别严重，其行为已构成非法倒卖土地使用权罪；采取欺诈手段虚报注册资本，欺骗公司登记主管部门，取得公司登记，虚报注册资本数额巨大，其行为已构成虚报注册资本罪，依法应当数罪并罚。上诉人陈垚东作为黑社会性质组织的组织、领导者，不仅应当对其直接参与实施的犯罪行为承担刑事责任，依法还应当按照其所组织、领导的黑社会性质组织所犯的全部罪行处罚。原判认定上诉人陈垚东犯上述罪名的事实清楚，证据确实、充分，适用法律正确，量刑适当，上诉人陈垚东及其辩护人上诉理由不能成立，要求从轻，不予采纳……经本院审判委员会讨论决定，依照《中华人民共和国刑法》第二百九十四条第一款、第三款、第四款、第五款，第一百三十三条，第二百三十四条，第一百五十八条第一款，第二百二十六条第一项，第二百二十八条，第二百三十二条，第二百三十八条第一款、第三款，第二百三十九条第一款，第二百六十三条第四项，第二百九十条第一款，第二百九十二条第一款第二项、第四项，

第三百一十九条第一款，第三百五十四条，第三百零三条，第三百五十九条第一款，第三百八十五条第一款，第三百八十六条，第三百八十三条第一款第一项、第二款，第三百九十条第一款，第三百八十九条第一款，第三百九十三条，第十二条第一款，第九十七条，第三十条，第三十一条，第二十三条，第二十五条第一款，第二十六条，第二十七条，第六十五条，第六十七条第二款、第三款，第六十一条，第四十八条，第五十七条第一款，第五十六条第一款，第五十二条，第五十九条，第六十九条，第七十条，第七十七条第一款，第七十二条第一款、第三款，第七十三条，第三十七条，第八十七条，第六十四条，第三十六条第一款；1997年修订的《中华人民共和国刑法》第二百七十四条，第二百九十三条第一项、第三项；《中华人民共和国民法通则》第一百一十九条、第一百三十条；《中华人民共和国侵权责任法》第二条、第四条、第六条第一款、第八条；《中华人民共和国民事诉讼法》第六十四条、第二百五十三条；《全国人民代表大会常务委员会关于〈中华人民共和国刑法〉第二百二十八条、第三百四十二条、第四百一十条的解释》；《最高人民法院关于审理黑社会性质组织犯罪的案件具体应用法律若干问题的解释》第三条第一款、第五条第二款、第六条第四项；《最高人民法院、最高人民检察院关于办理行贿刑事案件具体应用法律若干问题的解释》第一条、第四条第一项、第五条；《最高人民法院关于审理破坏土地资源刑事案件具体应用法律若干问题的解释》第二条第三项、第四项；《最高人民法院关于审理交通肇事刑事案件具体应用法律若干问题的解释》第一条、第二条、第三条；《最高人民法院关于处理自首和立功具体应用法律若干问题的解释》第二条、第三条、第四条；《最高人民法院关于审理人身损害赔偿案件适用法律若干问题的解释》第三条第一款、第十九条、第二十条、第二十一条、第二十二条、第二十三条、第二十四条、第二十六条、第二十七条、第二十八条、第三十五条；《中华人民共和国刑事诉讼法》第九十九条第一款、第一百零二条及第二百二十五条；《最高人民法院关于适用〈中华人民共和国刑事诉讼法〉的解释》第一百三十八条，第一百四十三条第一款第一项，第一百五十五条第一款、第二款，第一百五十七条的规定，判决如下：

一、维持深圳市中级人民法院（2012）深中法刑一初字第227号刑事附带民事判决第一、二、三、五、六、七、九、十、十一、十二、十三、十四、十五、十六、十七、十八、十九、二十、二十一、二十二、二十三、二十五、二十六、二十七、二十九、三十、三十二、三十三、三十四、三十五、三十六、三十七、三十八、三十九、四十一、四十二、四十三、四十四、四十五、四十六项对陈垚东、伍健东、陈诺强、陈伟明、谢春山、王文明、陈惠芳、陈锦田、曾鸿辉、文永峰、曾庆发、宁注作、易亚胡、曾玉新、周梁、陈法军、潘泽勇、潘永钊、曾细苓、陈平右、李朝阳、陈嘉祺、陈卓峰、林波、岳彪、文稳权、刘志清、应春秋、曾庆华、江沛华、黎进成、陈展斌、曾柏球及被告单位深圳市万丰(集团)股份有限公司的定罪与量刑,以及附带民事判决部分。维持该判决第四项对上诉人刘少雄的定罪、第八项对上诉人赖庆棠的定罪、第二十四项对上诉人陈伟洪的定罪与量刑、第二十八项对上诉人文迎新参加黑社会性质组织罪的定罪量刑、第三十一项对上诉人郑剑宏的定罪、第四十项对被告人曾炯贤的量刑。

(改判情况略)

本判决为终审判决。

审　判　长　马建兵
代理审判员　谷红进
代理审判员　蔡　晶

二〇一三年九月二十八日
书　记　员　邝达鸣　李　雪

刘汉等组织、领导、参加黑社会性质组织案

中华人民共和国最高人民法院
刑事裁定书

（2014）刑五复41836051号

被告人刘汉，男，汉族，1965年10月25日出生于四川省广汉市，大学文化，四川汉龙（集团）有限公司董事局主席，曾任中国人民政治协商会议四川省第九届委员会委员、第十届、第十一届委员会常务委员会委员、四川省工商业联合会副会长，住四川省成都市武侯区棕南正街6号×幢×单元×楼×号。2013年8月8日被逮捕。现在押。

被告人唐先兵，男，汉族，1974年8月11日出生于四川省万源市，初中文化，四川汉龙石材有限公司董事长助理，住四川省成都市锦江区宏济新路485号×栋×单元×号。2013年7月27日被逮捕。现在押。

湖北省咸宁市中级人民法院审理咸宁市人民检察院指控被告人刘汉犯组织、领导黑社会性质组织罪、故意杀人罪、故意伤害罪、非法拘禁罪、非法买卖枪支罪、非法持有枪支、弹药罪、串通投标罪、非法经营罪、敲诈勒索罪、故意毁坏财物罪、妨害公务罪、寻衅滋事罪、开设赌场罪、窝藏罪、骗取贷款、票据承兑、金融票证罪，被告人唐先兵犯参加黑社会性质组织罪、故意杀人罪、故意伤害罪一案，于2014年5月22日以（2014）鄂咸宁中刑初字第9号刑事判决，认定被告人刘汉犯组织、领导黑社会性质组织罪，判处有期徒刑十五年，并处没收个人全部财产；犯故意杀人罪，判处死刑，剥夺政治权利终身；犯故意伤害罪，判处有期徒刑十三年；犯非法拘禁罪，判处

有期徒刑十年；犯非法买卖枪支罪，判处有期徒刑三年；犯非法持有枪支、弹药罪，判处有期徒刑五年；犯非法经营罪，判处有期徒刑七年；并处没收个人财产人民币三千万元；犯敲诈勒索罪，判处有期徒刑五年；犯故意毁坏财物罪，判处有期徒刑三年；犯妨害公务罪，判处有期徒刑二年；犯开设赌场罪，判处有期徒刑五年，并处罚金人民币二百万元；犯寻衅滋事罪，判处有期徒刑二年；犯窝藏罪，判处有期徒刑二年；犯骗取贷款、票据承兑、金融票证罪，判处有期徒刑六年，并处罚金人民币五千万元；决定执行死刑，剥夺政治权利终身，并处没收个人全部财产。被告人唐先兵犯参加黑社会性质组织罪，判处有期徒刑七年，并处罚金人民币二十万元；犯故意杀人罪，判处死刑，剥夺政治权利终身；犯故意伤害罪，判处有期徒刑十三年；决定执行死刑，剥夺政治权利终身，并处罚金人民币二十万元。宣判后，刘汉、唐先兵提出上诉。湖北省高级人民法院经依法开庭审理，于 2014 年 8 月 6 日作出（2014）鄂刑一终字第 00076 号刑事判决，撤销原审判决中对被告人刘汉犯非法经营罪的定罪量刑和犯骗取贷款、票据承兑、金融票证罪的量刑部分，认定被告人刘汉犯骗取贷款、票据承兑、金融票证罪，判处有期徒刑四年，并处罚金人民币一千万元，与原审判决认定其犯组织、领导黑社会性质组织罪，判处有期徒刑十五年，并处没收个人全部财产；犯故意杀人罪，判处死刑，剥夺政治权利终身；犯故意伤害罪，判处有期徒刑十三年；犯非法拘禁罪，判处有期徒刑十年；犯非法买卖枪支罪，判处有期徒刑三年；犯非法持有枪支、弹药罪，判处有期徒刑五年；犯敲诈勒索罪，判处有期徒刑五年；犯故意毁坏财物罪，判处有期徒刑三年；犯妨害公务罪，判处有期徒刑二年；犯开设赌场罪，判处有期徒刑五年，并处罚金人民币二百万元；犯寻衅滋事罪，判处有期徒刑二年；犯窝藏罪，判处有期徒刑二年的刑罚并罚，决定执行死刑，剥夺政治权利终身，并处没收个人全部财产。对被告人唐先兵驳回上诉，维持原判，并依法报请本院核准。本院依法组成合议庭，对本案进行了复核，依法讯问了被告人，听取了辩护律师意见。现已复核终结。

经复核确认：

一、组织、领导、参加黑社会性质组织事实

1993 年，被告人刘汉在四川省广汉市开办圣罗兰游戏机厅，从事赌博活动，由其哥哥刘坤（曾用名刘建，另案处理）管理。同年，刘汉组织人员非法转移被法院查封的货物，并涉嫌诈骗犯罪。湖南省和四川省的公安机关联合派员对刘汉实施刑事拘留时，刘汉的弟弟刘维（曾用名刘勇，已另案判处死刑）持枪阻碍执行，被公安人员当场抓获。刘汉得以逃脱。此事发生后，刘汉、刘维兄弟因敢于暴力抗法在广汉市有了恶名。

此后，被告人刘汉与孙晓东（另案处理）合伙经营，在四川省绵阳市成立绵阳市平原建材公司，通过经营建筑材料、从事期货交易等业务，逐渐积累经济实力，并于1997年3月在绵阳市成立四川汉龙（集团）有限公司（以下简称汉龙集团，同案被告单位，已判刑），后又安排刘汉的姐姐刘小平（同案被告人，已判刑）管理公司财务。同年4月，汉龙集团成立绵阳小岛建设开发有限公司（以下简称小岛公司），在绵阳市游仙区小岛开发房地产，招募被告人唐先兵和仇德峰（同案被告人，已判刑）等组建保安队。保安队多次对当地村民使用暴力，强行推进工程建设，唐先兵等人将村民熊伟杀死。其间，孙晓东的哥哥孙华君（同案被告人，已判刑）经营典当行，网罗缪军、李波、车大勇、刘岗（均系同案被告人，已判刑）等人在广汉市、绵阳市发展黑恶势力。孙华君为刘汉、孙晓东发展经济实力提供武力保护，将缪军、车大勇、刘岗派到刘汉、孙晓东开办的经济实体工作，在刘汉、孙晓东的指使下组织唐先兵等人枪杀了对汉龙集团产生威胁的王永成。

与此同时，以刘维为首的黑恶势力在被告人刘汉的资助下不断发展、壮大。1994年9月，刘维被取保候审，回到广汉市。刘汉将圣罗兰游戏机厅交给刘维经营，出资为刘维开办餐饮、娱乐场所。刘维积累了一定经济实力后，逐步发展手下成员，将广汉市有名的“操哥”（混社会的人）陈富伟的小弟曾建军（已另案判刑）、张顺收归名下，还将陈力铭、旷晓燕、文香灼、旷小坪（均已另案判刑）等人发展为小弟。曾建军、陈力铭、旷晓燕、文香灼、旷小坪等人亦各自发展手下成员。刘维安排曾建军等人在赌博游戏机厅“看场子”、收取“保护费”，枪杀了与其争夺势力范围的“操哥”周政，逐步垄断了广汉市赌博游戏机行业。刘维还成立广汉市乙源实业发展有限公司（以下简称乙源实业公司）等经济实体大肆敛财，结交四川省什邡市人民检察院原副检察长刘忠伟、四川省德阳市公安局刑侦支队原政委刘学军、德阳市公安局装备财务处原处长吕斌（均已另案判刑）等人充当其保护伞，将广汉市音豪娱乐会所作为组织集会场所。刘维还为刘汉、孙晓东聚敛钱财、排除异己提供暴力支持，多次派手下携带枪支保护刘汉，为刘汉、孙晓东等人杀害王永成、策划杀害史俊泉提供枪支，并策划枪杀了对刘家产生威胁的陈富伟。

随着经济实力的增强，被告人刘汉与孙晓东于2000年将汉龙集团总部迁至四川省成都市。刘汉、孙晓东通过“政商结合”，不仅成为四川省知名的民营企业家，还分别获得四川省政协常委、绵阳市人大代表等身份，并利用政治地位和结交的关系多次对刘维、孙华君等人的违法犯罪活动提供庇护。

被告人刘汉与刘维、孙晓东、孙华君以兄弟亲情、合作经营为纽带，以汉龙集团等经济实体为依托，相互支持，相互融合，逐步形成了以刘汉、刘维、孙晓东为组织者、领导者，被告人唐先兵和孙华君、缪军、曾建军、文香灼、旷小坪、陈力铭、旷晓燕、詹军（已另案判刑）等人为骨干成员，刘岗、李波、车大勇、仇德峰、刘小平、肖永红（同案被告人，已判刑）和张东华、田先伟（均已另案判处死刑）以及张伟、袁绍林、曾建、桓立柱、孙长兵、闵杰、李君国、钟昌华、黄谋、王雷、王万洪、刘光辉（均已另案判刑）等人为其他参加者的较稳定的犯罪组织。刘汉负责决策和指挥整个组织的运转；孙晓东负责执行刘汉指示及汉龙集团日常经营管理；刘维负责为组织打击、铲除对手，谋取非法利益，树立非法权威。

该犯罪组织崇尚暴力，从武术学校、退伍军人中招募多名保安、保镖，吸纳在逃犯罪嫌疑人、刑满释放人员和社会闲散人员，购置刀具、警械，非法买卖、持有大量枪支、弹药，为其实施暴力犯罪提供保障。该犯罪组织宣扬“为公司利益要敢打敢冲，出了事公司会负责”“要是公司遇到事了，打架要打赢，要勇敢一点”“表现好的有重用，不好的被开除”“‘哥佬倌’带小弟，小弟服从‘哥佬倌’指挥”等不成文的规约和纪律，纵容成员为组织利益实施违法犯罪活动，将被告人刘汉在广东省深圳市佳宁娜广场小区的房屋作为窝藏违法犯罪组织成员的场所，并通过奖励、提拔为组织利益“敢打敢冲”的成员和开除少数违反组织纪律的成员，不断强化组织纪律和规约，树立组织者、领导者权威。

该犯罪组织不仅通过有组织地实施开设赌场、敲诈勒索等违法犯罪活动敛财、壮大经济实力，还分别依托汉龙集团、乙源实业公司等经济实体的经营活动攫取巨额经济利益，具有强大的经济实力。为了扩充经济实力、维护组织利益，被告人刘汉和刘维、孙晓东等人以暴力为后盾，利用黑恶势力排挤、打击竞争对手，铲除障碍，“以黑护商”。该组织还“以商养黑”，将所获收益部分用于支持组织成员实施违法犯罪活动，购买枪支、弹药、刀具和车辆等作案工具，提升组织犯罪能力，增强组织威慑力；组织手下成员聚会、娱乐、吸毒等，为组织成员发放工资、奖金，购买房屋、车辆，偿还赌债，提供逃跑、赔偿费用；收买国家工作人员，为组织实施违法犯罪活动提供庇护。

该犯罪组织为树立其非法权威，维护其非法利益，为非作恶，欺压、残害群众，有组织地实施了故意杀人、故意伤害、非法拘禁、非法买卖枪支、非法持有枪支、弹药、敲诈勒索、故意毁坏财物、妨害公务、寻衅滋事、开设赌场、窝藏等数十起犯罪活动以及随意殴打他人、聚众赌博、串通拍卖等11起违法行为，共造成8人死亡、多人受伤等极其严重的危害后果。该组织通过实施违法犯罪活动及利用国家工作人员的包庇和纵容，称霸一方，在广汉市、绵阳市、什邡市等地形成重大影响，并对广汉市的赌博游戏机行业形成非法控制，严重破坏了上述地区的经济秩序和社会生活秩序。

上述事实，虽然被告人刘汉不予供认，但有第一审、第二审开庭审理中经质证确认的公安机关扣押的枪支、弹药等物证，汉龙集团关联企业列表、汉龙集团及其关联企业的企业法人营业执照、工商登记资料、汉龙集团下属企业资产列表、员工履历表、任职文件、工资发放名册、薪金总汇表、机动车注册登记申请表等书证，证人曾实川、程远强、伍健、张壮志、罗洪勇、刘小东、龚登勤、罗廷刚、杨令全、刘耕、熊丽、周厚蓉、叶文英、安治富等的证言，被害人陈绍文、熊先刚等的陈述，扣押物品、文件清单，另案犯罪嫌疑人孙晓东、句艳东、杨雪和另案被告人刘维、文香灼、袁绍林、张东华、陈力铭、钟昌华、王万洪、黄谋、曾建军、李君国、曾建、张伟、桓立柱、王雷、旷晓燕、刘学军、刘忠伟、吕斌、刘坤、田伟以及同案被告人刘岗、孙华君、缪军、李波、仇德峰、肖永红、车大勇、刘小平的供述等证据证实。被告人唐先兵亦供认。足以认定。

二、黑社会性质组织实施的故意杀人、故意伤害、非法拘禁等事实

被告人刘汉和刘维、孙晓东组织、领导的黑社会性质组织，共实施故意杀人5起，致6人死亡、1人轻伤、1人轻微伤；故意伤害1起，致1人死亡、1人轻伤；非法拘禁1起，致1人死亡；非法买卖枪支2支；非法持有枪支18支、子弹622发、钢珠弹2 163发、手榴弹3枚；敲诈勒索2起；故意毁坏财物1起；妨害公务1起；开设赌场1起；寻衅滋事1起；窝藏多起；违法事实11起。具体事实如下：

（一）故意杀人事实

1. 1999年年初，被害人王永成（男，殁年29岁）的朋友李小东因琐事被汉龙集团员工何均等人砍伤，王永成扬言要炸毁汉龙集团办公场所、保龄球馆及汉龙集团总经理孙晓东乘坐的车辆。孙晓东得知该消息后，即向被告人刘汉作了汇报，刘汉指使孙晓东找人“做掉”王永成。孙晓东向孙华君、缪军传达了刘汉要教训王永成的指示。孙华君安排黄强（另案处理）、杨建伟打探王永成行踪，提供桑塔纳轿车用于作案。刘维应孙晓东的要求，安排其司机罗廷刚将2支手枪、1支滑膛枪送交缪军。缪军安排车大勇开车，将枪支分发给被告人唐先兵和刘岗、李波，组织唐先兵等人试枪并在汉龙集团职工宿舍集中住宿。同年2月13日晚，黄强、杨建伟在绵阳市凯旋酒廊发现王永成，即联系缪军。缪军安排车大勇驾驶桑塔纳轿车载唐先兵、刘岗、李波前往，其随后赶到。在凯旋酒廊门口，黄强向缪军等人指认了王永成，缪军先行离开。唐先兵、刘岗各持手枪在凯旋酒廊门口守候，李波持滑膛枪在附近警戒。当王永成走出凯旋酒廊时，唐先兵朝王连开两枪，将王击倒在地。刘岗亦开枪，但因枪支故障未能击发。随后，车大勇驾车接应唐先兵等人逃离现场。王永成因被枪弹击伤致外伤性心脏破裂、双肺裂创，经抢救无效死亡。

事后，当地公安机关根据相关线索怀疑孙华君、缪军等人涉嫌犯罪，进行抓捕。缪军、车大勇将作案所用桑塔纳轿车销毁。孙晓东将王永成已被杀死以及公安机关抓捕情况向被告人刘汉作了汇报，刘汉当即安排孙华君

等人到深圳市佳宁娜广场小区躲藏。经刘汉同意，孙晓东在孙华君、缪军逃匿期间从汉龙集团的资产中给予孙华君、缪军共计 100 万余元（以下币种如无特别注明，均指人民币），为被告人唐先兵和刘岗、缪军长期发放工资直至该三人归案，还提供凯迪拉克轿车和奥迪 A8 轿车给孙华君使用。

上述事实，虽然被告人刘汉不予供认，但有第一审、第二审开庭审理中经质证确认的公安机关从案发现场及被害人王永成体内分别提取的弹壳、弹头等物证的照片，汉龙集团工资发放名册、房产登记资料等书证，目击证人唐再进、赵鑫、多建华、高琴和证人王永福、姚代金、黄梅、赵忠波、徐军、杨建伟、罗廷刚、何均、李小东、龚登勤、那刚等的证言，尸体鉴定意见，现场勘验、检查笔录，另案犯罪嫌疑人孙晓东、范荣彰和另案被告人陈力铭、黄强以及同案被告人孙华君、缪军、刘岗、李波、肖永红、车大勇的供述等证据证实。被告人唐先兵亦供认。足以认定。

2. 1997 年，小岛公司在绵阳市游仙区小岛开发房地产，与当地村民多次发生矛盾。1998 年 3 月至 4 月，小岛公司多名保安与村民再次发生冲突，被告人唐先兵被村民熊伟（被害人，男，殁年 22 岁）打伤。唐先兵起意报复，邀约同事仇德峰帮忙。同年 8 月 13 日晚，仇德峰发现熊伟在绵阳市凯旋酒廊，即通知唐先兵前来，指认了熊伟所在位置。唐先兵进入酒廊，持随身携带的水果刀朝熊伟右胸部连刺 2 刀，后跑出酒廊，乘坐仇德峰租好的出租车逃离现场。熊伟因外伤性心脏破裂，经抢救无效死亡。时任汉龙集团娱乐有限公司经理的肖永红得知上述情况后，当即向孙晓东汇报，并分别安排唐先兵、仇德峰到广汉市躲藏，为二人提供资助。仇德峰再次回到绵阳市后，小岛公司将其从保安队调至工程部，提高工资待遇。

上述事实，有第一审、第二审开庭审理中经质证确认的汉龙集团工资发放名册，目击证人杨璐、张军、何敏、陈玲和证人熊英、冉森、郑伟、龚登勤、程远强等的证言，尸体鉴定意见，现场勘验、检查、提取、辨认笔录，另案犯罪嫌疑人孙晓东和同案被告人缪军、仇德峰、肖永红的供述等证据证实。被告人唐先兵亦供认。足以认定。

3. 被告人刘汉和刘维与广汉市的"操哥"周政（被害人，男，殁年 28 岁）素有积怨。1998 年，刘维与周政因争夺广汉市赌博游戏机行业势力范围再次发生冲突。刘维指使曾建军杀死周政。曾建军安排李君国打探周政行踪，曾建、张伟担任枪手，闵杰负责驾车接送。同年8月18日凌晨，闵杰接到李君国电话通知后，驾驶曾建军租赁的夏利轿车载张伟、曾建至广汉市九江路严记夜宵摊前。张伟、曾建各持刘维提供的滑膛枪靠近在夜宵摊用餐的周政，张伟朝周政射击。周政被枪弹击伤头颈部、胸部致阻塞性窒息、失血性休克，当场死亡。闵杰驾车接应张伟、曾建逃离现场。事后，曾建军向刘维汇报了枪杀周政之事，将曾建、张伟送往成都市躲藏。刘维安排曾建军到深圳市佳宁娜广场小区躲藏。

上述事实，有第一审、第二审开庭审理中经质证确认的公安机关在案发现场提取的弹壳等物证的照片，机动车登记表，目击证人王在云、李大宽、包兴武和证人龙安治、黄若明、黄若朝、陈军、杨明朗、张顺、罗勇等的证言，尸体鉴定意见，现场勘验、检查笔录，另案被告人刘维、曾建军、曾建、张伟、闵杰、李君国、陈力铭的供述等证据证实。足以认定。

4. 被告人刘汉和刘维与广汉市的“操哥”陈富伟（被害人，男，殁年39岁）素有矛盾。2008年，陈富伟刑满释放后扬言报复刘家的人，并跟踪刘维。刘维发现陈富伟跟踪后，授意文香灼、旷小坪杀害陈富伟。文香灼、旷小坪分别安排袁绍林、张东华具体实施。袁绍林、张东华又邀约孙长兵、何廷军（另案处理）和田先伟参与作案。袁绍林指使孙长兵打探陈富伟行踪，出资购置摩托车、手机卡等作案工具，还伙同张东华等人多次在广汉市伺机杀害陈富伟，均因故未得逞。2009年1月10日13时许，孙长兵发现陈富伟行踪后即电话通知袁绍林等人。袁绍林驾车搭载张东华、田先伟、何廷军在广汉市搜寻陈富伟。同日15时许，袁绍林等人发现陈富伟在广汉市北海路金湖花园对面河堤上的露天茶室喝茶，将车停靠在路边。张东华、田先伟、何廷军各持手枪下车，靠近陈富伟。张东华首先朝陈富伟射击，与陈富伟一起喝茶的被害人曾斌（男，殁年28岁）、阮孝龙（男，殁年20岁）起身反抗，田先伟、何廷军又朝陈富伟、曾斌、阮孝龙射击。陈富伟因被枪弹击中头胸部致开放性颅脑损伤合并失血性休克死亡，曾斌因被枪弹击伤胸背部致左锁骨下动脉完全断裂失血性休克死亡，阮孝龙因被枪弹击伤头面部致严重颅脑损伤合并失血性休克死亡。在场群众被害人张方磊、李宝被流弹击伤，损伤程度分别为轻伤、轻微伤。作案后，张东华、田先伟、何廷军乘坐袁绍林驾驶的汽车逃离现场。

事后，袁绍林、张东华等人先后被公安机关抓获。2009年3月17日，刘维因涉嫌杀害陈富伟等人被公安机关通缉。被告人刘汉明知刘维负案在逃，仍两次前往刘维的藏匿地点看望，并提供50万元资金和香烟、茶叶等物资。刘坤因窝藏刘维被通缉期间，刘汉亦为刘坤提供200万元资金。

上述事实，有第一审、第二审开庭审理中经质证确认的公安机关在案发现场提取的弹壳、弹头等物证的照片，公安机关出具的悬赏通告、通缉令、在逃人员登记信息表、银行汇款凭证、账户交易明细、证实罗吉松因窝藏另案被告人刘维被判刑的刑事判决书等书证，目击证人贺光全、张祖国、钟镇键、皮燕、周维荣和证人郑晓涛、阳本芬、黄静、杨刚、周万长、王兰等的证言，被害人张方磊、李宝的陈述，尸体鉴定意见、人体损伤程度鉴定意见，现场勘验、检查、提取、辨认笔录，另案犯罪嫌疑人杨雪和另案被告人刘维、文香灼、旷小坪、袁绍林、张东华、田先伟、孙长兵、刘忠伟、桓立柱、刘坤、吴小兵、赖中法的供述等证据证实。被告人刘汉对于窝藏刘维的事实予以供认。足以认定。

5.2001年10月，被告人刘汉和孙晓东等人在成都市红顶夜总会娱乐时，因琐事与被害人史俊泉（绰号“史扁”）发生纠纷，史俊泉持枪威胁刘汉。刘汉起意报复，指使孙晓东找人将史俊泉打残。2002年年初，刘维得知此事后提议杀死史俊泉，刘汉同意并授意孙晓东安排实施，承诺出资1 000万元。孙晓东从刘维处借得2支手枪，从公司拿出20万元交给缪军和伍健。缪军、伍健安排被告人唐先兵和易军、龚登勤参与作案。唐先兵等人购买了车辆、钢管等作案工具，多方寻找史俊泉未果。后刘汉等人放弃杀人行动。

上述事实，有第一审、第二审开庭审理中经质证确认的机动车注册登记申请表，证人张壮志、袁文冠、张茜、罗廷刚、龚登勤、伍健等的证言，被害人史俊泉的陈述，另案犯罪嫌疑人孙晓东和另案被告人刘维、王雷、詹军以及同案被告人仇德峰、缪军的供述等证据证实。被告人刘汉、唐先兵亦供认。足以认定。

（二）故意伤害事实

2002年5月29日晚，被告人刘汉的保镖仇德峰、桓立柱和被告人唐先兵在成都市卡卡都俱乐部娱乐时，与被害人黄伟发生冲突。仇德峰起意报复，返回刘汉住处，在二楼保镖值班室取出藏刀、手枪，再次与唐先兵前往卡卡都俱乐部。刘汉的管家詹军得知后，安排保镖王雷、桓立柱、王宏伟（另案处理）带刀前往帮忙。同月30日2时许，黄伟等人从卡卡都俱乐部出来，唐先兵上前朝黄伟头部砍击1刀，王雷朝黄伟背部砍击1刀。黄伟遇袭后逃跑，王雷、王宏伟继续追打。俱乐部保安上前制止，仇德峰朝天鸣枪进行威胁。从卡卡都俱乐部出来的被害人尚东泉（男，殁年29岁）等人见状跑开。唐先兵、桓立柱、仇德峰误认为尚东泉是黄伟同伴，持刀、枪追撵。唐先兵朝尚东泉的背部砍击1刀，桓立柱朝尚东泉的大腿捅刺2刀。后唐先兵、仇德峰、桓立柱、王雷乘车逃离现场，王宏伟被俱乐部保安当场抓获。当日早晨，公安人员在刘汉家将桓立柱、仇德峰抓获。尚东泉经送往医院抢救无效，因右大腿刺创造成股动静脉破裂失血性休克死亡。黄伟的损伤程度为轻伤。

事后，刘小平、刘维得知王雷参与作案，为王雷提供隐藏处所和生活费用。被告人刘汉安排王子金（已死亡）疏通关系，桓立柱、王宏伟在被关押30多天后获释，仇德峰被以寻衅滋事罪判处有期徒刑四年。仇德峰被羁押期间，刘汉、孙晓东等曾到看守所看望；服刑期间，孙晓东托人予以关照。

上述事实，有第一审、第二审开庭审理中经质证确认的公安机关在案发现场提取的弹壳等物证的照片，住院病历、手术记录、刑事判决书等书证，目击证人周庭华、万军、王闯、龙云泽、陈根伦和证人邓跃冬、罗廷刚、董品军等的证言，尸体鉴定意见、人体损伤程度鉴定意见、文证审查鉴定意见，现场勘验、检查笔录，另案犯罪嫌疑人孙晓东、王宏伟、杨雪和另案被告人刘维、桓立柱、詹军、王雷以及同案被告人仇德峰、肖永红的供述等证据证实。被告人唐先兵亦供认。足以认定。

（三）非法拘禁事实

2003年，刘维为四川宏达金桥大酒店有限公司平息事端，殴打了曾到金桥大酒店闹事的社会人员，安排陈力铭为酒店“看场子”。陈力铭指使钟昌华具体负责。其间，钟昌华受酒店委托负责管理娱乐部服务员，从中提成服务费。钟昌华将此事向陈力铭作了汇报。2004 年 2 月 6 日晚，钟昌华等人将涉嫌偷窃顾客财物的服务员朱某（被害人，女，殁年 22 岁）带到金桥大酒店 711 房间看守。次日 8 时许，朱某翻窗逃离时坠楼身亡。事后，钟昌华等人被公安机关抓获，陈力铭请刘维出面疏通关系。同年 6 月，钟昌华等人因犯非法拘禁罪被判处刑罚。在钟昌华服刑期间和获释时，陈力铭多次前往探视，给予资助。

上述事实，有第一审、第二审开庭审理中经质证确认的证实另案被告人钟昌华因参与该起犯罪被判刑的刑事判决书，证人彭建、何琦、代明友、刘代明、张长荣、邹秀琼等的证言，另案被告人钟昌华、陈力铭、刘忠伟等的供述等证据证实。足以认定。

（四）非法买卖枪支事实

2000 年，陈力铭购得六四式手枪 1 支，交给刘维。2009 年 8 月至 9 月，田伟（另案处理）购得钢珠枪 1 支及钢珠弹若干。上述枪支均被公安机关查获。经鉴定，六四式手枪是以火药为动力发射金属弹丸的枪支；钢珠枪以压缩气体为动力，具有杀伤力。

上述事实，有第一审、第二审开庭审理中经质证确认的被公安机关扣押的枪支等物证，证人周矛、唐志林、谢小芳等的证言，枪支鉴定意见，查封、扣押清单和搜查、提取、辨认笔录，另案被告人刘维、陈力铭、张烘凡、田伟的供述等证据证实。足以认定。

（五）非法持有枪支、弹药事实

1. 1998 年至 2005 年，刘维先后获得美制手枪、小口径运动步枪、五六式冲锋枪、六四式手枪、仿六四式手枪各 1 支。

2. 1998 年，肖永红获得勃朗宁手枪、五四式手枪各 1 支及各类子弹 616 发。

3. 2007 年至 2012 年，旷晓燕先后获得六四式手枪、钢珠枪、意大利产制式手枪、带消音器手枪、捷克产制式手枪各 1 支及钢珠弹 640 发。

4. 2009 年 2 月 14 日，公安机关在重庆市江北区兴隆路巴黎公社公寓 19-16 号房间抓获张东华时，查获其持有的手枪 1 支、子弹 6 发。

5. 2008 年 12 月，袁绍林获得滑膛枪 2 支、手枪 1 支。

6. 2000 年至 2008 年，曾建军先后获得五六式冲锋枪 2 支、自制仿六四式手枪1支及手榴弹5枚(已试爆2枚)。

7. 2012年，田伟获得钢珠枪1支及钢珠弹1 523发。

8. 2011年年底，陈力铭收下句艳东(另案处理)欲送给被告人刘汉的2支手枪，并分得其中1支。

上述枪支、弹药均已被公安机关查获。经鉴定，查获的枪支均具有杀伤力，子弹均为制式枪弹，手榴弹均为杀爆手榴弹。

上述事实，有第一审、第二审开庭审理中经质证确认的公安机关扣押的枪支、弹药等物证，证实杨以良因持有另案被告人刘维交予的枪支被判刑的刑事判决书，证人林朝君、付文学、程丰、黄小刚、马军涛、罗廷刚、杨以良、黄彬、苏凤英、胡兴斌、李忠烈、李世干、罗莉等的证言，枪支、弹药鉴定意见、物证鉴定意见，现场勘验、检查、搜查、提取、辨认笔录和提取物品登记表、扣押清单，另案犯罪嫌疑人句艳东、李志英和另案被告人刘维、袁绍林、张东华、旷晓燕、刘光辉、曾建军、陈力铭、田伟、李顺利、曾红艳、黄新汉、李万军以及同案被告人肖永红的供述等证据证实。足以认定。

(六)敲诈勒索事实

1996年4月至11月，刘维强行向开办广汉市大西园游戏机厅的被害人陈绍文等人收取"保护费"10万元。陈绍文等人在广汉市另开办大都会游戏机厅。1997年4月至1999年下半年，刘维、曾建军等人到大都会游戏机厅强行收取"保护费"、强占股份，累计勒索陈绍文等人数百万元。

上述事实，有第一审、第二审开庭审理中经质证确认的证人曾实川、张治岷、古祥富、庄勇、罗廷刚等的证言，被害人陈绍文、熊先刚、熊世明、任洪彬等的陈述，另案被告人刘维、曾建军、陈力铭、李君国、曾建、刘忠伟和同案被告人李波的供述等证据证实。足以认定。

(七)故意毁坏财物事实

2008年1月，因被害人罗孟夫所购奔驰汽车比刘维的汽车款式新，刘维指使葛文勋等人砸毁罗孟夫的汽车。葛文勋安排湛贻娇实施。同月23日下午，湛贻娇、卿晓东等人将罗孟夫停放在广汉市麦市街43号宏发商住楼院内的奔驰S600型汽车砸坏，造成车辆损失94 005元。

上述事实，有第一审、第二审开庭审理中经质证确认的车辆行驶证，证人杨巨平、葛文勋、湛贻娇、卿晓东、魏刚勇等的证言，被害人罗孟夫的陈述，价格鉴定意见，现场勘验、检查、辨认笔录，另案被告人刘维、旷小坪的供述等证据证实。足以认定。

（八）妨害公务事实

1992年12月31日，广汉市人民法院根据湖南省郴州市有色金属精选厂的诉前保全申请，对被告人刘汉经营的广汉市平原实业发展有限公司存放于广汉市种子公司仓库的60吨钨铁进行查封。1993年2月16日，刘汉组织人员用车辆封堵法院大门、撕毁封条，将查封的钨铁转移藏匿。因刘汉的行为涉嫌诈骗犯罪，同年9月4日18时许，湖南省和四川省的公安人员联合前往广汉市对刘汉执行刑事拘留。刘汉察觉后躲藏于广汉市房地产开发公司职工宿舍，通知刘维前来帮忙。刘维随即带领孙华君等人乘坐吴小兵（另案处理）驾驶的小货车赶至，指使吴小兵将车停放在公司门口阻挡警车。刘维持钢珠枪冲向正在执行公务的公安人员，被当场制服。刘汉趁机逃脱。

上述事实，有第一审、第二审开庭审理中经质证确认的购销合同、湖南省公安厅和四川省公安厅出具的执行公务介绍信、湖南省汝城县公安机关出具的立案登记表、拘留证、抓捕经过、验枪证明和取保候审决定书、汝城县人民检察院出具的指控另案被告人刘维犯妨害公务罪、私藏枪支、弹药罪的起诉书、湖南省郴州地区中级人民法院（现郴州市中级人民法院）出具的关于刘维妨害公务、私藏枪支、弹药一案的批复等书证，证人邓省德、董顺清、任德厚、张述勇、谷芳友、何异灯、陈龙等的证言，扣押、收缴笔录，另案被告人刘维、刘坤、吴小兵和同案被告人孙华君的供述等证据证实。被告人刘汉亦供认。足以认定。

（九）寻衅滋事事实

2008年4月17日，刘维以中国石油天然气股份有限公司四川德阳销售分公司广汉交通加油站的油品质量有问题、造成其奔驰汽车油路堵塞为由，向加油站索赔。遭拒绝后，刘维安排曾建军等人用车辆堵塞加油站出入口，殴打加油站员工，致使该加油站连续两天无法正常营业。

上述事实，有第一审、第二审开庭审理中经质证确认的上述加油站出具的情况说明，证人唐前进、江敦杰、唐礼忠、李玉波、郭玉春、黄炳华、曾诚等的证言，现场照片，另案被告人刘维、曾建军、旷小坪的供述等证据证实。足以认定。

（十）开设赌场事实

1993年，被告人刘汉在广汉市平原实业发展有限公司一楼开设圣罗兰游戏机厅从事赌博活动，后期交给刘坤、刘维经营。1997年至2008年，刘维又先后在广汉市参股、经营大西园游戏机厅、大都会游戏机厅等赌博场所，雇用人员在赌场进行管理和服务，采取押分下注的方式吸引他人参赌，获取非法利益数千万元。

上述事实，有第一审、第二审开庭审理中经质证确认的证人曾实川、庄勇、张治岷、古祥富、石志平、张科、代伟、邓勇、陈石、唐礼忠、王宁等的证言，现场勘验、检查笔录，另案被告人刘维、刘坤和同案被告人孙华君的供述等证据证实。足以认定。

（十一）窝藏事实

2001年左右，被告人刘汉与西藏珠峰摩托车工业公司（以下简称珠峰公司）合伙经营股票。其间，珠峰公司涉嫌走私犯罪，总经理助理陈岷（已另案判刑，刑满释放）被通缉。2002年11月至2005年，刘汉明知陈岷涉嫌犯罪，仍指使范荣彰、范荣雄兄弟（均另案处理）先后为陈岷在深圳市佳宁娜广场小区、深圳市银湖路8号颐园别墅区提供住所藏匿。刘汉承担陈岷藏匿期间的房租及生活费用，并曾与陈岷共同在上述别墅居住。

上述事实，有第一审、第二审开庭审理中经质证确认的在逃人员信息表、证实陈岷因犯罪被判刑的刑事判决书，证人陈岷、郑晓涛、袁文冠、何斌等的证言，现场照片，辨认笔录，另案犯罪嫌疑人范荣彰、范荣雄的供述等证据证实。被告人刘汉亦供认。足以认定。

（十二）违法事实

1. 2004年12月15日，被告人刘汉带领王雷、詹军等人殴打其前妻杨雪的同学林生智，林生智被旷晓燕派来的人持刀刺伤。

2. 2008年5月至2010年，被告人刘汉多次组织商界朋友到成都市中国酒城（现更名为中国会所）、金林半岛会所赌博，并提供资金安排王雷、刘小东在赌场内放高利贷，抽头渔利。

3. 2012年8月24日，受被告人刘汉指使，旷晓燕安排他人在成都市锦江宾馆限制张水军人身自由近2个小时。

4. 2005年年底，按照被告人刘汉指示，刘维帮黄常庆竞拍什邡市马井镇金桥村河段采砂权。刘维安排陈昌维报名参与拍卖，要求他人退出竞拍或不参加竞拍，使黄常庆一次举牌即获得该河段采砂权。

5. 2007年1月，刘维受刘忠伟请托帮助罗洪勇竞拍什邡市南泉镇鸭子河一河段采砂权。刘维报名参与拍卖，要求他人不参加竞拍，使罗洪勇一次举牌即获得该河段采砂权。后刘维在罗洪勇经营的砂场占股50%，获利400万余元。

6. 2000年10月，刘维得知刘坤在广汉市帕提亚大酒店内开设的游戏机厅滋事，前往相助，持枪追逐他人。

7.2003年，刘维等人因琐事在广汉市丽都花园小区居民楼逐户敲门谩骂，被闻讯赶来的公安人员劝离。

8. 1997年，田伟指使小岛公司保安殴打因索揽工程与公司产生矛盾的村民姚文贵。

9. 1998年，小岛公司保安因琐事持刀将村民樊世光、文祖华夫妇的货车轮胎刺破。

10. 1998年，缪军按照孙晓东的安排，邀约曾建军等人持木棍驱赶、殴打采砂村民，砸坏采砂车辆。

11. 1999年，田伟因琐事带领小岛公司保安追打村民李运志等人。

上述事实，有第一审、第二审开庭审理中经质证确认的中国建设银行四川省分行提供的资金往来凭证、什邡市水利局和德阳市长城拍卖有限公司提供的相关书证，证人林生智、刘嘉林、温开金、朱华忠、陈建、黄常庆、李琦、罗洪勇、刘小东、周玲、陈旭东、罗廷刚、刘国清、罗大金、刘代英、万仕兴、郑伟、姚代金、樊世光、文祖华、刘成基、杨洪权、杨清贵、罗兴有、李运志等的证言，另案犯罪嫌疑人孙晓东、杨雪、刘明和另案被告人刘维、曾建军、旷小坪、王雷、桓立柱、旷晓燕、陈力铭、曾建、闵杰、刘忠伟、刘坤、项流述、田伟以及同案被告人缪军的供述等证据证实。足以认定。

三、骗取贷款、票据承兑、金融票证事实

汉龙集团注册成立后，被告人刘汉先后担任该集团法定代表人、董事局主席，并通过他人代为持股等方式实际掌控汉龙集团。刘汉的姐姐刘小平先后担任汉龙集团财务经理、副总经理、财务总监、董事局副主席、审计委员会主任等职，主管汉龙集团财务工作。为维持汉龙集团及其关联企业的运营，刘汉安排刘小平指使财务人员采取向银行骗取贷款等方式融资。2010年4月9日至2013年3月12日，汉龙集团及其控制的四川汉龙高新技术开发有限公司（以下简称汉龙高新）、广汉市佳德实业有限公司（以下简称广汉佳德）、四川平原实业发展有限公司、四川凯达实业有限公司等通过向银行提供虚假的投资项目、贸易合同、财务报表和虚开的增值税专用发票等资料的方式，先后骗取包商银行成都分行、华夏银行股份有限公司成都红星支行等金融机构贷款、票据承兑、信用证等共计人民币4.52亿元、1.24亿美元。刘汉、刘小平归案后，广汉佳德、汉龙高新从银行骗取贷款、票据承兑、信用证等共计人民币0.931 25亿元。前述从金融机构骗得的资金均由汉龙集团统一管理使用。

上述事实，虽然被告人刘汉不予供认，但有第一审、第二审开庭审理中经质证确认的汉龙集团及汉龙高新、广汉佳德等关联公司的企业法人营业执照、工商登记资料、申请授信决议、要事审批单等书证，证人马永鹏、王勇、徐可、陈德贤、向继文、李少春、刘耕、李刚、黎文莉、董顺清、王兴蓉、秦平、曾丽、谢泽宇、常冀军等的证言，司法会计鉴定意见，另案犯罪嫌疑人孙晓东和另案被告人刘镝、赖中法的供述等证据证实。足以认定。

本院认为，被告人刘汉伙同他人组织、领导人数众多、骨干成员基本固定的较稳定的犯罪组织，有组织地通过违法犯罪活动或者其他手段获取经济利益，具有支持该组织活动的经济实力，以暴力、威胁或者其他手段，有组织地多次进行违法犯罪活动，为非作恶，欺压、残害群众，称霸一方，在一定区域或者行业内形成非法控制或者重大影响，严重破坏经济、社会生活秩序，其行为已构成组织、领导黑社会性质组织罪。

被告人刘汉等人组织、领导的黑社会性质组织故意非法剥夺他人生命；故意伤害他人身体；非法剥夺他人人身自由；非法买卖枪支；违反枪支管理规定，非法持有枪支、弹药；以暴力、威胁等手段勒索他人财物，数额巨大；故意毁坏他人财物，数额巨大；以暴力、威胁方法阻碍国家工作人员依法执行职务；在公共场所起哄闹事，造成公共场所秩序严重混乱，破坏社会秩序；以营利为目的，开设赌场；明知是犯罪的人而提供隐藏处所、财物，刘汉作为该黑社会性质组织的组织者、领导者和该犯罪集团的首要分子，其行为又分别构成故意杀人罪、故意伤害罪、非法拘禁罪、非法买卖枪支罪、非法持有枪支、弹药罪、敲诈勒索罪、故意毁坏财物罪、妨害公务罪、寻衅滋事罪、开设赌场罪和窝藏罪。

汉龙集团以欺骗手段取得银行或者其他金融机构贷款、票据承兑、信用证等，情节特别严重，被告人刘汉系汉龙集团直接负责的主管人员，其行为还构成骗取贷款、票据承兑、金融票证罪。

被告人刘汉伙同他人组织、领导黑社会性质组织，严重危害当地经济、社会管理秩序，造成极其恶劣的社会影响，社会危害性极大。在故意杀害王永成的共同犯罪中，刘汉提出杀人犯意，事后藏匿、资助组织成员，起组织、指挥作用。在故意杀害陈富伟等三人和故意伤害尚东泉、黄伟的犯罪中，刘汉对组织成员为维护组织利益实施的故意杀人、故意伤害行为事后认可，窝藏并帮助组织成员逃避法律追究或减轻罪责。故意杀害周政的犯罪系黑社会性质组织的组织者、领导者刘维直接组织实施，故意杀害熊伟的犯罪系黑社会性质组织的骨干成员唐先兵为维护组织利益而实施，该两起故意杀人犯罪均系黑社会性质组织实施的犯罪。在故意杀害史俊泉的共同犯罪中，刘汉直接授意、指使组织成员具体实施，后自动放弃犯罪，系犯罪中止。刘汉等人组织、领导的黑社会性质组织实施的非法持有枪支、弹药、开设赌场行为，均情节严重。刘汉等人组织、领导的黑社会性质组织实施故意杀人5起、故意伤害1起、非法拘禁1起，共致8人死亡、2人轻伤、1人轻微伤，还实施了非法买卖枪支、非法持有枪支、弹药、敲诈勒索、故意毁坏财物、妨害公务、寻衅滋事、开设赌场、窝藏等行为，刘汉系黑社会性质组织的组织者、领导者和该犯罪集团的首要分子，应当按照其所组织、领导的黑社会性质组织和犯罪集团所犯的全部罪行处罚。刘汉所犯骗取贷款、票据承兑、金融票证罪，情节特别严重。刘汉组织、领导黑社会性质组织，参与实施故意杀人犯罪，犯罪性质极其恶劣，主观恶性极深，后果和罪行极其严重，且拒不认罪、悔罪，应依法惩处并数罪并罚。

被告人唐先兵积极参加黑社会性质的组织，其行为已构成参加黑社会性质组织罪；唐先兵伙同他人故意非法剥夺被害人生命，其行为已构成故意杀人罪；唐先兵伙同他人故意伤害被害人身体，其行为又构成故意伤害罪。在故意杀害王永成的共同犯罪中，唐先兵积极参与，持枪朝王永成射击致其死亡；在故意杀害熊伟的共同犯罪中，唐先兵邀约他人，持刀捅刺熊伟要害部位致其死亡；在故意伤害尚东泉、黄伟的共同犯罪中，唐先兵持刀追砍黄伟的头部、尚东泉的背部，行为积极主动。在上述故意杀人、故意伤害共同犯罪中，唐先兵均起主要作用，系主犯，应当按照其所参与的全部犯罪处罚。在故意杀害史俊泉的共同犯罪中，唐先兵积极参与，准备作案工具，后又自动放弃犯罪，系犯罪中止。唐先兵积极参加被告人刘汉等人组织、领导的黑社会性质组织，在该黑社会性质组织的组织、领导下，实施故意杀人 3 起，致 2 人死亡，实施故意伤害 1 起，致 1 人死亡、1 人轻伤，系黑社会性质组织的骨干成员，应当按照其所参与的犯罪处罚。唐先兵主观恶性极深，人身危险性极大，手段特别残忍，情节特别恶劣，后果和罪行极其严重，应依法惩处并数罪并罚。

第一审、第二审判决认定被告人刘汉组织、领导黑社会性质组织、故意杀人、故意伤害、非法拘禁、非法买卖枪支、非法持有枪支、弹药、敲诈勒索、故意毁坏财物、妨害公务、寻衅滋事、开设赌场、窝藏的事实和被告人唐先兵参加黑社会性质组织、故意杀人、故意伤害的事实，以及第二审判决认定被告人刘汉骗取贷款、票据承兑、金融票证的事实清楚，证据确实、充分，定罪准确。第一审判决中除非法经营罪和骗取贷款、票据承兑、金融票证罪以外的量刑及第二审判决的量刑适当。审判程序合法。依照《中华人民共和国刑事诉讼法》第二百三十五条、第二百三十九条和《最高人民法院关于适用〈中华人民共和国刑事诉讼法〉的解释》第三百五十条第一项的规定，裁定如下：

核准湖北省高级人民法院（2014）鄂刑一终字第 00076 号刑事判决中对被告人刘汉和被告人唐先兵的定罪量刑部分，即被告人刘汉犯骗取贷款、票据承兑、金融票证罪，判处有期徒刑四年，并处罚金人民币一千万元，与原审判决认定其犯组织、领导黑社会性质组织罪判处有期徒刑十五年，并处没收个人全部财产，犯故意杀人罪判处死刑，剥夺政治权利终身，犯故意伤害罪判处有期徒刑十三年，犯非法拘禁罪判处有期徒刑十年，犯非法买卖枪支罪判处有期徒刑三年，犯非法持有枪支、弹药罪判处有期徒刑五年，犯敲诈勒索罪判处有期徒刑五年，犯故意毁坏财物罪判处有期徒刑三年，犯妨害公务罪判处有期徒刑二年，犯开设赌场罪判处有期徒刑五年，并处罚金人民币二百万元，犯寻衅滋事罪判处有期徒刑二年，犯窝藏罪判处有期徒刑二年的刑罚并罚，决定执行死刑，剥夺政治权利终身，并处没收个人全部财产；被告人唐先兵犯参加黑社会性质组织罪，判处有期徒刑七年，并处罚金人民币二十万元，犯故意杀人罪，判处死刑，剥夺政治权利终身，犯故意伤害罪，判处有期徒刑十三年，决定执行死刑，剥夺政治权利终身，并处罚金人民币二十万元。

本裁定自宣告之日起发生法律效力。

审 判 长 舒 明
代理审判员 任能能
代理审判员 朱 砂

二〇一五年一月二十七日
书 记 员 李 晶
书 记 员 何 汀

REFERENCE TO CRIMINAL TRIAL

CONTENTS

（翻译：北京外国语大学法学院　刘晨阳）

图书在版编目（CIP）数据

刑事审判参考．总第107集/最高人民法院刑事审判一至五庭主办．-- 北京：法律出版社，2017（2021.1 重印）
ISBN 978-7-5197-1166-5

Ⅰ．①刑… Ⅱ．①最… Ⅲ．①刑事诉讼－审判－中国－参考资料 Ⅳ．① D925.218.2

中国版本图书馆 CIP 数据核字（2017）第 187364 号

刑事审判参考（总第107集）
XINGSHI SHENPAN CANKAO
（ZONG DI-107 JI）

最高人民法院刑事审判
一、二、三、四、五庭主办

策划编辑 聂 颖
责任编辑 聂 颖
装帧设计 李 瞻

编辑统筹 司法实务出版分社

出版 法律出版社
总发行 中国法律图书有限公司
经销 新华书店
印刷 永清县金鑫印刷有限公司
责任印制 胡晓雅

开本 710毫米 ×1000毫米 1/16
印张 22
字数 310千
版本 2017年8月第1版
印次 2021年1月第6次印刷

法律出版社 / 北京市丰台区莲花池西里7号（100073）
网址 / www.lawpress.com.cn
投稿邮箱 / info@lawpress.com.cn
举报维权邮箱 / jbwq@lawpress.com.cn
销售热线 / 400-660-8393
咨询电话 / 010-63939796

中国法律图书有限公司 / 北京市丰台区莲花池西里7号（100073）
全国各地中法图分、子公司销售电话：
统一销售客服 / 400-660-8393/6393
第一法律书店 / 010-83938432/8433
西安分公司 / 029-85330678
重庆分公司 / 023-67453036
上海分公司 / 021-62071639/1636
深圳分公司 / 0755-83072995

书号：ISBN 978-7-5197-1166-5
定价：38.00元
（如有缺页或倒装，中国法律图书有限公司负责退换）

征稿启事

《刑事审判参考》是最高人民法院刑事审判第一、二、三、四、五庭共同主办、法律出版社出版、面向国内外公开发行的刑事司法业务指导和研究性出版物。

为能够以最前沿的视野、最权威的高度和最贴近刑事司法实践的方式编辑本书，欢迎读者向本书以下栏目提供稿件：

1. 指导案例。在认定事实、采信证据和适用法律、司法解释定罪处刑问题上具有研究价值和指导意义的典型、疑难案件，并须附寄加盖人民法院院印的一审、二审裁判文书。

2. 经验交流。地方司法机关制定的刑事司法规范性文件及其背景说明；地方人民法院院长、副院长在刑事审判工作会议上的讲话，等等。

3. 实务探讨。对某一类实务问题提出的解决方案。

4. 裁判文书。具有较强说理性、体现法官适用普遍的法律规范解决具体的疑难、复杂案件的智慧的优秀裁判文书。

5. 编辑部答疑。读者在刑事司法实践中遇到法律适用方面的疑难、复杂问题。

6. 审判实务释疑。针对刑事审判实务中的争议问题进行分析、探讨。

7. 疑案争鸣。针对刊登的疑难案例争议问题进行分析，发表观点。

来稿请注明作者的联系方式（包括地址、邮编和电话）。除“编辑部答疑”和“疑案争鸣”外，来稿一经采用，按著作权法的规定支付稿酬。凡在本书发表的文章，自发表之日起一年内，作者如在其他书刊、媒体发表，须经本书编辑部同意。凡收录在本书中的文章，作者同意将作品的复制权、发行权、汇编权、信息网络传播权等权利许可给本书主办方、法律出版社行使。来稿一律不退，如需退稿，请声明并附足邮资。

来稿（案例须附裁判文书，裁判文书请书面邮寄正本）可向以下任何一位执行编辑投递：

北京市东城区北花市大街9号最高人民法院刑一庭　赵俊甫
zhaojunfu81@163.com
北京市东城区北花市大街9号最高人民法院刑二庭　于同志
cankaoytz@163.com
北京市东城区北花市大街9号最高人民法院刑三庭　刘静坤
liujingkun2008@163.com
北京市东城区北花市大街9号最高人民法院刑四庭　陆建红
Lu_jianhong@126.com
北京市东城区北花市大街9号最高人民法院刑五庭　方文军
fwjzgf@sina.com
邮编：100062

特别提示：为避免各庭之间采稿重复，来稿不可同时多投。

最高人民法院刑事审判第一、二、三、四、五庭

中国刑事审判指导案例6（贪污贿赂罪·渎职罪·危害国防利益罪·军人违反职责罪）；

中国刑事审判指导案例7（刑事诉讼法）。

为了最大限度地挖掘和梳理《刑事审判参考》指导案例在裁判理由阐述中反映的裁判观点，同时也为了便于读者在近千个指导案例中迅速查找到所需内容，我们对所有指导案例逐一编加了具有检索意义的关键词，通过对法律概念的目录树形要素细分和关联概念的逻辑串联，使读者可以通过关键词单选或复选，直接检索到针对某一具体问题的最近似案例。扫描本书封底二维码，读者可以通过应用程序进行数字检索、智能匹配，从而大大提高查阅的便利性。

本书每集定价：38.00元，全年共6集

编辑咨询热线：010-63939630　征订热线：010-63939792　63939782

法律出版社
LAW PRESS · CHINA

最高人民法院刑事审判指导系列丛书征订单

第一联：发书凭证　　　　　　　　　　年　　月　　日

<table>
<tr><td>订购单位</td><td></td><td>联　系　人</td><td colspan="2"></td><td rowspan="2">订购单位章</td></tr>
<tr><td>详细地址</td><td></td><td>邮　　编</td><td colspan="2"></td></tr>
<tr><td colspan="2">书　　名</td><td>邮购价</td><td>册（套）数</td><td>总金额</td><td rowspan="7"></td></tr>
<tr><td colspan="2">《刑事审判参考》（第108~113集）全年共6集</td><td>250.80</td><td></td><td></td></tr>
<tr><td colspan="2">《中国刑事审判指导案例》（增订第3版）全套共7册</td><td>1288.00</td><td></td><td></td></tr>
<tr><td colspan="5">总金额（大写）：</td></tr>
<tr><td>汇款方式</td><td colspan="4">邮局汇款：（　　）　　银行汇款：（　　）</td></tr>
<tr><td>汇款凭证号</td><td></td><td colspan="2">★联系电话</td><td></td></tr>
</table>

注：如果您通过邮局汇款，请准确详细填写汇款单并在汇款单附言注明书名、册数及联系电话。请务必将此联传真或邮寄给我们，以便我们能够及时为您发书。传真：010-63939782

最高人民法院刑事审判指导系列丛书订户收据

第二联：订户收据（此联自留）　　　　　　　　　　年　　月　　日

<table>
<tr><td>订购单位</td><td></td><td>联　系　人</td><td colspan="2"></td><td rowspan="2">收款单位章</td></tr>
<tr><td>详细地址</td><td></td><td>邮　　编</td><td colspan="2"></td></tr>
<tr><td colspan="2">书　　名</td><td>邮购价</td><td>册（套）数</td><td>总金额</td><td rowspan="7">中国法律图书有限公司 财务专用章</td></tr>
<tr><td colspan="2">《刑事审判参考》（第108~113集）全年共6集</td><td>250.80</td><td></td><td></td></tr>
<tr><td colspan="2">《中国刑事审判指导案例》（增订第3版）全套共7册</td><td>1288.00</td><td></td><td></td></tr>
<tr><td colspan="5">总金额（大写）：</td></tr>
<tr><td>汇款方式</td><td colspan="4">邮局汇款：（　　）　　银行汇款：（　　）</td></tr>
<tr><td>汇款凭证号</td><td></td><td colspan="2">★联系电话</td><td></td></tr>
</table>

注：此联连同汇款回执一并作为报销凭证。如需正式发票另请注明。

汇 款 方 法

银行汇款：

开户行：工商银行北京六里桥支行

户　名：中国法律图书有限公司

账　号：0200 2810 0902 0403 623

邮局汇款：

商务号：111330032

收款人：中国法律图书有限公司（请在附言栏内注明书名、册数）

中国刑事审判指导案例（增订第三版）征订单

第一联：发书凭证

年　　月　　日

订购单位		联系人		订购单位章
详细地址		邮　编		

书　　名		邮购价	册数	总金额
中国刑事审判指导案例1（刑法总则）	978-7-5197-0499-5	176.00		
中国刑事审判指导案例2（危害国家安全罪·危害公共安全罪·侵犯公民人身权利、民主权利罪）	978-7-5197-0498-8	166.00		
中国刑事审判指导案例3（破坏社会主义市场经济秩序罪）	978-7-5197-0500-8	218.00		
中国刑事审判指导案例4（侵犯财产罪）	978-7-5197-0497-1	136.00		
中国刑事审判指导案例5（妨害社会管理秩序罪）	978-7-5197-0496-4	218.00		
中国刑事审判指导案例6（贪污贿赂罪·渎职罪·危害国防利益罪·军人违反职责罪）	978-7-5197-0495-7	138.00		
中国刑事审判指导案例7（刑事诉讼法）	978-7-5197-0505-3	236.00		
总金额（大写）：				

汇款方式	邮局汇款：（　　　　）	银行汇款（　　　　）	
汇款凭证号		★联系电话	

注：如果您通过邮局汇款，请准确详细填写汇款单并在汇款单附言注明书名、册数及联系电话。请务必将此联传真或邮寄给我们，以便我们能够及时为您发书。传真：010-63939782

第二联：订户收据（此联自留）

年　　月　　日

订购单位		联系人		收款单位章
详细地址		邮　编		

书　　名		邮购价	册数	总金额
中国刑事审判指导案例1（刑法总则）	978-7-5197-0499-5	176.00		
中国刑事审判指导案例2（危害国家安全罪·危害公共安全罪·侵犯公民人身权利、民主权利罪）	978-7-5197-0498-8	166.00		
中国刑事审判指导案例3（破坏社会主义市场经济秩序罪）	978-7-5197-0500-8	218.00		
中国刑事审判指导案例4（侵犯财产罪）	978-7-5197-0497-1	136.00		
中国刑事审判指导案例5（妨害社会管理秩序罪）	978-7-5197-0496-4	218.00		
中国刑事审判指导案例6（贪污贿赂罪·渎职罪·危害国防利益罪·军人违反职责罪）	978-7-5197-0495-7	138.00		
中国刑事审判指导案例7（刑事诉讼法）	978-7-5197-0505-3	236.00		
总金额（大写）：				

汇款方式	邮局汇款：（　　　　）	银行汇款（　　　　）	
汇款凭证号		★联系电话	

中国法律图书有限公司 财务专用章

注：此联连同汇款回执一并作为报销凭证。如需正式发票另请注明。